Franz Krump

Diffusion prozessorientierter Kostenrechnungssysteme

Schriftenreihe für Controlling und Unternehmensführung
Edition Österreichisches Controller-Institut

Herausgegeben von
Prof. Dr. Rolf Eschenbach,
Prof. Dr. Gerhard Speckbacher,
Dr. Rita Niedermayr-Kruse

In der Reihe werden wissenschaftliche Arbeiten aus den Bereichen zukunftsorientierte Unternehmensführung und Controlling veröffentlicht.

Diese Publikationen richten sich an Leser in Wissenschaft und Wirtschaft, die an Antworten auf aktuelle Fragen der angewandten Betriebswirtschaftslehre interessiert sind.

Mit dieser Reihe werden die „Schriften des Österreichischen Controller-Instituts" fortgesetzt, die seit 1985 im Verlag der Universitätsbuchhandlung der Wirtschaftsuniversität Wien erschienen waren.

Franz Krump

Diffusion prozessorientierter Kostenrechnungssysteme

State of the Art in der österreichischen Unternehmenspraxis

Mit einem Geleitwort von Prof. Dr. Gerhard Seicht

Deutscher Universitäts-Verlag

Bibliografische Information Der Deutschen Bibliothek
Die Deutsche Bibliothek verzeichnet diese Publikation in der Deutschen Nationalbibliografie; detaillierte bibliografische Daten sind im Internet über <http://dnb.ddb.de> abrufbar.

Dissertation Wirtschaftsuniversität Wien, 2002

1. Auflage Mai 2003

Lektorat: Ute Wrasmann / Anita Wilke

Der Deutsche Universitäts-Verlag ist ein Unternehmen der Fachverlagsgruppe BertelsmannSpringer.
www.duv.de

Umschlaggestaltung: Regine Zimmer, Dipl.-Designerin, Frankfurt/Main

Gedruckt auf säurefreiem und chlorfrei gebleichtem Papier

ISBN-13:978-3-8244-0706-4 e-ISBN-13:978-3-322-81100-4
DOI: 10.1007/978-3-322-81100-4

Geleitwort

Das hiermit von *Franz Krump* vorgelegte Buch wurde im Jahre 2002 von der Wirtschaftsuniversität Wien (Institut für Betriebswirtschaftslehre der Industrie) als Dissertation approbiert und mittlerweile mit dem großen Rudolf-Sallinger-Preis ausgezeichnet.

Der Autor hat mit seiner Arbeit das Defizit an empirischen Erkenntnissen über Einführung und Anwendung prozessorientierter Kostenrechnungssysteme in Österreich behoben.

Krump entwickelt ein eigenes Forschungsdesign, indem er aus dem „situativen Ansatz“ die Analyse von Kontextfaktoren übernimmt und diese mit der aus der Diffusionsforschung abgeleiteten Betrachtung der Einführung einer Prozesskostenrechnung als Prozess kombiniert.

Die Arbeit von Krump stützt sich auf umfangreiche Literaturstudien und auf eine breit angelegte und in ihren Ergebnissen valide empirische Erhebung. Sie bietet Handlungsempfehlungen für eine erfolgreiche Implementierung und Nutzanwendung der „Prozesskostenrechnung“.

Krumps Arbeit ist vorbildlich aufgebaut und leserfreundlich gestaltet. Zahlreiche Grafiken und Tabellen veranschaulichen die Ergebnisse der empirischen Erhebung und jeweils an den Beginn der einzelnen Kapitel gestellte Übersichtsgraphiken weisen dem Leser den Weg.

Prof. Dr. Gerhard Seicht

Vorwort

In meiner Tätigkeit als Unternehmensberater mit dem Schwerpunktgebiet Controlling habe ich in den letzten Jahren ein zunehmendes Interesse österreichischer Unternehmen am Thema Prozesskostenrechnung festgestellt. Dreh- und Angelpunkt der Diskussion war dabei regelmäßig die Frage, inwieweit derartige Kostenrechnungssysteme in der mittelständisch strukturierten Unternehmenslandschaft in Österreich Anwendung finden können. Mit der vorliegenden Dissertation am Institut für Betriebswirtschaftslehre der Industrie an der Wirtschaftsuniversität Wien habe ich versucht, diese Frage auf Basis einer breiten empirischen Untersuchung grundlegend zu beantworten. Das Gelingen einer empirischen Arbeit ist in entscheidendem Maße von der Mitarbeit der Befragten abhängig. Mein größter Dank gilt daher all jenen, die bereit waren, meinen sehr umfangreichen Fragebogen auszufüllen und ihre Erfahrungen in mein Forschungsprojekt einfließen zu lassen.

Herrn *Prof. Dr. Gerhard Seicht* danke ich für die Übernahme des Erstgutachtens und für die Unterstützung während der gesamten Projektlaufzeit. Herrn *Dr. Otto Janschek* sei an dieser Stelle für die intensive und konstruktive Zusammenarbeit sowie für viele wertvolle Anregungen besonders gedankt. Herrn *Prof. Dr. Werner Jammernegg* danke ich für die Übernahme des Zweitgutachtens.

Weiters möchte ich mich bei meinen Kollegen, Herrn *Dr. Jürgen Müller, MBA* und Herrn *Mag. Mirko Waniczek* für ihre Unterstützung und die aufgebrachte Flexibilität bedanken, die mir die Durchführung meines Forschungsprojekts erst ermöglicht haben.

Ich hoffe, die vorliegende Arbeit kann den Lesern einige Hinweise zu Einführung und Anwendung prozessorientierter Kostenrechnungssysteme liefern und auf diese Weise zu einer Weiterentwicklung der Kostenrechnung abseits plakativer Verkaufsrhetorik beitragen.

Franz Krump

Inhaltsübersicht

GELEITWORT V

VORWORT VII

INHALTSÜBERSICHT IX

INHALTSVERZEICHNIS XI

ABBILDUNGSVERZEICHNIS XVII

TABELLENVERZEICHNIS XIX

1. EINLEITUNG UND PROBLEMSTELLUNG 1

2. GANG DER UNTERSUCHUNG 5

3. GEGENSTAND UND BEGRÜNDUNG DER UNTERSUCHUNG 11

4. FORSCHUNGSDESIGN 85

5. GENERIERUNG VON HYPOTHESEN 117

6. EMPIRISCHE UNTERSUCHUNG 169

7. ZUSAMMENFASSUNG UND INTERPRETATION 259

LITERATURVERZEICHNIS 273

ANHANG 287

Inhaltsverzeichnis

GELEITWORT V

VORWORT VII

INHALTSÜBERSICHT IX

INHALTSVERZEICHNIS XI

ABBILDUNGSVERZEICHNIS XVII

TABELLENVERZEICHNIS XIX

1 EINLEITUNG UND PROBLEMSTELLUNG 1

2 GANG DER UNTERSUCHUNG 5

2.1 Überblick 5

2.2 Begründung der Untersuchung, Forschungsdesign, Hypothesengenerierung 6

2.3 Empirische Untersuchung 8

2.4 Zusammenfassung und Interpretation der Ergebnisse 9

3 GEGENSTAND UND BEGRÜNDUNG DER UNTERSUCHUNG 11

3.1 Überblick 11

3.2 Prozessorientierte Kostenrechnung 12

3.2.1 Konzeptionelle Anforderungen an die Kostenrechnung 12

3.2.2 Prozessorientierte Kostenrechnungssysteme 17

3.2.2.1 Activity-Based Costing 18

3.2.2.2 Prozesskostenrechnung 22

3.2.2.3 Abgrenzung Activity-Based Costing versus Prozesskostenrechnung 29

3.2.3 Kritische Würdigung prozessorientierter Kostenrechnungssysteme 32

3.3 Dokumentierte Fallstudien 37

3.3.1 Bank Austria, Österreich 37

3.3.2 Anheuser Busch, USA 39

3.3.3 ABB Hochspannungstechnik AG, Schweiz 41

3.3.4 Babcock, Deutschland 42

3.3.5 Zusammenfassung und Bewertung 43

3.4 Darstellung bisheriger Studien 45

3.4.1 Internationale Studien 48

3.4.1.1 Studie von Brown 49

3.4.1.2 Studie von Malmi 55

3.4.1.3 Studie von Bjørnenak ... 56
3.4.1.4 Studie von Foster/Swenson ... 57
3.4.1.5 Studie von Gosselin ... 59
3.4.1.6 Studie von Kennedy ... 59
3.4.1.7 Studie von Shields ... 63
3.4.1.8 Studien von Innes/Mitchell ... 66
3.4.1.9 Studie von Swenson ... 68
3.4.2 Studien im deutschsprachigen Raum ... 70
3.4.2.1 Studie von Wall/Hirsch/Attorps ... 70
3.4.2.2 Studie von Frank ... 72
3.4.2.3 Studie von Stoi ... 72
3.4.2.4 Studie von Risak/Exner ... 76
3.4.2.5 Studie von Franz/Kajüter ... 77
3.4.2.6 Studie von Kropfberger ... 78
3.4.2.7 Studie von Brede ... 80
3.4.2.8 Studie von Weber ... 80
3.4.2.9 Studie von Niedermayr ... 81
3.4.3 Zusammenfassende Bewertung ... 83

4 FORSCHUNGSDESIGN ... 85

4.1 Überblick ... 85

4.2 Theoretischer Bezugsrahmen ... 86

4.2.1 Kontingenztheoretischer Ansatz ... 86
4.2.2 Diffusion von Innovationen ... 92

4.3 Methodischer Bezugsrahmen ... 98

4.4 Konzeptioneller Bezugsrahmen ... 106

5 GENERIERUNG VON HYPOTHESEN ... 117

5.1 Überblick ... 117

5.2 Kontextfaktoren ... 120

5.2.1 Organisatorische Kontextfaktoren ... 120
5.2.1.1 Machtpromotor ... 120
5.2.1.2 Fachpromotor ... 122
5.2.1.3 Konzernzugehörigkeit und Konzerneinbindung ... 123
5.2.1.4 Zentralisierungsgrad ... 124
5.2.1.5 Formalisierungsgrad ... 125
5.2.1.6 Vertikale Differenzierung ... 126
5.2.1.7 Unternehmensgröße ... 127
5.2.1.8 Innovationserfahrung ... 129
5.2.2 Umweltbezogene Kontextfaktoren ... 131

5.2.2.1 Branchenzugehörigkeit ... 131
5.2.2.2 Wettbewerbsintensität ... 133
5.2.2.3 Externe Kommunikation ... 134
5.2.2.4 Unternehmensberater ... 135
5.2.2.5 Strategie ... 137
5.2.3 Funktionale Kontextfaktoren ... 139
5.2.3.1 Gemeinkostenanteil ... 139
5.2.3.2 Komplexität der Leistungserstellung ... 140
5.2.3.3 Relative Vorteilhaftigkeit ... 143
5.2.3.4 Verfügbarkeit von EDV-Systemen ... 144
5.3 Implementierung ... 147
5.3.1 Implementierungsstufe ... 147
5.3.2 Implementierungsstrategie ... 151
5.3.3 Implementierungsaufwand ... 152
5.4 Dauerbetrieb ... 152
5.4.1 Einsatzart ... 154
5.4.2 Einsatzfelder ... 155
5.4.3 Einsatzfrequenz ... 156
5.4.4 Einsatzziele ... 156
5.4.5 Einsatzbreite ... 157
5.4.6 Erfasster Kostenanteil ... 158
5.4.7 Umfang des Prozessmodells ... 158
5.4.8 EDV-Unterstützung ... 159
5.4.9 Prozessverantwortung ... 160
5.4.10 Pflegeintensität ... 161
5.5 Nutzen ... 161
5.5.1 Interne Koordination und Steuerung ... 164
5.5.2 Indirekt erfolgswirksame Variablen ... 164
5.5.3 Direkt erfolgswirksame Variablen ... 164
5.6 Zusammenfassung der Hypothesenformulierung ... 165
6 EMPIRISCHE UNTERSUCHUNG ... 169
6.1 Überblick ... 169
6.2 Fragebogenerhebung ... 170
6.2.1 Untersuchungsdesign ... 170
6.2.1.1 Auswahl der untersuchten Unternehmen ... 170
6.2.1.2 Design des Fragebogens ... 171
6.2.1.3 Eingesetzte statistische Methoden ... 172
6.2.2 Ergebnisse ... 181
6.2.2.1 Deskriptive Bestandsaufnahme ... 181

6.2.2.2 Implementierung ... 191
6.2.2.2.1 Variablenreduktion bei Kontextvariablen ... 192
6.2.2.2.2 Interesse ... 197
6.2.2.2.3 Umsetzungsentscheidung ... 204
6.2.2.2.4 Ablehnung ... 206
6.2.2.2.5 Umsetzung ... 214
6.2.2.2.6 Ausstieg ... 219
6.2.2.3 Dauerbetrieb ... 224
6.2.2.3.1 Implementierungsstrategie ... 226
6.2.2.3.2 Implementierungsaufwand ... 228
6.2.2.3.3 Implementierungsdauer ... 229
6.2.2.3.4 Einsatzfelder ... 229
6.2.2.3.5 Einsatzfrequenz ... 230
6.2.2.3.6 Einsatzziele ... 231
6.2.2.3.7 Einsatzbreite ... 232
6.2.2.3.8 Erfasster Kostenanteil ... 234
6.2.2.3.9 Umfang des Prozessmodells ... 235
6.2.2.3.10 EDV-Unterstützung ... 236
6.2.2.3.11 Prozessverantwortung ... 239
6.2.2.3.12 Pflegeintensität ... 240
6.3 Interviews ... 241
6.3.1 Untersuchungsdesign ... 241
6.3.1.1 Auswahl der untersuchten Unternehmen ... 241
6.3.1.2 Design des Interviewleitfadens ... 241
6.3.2 Ergebnisse ... 244
6.3.2.1 Deskriptive Bestandsaufnahme ... 244
6.3.2.2 Nutzen ... 245
6.3.2.2.1 Variablen der internen Koordination und Steuerung ... 246
6.3.2.2.2 Indirekt erfolgswirksame Variablen ... 248
6.3.2.2.3 Direkt erfolgswirksame Variablen ... 249
6.3.2.2.4 Einflussfaktoren auf Nutzen von Prozesskostenrechnungssystemen ... 250
7 ZUSAMMENFASSUNG UND INTERPRETATION ... 259
7.1 Überblick ... 259
7.2 Beurteilung der Hypothesen ... 260

7.3 Künftige Forschungsfragen ... 266

7.4 Handlungsempfehlungen ... 266

7.5 Conclusio ... 269

LITERATURVERZEICHNIS ... 273

ANHANG ... 287

Abbildungsverzeichnis

Abbildung 1: Gang der Untersuchung 6

Abbildung 2: Gegenstand und Begründung der Untersuchung 11

Abbildung 3: Struktur des Führungssystems [Weber (1994), S. 60.] 13

Abbildung 4: Ablauf des Activity-Based Costing [Cooper (1990b), S. 345.] 21

Abbildung 5: Ablauf der Prozesskostenrechnung [Horváth / Mayer (1993), S. 19 ff.] 25

Abbildung 6: Anwendungsbereiche von ABC und PKR [Horváth / Mayer (1993), S. 16.] 30

Abbildung 7: Prozesskostenrechnung im BA-Konzern [Poppenberger et al. (2000), S. 4.] 38

Abbildung 8: Prozesskostenrechnung bei Anheuser Bush [Herzog / Vikas (2000), S. 10.] 40

Abbildung 9: Prozesskostenrechnung bei ABB [Quervain / Thaens (2000), S. 372.] 41

Abbildung 10: Stufenmodell der Adaption [Brown (2000), S. 38 f.] 50

Abbildung 11: Klassifikation von Unternehmen [Vgl. Bjørnenak (1997), S. 3 ff.] 56

Abbildung 12: Verbindung von ABC mit Shareholder Value [Kennedy (1998), S. 5.] 61

Abbildung 13: Theoretischer Bezugsrahmen [Stoi (1999), S. 94.] 73

Abbildung 14: Kontext, System und Effizienz des Controlling [Niedermayr (1994), S. 171.]82

Abbildung 15: Konzeption des Forschungsdesigns 85

Abbildung 16: Kontingenztheorie und organisationaler Wandel [Donaldson (1999), S. 11.]. 90

Abbildung 17: Diffusionsverlauf von Innovationen [Fichman / Kemerer (1995), S. 4.] 96

Abbildung 18: Assimilation Gap [Fichman / Kemerer (1995), S. 4.] 97

Abbildung 19: Phasen des Forschungsablaufes [Atteslander (1995), S. 31.] 99

Abbildung 20: Bildlaufleiste als Ratingskala 104

Abbildung 21: Konzeptioneller Bezugsrahmen 107

Abbildung 22: Implementierungsstufen prozessorientierter Kostenrechnungssysteme 111

Abbildung 23: Untersuchungsmodell 114

Abbildung 24: Generierung von Hypothesen 117

Abbildung 25: Promotoren-Opponenten-Modell [Vgl. Witte (1973), S. 15 ff.] 121

Abbildung 26: Five Forces-Modell [Porter (1992), S. 26.] 133

Abbildung 27: Basisstrategien [Porter (1992), S. 67.] 137

Abbildung 28: Walbuckel [Vgl. SAP: Funktionen im Detail (2000), S. 5/11.] 141

Abbildung 29: Stufenmodell der Implementierung 148

Abbildung 30: Einsatzart prozessorientierter Kostenrechnungssysteme 154
Abbildung 31: Konzeptionalisierung des Untersuchungsmodells 166
Abbildung 32: Zweistufige empirische Untersuchung 169
Abbildung 33: Logistische Verteilungsfunktion [Backhaus et al. (2000), S. 111.] 178
Abbildung 34: Unternehmen nach Branchenzugehörigkeit 184
Abbildung 35: Unternehmen nach Umsatz (EUR) 186
Abbildung 36: Unternehmen nach Mitarbeiterzahl 187
Abbildung 37: Unternehmen nach Konzernzugehörigkeit 188
Abbildung 38: Implementierungsstand - Fallzahlen 189
Abbildung 39: Diffusionsverlauf der Prozesskostenrechnung in Österreich 191
Abbildung 40: Implementierungsstrategie der Prozesskostenrechnung in Österreich 226
Abbildung 41: Funktionsbereiche mit hoher Einführungspriorität 227
Abbildung 42: Implementierungsaufwand 228
Abbildung 43: Einsatzfelder prozessorientierter Kostenrechnung 229
Abbildung 44: Einsatzfrequenz 230
Abbildung 45: Einsatzziele 231
Abbildung 46: Einsatzbreite 232
Abbildung 47: Einsatz in ausgewählten Funktionsbereichen 233
Abbildung 48: Erfasste Gesamtkosten 234
Abbildung 49: Erfasste Gemeinkosten 235
Abbildung 50: EDV-Umsetzung 236
Abbildung 51: EDV-Systeme 237
Abbildung 52: EDV-Integration 238
Abbildung 53: Prozessverantwortung 239
Abbildung 54: Pflegehäufigkeit 240
Abbildung 55: Dyadische Struktur der Interviews 241
Abbildung 56: Variablen der internen Koordination und Steuerung 247
Abbildung 57: Indirekt erfolgswirksame Variablen 248
Abbildung 58: Zusammenfassung und Interpretation 259
Abbildung 59: Empirisch bestätigte Zusammenhänge des Untersuchungsmodells 264
Abbildung 60: Empirische Zusammenhänge zum Nutzen der Prozesskostenrechnung 265

Tabellenverzeichnis

Tabelle 1: Fallbeispiele zur Prozesskostenrechnung 44

Tabelle 2: Bisherige Studien zur Prozesskostenrechnung 47

Tabelle 3: Einflussfaktoren [Brown (2000), S. 50 f.] 51

Tabelle 4: Vergleich von Stufe A mit B-J [Brown (2000), S. 115.] 52

Tabelle 5: Vergleich von Stufe A-C mit D-J [Brown (2000), S. 118.] 52

Tabelle 6: Rücklauf der Studie von Malmi [Malmi (1999), S. 655] 55

Tabelle 7: Wertentwicklung von ABC-Anwendern [Kennedy (1998), S. 8.] 62

Tabelle 8: Erfasster Gesamtkostenanteil seit Einführung von ABC [Shields (1995), S. 155.] 65

Tabelle 9: Anwendungsbereiche des ABC [Innes / Mitchell (1995), S. 144.] 67

Tabelle 10: Auswirkungen des Einsatzes von Prozesskostenrechnung [Stoi (1999), S. 191.] 75

Tabelle 11: Methodenanwendung nach Unternehmensgröße [Kropfberger (1996), S. 25 ff.] 79

Tabelle 12: Typen der Befragung [Atteslander (1995), S. 159.] 101

Tabelle 13: Kontextfaktoren prozessorientierter Kostenrechnungssysteme 110

Tabelle 14: Branchengliederung 132

Tabelle 15: Stufen der Implementierung 149

Tabelle 16: Merkmale der EDV-Unterstützung 160

Tabelle 17: Hypothesen und Fragen 167

Tabelle 18: Rücklaufquote 183

Tabelle 19: Sektorale Gliederung 185

Tabelle 20: Verbreitung der Prozesskostenrechnung im Vergleich 190

Tabelle 21: Rekodierung der Kontextvariablen 193

Tabelle 22: Faktorladungsmatrix CHAMP 194

Tabelle 23: Faktorladungsmatrix ORG 195

Tabelle 24: Faktorladungsmatrix AUSSEN 195

Tabelle 25: Faktorladungsmatrix KONSIZE 196

Tabelle 26: Verwendete Kontextvariablen 197

Tabelle 27: Fallzahlen in binären Logit-Modellen 199

Tabelle 28: Modellanpassung PROZ_1 200

Tabelle 29: Parameterschätzer PROZ_1 202

Tabelle 30: Modellanpassung PROZ_2 204
Tabelle 31: Parameterschätzer PROZ_2 205
Tabelle 32: Fallzahlen in multinomialen Logit-Modellen 207
Tabelle 33: Responsevariable PROZ_3 208
Tabelle 34: Modellanpassung PROZ_3 209
Tabelle 35: Pseudo-R-Quadrat PROZ_3 209
Tabelle 36: Likelihood-Quotienten PROZ_3 210
Tabelle 37: Parameterschätzer PROZ_3 212
Tabelle 38: Responsevariable PROZ_4 214
Tabelle 39: Modellanpassung PROZ_4 214
Tabelle 40: Pseudo-R-Quadrat PROZ_4 215
Tabelle 41: Likelihood-Quotienten PROZ_4 215
Tabelle 42: Parameterschätzer PROZ_4 216
Tabelle 43: Responsevariable PROZ_5 219
Tabelle 44: Modellanpassung PROZ_5 220
Tabelle 45: Pseudo-R-Quadrat PROZ_5 220
Tabelle 46: Likelihood-Quotienten PROZ_5 221
Tabelle 47: Parameterschätzer PROZ_5 223
Tabelle 48: Beiträge der Kontextfaktoren zur Implementierung 224
Tabelle 49: Korrelation zwischen Kontextfaktoren und Nutzen 251
Tabelle 50: Korrelation zwischen Dauerbetrieb und Nutzen 254
Tabelle 51: Ergebnisse der Hypothesenprüfung 261

1 Einleitung und Problemstellung

Für das Controlling ist heute in aller Regel die Kostenrechnung das wichtigste Basisdatensystem. Die Kosten- und Leistungsrechnung ist die dominierende Informationsquelle für das operative Controlling. Die Entwicklung prozessorientierter Kostenrechnungssysteme Ende der 80er Jahre war in Theorie und Unternehmenspraxis eine der meistdiskutierten Entwicklungen in der Betriebswirtschaftslehre. Vor allem *Cooper* und *Kaplan* waren in den USA maßgeblich an der Prägung des Activity-Based Costing beteiligt, das davon ausgeht, dass die Ressourcen eines Unternehmens zur Durchführung von Aktivitäten eingesetzt werden, die wiederum der Leistungserstellung dienen. Die Kosten der Ressourcen werden den Aktivitäten zugeordnet, die sie in Anspruch genommen haben und auf die Kostenobjekte im Verhältnis ihrer Inanspruchnahme der Aktivitäten zugerechnet.[1] *Horváth* und *Mayer* stellten 1989 sowohl eine Weiterentwicklung dieses Ansatzes als auch dessen Adaption an den Entwicklungsstand des Rechnungswesens im deutschsprachigen Raum vor und bezeichneten ihre Konzeption als Prozesskostenrechnung.[2] Beide Ansätze wurden in der Betriebswirtschaftslehre kontrovers diskutiert.[3] Der vorläufige Stand der Entwicklung beruht auf dem von *Müller* 1992 geprägten Begriff der **prozesskonformen Grenzplankostenrechnung**, der die gemeinsame Zielsetzung von flexibler Grenzplankostenrechnung („Teilkostenrechnung") und Prozesskostenrechnung („Vollkostenrechnung"), nämlich das Bemühen um eine möglichst verursachungsgerechte Zuordnung der Kosten aller Kostenstellen zu den Produkten bzw. den Leistungen hervorhebt.[4]

Gegenstand dieser Arbeit sind nicht einzelne Ansätze der Prozesskostenrechnung und es ist auch kein Beitrag in der Diskussion um deren Weiterentwicklung beabsichtigt. Vielmehr steht die Anwendung aller Formen der prozessorientierten Kostenrechnung zur Analyse und Bewertung betrieblicher Abläufe der indirekten Bereiche eines Unternehmens in der österreichischen **Unternehmenspraxis** im Mittelpunkt des Interesses.

---

1 Vgl. Cooper / Kaplan (1988), S. 96 ff.

2 Vgl. Horváth / Mayer (1989), S. 214 ff.

3 Vgl. Seicht (1995), S. 539 ff.; Glaser (1992), S. 275 ff.; Kloock (1992), S. 183 ff.; Coenenberg / Fischer (1991), S. 21 ff.; Küpper (1991), S. 388 ff.

4 Vgl. Müller (1994), S. 39ff.

Als ein Merkmal der Prozesskostenrechnung wird von ihren Vertretern die Pragmatik und Praxistauglichkeit der Ansätze gesehen.[5] Bereits kurz nach ihrer Vorstellung fanden die ersten Ansätze des Activity-Based Costing praktische Verwendung in amerikanischen Unternehmen. Im englischsprachigen Raum liegen bereits seit längerem empirische Erkenntnisse über die Verbreitung und Anwendung des Activity-Based Costing vor (hervorzuheben sind etwa die Arbeiten von *Innes/Mitchell*[6], *Shields*[7], *Kennedy*[8] und *Foster/Swenson*[9]). Im deutschsprachigen Raum ist für Deutschland die Arbeit von *Stoi* zu betonen, der im Rahmen der sogenannten *Stuttgarter Studie* eine umfassende empirische Untersuchung zum Einsatz des Prozesskostenmanagements in Deutschland durchführte.[10] Für Österreich ist bis dato keine vergleichbare Untersuchung durchgeführt worden. Die Ergebnisse der Studie von *Stoi* können auf österreichische Verhältnisse nur eingeschränkt übertragen werden, da sie sich ausschließlich mit Großunternehmen mit über tausend Mitarbeitern beschäftigt. Im Forschungsbericht eines von *Kropfberger* geleiteten vergleichenden Forschungsprojektes über den Einsatz von Controlling- und Planungsinstrumenten in der Praxis in Österreich und Großbritannien wird die Anwendung der Prozesskostenrechnung mit einer Frage abgedeckt.[11] Auch im Bericht einer von *Risak* geleiteten Untersuchung über den Stand der Kostenrechnung in Österreich wird eine stärkere Berücksichtigung von Prozessen bei 62% der befragten Unternehmen zu geplanten Veränderungen in der Kostenrechnung als einziger Befund zu prozessorientierten Kostenrechnungssystemen genannt.[12]

Durch diesen **Mangel an empirisch gesicherter Erkenntnis** sind Aussagen über den Einsatz prozessorientierter Kostenrechnungssysteme in der österreichischen Unternehmenspraxis und die Ableitung von Handlungsempfehlungen zu deren Einführung, Gestaltung und Anwendung nur bedingt möglich. Mit der vorliegenden Arbeit soll das beschriebene Defizit an empiri-

---

5 Vgl. Stoi (1999b), S. 16.

6 Vgl. Innes / Mitchell (1991), S. 28 ff.; Innes / Mitchell (1995), S. 137 ff.; Innes / Mitchell (1997), S. 190 ff.

7 Vgl. Shields (1995).

8 Vgl. Kennedy (1998).

9 Vgl. Foster / Swenson (1997).

10 Vgl. Stoi (1999).

11 Vgl. Kropfberger (1996), S. 25 ff.

12 Vgl. Risak / Exner (1998), S. 94 ff.

schen Erkenntnissen zur Einführung und Anwendung prozessorientierter Kostenrechnungssysteme in Österreich behoben werden.

Die folgenden **Fragestellungen** sollen mit der vorliegenden Arbeit beantwortet werden:

1. Welche Faktoren bestimmen den **Einführungsprozess** prozessorientierter Kostenrechnungssysteme?
    - In welchen Phasen des Adaptionsprozesses sind welche Faktoren ausschlaggebend?
    - Welche unternehmensinternen und unternehmensexternen Kontextfaktoren sind für die erfolgreiche Implementierung ausschlaggebend?
2. Welche Merkmale sind für Prozesskostenrechnungssysteme in Österreich kennzeichnend? Welche Betriebsbedingungen für den **Dauereinsatz** der Prozesskostenrechnung sind in welcher Ausprägung bei österreichischen Unternehmen feststellbar?
3. Was ist der **Nutzen** des Einsatzes prozessorientierter Kostenrechnungssysteme und wie kann er durch deren gezielten Einsatz gesteigert werden?

Durch die Beantwortung dieser Fragen sollen praktische Handlungsempfehlungen für die Einführung, Anwendung und Ausgestaltung prozessorientierter Kostenrechnungssysteme in österreichischen Unternehmen gewonnen werden. Zur Beantwortung dieser Fragestellungen werden in einer explorativen Phase unter Berücksichtigung vorhandener theoretischer Erkenntnisse und unter Einbeziehung von Erfahrungen von Unternehmen, die prozessorientierte Kostenrechnungssysteme anwenden, Hypothesen generiert, die in der anschließenden empirischen Untersuchung einer Überprüfung unterzogen werden. Die Ergebnisse der Hypothesenprüfung lassen Aussagen zu Einsatz und Anwendung von Prozesskostenrechnung in Österreich und der damit erzielten Ergebnisse zu. Die empirisch bestätigten Zusammenhänge können als Basis für Handlungsempfehlungen für einen erfolgreichen Einsatz in anderen Unternehmen formuliert werden.

Der Erkenntnisbeitrag der Arbeit liegt in der erstmaligen empirischen Erforschung der Prozesskostenrechnung in österreichischen Unternehmen und der daraus abgeleiteten Aussagen und Handlungsempfehlungen begründet. Aus den empirisch fundierten Aussagen zur Einführung und zum Betrieb von Prozesskostenrechnungssystemen können darüber hinaus allgemeine Erkenntnisse zu Diffusionsprozessen und deren Einflussfaktoren von neuen Management- und Controlling-Instrumenten abgeleitet werden.

2 Gang der Untersuchung

2.1 Überblick

Die Beantwortung der in der Problemstellung aufgeworfenen Fragen erfolgt in mehreren Schritten. Zu Beginn wird ein Überblick über prozessorientierte Kostenrechnungssysteme gegeben, mit dem ein Verständnis für den Gegenstand der Untersuchung geschaffen werden soll. Der nächste Schritt ist die Erläuterung aktueller Fallstudien zur Implementierung und Anwendung von Prozesskostenrechnungssystemen, die wichtige Hinweise für die Hypothesenbildung in der vorliegenden Untersuchung liefern. Anschließend folgt eine Darstellung bereits durchgeführter Studien zur Anwendung von Prozesskostenrechnungssystemen in der Unternehmenspraxis. Aufbauend auf diesen Erkenntnissen erfolgt die Konzeption des Forschungsdesigns mit der Generierung der zu überprüfenden Hypothesen. Im folgenden Abschnitt wird die eigentliche empirische Untersuchung durchgeführt, in welcher mittels empirischer Querschnittsanalyse in Form einer schriftlichen Befragung mit Hilfe eines standardisierten Fragebogens die Überprüfung der Hypothesen erfolgt.

Die Ergebnisse der quantitativen Hypothesenüberprüfung werden anschließend in teilstrukturierten Interviews mit Prozesskostenrechnungsanwendern aus der Stichprobe validiert. Zielsetzung dieser strukturierten Interviews mit Anwendern der Prozesskostenrechnung in Österreich ist die Aufarbeitung unternehmensindividueller Probleme und Unterschiede, um auf dieser Basis gesicherte Aussagen über die Ergebnisse der empirischen Erhebung zu treffen. Abschließend folgt eine Zusammenfassung der Ergebnisse und die Ableitung von praktischen Handlungsempfehlungen zur Implementierung und Gestaltung von prozessorientierten Kostenrechnungssystemen. Die nachfolgende Abbildung gibt einen Überblick über den Gang der Untersuchung:

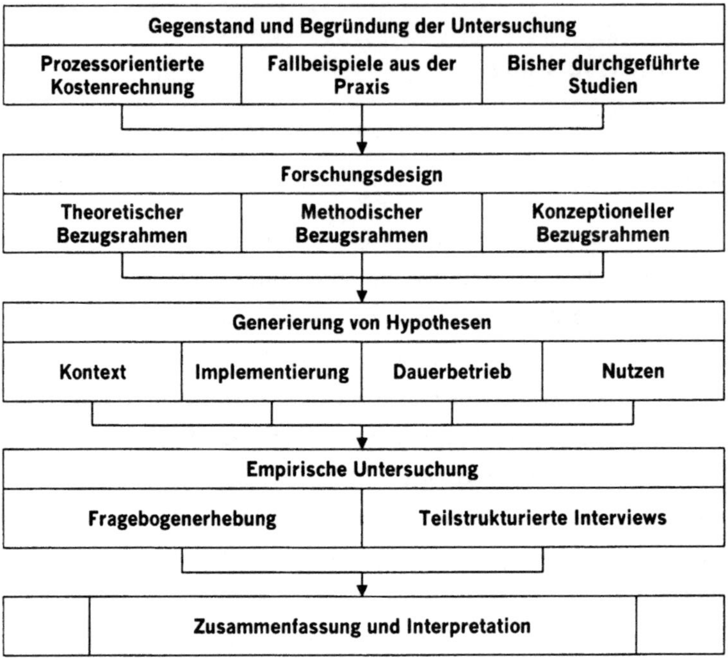

Abbildung 1: Gang der Untersuchung

Eine nähere Erläuterung dieses Ablaufmodells sowie die Definition der darin verwendeten Begriffe wird in den jeweiligen Kapiteln vorgenommen. Dabei ist diese Abbildung als Inhaltsverzeichnis zu verstehen, das eine Einordnung des jeweiligen Kapitels in den Gesamtzusammenhang der Arbeit ermöglicht.

2.2 Begründung der Untersuchung, Forschungsdesign, Hypothesengenerierung

Das erste Hauptkapitel enthält die Erklärung des Untersuchungsgegenstands, eine Darstellung von Fallstudien zum praktischen Einsatz prozessorientierter Kostenrechnungssysteme sowie ein Überblick über bisher auf diesem Gebiet durchgeführte Studien. Das Ergebnis dieses Abschnitts der Arbeit ist die Ableitung des Forschungsbedarfs über den Einsatz prozessorientierter Kostenrechnungssysteme in der österreichischen Unternehmenspraxis.

Zunächst wird ein allgemeiner theoretischer Überblick über den derzeitigen **Stand von prozessorientierten Kostenrechnungssystemen** gegeben. Dabei wird auf Ursprünge und Hintergründe der Entwicklung des Activity-Based Costing in den USA und der Prozesskostenrechnung im deutschsprachigen Raum eingegangen. Es wird die Funktionsweise und Systematik der Prozesskostenrechnung erläutert sowie auf deren Bausteine und Voraussetzungen eingegangen. Weiters wird der kritischen Diskussion der Prozesskostenrechnung in der Betriebswirtschaftslehre sowie daraus gewonnener Erkenntnisse Aufmerksamkeit gewidmet. Ziel dieses Abschnitts ist es, ein einheitliches Verständnis über den Untersuchungsgegenstand der Arbeit zu schaffen.

Als nächster Schritt werden einige **Fallbeispiele** zur Anwendung der Prozesskostenrechnung in der Unternehmenspraxis erläutert. Dadurch soll ein tieferes Verständnis für praktische Probleme in der Umsetzung von Prozesskostenrechnungskonzepten geschaffen werden und so ein wesentlicher Beitrag zur Generierung der Hypothesen geleistet werden. Um ein möglichst breites Spektrum an Anwendungserfahrung von Prozesskostenrechnungssystemen abzudecken, wird dabei sowohl regional als auch branchenmäßig ein relativ weiter Kreis gezogen, d.h. es werden Unternehmen aus den USA und aus Europa aus den Branchen „Industrie" und „(Finanz)Dienstleistung" dargestellt. Aus der Darstellung der unterschiedlichen Problemstellungen und der verschiedenartigen Ausprägungsformen der Prozesskostenrechnung in den Unternehmen werden Anregungen für die Ableitung der zu untersuchenden Hypothesen gewonnen.

Ein weiterer Abschnitt stellt **empirische Untersuchungsergebnisse** zum Activity-Based Costing und zur Prozesskostenrechnung vor. Aus der Darstellung der bisherigen empirischen Studien zum Thema Prozesskostenrechnung wird der Forschungsbedarf für österreichische Verhältnisse abgeleitet.

Auf Grundlage des theoretischen Wissens über prozessorientierte Kostenrechnungssysteme, der bisher durchgeführten empirischen Studien sowie der beiden Fallbeispiele aus der Unternehmenspraxis wird der **Bezugsrahmen** zur Durchführung der empirischen Untersuchung aufgestellt. Dabei werden zuerst die Kontingenztheorie und die Theorie der Diffusion von Innovationen als die relevanten theoretischen Grundlagen der Arbeit erläutert. Nach einer Darstellung der Fragebogenmethode und der Interviewtechnik als die in dieser Untersuchung verwendeten empirischen Methoden folgt die Ableitung des konzeptionellen Bezugsrahmens, der die Grundzusammenhänge zwischen Kontextfaktoren, Implementierung, Dauerbetrieb und Nutzen von Prozesskostenrechnungssystemen enthält und als Grundgerüst für die Ableitung der Hypothesen dient.

Auf Basis des konzeptionellen Bezugsrahmens erfolgt schließlich die **Bildung von Ausgangshypothesen** zu Kontext, Implementierung, Dauerbetrieb und Nutzen prozessorientierter Kostenrechnungssysteme. Danach folgt die Formulierung und Operationalisierung von Einzelhypothesen, die im Rahmen der empirischen Untersuchung an der Realität zu überprüfen sind.

2.3 Empirische Untersuchung

In diesem Kapitel der Arbeit wird zunächst die Untersuchungsmethodik und Vorgehensweise der empirischen Untersuchung erläutert. Es erfolgt die Bewertung des Rücklaufs und eine Analyse der teilnehmenden Unternehmen. Danach werden die Ergebnisse der Studie analysiert und erläutert. Abschließend werden die Ergebnisse zusammengefasst, die Ausgangshypothesen beurteilt und daraus Handlungsempfehlungen abgeleitet.

Untersucht werden mittlere und große Unternehmen aller Branchen mit Sitz in Österreich. Die Begründung für die Nichteinbeziehung kleinerer Unternehmen liegt in Ergebnissen bisheriger Untersuchungen, wonach große Unternehmen ein deutlich größeres Interesse an modernen Controllingansätzen aufweisen als Kleinunternehmen.[13]

Als geeignete Forschungsmethode wird angesichts der Breite der Untersuchung die empirische Querschnittsanalyse erachtet. Als Datenerhebungsmethode wird die schriftliche Befragung mit Hilfe eines standardisierten Fragebogens eingesetzt, da auf diese Weise unter vertretbarem zeitlichen und finanziellen Aufwand eine große Anzahl an Unternehmen untersucht werden kann.[14] Die Administration von Adressen und Ansprechpersonen wird auf Grundlage von Daten der Firmendatenbank *Hoppenstedt* durchgeführt. Die Analyse des Rücklaufs, der teilnehmenden Unternehmen und der ausgefüllten Fragebogen wird mit Hilfe des Statistik-Programms *SPSS* durchgeführt.

---

13 Vgl. Witt (1991), S. 32.

14 Vgl. Atteslander (1995), S. 193 ff.

Auf Grundlage der statistischen Analyseergebnisse wurden in einem zweiten Schritt stichprobengeleitete Interviews mit Anwendern bzw. ehemaligen Anwendern prozessorientierter Kostenrechnungssysteme durchgeführt. In der qualitativen Nachphase sollen tiefergehende Erkenntnisse hinsichtlich Einführung, Dauerbetrieb und Nutzen von Prozesskostenrechnungssystemen erzielt werden, wobei definitorische Unklarheiten und unternehmensindividuelle Problemstellungen berücksichtigt werden können. Ziel dieser Befragung ist die Untermauerung und Erweiterung der Ergebnisse der statistischen Analyse. Die Ergebnisse dieser Expertenbefragungen werden in der Interpretation der Ergebnisse und bei der Ableitung von praktischen Handlungsempfehlungen im Sinne von Erfolgsfaktoren der Einführung und Gestaltung prozessorientierter Kostenrechnungssysteme berücksichtigt.

2.4 Zusammenfassung und Interpretation der Ergebnisse

Im letzten Abschnitt dieser Arbeit werden schließlich die gewonnenen Erkenntnisse aus der Untersuchung zusammengefaßt, analysiert und praktische Handlungsempfehlungen bezüglich der Implementierung und Anwendung von prozessorientierten Kostenrechnungssystemen daraus abgeleitet. Als Ergebnis der Studie steht letztlich ein Modell zur umfassenden Beurteilung der Prozesskostenrechnung hinsichtlich Kontext, Einführung, Dauerbetrieb und Nutzen zur Verfügung, das sowohl Handlungsempfehlungen für Praktiker liefert als auch verallgemeinerbare Aussagen und Erklärungsmuster zur Diffusion von Management- und Controllinginnovationen in Unternehmen bereitstellt und künftige Forschungsfragen aufzeigt.

3 Gegenstand und Begründung der Untersuchung

3.1 Überblick

Im Rahmen dieses Abschnitts wird zunächst ein Überblick über prozessorientierte Kostenrechnung gegeben. Anschließend erfolgt eine Darstellung des praktischen Einsatzes von Prozesskostenrechnungssystemen anhand von Fallbeispielen aus der Unternehmenspraxis. Schließlich werden bisherige empirische Studien zum Einsatz von Prozesskostenrechnungssystemen dargestellt, um daraus den Untersuchungsbedarf für die österreichische Unternehmenspraxis abzuleiten.

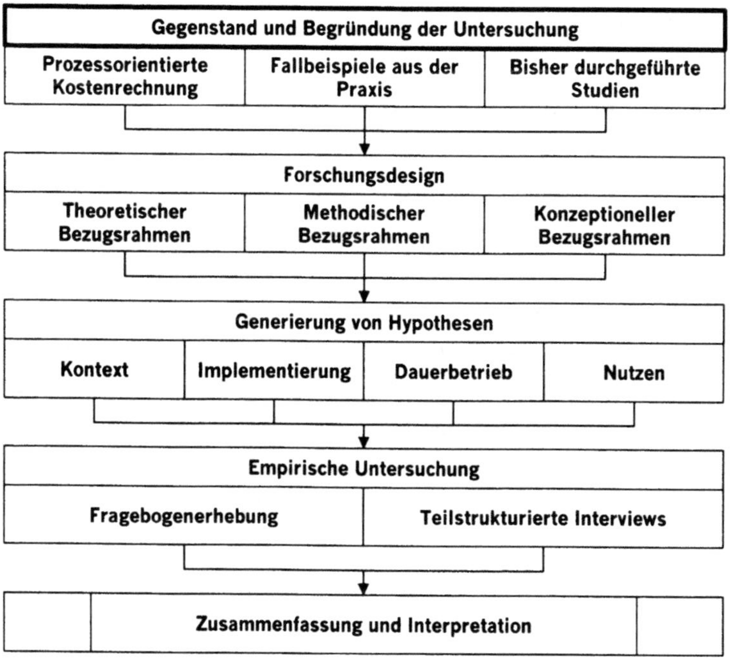

Abbildung 2: Gegenstand und Begründung der Untersuchung

3.2 Prozessorientierte Kostenrechnung

In diesem Kapitel wird ein einführender Überblick über den aktuellen Stand der prozessorientierten Kostenrechnung gegeben. Dazu werden nach einer Überblicksdarstellung der Aufgaben und Funktionen der Kostenrechnung im System der Unternehmensführung sowie der geänderten Anforderungen an Kostenrechnungssysteme zuerst die Ansätze des Activity-Based Costing im englischsprachigen Raum bzw. der Prozesskostenrechnung im deutschsprachigen Raum dargestellt sowie deren Unterschiede und Gemeinsamkeiten erläutert. Es wird die Funktionsweise und Systematik beider Systeme erläutert sowie auf deren Bausteine und Voraussetzungen eingegangen. Weiters wird der kritischen Diskussion der Prozesskostenrechnung in der Betriebswirtschaftslehre sowie daraus gewonnener Erkenntnisse Aufmerksamkeit gewidmet. Zielsetzung dieses Abschnitts ist die Klärung des im Rahmen der Studie verwendeten Ansatzes prozessorientierter Kostenrechnungssysteme und damit die Schaffung eines einheitlichen Verständnisses über den Untersuchungsgegenstand der Arbeit.

3.2.1 Konzeptionelle Anforderungen an die Kostenrechnung

Das Bild vom Unternehmen wird heute in Theorie und Praxis vom **Systemgedanken** geprägt, wonach Unternehmen von Menschen geschaffene reale Gebilde sind, welche aus Menschen bestehen und den Zweck verfolgen, Leistungen für die menschliche Gesellschaft bereitzustellen.[15] Grundsätzlich wird das Gesamtsystem Unternehmen in ein Ausführungssystem und in ein Führungssystem getrennt. Das Ausführungssystem beschäftigt sich im Prozess der Leistungserstellung mit dem Einsatz von Gütern und Personen und umfaßt sämtliche primären Subsysteme eines Unternehmens (Einkauf, Produktion, Absatz, etc.). Das Führungssystem hingegen nimmt eine direkte Gestaltungs- und Lenkungsfunktion wahr, wobei nach *Weber* in der Koordination des Leistungssystems durch das Führungssystems die originäre Aufgabe der Unternehmensführung gesehen wird.[16] Die so definierten Handlungen des Führungssystems entsprechen im wesentlichen dem dispositiven Faktor bei *Gutenberg*, den er in Planung, Organisation und Kontrolle unterteilt.[17] *Weber* ergänzt diese Führungsteilsysteme um das Infor-

15 Vgl. Ulrich (1970), S. 134

16 Vgl. Weber (1994), S. 9 ff.

17 Vgl. Gutenberg (1953), S. 131 ff.

mationssystem, das Personalführungssystem und das Wertesystem, woraus sich folgende Struktur des Führungssystems ergibt:

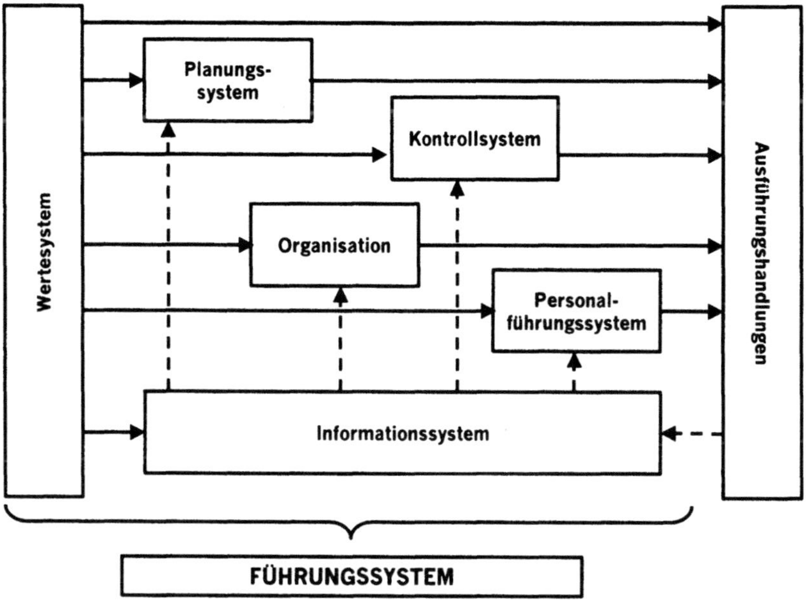

Abbildung 3: Struktur des Führungssystems [Weber (1994), S. 60.]

Das Informationssystem betont und berücksichtigt dabei die besondere Bedeutung von führungsrelevanten Informationen für die Gestaltung von Führungshandlungen. Es hat als einziges der Führungsteilsysteme eine reine Zulieferfunktion für die übrigen Teilsysteme. Das Personalführungssystem befaßt sich mit der verhaltensbeeinflussenden Einwirkung von Führungshandlungen auf die geführten Menschen. Alle Führungsteilsysteme werden durch das Wertesystem eines Unternehmens beeinflusst, in dem die ethischen, gesellschaftlichen und moralischen Grundauffassungen eines Unternehmens verankert sind.

Die Definition von Controlling erfolgt in diesem Kontext als die Gesamtheit der Aufgaben, die die Sicherstellung der Informationsversorgung und die Koordination der Unternehmensführung zur optimalen Erreichung aller Unternehmensziele zum Gegenstand haben.[18] Gemäß diesem Controlling-Verständnis besteht das **Controllingsystem** aus den Aufgaben, Instrumenten und der Organisation des Controlling.[19] Die Aufgabenfelder des Controlling können durch die Anforderungen der Unternehmensführung bezüglich (Routine-)Prozesse, Investitionen und Projekte auf normativer, strategischer und operativer Ebene zusammengefaßt werden. Unter der Organisation des Controlling versteht man die aufbau- und ablauforganisatorische Einrichtung des Controlling im Unternehmen, d.h. im wesentlichen die Frage nach Einrichtung und Gestaltung von Controllerstellen. Die **Instrumente des Controlling** schließlich stellen jene Methoden und Vorgehensweisen dar, mittels derer die Aufgaben des Controlling erfüllt werden. Als wichtigstes Controlling-Instrument ist die interne Unternehmensrechnung zu nennen. Die interne Unternehmensrechnung umfaßt grundsätzlich alle Rechnungssysteme, die für unternehmensinterne Benutzer konzipiert sind, das sind die Investitions- und Finanzrechnungen sowie die Kosten- und Leistungsrechnung.[20] Demgegenüber ist die externe Unternehmensrechnung an den unternehmensexternen Benutzer gerichtet.[21] Im Rahmen dieser Arbeit ist insbesondere die **Kosten- und Leistungsrechnung** als zentrales Element der internen Unternehmensrechnung, und hier vor allem deren prozessorientierte Ansätze, von Interesse.[22]

Ursprünglich auf die Abbildung unternehmensinterner Leistungsprozesse ausgerichtet, ist die Kostenrechnung als reine Ist-Rechnung dem Informationssystem zuzuordnen. Die Weiterentwicklung zur entscheidungsorientierten Grenzplankostenrechnung mit anschließender Kontrollrechnung und Abweichungsanalyse positioniert die Kostenrechnung auch im Planungs- und im Kontrollsystem.[23] Die Motivation der Mitarbeiter hin zur Erreichung der Unternehmensziele wird in der amerikanischen Literatur regelmäßig als gleichrangige Zielsetzung neben der Entscheidungsunterstützung genannt, somit ist die Kostenrechnung auch dem Perso-

---

18 Vgl. Schweitzer / Friedl (1992), S. 153.

19 Vgl. Eschenbach / Niedermayr (1996), S. 93.

20 Vgl. Ewert / Wagenhofer (1993), S. 2.

21 Das externe Rechnungswesen benötigt für manche Fragestellungen Größen aus der internen Unternehmensrechnung, wie beispielsweise die Bewertung von unfertigen und fertigen Erzeugnissen.

22 In der weiteren Untersuchung werden die Begriffe „Kosten- und Leistungsrechnung" und „Kostenrechnung" synonym verwendet.

23 Zur Rolle der Abweichungsanalyse im Controllingsystem siehe auch Geskes (2000), S. 3 ff.

nalführungssystem zuzuordnen.[24] Der Personalführungsaspekt zeigt sich auch bei den Plankostenrechnungssystemen, die konsequent nur solche Kosten als entscheidungsrelevant definieren, die innerhalb eines Verantwortungsbereiches mengenmäßig vom jeweiligen Verantwortlichen unmittelbar beeinflussbar sind. Allgemein lässt sich die Kostenrechnung damit als Instrument der Unternehmensführung definieren, das Informationen zu allen Führungsteilsystemen im Unternehmen liefert.

Zu den Funktionen der Kostenrechnung werden heute im deutschen Sprachraum einerseits die **Entscheidungsunterstützung** und andererseits die **Verhaltenssteuerung** und Koordination im Unternehmen gezählt.[25] In der anglo-amerikanischen Literatur findet man tendenziell eine andere Gewichtung des Zwecks der Kostenrechnung. Als wesentlicher Unterschied ist vor allem die Einbeziehung von Investitionsentscheidungen zu sehen, die in der deutschsprachigen Literatur traditionell zur Finanzierungstheorie gezählt wird.[26] Weiters betont die amerikanische Literatur auch den Aspekt der Leistungsmessung und -beurteilung des Managements als zentrale Funktion der Kostenrechnung und führt zudem die Erfüllung externer Berichtswesenpflichten als Aufgabe der Kostenrechnung an.[27]

Für die vorliegende Untersuchung werden die Entscheidungsunterstützung und die Verhaltenssteuerung als die zentralen Funktionen der Kostenrechnung herangezogen, denen die anderen genannten Funktionen (v.a. Kontrolle, Dokumentation und Sonderzwecke wie die Bestandsbewertung) untergeordnet werden können. Als wesentliche Ausgangsbasis zur Beurteilung prozessorientierter Kostenrechnungsansätze ist an dieser Stelle die in den letzten Jahren verstärkt geforderte strategische Ausrichtung der Kostenrechnung hervorzuheben.[28] So wird angesichts zunehmender Umweltdynamik und Umweltkomplexität, Veränderung von Unternehmensstrukturen, Kostenstrukturverschiebungen, Veränderungen des Fristigkeitsgrades und

---

24 Vgl. Kaplan / Atkinson (1998), S. 673 ff.

25 Vgl. Ewert / Wagenhofer (1993), S. 2 ff.; Seicht (1995), S. 20 ff.

26 Zur Zusammenführung von Kostenrechnung und Investitionsrechnung in der deutschsprachigen Literatur vgl. Lücke (1965), S. 3 ff. oder Ewert / Wagenhofer (1993), S. 34 ff.

27 Vgl. Horngren / Foster / Datar (1996), S. 2; auch in der deutschsprachigen Literatur findet sich oft der Hinweis auf die Dokumentationsfunktion der Kostenrechnung, vgl. etwa bei Wenz (1992), S. 136.

28 Vgl. Schweitzer / Friedl (2000), S. 279 ff.

der zunehmenden Bedeutung langfristiger Transaktionen die Forderung nach einer strategisch orientierten Kostenrechnung erhoben.[29]

Die Entwicklung und internationale Verbreitung von Informations- und Kommunikationssystemen, die Entwicklung digitaler Netze und der Einsatz von Satelliten in der Kommunikation lassen die Dauer des Informationsflusses gegen Null sinken. Dadurch werden Technologievorsprünge zunehmend kürzer, Produkt- und Preisdifferenzierungen eines weltweiten Angebots werden für die Nachfrager offenkundig und führen in immer größerem Ausmaß zu weiteren Differenzierungen bis hin zu Individuallösungen, was zu immer kürzer werdenden Produktzyklen führt und zu einer Situation am Absatzmarkt führt, in der sich das Massengeschäft zunehmend aus einer Vielzahl kundenindividueller Einzelgeschäfte zusammensetzt. Dieser Globalisierungsdruck bedingt eine verstärkte Automation, der die Bedeutung der menschlichen Arbeitsleistung als Produktionsfaktor sinken lässt. Als Folge der verstärkten Automatisierung ist eine steigende Bedeutung flexibler Fertigungstechnologien (z.B. Computer Integrated Manufacturing, Just-In-Time, etc.) feststellbar. Damit verschiebt sich die Bedeutung der Kosten einzelner Unternehmensbereiche erheblich. Beispielsweise ist der Anteil der Fertigungslöhne in Industrieunternehmen zunehmend im Sinken begriffen.[30] Demgegenüber steigen die Vorlaufkosten in den Bereichen Forschung und Entwicklung ebenso wie die der Arbeitsvorbereitung und des Marketing zur Produktspezifikation und für Markterschließungsaktivitäten.[31] Ferner nimmt die Bedeutung der logistischen Steuerung des Material- bzw. Fertigungsflusses zu, wobei die logistische Kette zunehmend gesamthaft vom Lieferanten durch das Unternehmen bis zum Kunden begriffen wird. Dadurch verändern sich auch die Beziehungen am Beschaffungsmarkt. Aus diesen Veränderungen resultieren **Kostenstrukturverschiebungen** in Richtung steigender Gemeinkosten sowie eine Zunahme längerfristig gebundener Kosten, man spricht in diesem Zusammenhang auch von einer Verschiebung von „klassischen“ zu „neoklassischen“ Transaktionen.[32]

---

29 Vgl. Weber (1993), S. 267.

30 Vgl. Johnson / Kaplan (1987), S. 188.

31 Vgl. Laßmann (1984), S. 960.

32 Vgl. Albach (1980), S. 1160.

Der Begriff „klassisch" bezieht sich auf die hinter traditionellen Kostenrechnungssystemen stehende Prämisse, dass Beschaffungs- und Absatzmärkte vollkommen sind, d.h. dass weder Lieferant noch Kunde Einfluss auf das Leistungssystem nehmen. Bei Gültigkeit dieser Annahme ist die Reduktion der Kostenrechnung auf die Produktionskosten die logische Schlussfolgerung. Demgegenüber ist jedoch wie oben dargestellt eine Tendenz zu unvollkommenen Kunden- und Lieferantenbeziehungen feststellbar, die einerseits am Absatzmarkt eine weitere Differenzierung und Orientierung am Kunden erfordert, und andererseits am Beschaffungsmarkt zu längerfristigen Allianzen und Kooperationen führt. Es ist also eine Beeinflussung der Markttransaktionen auf den Faktormärkten möglich, d.h. man geht heute von unvollkommenen Märkten aus und spricht in diesem Zusammenhang von „neoklassichen" Bedingungen. Soll die Kostenrechnung in der Lage sein, zur Erfüllung ihrer Entscheidungsunterstützungs- und Koordinationsfunktion relevante Information zu allen Führungsteilsystemen zu liefern, so stellt sich angesichts der geänderten Anforderungen an die Unternehmensführung die Frage nach der künftigen Ausprägung von Kostenrechnungssystemen.

Zur **Neuausrichtung der Kostenrechnung** sind in den letzten Jahren zahlreiche Beiträge diskutiert worden, auf die jedoch im Rahmen dieser Arbeit nicht weiter eingegangen wird.[33] Vielmehr konzentriert sich die weitere Untersuchung auf einen der oft genannten Lösungsansätze, nämlich die Prozessorientierung der Kostenrechnung. Nach der Darstellung des angloamerikanischen Activity-Based Costing sowie der Prozesskostenrechnung deutscher Prägung und der Aufarbeitung der Unterschiede zwischen den beiden Ansätzen folgt eine kritische Würdigung der prozessorientierten Kostenrechnungssysteme, um eine Ausgangsbasis für die anschließende empirische Untersuchung des Einsatzes prozessorientierter Kostenrechnungssysteme in der österreichischen Unternehmenspraxis zu schaffen.

3.2.2 Prozessorientierte Kostenrechnungssysteme

Die Bezeichnungen für prozessorientierte Kostenrechnungssysteme sind vielfältig. In der angelsächsischen Literatur wird der Ansatz des „Activity-Based Costing"[34] auch als „Transacti-

---

33 Vgl. u.a. Mayer (1998), S. 49 ff.; Schweitzer / Friedl (1994), S. 66 ff.; Horváth / Mayer (1989), S. 214 ff.; Matje (1996), S. 189 ff.; Holzwarth (1993a), S. 96 ff.; Ossadnik / Maus (1995), S. 147; Weber / Weißenberger (1996), S. 25 ff.

34 Vgl. Cooper / Kaplan (1988), S. 96.

on-Based Costing“[35], „Activity Accounting“[36] oder „Cost-Driver-Accounting System“[37] bezeichnet. In der deutschen Literatur finden sich neben dem Begriff der „Prozesskostenrechnung“[38] auch Bezeichnungen wie „Prozessorientierte Kostenrechnung“[39], „Aktivitätsorientierte Kostenrechnung“[40] oder „Vorgangskostenrechnung“[41]. Durchgesetzt haben sich die Begriffe „Activity-Based Costing“ in der angelsächsischen Literatur und „Prozesskostenrechnung“ in der deutschsprachigen Literatur. Sie werden überwiegend synonym verwendet, was sich häufig mit der Annahme der inhaltlichen Identität verbindet.[42] Dies wird in der Literatur jedoch ausdrücklich verneint[43], worauf nach der Darstellung der konzeptionellen Grundlagen näher eingegangen wird.[44]

3.2.2.1 Activity-Based Costing

Die Idee einer prozessorientierten Kostenrechnung ist im Grunde auch in den USA nicht neu. So wies *Drucker* beispielsweise 1963 darauf hin, dass Kosten häufig „directly proportionate to number of transactions“ seien und aus diesem Grund den Kostenträgern im Verhältnis zur Anzahl an verursachten Aktivitäten zugerechnet werden müssen, wolle man Verzerrungen der Produktkosten vermeiden.[45]

Allgemein wird der Aufsatz **„The hidden factory“** von *Miller* und *Vollmann* als Auslöser für die kritische Überprüfung der bestehenden Kostenrechnungssysteme angesehen. Darin stellten sie die Ergebnisse einer empirischen Untersuchung vor, nach der in der amerikanischen Industrie im Zeitraum von 1855 bis 1975 der Anteil der Gemeinkosten an der Wertschöpfung stetig zugenommen hatte, während der Anteil der Lohneinzelkosten immer mehr zurückge-

---

35 Vgl. Cooper (1990), S. 220.

36 Vgl. Romano (1988), S. 61 ff.

37 Vgl. Berlant et al. (1990), S. 178.

38 Vgl. Horváth / Mayer (1989), S. 214.

39 Vgl. Ziegler (1992), S. 304.

40 Vgl. Großmann (1998), S. 9 ff.

41 Vgl. Fröhling (1989), S. 67.

42 Vgl. Coenenberg / Fischer (1991), S. 21 f.

43 Vgl. Kloock (1992), S. 184.

44 Siehe 3.2.2.3 Abgrenzung Activity-Based Costing versus Prozesskostenrechnung, S. 29.

45 Vgl. Drucker (1963), S. 55.

gangen ist. Aufgrund dieser Entwicklung hielten *Miller* und *Vollmann* eine Abkehr von der Fokussierung auf die direkte Produktion und eine stärkere Betrachtung der indirekten Bereiche für erforderlich. Sie ermittelten einen Zusammenhang zwischen der Höhe der Gemeinkosten und verschiedenen Transaktionsarten aus den indirekten Bereichen und entwickelten darauf aufbauend Vorschläge, wie durch Verringerung dieser Transaktionen die Gemeinkosten reduziert werden könnten.[46]

Johnson und *Kaplan* haben später in ihrem Buch **„Relevance Lost: The Rise and Fall of Management Accounting"** die These vom Bedeutungsverlust der traditionellen Kostenrechnungssysteme als Instrument der Unternehmensführung formuliert. Sie kritisierten dabei insbesondere die aus der Verwendung ungeeigneter Bezugsgrößen in der Vollkostenrechnung resultierende Quersubvention zwischen den Produkten und entwickelten daraufhin ein Konzept zur verursachungsgerechteren Verrechnung von Gemeinkosten der fertigungsnahmen Bereiche auf die Produkte.[47]

Aufbauend darauf erschien 1988 der Artikel von *Cooper* und *Kaplan* **„Measure Costs Right: Make the Right Decisions"**, in dem das Konzept der prozessorientierten Gemeinkostenverrechnung konkretisiert und erweitert wurde und der Begriff des „Activity-Based Costing" geprägt wurde.[48]

Das Computer Aided Manufacturing-International (CAM-I) entwickelte auf dieser Basis ein System bei dem zwischen wertschöpfenden und nicht-wertschöpfenden Aktivitäten auf ihren Beitrag zur Steigerung des Kundennutzens unterschieden wurde.[49] Als weitere Entwicklung des Activity-Based Costing integrierten *Shank* und *Govindarajan* das Wertkettenkonzept von *Porter* und erweiterten die Darstellung um die unternehmensübergreifende Betrachtung von Vorgängen und den Einbezug der Prozesse von Lieferanten und Kunden.[50] Ferner ist die Integration von Activity-Based Costing und Balanced Scorecard[51] als neue Entwicklung auf

---

46 Vgl. Miller / Vollmann (1985), S. 142 ff.

47 Vgl. Johnson / Kaplan (1987), S. 39 ff.

48 Vgl. Cooper / Kaplan (1988), S. 96 ff.

49 Vgl. Berliner / Brimson (1988), S. 21 ff.

50 Vgl. Shank / Govindarajan (1992), S. 183 ff.; Cokins (1999), S. 7 ff.

51 Vgl. Kaplan / Norton (1996), S. 9 ff.; Kaplan / Atkinson (1998), S. 367 ff.

diesem Gebiet zu nennen.[52] Als grundsätzliche Tendenz ist festzustellen, dass der Fokus neuerer Entwicklungen auf dem Gebiet des Activity-Based Costing verstärkt auf der Gestaltung von Kosten im Sinne eines strategischen Kostenmanagements liegt.[53] Für die weitere Arbeit beschränkt sich die Darstellung des Activity-Based Costing auf den dominierenden Ansatz von *Cooper* und *Kaplan*.

Alle Ansätze des Activity-Based Costing gehen davon aus, dass die Ressourcen eines Unternehmens zur Durchführung von Aktivitäten eingesetzt werden, die wiederum der Leistungserstellung dienen. Die Kosten der Ressourcen werden den Aktivitäten zugeordnet, die sie in Anspruch genommen haben. Die Summe der Ressourcenkosten einer Aktivität bilden die Aktivitätskosten, die den Kostenobjekten mit Hilfe von Maßgrößen für den Ressourcenverbrauch, sogenannten **„Cost Drivern"**, zugerechnet werden.

Beim Activity-Based Costing setzen sich die Produktkosten aus der Summe der Kosten aller Aktivitäten zusammen, die benötigt werden, um ein Produkt herzustellen und auszuliefern. Man bezieht sich dabei auf alle nicht als Einzelkosten verrechenbaren Kostenbestandteile, insbesondere auf die Fertigungsgemeinkosten. Der Einsatzbereich des Activity-Based Costing beschränkt sich also nicht nur auf die indirekten Bereiche, sondern bezieht auch ausdrücklich die Fertigung mit ein. Nachfolgende Graphik gibt einen Überblick über das System des Activity-Based Costing:

---

52 Vgl. Leahy (2000), S. 75 ff.

53 Vgl. Shank / Govindarajan (1995), S. 252 ff.; Turney (1992), S. 20 ff.

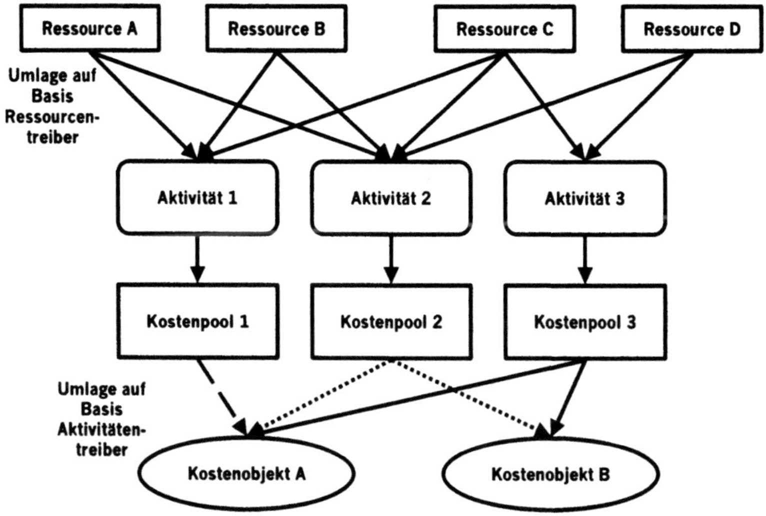

Abbildung 4: Ablauf des Activity-Based Costing [Cooper (1990b), S. 345.]

Die Verrechnung der Gemeinkosten erfolgt beim Activity-Based Costing in zwei Stufen: in der ersten Stufe werden die Kosten den Aktivitäten und in der zweiten Stufe den Kostenobjekten (z.B. Produkten, Aufträgen, etc.) zugerechnet. Im einzelnen umfaßt das Activity-Based Costing fünf Schritte, die sich am besten anhand des Einführungsprozesses in einem Unternehmen darstellen lassen.

Im ersten Schritt erfolgt die Identifikation der Tätigkeiten und Zusammenfassung zu Aktivitäten. Dabei ist auf eine relativ stabile Tätigkeitsstruktur innerhalb der Aktivitäten zu achten, da die Kosten des Ressourcenverbrauchs jeder einzelnen Aktivität mit nur einem Kostentreiber auf die Produkte verrechnet werden.

Im zweiten Schritt folgt die Entscheidung über den Ausweis der Aktivitätskosten, wobei festzulegen ist, wie detailliert der Ressourcenverbrauch der Aktivitäten ausgewiesen werden soll.

Im dritten Schritt geht es um die Bestimmung der Bezugsgrößen auf der ersten Stufe sowie der Aktivitätskosten. Die Ressourcenkosten werden im Rahmen der ersten Verrechnungsstufe mit Hilfe sogenannter Ressourcentreiber („Resource Driver“) als Maß der Ressourceninanspruchnahme auf die Aktivitäten verrechnet. Die Ressourcenkosten einer Aktivität bilden die einzelnen Kostenelemente der Aktivität, die in Kostenpools („Activity Cost Pools“) gesammelt werden. Der Kostenpool enthält die Gesamtkosten, die bei der Ausführung der Aktivität für alle Produkte anfallen. Die Aktivitäten werden dabei nach den Kostenobjekten, denen sie zugeordnet werden, in stückzahl-, los- bzw. auftrags-, produkt- und bereichsbezogene Aktivitäten unterteilt.[54]

In Schritt vier geschieht die Abgrenzung von Aktivitätszentren („Activity Centers"), wo alle Aktivitäten, die in einer zeitlichen und sachlichen Beziehung zueinander stehen, zu Prozessen zusammengefaßt werden. Ein Aktivitätszentrum repräsentiert einen Ausschnitt des Produktionsprozesses, für den spezifische Kosteninformationen benötigt werden.

Im fünften und letzten Schritt ist schließlich die Bestimmung der Bezugsgrößen der zweiten Stufe und Verrechnung auf die Kostenobjekte durchzuführen. Kostenobjekte („Cost Objects") können beispielsweise Produkte, Kunden, Vertriebskanäle oder Marktsegmente sein. Die Zuordnung der Aktivitätskosten erfolgt mit Hilfe der Aktivitätentreiber („Activity Cost Drivers") als Bezugsgrößen der zweiten Stufe. Jeder Kostenpool wird mit Hilfe eines Aktivitätentreibers auf die Kostenobjekte verrechnet.

Die Entwicklung des Activity-Based Costing ist aus Sicht von *Franz* ein Schritt, der in Deutschland bereits vor geraumer Zeit vollzogen wurde.[55] Der große Erfolg des Activity-Based Costing in den USA wird vor allem darauf zurückgeführt, dass viele amerikanische Unternehmen keine differenzierte Kostenstellenrechnung besitzen und mit der Lohnzuschlagskalkulation arbeiten.[56]

3.2.2.2 Prozesskostenrechnung

Im Gegensatz zur anglo-amerikanischen Kostenrechnungspraxis verfügen Unternehmen im deutschsprachigen Raum schon seit geraumer Zeit über sehr differenzierte Verfahren des internen Rechnungswesens. Die der Prozesskostenrechnung zugrundeliegende Idee wurde bereits im Jahre 1899 von *Schmalenbach* geäußert, als er auf die von nicht gängigen Artikeln verursachten Komplexitätskosten und die Notwendigkeit, diese Einflüsse in der Kalkulation

---

54 Vgl. Cooper / Kaplan (1988), S. 97 ff.

55 Vgl. Franz (1992), S. 605 ff.

56 Vgl. Horváth / Mayer (1993), S. 15; Herzog (1989), S. 313 f.; Kloock (1992), S. 184.

zu berücksichtigen, hingewiesen hat.[57] Bereits in der ersten Hälfte dieses Jahrhunderts differenzierte die Deutsche Reichsbahn und später die Deutsche Bundesbahn in ihrer Kostenrechnung nach Funktionen und Teilfunktionen.[58] *Rummel* erkannte 1949 die Bedeutung der Losgröße als Kostenbestimmungsfaktor und die Quersubventionierung zwischen verschiedenen Produkten bei pauschaler Verrechnung der Gemeinkosten.[59] *Heinen* beobachtete bereits 1958 eine Kostenstrukturverschiebung von den Einzel- zu den Gemeinkosten und kritisierte daraufhin die Eignung der Fertigungslöhne als Zuschlagsbasis für die Fertigungsgemeinkosten, da die Zuschlagssätze immer größer würden und sich nunmehr auf eine kleinere Basis beziehen was zu erheblichen Ungenauigkeiten in der Zuschlagskalkulation führen müsse.[60]

In konzeptionell ausgereifter Form finden sich die wesentlichen theoretischen Gedanken der Prozesskostenrechnung bereits in den Systemen der Grenzplankostenrechnung und Deckungsbeitragsrechnung nach *Kilger*[61] und *Plaut*.[62] Insbesondere *Kilger* befaßte sich 1961 in seinem Werk auch mit den Besonderheiten der Bezugsgrößenwahl in den indirekten Bereichen.[63]

Vikas entwickelte 1988 das Konzept der auf der Grenzplankostenrechnung aufbauenden Vorgangskostenrechnung zur Kostenkontrolle und Kalkulation im Dienstleistungsunternehmen und Verwaltungsbereichen von Industrieunternehmen. Sein Konzept dient vor allem der Planung und Verrechnung der Personalkosten mit Hilfe von Leistungsbezugsgrößen.[64]

Doch erst seit den auf den Gedanken von *Cooper* und *Kaplan* basierenden Arbeiten von *Horváth* und *Mayer* 1989 begann unter dem Schlagwort Prozesskostenrechnung eine Art Durchbruch dieser Gedanken im deutschen Sprachraum.[65] Die Prozesskostenrechnung deutscher Prägung versteht sich im Gegensatz zum amerikanischen Activity-Based Costing nicht

---

57 Vgl. Schmalenbach (1899), S. 107.

58 Vgl. Tecklenburg (1930), S. 5 ff.

59 Vgl. Rummel (1949), S. 212.

60 Vgl. Heinen (1958), S. 13 ff.

61 Vgl. Kilger (1961), S. 9 ff.

62 Vgl. Plaut (1955), S. 25 ff.

63 Vgl. Kilger (1961), S. 300 ff.

64 Vgl. Vikas (1988), s. 35 ff.

als völlig neues Kostenrechnungssystem, sondern baut auf der traditionellen deutschen Kostenrechnung auf. Sie soll die traditionellen Kostenrechnungssysteme nicht ersetzen, sondern sinnvoll ergänzen, indem sie deren Mängel bei der Analyse und Verrechnung der Gemeinkosten ausgleicht. Kennzeichnend für die Prozesskostenrechnung deutscher Prägung ist deren ausschließlicher Einsatz in den Gemeinkostenbereichen.[66] Eine wesentliche Zielsetzung der Prozesskostenrechnung ist demnach die Steigerung der Transparenz in den indirekten Bereichen durch Aufdeckung der maßgeblichen Kosteneinflussgrößen sowie die Identifikation von Rationalisierungspotenzialen. Die Prozesskostenrechnung bemüht sich um eine möglichst verursachungsgerechte Zuordnung der Kosten aller Kostenstellen zu den Produkten bzw. den Leistungen.[67] Insofern unterscheidet sich der Prozesskostenansatz nicht von der Zielsetzung der Grenzplankostenrechnung.[68] Divergenzen bestehen lediglich bezüglich des Entscheidungshorizonts, der in der Prozesskostenrechnung mittel- bis langfristig ausgerichtet ist, während die Grenzplankostenrechnung kurzfristige Entscheidungen zu unterstützen trachtet.

Die Weiterentwicklung der Prozesskostenrechnung deutscher Prägung geht vor allem in zwei Richtungen:[69] Einerseits werden die bisher häufig parallel betriebenen Prozesskostenrechnungssysteme zunehmend in ein prozessorientiert ausgerichtetes Rechnungswesen integriert. Dies betrifft sowohl die computergestützte Umsetzung der Prozesskostenrechnung, als auch die Kombination mit anderen modernen Ansätzen der Kostenrechnung und des Kostenmanagements wie beispielsweise dem Target Costing.[70] Andererseits steht heute nicht mehr die (Prozess)Kostenrechnung, sondern die Prozessgestaltung im Vordergrund des Interesses.[71] Die Prozesskostenrechnung ist deshalb zunehmend als Teil eines umfassenderen Prozesscontrolling und -managements anzusehen.[72]

---

65 Vgl. Horváth / Mayer (1989), S. 214 ff.

66 Vgl. Horváth / Mayer (1993), S. 16

67 Vgl. Grotheer (1994), S. 18 ff.

68 Vgl. Müller (1994), S. 39.

69 Vgl. Horváth / Mayer (1995), S. 84 f.

70 Vgl. Schmelzer / Friedrichs (1997), S. 339 f.

71 Vgl. Klein / Vikas (1999), S. 84; Böhler (1998), S. 152 ff.

72 Vgl. Brede (1997), S. 326 ff.; Bölscher (2000), S. 357 ff.

Die weiteren Ausführungen beziehen sich auf den im deutschen Sprachraum dominierenden Ansatz der Prozesskostenrechnung nach *Horváth* und *Mayer*. Nachfolgende Abbildung gibt einen Überblick über die Methodik der Prozesskostenrechnung, dargestellt anhand des Einführungsprozesses in einem Unternehmen bzw. in einem Unternehmensbereich:

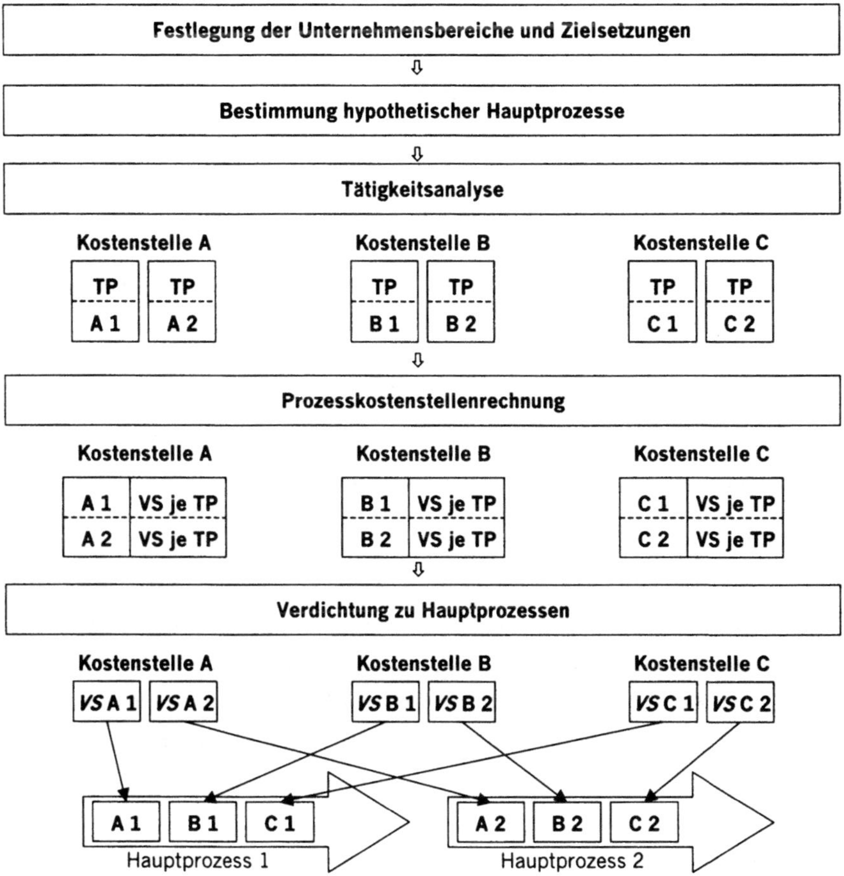

Abbildung 5: Ablauf der Prozesskostenrechnung [Horváth / Mayer (1993), S. 19 ff.]

Der Einführungsprozess verläuft, wie beim Activity-Based Costing, generell in fünf Schritten. Im ersten Schritt erfolgt die Bestimmung der relevanten Unternehmensbereiche und Zielsetzungen. Da die Einführung der Prozesskostenrechnung sich nicht nur wesentlich von den bestehenden Kostenrechnungssystemen unterscheidet, sondern insbesondere auch eine neue prozessorientierte Denkweise beinhaltet, wird häufig der Einsatzbereich zunächst auf einen abgegrenzten Teil des Unternehmens beschränkt. Hierfür geeignet sind besonders Bereiche mit großem Kostenvolumen und geringer Transparenz, da hier schneller Erfolge erzielt werden können. Darüber hinaus ist auch eine Festlegung der verfolgten Zielsetzungen notwendig. Dabei geht es vor allem darum den geplanten Einsatzbereich der Prozesskostenrechnung festzulegen, beispielsweise ob man nur eine Erhöhung der Transparenz anstrebt, oder ob auch die Planung der Gemeinkostenbereiche oder die Kalkulation und Ergebnisrechnung prozessorientiert durchgeführt werden soll. Aus den Zielsetzungen ergibt sich in erster Linie, ob produktionsnahe oder alle bzw. ausgewählte indirekte Bereiche einbezogen werden und ob eine Anbindung an die Erlösrechnung erfolgt.

Im zweiten Schritt werden die wesentlichsten Prozesse im Unternehmen, die **Hauptprozesse** (HP) ermittelt. Sie setzen sich aus mehreren homogenen Aktivitäten zusammen, die idealerweise demselben Kosteneinflussfaktor unterliegen. Maßgrößen der Hauptprozesse sind die sogenannten „Cost Driver". Zu Beginn der Einführung der Prozesskostenrechnung sind Hypothesen über mögliche Hauptprozesse und deren Cost Driver aufzustellen, um eine gezielte Durchführung der Implementierung zu gewährleisten.

Nach Festlegung der hypothetischen Hauptprozesse wird im dritten Schritt in allen einbezogenen Kostenstellen eine Tätigkeitsanalyse durchgeführt. Die durch Interviews, Dokumentenanalyse und Selbstaufschreibungen ermittelten Aktivitäten werden strukturiert und zu **Teilprozessen** (TP) verdichtet. Unter einem Teilprozess versteht man eine Kette homogener Aktivitäten einer Kostenstelle, die einem oder mehreren Hauptprozessen zugeordnet werden kann und für die Prozesskosten ermittelt werden sollen. Danach wird geprüft, ob sich die Teilprozesse in Abhängigkeit vom Arbeitsvolumen der Kostenstelle mengenvariabel verhalten oder nicht. Steigen die Prozesskosten bei steigendem Leistungsanfall, dann bezeichnet man den Prozess als **leistungsmengeninduziert** (lmi). Sind die Prozesskosten vom Leistungsvolumen der Kostenstelle unabhängig, handelt es sich um einen **leistungsmengenneutralen** (lmn) Prozess. Die leistungsmengenneutralen Teilprozesse stehen mit den Kalkulationsobjekten nicht in direkter Beziehung und beschränken sich meist auf die Führung bzw. Koordination von Prozessstellen. Damit man durch die Prozesskostenrechnung möglichst aussagefähige Ergebnisse erzielen kann, trachtet man danach, den Großteil der verfügbaren Kapazität auf leistungsmengeninduzierte Teilprozesse zu verteilen. Im Anschluss daran sind für die leistungsmengeninduzierten Prozesse geeignete Maßgrößen zu finden, mit denen diese quantifiziert werden können. Diese Maßgrößen der Teilprozesse werden auch als Kostentreiber bezeichnet. Bereits in diesem Stadium der Prozessanalyse werden häufig Rationalisierungspotenziale wie z.B. Redundanzen oder Prozessschleifen offenbar. Im Gegensatz zu früher gebräuchlichen Methoden der Arbeitszeitermittlung, wie z.B. REFA-Analysen, ist das Analysieren einzelner Handgriffe oder Verrichtungen und das spätere Verdichten zu Teilprozessen jedoch nicht erforderlich. Diese detailorientierten Verfahren täuschen Scheingenauigkeit vor und werden zudem von den Mitarbeitern des Untersuchungsbereichs als Überwachung empfunden und daher oftmals sabotiert. Die Teilprozessanalyse setzt auf einem höheren Aggregationsniveau an und ist an den dahinterliegenden Verrichtungen nicht interessiert, da sie unterstellt, dass die Effizienz von Tätigkeiten am besten durch den verantwortlichen Mitarbeiter selbst sichergestellt werden kann.[73]

Im vierten Schritt, der Prozesskostenstellenrechnung, werden den einzelnen Teilprozessen die in Anspruch genommenen Ressourcen und damit die Kostenstellenkosten zugeordnet. Da im Gemeinkostenbereich die Personalkosten die dominierende Rolle spielen, wird dazu häufig eine Verteilung nach der erforderlichen Bearbeitungszeit vorgenommen. Für jeden Teilprozess wird die benötigte Mitarbeiterkapazität in Mannjahren (MJ) ermittelt. Als Mannjahr wird dabei die pro Jahr tatsächlich zur Verfügung stehende Arbeitszeit eines Mitarbeiters, also die Anwesenheitszeit, herangezogen. Das bedeutet, dass in der Prozesskostenrechnung die Zuordnung von Kosten zu Teilprozessen im wesentlichen nach der Inanspruchnahme der Mitarbeiterkapazität erfolgt. Sachkosten der Kostenstelle werden in der Regel proportional auf diesen Aufwand verrechnet. Die Begründung für dieses Vorgehen wird darin gesehen, dass in den indirekten Bereichen die Personalkosten den dominierenden Anteil ausmachen und die Sachkosten eine Proportionalität zu den Personalkosten dahingehend aufweisen, dass z.B. für jeden Mitarbeiter ein Arbeitsplatz eingerichtet werden muss. Dass es bei diesem Vorgehen zu einer unzulässigen Proportionalisierung von Fixkosten kommt, wird von *Horváth et al.* mit dem Argument verneint, dass die Personalkosten zwar nicht kurzfristig, wohl aber über einen längeren Zeitraum beeinflusst werden können.[74] Durch Multiplikation der eingesetzten Mitar-

---

73 Vgl. Wüest (1996), S. 418 f.

74 Vgl. Horváth et al. (1993), S. 621; zur Trennung in fixe und proportionale Kosten und zum Fristigkeitsgrad siehe auch Kilger (1976), S. 685; Plaut (1984), S. 24.

beiterkapazität der Teilprozesse mit den Kosten pro Mannjahr der jeweiligen Kostenstelle erhält man die für die Teilprozesse jährlich aufgewendeten Prozesskosten. Der Aufwand der leistungsmengenneutralen Prozesse wird in der Regel im Verhältnis zum Aufwand der leistungsmengeninduzierten Prozesse verteilt. Als Ergebnis der Prozesskostenstellenrechnung erhält man demnach einen Verrechnungssatz je Teilprozess.

Im fünften Schritt erfolgt schließlich die Verdichtung der Teilprozesse zu kostenstellenübergreifenden Hauptprozessen. Die Hauptprozesse sind von Kostenstellen und Organisationsstrukturen unabhängig und beschreiben die wesentlichen Abläufe in den untersuchten indirekten Bereichen. Ein Hauptprozess ist ergo nichts anderes als die Zusammenfassung verschiedener Teilprozesse einer oder mehrerer Kostenstellen. Für das praktische Verständnis der Kostenrechnung im Unternehmen bedeutet das, dass sich die Hauptprozesse aus verschiedenen Teilprozessen zusammensetzen, die ihrerseits - und dies ist einer der Schlüssel zum Verständnis der der Prozesskostenrechnung zugrundeliegenden Abrechnungstechnik - aus verschiedenen Kostenstellen kommen können.[75] Die Hauptprozesse und ihre Cost Driver verdeutlichen die Ursachen der Kostenentstehung im Unternehmen und liefern damit wichtige Informationen für die Prozesssteuerung und -verbesserung.

Da die Variabilität der Kosten vom jeweiligen Planungshorizont abhängt, liegt der Einsatzschwerpunkt der Prozesskostenrechnung gemäß ihren Proponenten vor allem im strategischen Entscheidungsbereich mit mittel- bis langfristigen Planungshorizont, der in Anbetracht sich wandelnder Kostenstrukturen zunehmend an Bedeutung gewinnt.[76] Die Prozesskostenrechnung liefert wichtige strategische Informationen über Wirkungszusammenhänge zwischen markt- und produktbezogenen Entscheidungen und dadurch bewirkte Kapazitätsveränderungen in den indirekten Bereichen.[77] Insofern eignet sie sich auch als Instrument für das Komplexitätskostenmanagement[78] sowie für den Einsatz im externen Rechnungswesen.[79] Durch den Ausweis des langfristigen prozess- bzw. produktbezogenen Ressourcenverbrauchs und

---

[75] Vgl. Müller (1992), S. 61.

[76] Vgl. Horváth (1989), S. 214 ff.

[77] Vgl. Stahl (1997), S. 343 ff.; Zehetner (1999), S. 159 ff.; Mayer / Zinkernagel (1999), S. 214 ff.; Kuhn / Bandow (1999), S. 21 ff.; Leidig (1998), S. 130 ff.

[78] Vgl. Hungenberg (2000), S. 548; Reiners / Sasse (1999), S. 222 ff.

[79] Vgl. Weißenberger / Stromann (2000), S. 607 ff.

nicht ausgenutzter Kapazitäten ergänzt und detailliert die Prozesskostenrechnung den Informationsinput für die Durchführung von Investitionsrechnungen.[80]

3.2.2.3 Abgrenzung Activity-Based Costing versus Prozesskostenrechnung

Wie aus der bisherigen Darstellung deutlich wurde, dürfen Activity-Based Costing und Prozesskostenrechnung nicht gleichgesetzt werden. Der unterschiedliche Entwicklungsstand der Kostenrechnung im anglo-amerikanischen Raum und im deutschsprachigen Raum führte zu unterschiedlichen Anwendungsbereichen und methodischen Ausgestaltungen der prozessorientierten Kostenrechnung. Unterschiede zwischen Activity-Based Costing und Prozesskostenrechnung sind auf drei Ebenen zu konstatieren:

- Zielsetzung,
- Einsatzbereich und
- Methodik.

Wesentlichster Rechnungszweck des Activity-Based Costing ist die Ermittlung der Produktkosten für langfristige Preis- und Programmentscheidungen. Die Verhaltensbeeinflussung der Mitarbeiter wird zwar als eine bei der Auswahl der Kostentreiber zu berücksichtigende Eigenschaft erwähnt, jedoch nicht explizit als Rechnungszweck genannt.[81]

Die Prozesskostenrechnung deutscher Prägung wird hingegen vor allem als ein Ansatz zur Beherrschung der wachsenden Gemeinkostenbereiche in den Unternehmen gesehen. Erzielung von Transparenz in den Gemeinkostenbereichen zur Führungsunterstützung und die Bereitstellung von Kosteninformationen für die mittel- und langfristige Planung und Kontrolle der indirekten Kosten sind gleichberechtigte Rechnungszwecke neben dem Ansatz einer möglichst verursachungsgerechten Kostenzuordnung.

Die Prozesskostenrechnung wurde vor allem zur Steuerung der Gemeinkosten fertigungsfremder Bereiche entwickelt, da der Produktionsbereich mit Hilfe der Grenzplankostenrech-

---

80 Vgl. Horváth et al. (1993), S. 622; Vikas / Zehetner (1999), S. 209 ff.

81 Vgl. Cooper (1990), S. 210 ff.

nung befriedigend abgebildet werden konnte. Den Einsatzschwerpunkt des Activity-Based Costing bilden hingegen die fertigungsnahen Kostenstellen. Nachfolgende Grafik verdeutlicht die Anwendungsbereiche der verschiedenen prozessorientierten Kostenrechnungssysteme:

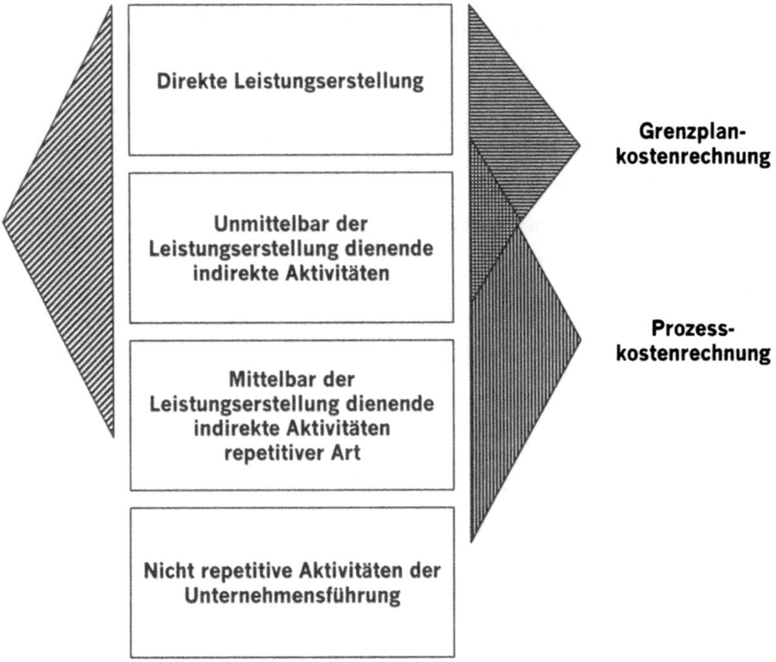

Abbildung 6: Anwendungsbereiche von ABC und PKR [Horváth / Mayer (1993), S. 16.]

Wie Abbildung 6 zu entnehmen ist, wurde das Activity-Based Costing grundsätzlich für den Einsatz im gesamten Unternehmen konzipiert, während sich die Anwendung der Prozesskostenrechnung auf Kostenstellen indirekter Bereiche mit überwiegend repetitiven Tätigkeiten beschränkt. Das Activity-Based Costing kann daher als eigenständige Alternative zu traditionellen Kostenrechnungssystemen angesehen werden, die Prozesskostenrechnung dagegen bildet lediglich eine Ergänzung bzw. partielle Alternative zur bestehenden Kostenrechnung. Die Einsatzfelder der Grenzplankostenrechnung und der Prozesskostenrechnung überschneiden sich lediglich in den indirekten Gemeinkostenbereichen.

Neben dem Rechnungszweck und den Einsatzbereichen sind **Unterschiede** auch in der Methodik von **Activity-Based Costing und Prozesskostenrechnung** feststellbar. Das Activity-Based Costing geht bei der Ermittlung der Aktivitäten nicht von den Kostenstellen aus; die Kostenpools dienen lediglich als Hilfsmittel zur Sammlung der Aktivitätskosten und sind nicht mit den Kostenstellen zu vergleichen. Weiters ist festzuhalten, dass die Unterscheidung in leistungsmengeninduzierte und leistungsmengenneutrale Teilprozesse eine Eigenart der Prozesskostenrechnung deutscher Prägung ist und beim Activity-Based Costing nicht vorgenommen wird.

Beim Activity-Based Costing kann eine Aktivität nicht von mehreren Kosteneinflussfaktoren abhängig sein, während bei der Prozesskostenrechnung ein Teilprozess auch mehreren Hauptprozessen zugeordnet werden kann und somit von mehreren Kostentreibern bestimmt auf die Kostenträger weiterverrechnet werden. Insgesamt ist eine möglichst verursachungsgerechte Kostenzurechnung mit der Methodik der Prozesskostenrechnung eher gewährleistet als beim Activity-Based Costing.

Eine Zusammenfassung mehrerer sachlich zusammenhängender Teilprozesse zu kostenstellenübergreifenden Hauptprozessen existiert beim Activity-Based Costing nicht, die Aggregation von Tätigkeiten zu Aktivitäten erfolgt ausschließlich, um eine wirtschaftlichere Durchführung des Activity-Based Costing zu ermöglichen; ebenso werden die Kostenpools nicht bereichsübergreifend aggregiert. Das heißt, das innovativste Element der Prozesskostenrechnung, die kostenstellenübergreifende Betrachtung von Prozessen, fehlt somit beim amerikanischen Activity-Based Costing.

Wie gezeigt werden konnte, gibt es zwischen den Ansätzen des Activity-Based Costing und der Prozesskostenrechnung deutscher Prägung weitreichende Unterschiede. Kritik an prozessorientierten Kostenrechnungssystemen sollte insoweit ebenso zwischen den Ansätzen differenzieren.

Für die vorliegende Arbeit ist die Darlegung der Unterschiede insofern bedeutsam, als bei Untersuchung des Einführungsprozesses bzw. beim Einsatz prozessorientierter Kostenrechnungssysteme zu berücksichtigen ist, welche Art von prozessorientierter Kostenrechnung das betreffende Unternehmen tatsächlich anwendet. Grundsätzlich ist die Untersuchung an der Diffusion aller Arten prozessorientierter Kostenrechnungssysteme interessiert, doch kann gerade bei Abbruch des Einführungsprozesses oder bei einem späteren Abgehen von der prozessorientierten Kostenrechnung die Art der Systemgestaltung ein wesentlicher Faktor sein. Daher wird dies bei Erforschung der Ausgestaltung prozessorientierter Kostenrechnungssysteme in der österreichischen Unternehmenspraxis berücksichtigt.

3.2.3 Kritische Würdigung prozessorientierter Kostenrechnungssysteme

Die Kritik am anglo-amerikanischen Activity-Based Costing richtet sich vor allem auf die Verrechnung nahezu aller Gemeinkosten sowie die fehlende Trennung zwischen fixen und variablen Kostenbestandteilen. Damit verbunden ist auch die Problematik der Proportionalitätsannahme zu nennen, die sich unter anderem darin äußert, dass ein Wegfall von Produktkosten auf Basis des Activity-Based Costing bei Verringerung der Produktionsmenge nur unter sehr engen Bedingungen tatsächlich eintritt.[82] Des weiteren wird der Neuigkeitscharakter des Activity-Based Costing in Theorie und Praxis bezweifelt.[83] Bemerkenswert ist in diesem Zusammenhang vor allem die Kritik von *Johnson*, der als einer der Begründer des Activity-Based Costing gilt und 1992 deren Beitrag zur Lösung der geänderten Anforderungen an die Unternehmensführung kritisch hinterfragte. Seiner Ansicht nach orientiert sich das Activity-Based Costing zu stark an traditionellen Kostenrechnungsmustern und behindert so die Weiterentwicklung zu nachhaltigen Lösungsansätzen auf dem Gebiet der Kostenrechnung.[84] *Johnson* empfiehlt, statt der Implementierung von Activity-Based Costing die personellen Ressourcen direkt auf die Verbesserung der Prozesse im Sinne einer optimalen Kundenbefriedigung zu lenken.[85] Wie oben gezeigt, versteht sich die Prozesskostenrechnung deutscher Prägung als eine Weiterentwicklung des Activity-Based Costing. Die weiteren Ausführungen beziehen sich daher vor allem auf den deutschen Ansatz der Prozesskostenrechnung.

Ein Kritikpunkt an der Prozesskostenrechnung deutscher Prägung richtet sich an die Darstellung als neues, revolutionäres Kostenrechnungssystem, das für sich in Anspruch nimmt, dass nur durch dessen Anwendung eine verursachungsgerechte Verrechnung von Gemeinkosten möglich ist, während traditionellen Kostenrechnungssystemen ebenso unkritisch und pauschal

---

82 Vgl. Noreen (1991), S. 159 ff.; Yahya-Zadeh (1997), S. 9 ff.

83 Vgl. Horváth / Mayer (1993), S. 15.

84 Vgl. Johnson (1992), S. 26 ff.

85 Vgl. Johnson (1992), S. 35.

unterstellt wird, dass sie zu falschen Ergebnissen führen.[86] Kritiker der Prozesskostenrechnung weisen auf die Übereinstimmung der Kostentreiber in der Prozesskostenrechnung mit den Bezugsgrößen *Kilgers* hin.[87] Vertreter der Prozesskostenrechnung bestreiten allerdings die Praktikabilität des Auffindens von Bezugsgrößen für indirekte Kostenstellen bei der Grenzplankostenrechnung und argumentieren weiters, dass die indirekten Bezugsgrößen *Kilgers* reine Verrechnungsbezugsgrößen darstellten und daher für einen Soll-Ist-Vergleich der indirekten Leistungsbereiche nicht einsetzbar seien.[88]

Ein weiterer Kritikpunkt an der Prozesskostenrechnung richtet sich an ihren Beitrag zur strategischen Unternehmensführung. Grundsätzlich können mit der Prozesskostenrechnung die Kosten einer programmbezogenen Handlungsalternative abgebildet werden, wenn die nach den Verrechnungsregeln der Prozesskostenrechnung berechneten Kosten der Handlungsalternative mit der Differenz der Unternehmenskosten vor und nach Durchführung der strategischen Handlungsalternative ident sind. Dies ist dann möglich, wenn zwischen den strategischen Entscheidungsvariablen und der Prozessmenge eine funktionale Beziehung besteht, die Kosten jedes Prozesses mittels einer einvariabligen Kostenfunktion mit der Prozessmenge als unabhängige Variable erklärt werden können, und der bewertete Ressourcenverbrauch eines Prozesses sich proportional zu seiner Prozessmenge verhält.[89]

Angesichts des erhöhten Zwangs zu Differenzierung und der daraus resultierenden Variantenvielfalt ist davon auszugehen, dass durch den Vollzug eines Prozesses immer häufiger Leistungen für mehrere Bezugsobjekte gemeinsam erbracht werden, so dass die Prozesskostenrechnung bei der Kalkulation von Produkten der ersten Bedingung nicht genügt.[90]

Die zweite Bedingung ist dann als erfüllt anzusehen, wenn eine unverbundene Produktion vorliegt, d.h. wenn die Kosten eines Prozesses von den Prozessmengen aller anderen Prozesse unabhängig sind. Wenn zumindest eine Ressource von mehreren Prozessen gemeinsam genutzt wird, ist diese Bedingung nicht erfüllt. Da die Prozesse üblicherweise nicht nach der

---

86 Vgl. Glaser (1992), S. 275; Müller (1992a), S. 53; Riebel (1994), S. 704.

87 Vgl. Küting / Lorson (1991), S. 1425.

88 Vgl. Horváth / Mayer (1989), S. 215.

89 Vgl. Schweitzer / Friedl (2000), S. 302; Noreen (1991), S. 163.

90 Vgl. Schweitzer / Friedl (2000), S. 302 f.

Zurechenbarkeit von Ressourcen abgegrenzt werden, müssen die Kostenstellenkosten im Normalfall auf mehrere Teilprozesse verrechnet werden, die wiederum auf mehrere Hauptprozesse verrechnet werden können. Daher kann davon ausgegangen werden, dass auch die zweite Bedingung nicht erfüllt ist.[91] Die Konsequenz aus dieser Tatsache ist, dass beispielsweise durch eine Prozessoptimierung oder Prozesselimination Kostensenkungen ausgewiesen werden, die durch die fehlende sachliche Abbaubarkeit nicht realisiert werden können. Damit sind auch Outsourcing- oder Produktmix-Entscheidungen auf Basis der Prozesskostenrechnung nicht zu fundieren, da die entscheidungsrelevanten Kosten nicht alternativenspezifisch ausgewiesen werden.[92] Die Zurechnung verbundener Zahlungen und die Bewertung von Leistungstransfers für strategische Entscheidungen erfolgt nicht unter dem Ziel, alle Kosten und Leistungen, die für mehrere Objekte gemeinsam anfallen, restlos und möglichst verursachungsgerecht auf die Objekte zu verteilen, sondern in der Absicht, zu klären, welche Anteile zur Bewertung der Alternativen entscheidungsrelevant sind.[93]

Die dritte Bedingung besagt, dass Kostenwirkungen von Entscheidungen nur bei Konstanz aller potenzialstruktur-, prozessstruktur- und prozessablauforientierten Merkmale ausgewiesen werden können. Die sprungfixen Kosten einer durch strategische Entscheidungen induzierten Veränderung der Potenzial- und Prozessstruktur können nur über eine Anpassung der Prozesskostensätze erfasst werden, die innerhalb des üblicherweise einjährigen Betrachtungszeitraums der Prozesskostenrechnung jedoch konstant gehalten werden. Daher ist davon auszugehen, dass bei einer üblichen Gestaltung der Prozesskostenrechnung auch die dritte Bedingung nicht erfüllt ist.[94]

Als Reaktion auf die Kritik an den ersten Konzepten der Prozesskostenrechnung entwickelte sich durch Integration mit dem Konzept der Kapazitätskostenrechnung und der Plankostenrechnung die sogenannte Prozesskostenrechnung II, die sich als praxisgerechte Weiterentwicklung und Ergänzung der Prozesskostenrechnung hin zu einem das gesamte Unternehmen

---

91 Vgl. Schweitzer / Friedl (2000), S. 303; Maher / Marais (1998), S. 129 ff.

92 Quantitative Lösungsansätze dieses Problems siehe etwa bei Kee / Schmidt (2000), S. 4 ff.; Yahya-Zadeh (1998), S. 39 ff.

93 Vgl. Holzwarth (1993), S. 147.

94 Vgl. Schweitzer / Friedl (2000), S. 304.

einheitlich abbildenden Kostenrechnungssystem beschreiben lässt.[95] Durch gleiche Beschreibungs- und Bewertungsmethoden sowohl in den direkten als auch in den indirekten Prozessen über verschiedene Prozesshierarchien wird eine Gleichbehandlung von Fertigungsprozessen und Prozessen in Verwaltungs- und Logistikbereichen erreicht. Durch die Integration mit der Kapazitätskostenrechnung und Plankostenrechnung wird ein instrumenteller Schritt in Richtung eines Prozesskostenmanagements gesetzt, wodurch der Kritik, dass mit der Prozesskostenrechnung auf strategischer Ebene suboptimale Entscheidungen getroffen werden, begegnet werden kann.[96] Die letzte Entwicklungsstufe in der Weiterentwicklung von Prozesskostenrechnungssystemen stellt zur Zeit die **prozesskonforme Grenzplankostenrechnung** dar, die eine Integration der Grundprinzipien der Prozesskostenrechnung mit der klassischen Grenzplankostenrechnung anstrebt.[97]

Zusammenfassend ist also festzustellen, dass die Prozesskostenrechnung kein völlig neues Kostenrechnungssystem ist, dass sie methodisch der Philosophie der Vollkostenrechnung nahesteht und als alleinige Datenquelle für (strategische) Entscheidungen nur bedingt geeignet ist. Dieser mangelnden theoretischen Akzeptanz prozessorientierter Kostenrechnungssysteme ist hinzuzufügen, dass auch die sogenannten traditionellen Kostenrechnungssysteme wegen ihrer mangelnden Erfüllung der Anforderungen der Unternehmensführung heftiger Kritik ausgesetzt sind.[98] Weiters ist anzumerken, dass die Entwicklung der Prozesskostenrechnung noch nicht abgeschlossen ist, was sich unter anderem an in der Literatur angesprochenen möglichen Entwicklungstendenzen zeigt.[99] Eine möglicherweise für die österreichische Unternehmenspraxis bedeutsame Entwicklung ist jene des Einsatzes von prozessorientierten Kostenrechnungssystemen für kleinere und mittelständische Unternehmen, insbesondere im

---

95 Vgl. Mayer / Kaufmann (2000), S. 292 ff.

96 Dies wird in erster Linie durch Einführung der Kostenkategorien „Leistungsabhängige Sachkosten", „Personalkosten" und „Zeitgebundene Nutzungskosten" und der entsprechenden Ableitung von Kostenreagibilitätsgraden erreicht; durch Kostensimulationen im Rahmen der Budgetierung auf Basis geplanter Prozessmengen können die je Kostenkategorie hinterlegten Reagibilitätsgrade zur Kostengestaltung genutzt werden.

97 Prominentester Vertreter ist hier Müller (2001), S. 223 ff.; siehe auch Ebbeken / Ebbeken (2001), S. 173 ff.; Hartmann (2001), S. 157 ff.

98 Vgl. u.a. Albach (1988), S. 1152; Weber (1993), S. 257 ff.; Johnson / Kaplan (1987), S. 35 ff.; Holzwarth (1993), S. 170 f.

99 Vgl. Kaplan (2001), S. 3 f.; Dangelmaier / Felser (1999), S. 26 f.; Vgl. Küting / Lorson (1991), S. 1421 ff.; Horváth / Mayer (1993), S. 15 ff.

Rahmen von breiter angelegten Prozessmanagementansätzen.[100] An positiven Aspekten wird von Kritikern vor allem die Marketingwirkung der Prozesskostenrechnung genannt, d.h. die Anstoßwirkung zur Diskussion um die Weiterentwicklung traditioneller Kostenrechnungssysteme.[101] Die Erwiderung der Befürworter fußt vor allem auf dem Argument, dass die Kritiker der Prozesskostenrechnung die grundlegenden Veränderungen der Kostenstrukturen nicht zur Kenntnis genommen hätten.[102] Zudem argumentieren sie den Neuigkeitscharakter der Prozesskostenrechnung in der Betrachtung weniger, unternehmensübergreifender Hauptprozesse und Kostentreiber, die den Kostenanfall in den indirekten Bereichen bestimmen und in einem originären Zusammenhang mit der Gesamtplanung des Unternehmens stehen.[103]

Als Fazit der theoretischen Einführung in die Prozesskostenrechnung ist festzuhalten, dass es sich bei der Prozesskostenrechnung um noch in der Entwicklung befindliche, theoretisch umstrittene, Ansätze zur Weiterentwicklung der Kostenrechnung handelt, die von Beginn der Entwicklungen an Eingang in die Unternehmenspraxis gefunden haben. Insbesondere im Bereich der Dienstleistungsunternehmen sowie bei Banken und Versicherungen genießen prozessorientierte Kostenrechnungssysteme in der Praxis zunehmende Akzeptanz.[104] Auch im Bereich der öffentlichen Verwaltung rücken prozessorientierte Kostenrechnungsansätze zunehmend in den Blickpunkt des Interesses.[105] Diese Tatsache der praktischen Relevanz von Prozesskostenrechnungssystemen ist Ausgangspunkt dieser Studie. Das Interesse dieser Arbeit richtet sich an die Bedingungen und den Prozess der Einführung, die Gestaltung des Dauerbetriebes und den Nutzen prozessorientierter Kostenrechnungssysteme, um aus den empirisch festgestellten Zusammenhängen einen Beitrag zur Diskussion der Prozesskostenrechnung zu leisten. Die Ergebnisse der empirischen Untersuchung sollen den Einsatz von Prozesskostenrechnungssystemen in Österreich beleuchten, um dadurch Ansatzpunkte für empirisch fundierte Weiterentwicklungsschritte zu bieten.

---

100 Vgl. Jammernegg / Kischka (2001), S. 19; Needy et al. (2000), S. 31 ff.; Frank / Reitmeyer (1999), S. 18; Homburg / Karlshaus (1999), S. 75.

101 Vgl. Küpper (1991), S. 390; Seicht (1995), S. 561.

102 Vgl. Horváth et al. (1993), S. 609 ff.

103 Vgl. Horváth et al. (1993), S. 617.

104 Vgl. PriceWaterhouseCoopers (2001), S. 29 f.; Stoi (1999), S. 16 ff.

105 Vgl. Granof et al. (2000), S. 23 f.; in Österreich scheint diesbezüglich noch Aufholbedarf bei Non-Profit-Organisationen zu bestehen, vgl. etwa Zischg (1998), S. 399.

3.3 Dokumentierte Fallstudien

In diesem Abschnitt werden aktuelle Fallbeispiele zur Einführung bzw. Anwendung prozessorientierter Kostenrechnungssysteme in der Unternehmenspraxis erläutert. Ziel dieses Kapitels ist die Schaffung eines besseren Verständnisses für praktische Aspekte der Implementierung und des Einsatzes prozessorientierter Kostenrechnungssysteme, um dadurch einen Beitrag für die Hypothesengenerierung in der vorliegenden Untersuchung zu leisten.

Im folgenden finden sich Kurzdarstellungen der Anwendungserfahrungen mit prozessorientierter Kostenrechnung bei Bank Austria[106], Anheuser Busch[107], ABB Hochspannungstechnik AG[108] sowie im Babcock-Konzern[109].

3.3.1 Bank Austria, Österreich

In der Bank Austria-Gruppe wurde die Prozesskostenrechnung in den Jahren 1999 bis 2000 in einem gemeinsamen Projekt mit *Horváth&Partner*, *Plaut* und *SAP* eingeführt. Zielsetzung war die Ermittlung von Standard-Stückkosten und -zeiten für Bankprodukte und eine verursachungsgerechte Leistungsverrechnung und Kostenträgerrechnung.

Die wesentlichen Eckpfeiler des Prozesskostenrechnungssystems der Bank Austria sind in folgender Abbildung dargestellt:

106 Vgl. Poppenberger et al. (2000).

107 Vgl. Herzog / Vikas (2000), Abschnitt 1.31.

108 Vgl. Quervain / Thaens (2000), S. 371 ff.

109 Vgl. Schmidt / Gleich (2000), S. 305 ff.

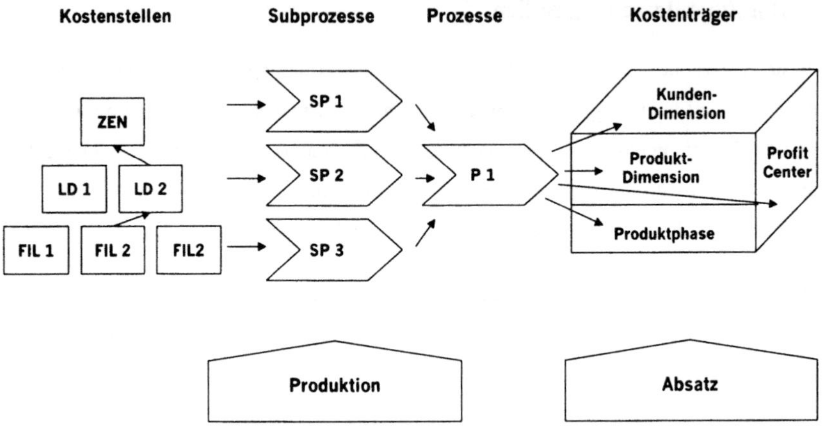

Abbildung 7: Prozesskostenrechnung im BA-Konzern [Poppenberger et al. (2000), S. 4.]

Die konzeptionellen Eckpfeiler des Systems sind die Trennung von „Produktion" und „Absatz" und die Definition von **Bankprodukten als Prozesse**. Dies sei am Beispiel eines Privatkundenkredits erläutert: Ein Privatkunde nimmt in einer Filiale (FIL 2) einen Kredit auf. Dieser Kreditantrag löst einerseits in der Filiale bestimmte Arbeitsvorgänge (SP 3) aus, andererseits beschäftigt er auch die zuständige Landesdirektion (LD 2), wo beispielsweise eine Genehmigung über die Kreditsumme erteilt werden muss (SP 2). Schließlich sind damit auch in der Zentrale (ZEN) bestimmte administrative Arbeitsvorgänge verbunden (SP 1). Diese standardmäßig definierten und bewerteten Subprozesse spiegeln die „Produktion" des Bankproduktes Privatkundenkredit wider. In der Kostenträgersicht finden sich die dadurch verursachten Kosten in unterschiedlichen Dimensionen des Berichtswesens wider. Gründe für die Trennung von Produktion und Absatz sind einerseits unterschiedliche Produktions- und Absatzmengen und andererseits die Tatsache, dass viele „produzierende" Stellen für unterschiedliche Profit Center im Absatzbereich Leistungen erbringen, also keine 1:1-Beziehung besteht.

In der Bank Austria-Gruppe existieren circa 1.000 produzierende Kostenstellen, über 4.000 Subprozesse und ca. 1.500 Prozesse. Das Konzept wurde für die „Produktion" im Modul **CO-ABC** und für die Ergebnisrechnung im „Absatz" in CO-PA der Standardsoftware ***SAP*** umgesetzt, wobei hinsichtlich des Mengengerüstes monatlich etwa 1,2 Millionen Posten im CO-ABC und 15 Millionen Sätze für CO-PA anfallen. Durch die Abbildung in CO-ABC ist die Prozesskostenrechnung in der Bank Austria vollständig in das Rechnungswesensystem integriert, d.h. sie wird laufend durchgeführt und stellt auch die zentrale Datenquelle für das Berichtswesen dar. Weiters ist festzuhalten, dass das Konzept der Bank Austria der Prozesskostenrechnung deutscher Prägung entspricht, d.h. man baut im wesentlichen auf der Kostenstellenrechnung auf und verrechnet die indirekten Aktivitäten repetitiver Art über die Prozesskostenrechnung auf die Kostenträger.

Eine der wichtigsten Erfahrungen aus dem Implementierungsprojekt der Bank Austria war das nötige Augenmaß bei der Prozessabbildung, d.h. es stellte sich als Erfolgskriterium heraus, auf Ebene der Subprozesse die Vorgänge im Unternehmen nicht zu tief und detailliert abzubilden, sondern auf Praktikabilität bei der Pflege der Prozessinformationen zu achten. In diesem Zusammenhang erwies sich ein Vorgehen nach dem Muster der ABC-Analyse als hilfreich, d.h. man trachtete danach, nur die wichtigsten 80% der Vorgänge abzubilden.

Weiters wird hinsichtlich des modellierten Umfangs die Vollabbildung aller Tätigkeiten gefordert, um im Prozessmodell nicht erfaßte Kapazitäten zu vermeiden. Mit anderen Worten, es empfiehlt sich, dass alle Tätigkeiten der funktionalen Bereiche in das Prozessmodell Eingang finden, um die Möglichkeit von „Fluchtwegen" zu verhindern, d.h. um sich spätere Diskussionen zu ersparen, welcher Teil der Kostenstellenkosten auch in der Prozesskostenrechnung abgebildet ist.

Als gewonnene Erfahrung aus dem Projekt wird auch die Definition und Prozessverantwortlichen und damit die Gleichschaltung von Prozess- und Erfolgsverantwortung genannt. Hierfür ist im Einführungsprojekt Überzeugungsarbeit zur Sensibilisierung der Organisation zu leisten.

3.3.2 Anheuser Busch, USA

Von August 1997 bis Januar 1999 implementierte das amerikanische Brauereiunternehmen Anheuser Bush eine prozessorientierte Kostenrechnung auf Basis von ***SAP*** **CO-ABC**. Zielsetzung war die Entwicklung eines modernen Kostenrechnungssystems für die Zwecke der Herstellkostenermittlung unter Einsatz eines prozessorientierten Kostenrechnungskonzepts und die **Ablösung** des installierten Beercost-Systems, einer **einfachen Lohnzuschlagskalkulation**. Nachfolgende Abbildung gibt einen Überblick über das Konzept bei Anheuser Bush:

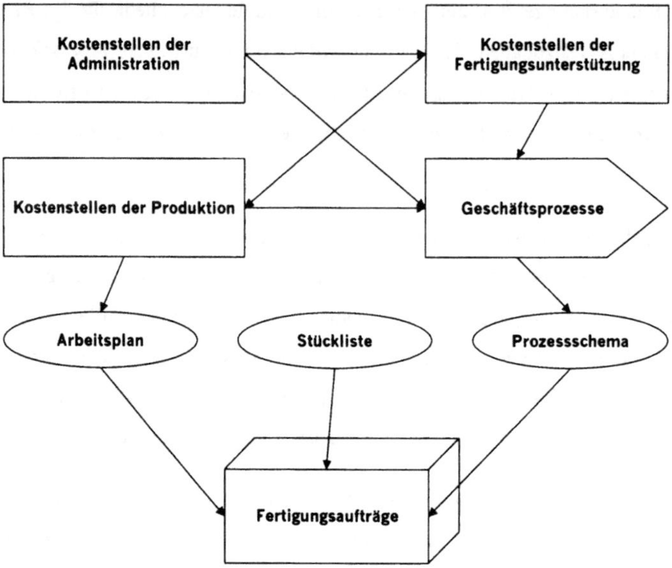

Abbildung 8: Prozesskostenrechnung bei Anheuser Bush [Herzog / Vikas (2000), S. 10.]

Wie der Graphik zu entnehmen ist, handelt es sich bei dem implementierten System nicht um eine reine Form des amerikanischen Activity-Based Costing nach *Cooper* und *Kaplan*, sondern um eine Variante, die hinsichtlich der Methodik eher der Prozesskostenrechnung deutscher Prägung entspricht, d.h. aufbauend auf einer detaillierten Kostenstellenstruktur und mit bereichsübergreifend definierten Geschäftsprozessen, allerdings ohne die Basis einer ausgebauten Grenzplankostenrechnung. Bezüglich des Einsatzbereiches ist das Konzept hingegen dem Activity-Based Costing näher, da von Teilen der Fertigung über die Fertigungsunterstützung bis hin zum Bereich der allgemeinen Gemeinkosten ein sehr großer Teil der Kosten prozessorientiert abgerechnet wird.

Hinsichtlich der IT-Unterstützung wurde das System mittels CO-ABC voll in das Rechnungswesen von Anheuser Bush integriert und wird laufend betrieben. Die Einführung erfolgte im Januar 1999 mit einer Big Bang-Strategie, d.h. ABC wurde per Jahreswechsel unternehmensweit produktiv geschaltet.

Als kritischer Erfolgsfaktor für die Implementierung der Prozesskostenrechnung bei Anheuser Bush wird in erster Linie die EDV-technische Umsetzung, sowohl hinsichtlich der Funktionalität von CO-ABC als auch hinsichtlich der Schnittstellen zum Bestehenden PPS-System genannt.

3.3.3 ABB Hochspannungstechnik AG, Schweiz

Die Integration der Prozesskostenrechnung bei der ABB Hochspannungstechnik AG in der Schweiz war das Pilotprojekt für die ABB-weite Einführung der Prozesskostenrechnung. Per Jahreswechsel 2000 wurde die bestehende Kostenrechnung zur Gänze durch ein prozessorientiertes Kostenrechnungssystem abgelöst. Die EDV-technische Umsetzung erfolgte im Modul **CO-ABC** von ***SAP***.

Als Arbeitspakete der Einführung werden der Aufbau des Prozessmodells, die Definition der Werteflüsse sowie die Konzeption der prozessorientierten Kalkulation und Ergebnisrechnung genannt. Nachfolgende Abbildung zeigt das Konzept der Prozesskostenrechnung bei ABB:

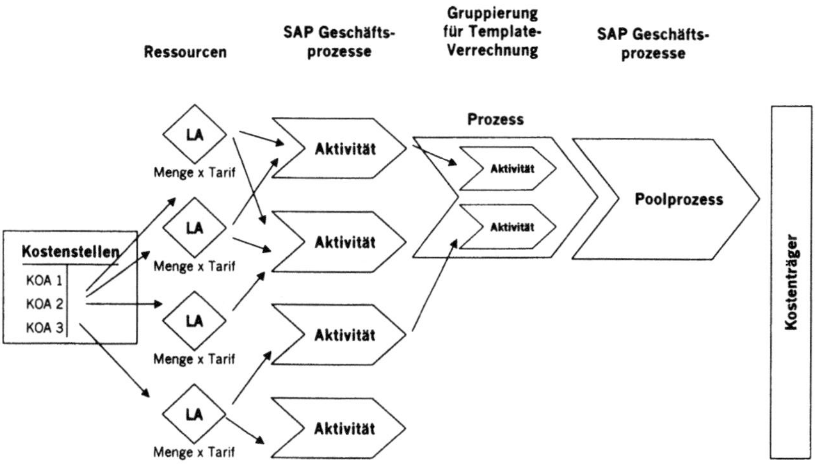

Abbildung 9: Prozesskostenrechnung bei ABB [Quervain / Thaens (2000), S. 372.]

Ausgehend von der bestehenden Kostenstellenstruktur werden die Kosten der indirekten Bereiche über die Aktivitäten auf Prozesse und letztlich auf die Kostenträger verrechnet. Durch Verwendung von **Poolprozessen** werden unterschiedliche Zeitpunkte von Leistungserbringung und Leistungsverrechnung im System abgebildet, d.h. die Aktivitäten werden in der Periode der Leistungserbringung verursachungsgerecht auf einen Poolprozess entlastet, damit die Beschäftigungsabweichung auf den leistungserbringenden Kostenstellen richtige Aussagen liefert. Erst wenn die Leistung tatsächlich in der nächsten Stufe in Anspruch genommen wird, erfolgt die Weiterverrechnung auf den Kostenträger. Ein Beispiel hierfür ist die Beschaffung von Lagermaterial: Die Durchführung eines Beschaffungsvorganges entlastet die Kostenstellen Einkauf, Wareneingang, etc. an einen Poolprozess Lagerbeschaffung; erst wenn das Lagermaterial in die Fertigung gelangt, werden die Beschaffungskosten anteilig auf den Fertigungsauftrag verrechnet.

Weiters wird durch die Verwendung von Poolprozessen die Unterscheidung in leistungsmengeninduzierte und leistungsmengenneutrale Teilprozesse abgebildet, d.h. nur die leistungsmengeninduzierten Teilprozesse werden auf die Kostenträger weiterverrechnet, leistungsmengenneutrale Teilprozesskosten werden bei ABB über einen Zuschlag auf den Kostenträger gerechnet. Genauso verfährt man mit strategischen Prozessen, wie beispielsweise der Geschäftsführung, die auch als Poolprozess geführt wird. Dies entspricht inhaltlich dem Vorgehen der Prozesskostenrechnung deutscher Prägung, da dadurch bis zum letzten Schritt der Verrechnung auf den Kostenträger die Transparenz gewahrt bleibt.

Als kritischer Erfolgsfaktor für einen wirtschaftlichen und permanenten Einsatz der Prozesskostenrechnung wird in erster Linie die automatisierte Mengenermittlung genannt, d.h. die EDV-technische Unterstützung wird als Haupteinflussfaktor für den Erfolg gesehen. Ein weiterer wichtiger Faktor für die erfolgreiche Umsetzung bei ABB war die **Konformität** der prozessorientierten Kalkulation mit den **IAS-Richtlinien**. Erst dadurch wird die vollständige Integration der Prozesskostenrechnung in das betriebliche Rechnungswesen von ABB ermöglicht. Neben diesen funktionalen Kriterien werden auch organisationale Aspekte als Erfolgsfaktor genannt, in erster Linie das Schaffen von Vertrauen in die neuen Zahlen und die Sensibilisierung für die prozessorientierte Steuerung auch auf unteren Managementebenen. Weiters wird der Wissenstransfer, sowohl technisch als auch konzeptionell, nach der erfolgreichen technischen Implementierung als Erfolgsfaktor für den dauerhaften Betrieb der Prozesskostenrechnung genannt.

3.3.4 Babcock, Deutschland

Ein Anlagenbauunternehmen des Babcock-Konzerns implementierte im Rahmen des Prozessorientierten Performance Measurement die Prozesskostenrechnung als Datenbasis und Ausgangssystem für weitere Analysen. Die Einführung orientierte sich am idealtypischen Einführungsprozess der Prozesskostenrechnung deutscher Prägung. Die Ableitung hypothetischer Hauptprozesse erfolgte dabei unter Zuhilfenahme von einschlägiger Fachliteratur und existierenden Referenzmodellen für Betriebe im Anlagenbau. Zur Teilprozessverdichtung und Quantifizierung wurde das Softwaretool ***PROZESSMANAGER*** der Unternehmensberatung *Horváth&Partner* verwendet. Im Rahmen der Prozessanalysephase wurde im Projekt eine Funktionen-Prozesse-Matrix verwendet, durch die eine Überführung der funktionalen in eine prozessuale Betrachtungsperspektive vorgenommen wird. Durch den Einsatz dieses Instruments konnte im Implementierungsprozess ein deutlich gesteigertes Bewusstsein für das Prozessmodell bei den Führungskräften geweckt werden.[110]

Durch die entsprechende EDV-technische Unterstützung werden auch Teilprozesse in einem gesamthaften Prozessmodell abgebildet, was zu einer hohen Kosten- und Leistungstransparenz im Unternehmen führt und als einer der wesentlichsten Nutzenaspekte des Systems genannt wird. Die Ergebnisse der Prozesskostenrechnung werden in erster Linie als Ausgangspunkt für Prozessoptimierung und Kostenmanagement im Sinne eines Continuous Improvement im Babcock-Konzern eingesetzt.

3.3.5 Zusammenfassung und Bewertung

Aus der Darstellung der unterschiedlichen Anwendungserfahrungen in Bank Austria, Anheuser Bush, ABB und Babcock ergeben sich einige wichtige Hinweise für die vorliegende Studie. Die folgende Tabelle gibt einen zusammenfassenden Überblick über die dargestellten Fallbeispiele:

[110] Vgl. Schmidt / Gleich (2000), S. 310.

	Bank Austria	Anheuser Bush	ABB Hochspannungs-technik AG	Babcock-Konzern
Einsatzhäufigkeit	Laufend	Laufend	Laufend	Einmalig
Haupteinsatzziele	Kalkulation, Leistungs-verrechnung	Kalkulation	Kalkulation, Leistungs-verrechnung	Aufdecken von Optimierungs-potenzialen
Prozess-verantwortung	vorhanden	im Ansatz	im Ansatz	nicht vorhanden
IV-Umsetzung	*SAP R/3 CO-ABC*	*SAP R/3 CO-ABC*	*SAP R/3 CO-ABC*	*PROZESS-MANAGER*
Integration in Rechnungswesen	vollständig	vollständig	vollständig	nicht vorhanden

Tabelle 1: Fallbeispiele zur Prozesskostenrechnung

Aus der Branchenzugehörigkeit der dargestellten Unternehmen zeigt sich, dass prozessorientierte Kostenrechnungssysteme sowohl in der Industrie als auch bei (Finanz)Dienstleistungsunternehmen zur Anwendung kommen, wenngleich Unterschiede in der Ausgestaltung und im erfassten Kostenanteil feststellbar sind. Unter regionalen Aspekten konnte gezeigt werden, dass die Entscheidung für ein Activity-Based Costing nach amerikanischem Vorbild oder eine Prozesskostenrechnung deutscher Prägung nicht unmittelbar vom Sitz des Unternehmens abhängig ist. Vielmehr ist vorstellbar, dass hierfür zu einem nicht unwesentlichen Anteil der Einfluss von externen Beratern maßgeblich ist, d.h. dass die Entscheidung für ein bestimmtes System unter anderem davon abhängt, ob und welcher Unternehmensberater in den Entscheidungsprozess involviert ist.

Was bei Analyse obiger Fallbeispiele auffällt, ist der starke Wunsch nach entsprechender EDV-technischer Unterstützung der Konzepte und dabei insbesondere die Rolle die *SAP* mit dem Modul CO-ABC in Europa einnimmt. Im Vorfeld der EDV-technischen Umsetzung wird der pragmatisch orientierten Geschäftsprozessmodellierung eine nicht unwesentliche Bedeutung beigemessen. Weiters ist die Tendenz feststellbar, dass die Unternehmen dazu übergehen, die Prozesskostenrechnung als Ausgangsbasis für breitere Konzepte des Prozessmanagement zu betrachten bzw. auch die Prozesskostenrechnung gemeinsam mit anderen Instrumenten, wie z.B. dem Life Cycle Costing oder dem Target Costing, einzuführen und zu nutzen.

Ein weiterer Punkt, der bei obigen Fallbeispielen auffällt, ist die Bedeutung von organisationalen Aspekten, insbesondere das Vertrauen in die neuen Zahlen und das Schaffen von Verständnis für neue Steuerungsstrukturen, als wesentliche Kontextfaktoren für den Erfolg der Implementierung von Prozesskostenrechnung. Darüber hinaus wird in diesem Zusammenhang dem systematischen Wissenstransfer vom externen Berater und dem Softwareunternehmen zum Personal im Anwendungsunternehmen eine wesentliche Bedeutung beigemessen.

3.4 Darstellung bisheriger Studien

Seit Mitte der 1980er Jahre beschäftigt sich die betriebswirtschaftliche Forschung im Bereich des Rechnungswesens intensiv mit der praktischen Anwendung von theoretischen Konzepten.[111] So werden beispielsweise bereits seit den 60er Jahren in den Vereinigten Staaten und in Deutschland empirische Untersuchungen über die Anwendung von Investitionsrechnungen durchgeführt.[112] Bei *Riahhi-Belkaoui* findet sich eine Übersicht über empirische Untersuchungen der Accounting-Profession in den USA, die bis ins Jahr 1972 zurückreicht.[113] Auch in der neueren deutschsprachigen Literatur finden sich zahlreiche empirische Untersuchungen zu ausgewählten Fragestellungen des Controlling. Einen allgemeinen Überblick über empirische Untersuchungen zum internen Rechnungswesen gibt *Küpper*[114]. Bei *Kropfberger et al.* sind bisherige empirische Arbeiten im deutschsprachigen Raum zur operativen und strategischen Planung, zum Controlling und zur Rolle des Controllers dargestellt.[115] Eine ähnliche Darstellung der bisherigen empirischen Erhebungen zum Controlling im deutschen Sprachraum findet sich bei *Niedermayr.*[116]

Einen Überblick über die bisherige Literatur zu Actitivy-Based Costing geben *Lukka/Granlund.*[117] In Ihrem Aufsatz unterscheiden sie drei grundlegende Typologien von Publi-

---

111 Zu Trends in der betriebswirtschaftlichen Forschung im Bereich des Rechnungswesens vgl. Maher (1995), S. 72 ff.

112 Vgl. Blohm / Lüder (1991), S. 50 ff.

113 Vgl. Riahi-Belkaoui (2000), S. 16 ff.

114 Vgl. Küpper (1993), S. 603 ff.

115 Vgl. Kropfberger et al. (1997), S. 43 ff.

116 Vgl. Niedermayr (1996), S. 128 f.

117 Vgl. Lukka / Granlund (2002), S. 165 ff.

kationen zur Prozesskostenrechnung. Consulting research dominiert am Beginn des Aufkommens von Prozesskostenrechnung und hat das Ziel, das Konzept der Leserschaft zu verkaufen. **Basic research** setzt typischerweise später ein und strebt die objektive wissenschaftliche Analyse der Hintergründe, Funktionsweise, Effekte und Diffusion von Prozesskostenrechnungssystemen an. Critical research zielt hauptsächlich auf eine Widerlegung der Argumente der Consulting research ab. Diese Untersuchung ist in die Kategorie des Basic research einzuordnen.

Im Rahmen der Basic research existieren vier unterschiedliche Zugänge. Conceptual research hat das Ziel der detaillierten Beleuchtung der Zusammenhänge und Funktionsweisen von Prozesskostenrechnungssystemen. Mathematical modelling fokussiert sich auf die modellhafte Abbildung von Kostenfunktionen mit dem Ziel der Vorhersage von Kosten in Abhängigkeit von Prozessen. Case studies beleuchten die Funktionsweise des Prozesskostenrechnungssystems einzelner Unternehmen im Detail und versuchen im Analogieschluss auf verallgemeinerbare Aussagen zur Prozesskostenrechnung zu kommen. **Statistical analyses** analysieren auf Basis breiter empirischer Beobachtungen die Verbreitung, Akzeptanz und Diffusion von Prozesskostenrechnungssystemen. Diese Studie ist den Statistical analyses im Rahmen der Basic research zuzuordnen.

Im diesem Kapitel werden bereits durchgeführte empirische Studien über die Verbreitung und Anwendung prozessorientierter Kostenrechnungssysteme angeführt, um daraus den Forschungsbedarf für österreichische Verhältnisse abzuleiten. Die folgende Tabelle gibt einen Überblick über die bedeutendsten bisherigen Studien:

Name	Jahr	Land	Untersuchungsgegenstand	Erhebungsmethode	Datenbasis	Rücklaufquote
Wall / Hirsch / Attorps	2000	D	Ausrichtung des Controlling auf Prozesseffizienz	Schriftliche Befragung	92	20%
Brown	1999	AUS	Diffusion des Activity-based Costing in australischen Industrie- und Dienstleistungsbetrieben	Schriftliche Befragung	160	13%
Frank	1999	D	Determinanten und Wirkungen erfolgreicher Kostenrechnungssysteme in mittelständischen Unternehmen	Schriftliche Befragung	501	17%
Malmi	1999	FIN	Identifikation der Treiber der Diffusion des Activity-based Costing in Finnland	Schriftliche Befragung	490	40%
Risak / Exner	1998	A	Verwendung moderner Instrumente der Kostenrechnung in österreichischen Unternehmen	Schriftliche Befragung	65	13%
Stoi	1998	D	Kostenmanagement-Systeme in deutschen Großunternehmen und deren Einfluß auf den Unternehmenserfolg	Schriftliche Befragung	86	32%
Bjørnenak	1997	N	Diffusion des Activity-based Costing unter norwegischen Industriebetrieben	Schriftliche Befragung	75	k.A.
Foster / Swenson	1997	USA	Erfolg von Activity-based Management-Systemen in US-amerikanischen Fertigungsunternehmen	Schriftliche Befragung	166	22%
Franz / Kajüter	1997	D	Verbreitung von Kostenmanagement-Instrumenten in deutschen Großunternehmen	Schriftliche Befragung	89	18%
Gosselin	1997	CAN	Einfluss von Strategie und Organisation auf die Diffusion von Actitivty-based Costing in Kanada	Schriftliche Befragung	161	39%
Kennedy	1996	UK	Auswirkung von Activity-based Costing auf den Unternehmenserfolg von britischen börsennotierten Unternehmen	Schriftliche Befragung	234	27%
Kropfberger	1996	A	Einsatz moderner Methoden der Unternehmensführung mit besonderer Berücksichtigung von Planung, Controlling und Marketing in österreichischen Unternehmen	Schriftliche Befragung	354	22%
Shields	1995	USA	Verhaltensaspekte und organisationale Faktoren der Implementierung von Activity-based Costing und deren Auswirkungen auf den Anwendungserfolg bei US-amerikanischen Unternehmen	Schriftliche Befragung	143	k.A.
Brede	1994	CH	Verbreitung moderner Instrumente des Kostenmanagements in der Schweiz	Schriftliche Befragung	55	17%
Innes / Mitchell	1994	UK	Einsatz, Anwendungserfahrung und Nutzen von Activity-based Costing in den größten britischen Industriebetrieben	Schriftliche Befragung	251	25%
Innes / Mitchell	1994	UK	Einsatz, Anwendungserfahrung und Nutzen von Activity-based Costing bei den größten britischen Finanzdienstleistern	Schriftliche Befragung	31	52%
Weber	1993	D	Stand der Kostenrechnung in deutschen Großunternehmen	Schriftliche Befragung	31	65%
Niedermayr	1992	A	Entwicklungsstand des Controlling in österreichischen Unternehmen hinsichtlich System, Kontext und Effizienz der eingesetzten Controllingsysteme	Schriftliche Befragung	292	33%
Swenson	1992	USA	Vorteilhaftigkeit von Activity-based Costing für Unternehmen der Fertigungsindustrie in den USA	Mündliche Befragung	60	k.A.
Innes / Mitchell	1990	UK	Einführung und Beurteilung des Einsatzes von Activity-based Costing in britischen Unternehmen	Schriftliche Befragung	187	26%

Tabelle 2: Bisherige Studien zur Prozesskostenrechnung

Im folgenden werden die in der Tabelle enthaltenen Studien erläutert, wobei in internationale Studien und Studien im deutschen Sprachraum unterschieden wird. Es ist zu beachten, dass die Ergebnisse aus Australien, Kanada, England und den USA aus Ländern mit einem anderen

Rechnungswesen-Verständnis kommen.[118] Daher ist bei Darstellung der Ergebnisse aus internationalen empirischen Studien zum einen die Unterscheidung zwischen Prozesskostenrechnung und Activity-Based Costing relevant, zum anderen sind die angesprochenen kulturellen Unterschiede im Rechnungswesen-Verständnis von Bedeutung, die sich in der Ausprägung der Kontextmerkmale niederschlagen. Mit anderen Worten, es sind die zeitlichen und räumlichen bzw. kulturellen Limitationen der Gültigkeit kontingenztheoretisch fundierter empirischer Aussagen zu beachten. Bei Berücksichtigung dieser Einschränkungen sind aus der Darstellung der Studien im englischsprachigen Raum wertvolle Hinweise für die vorliegende Untersuchung zu gewinnen.

3.4.1 Internationale Studien

Da das **Activity-Based Costing** im englischsprachigen Raum schon seit Mitte der 1980er Jahre Verbreitung findet, liegen bereits seit längerem empirische Erkenntnisse über Anwendungserfahrungen vor. Die bedeutendsten empirischen Studien die sich mit der Thematik des ABC-Einsatzes beschäftigen, sind (in absteigender chronologischer Reihenfolge) die Untersuchungen von *Brown*[119], *Malmi*[120], *Bjørnenak*[121], *Foster/Swenson*[122], *Gosselin*[123], *Kennedy*[124], *Shields*[125], *Innes/Mitchell*[126], und *Swenson*[127]. Im folgenden werden die Fragestellungen, die gewählten Methoden und erzielten Ergebnisse dieser Studien kurz vorgestellt, wobei vor allem auf die Studien von *Brown* und *Kennedy* näher eingegangen wird.

---

118 Vgl. Ewert / Wagenhofer (1993), S. 3.

119 Vgl. Brown (2000), S. 111 ff.

120 Vgl. Malmi (1999), S. 649 ff.

121 Vgl. Bjørnenak (1997), S. 3 ff.

122 Vgl. Foster / Swenson (1997), S. 109 ff.

123 Vgl. Gosselin (1997), S. 105 ff.

124 Vgl. Kennedy (1998), S. 5 ff.

125 Vgl. Shields (1995), S. 148 ff.

126 Vgl. Innes / Mitchell (1991), S. 28 ff.; Innes / Mitchell (1995), S. 137 ff.; Innes / Mitchell (1995a), S. 50 ff.; Innes / Mitchell (1997), S. 190 ff.

127 Vgl. Swenson (1995), S. 167 ff.

3.4.1.1 Studie von Brown[128]

Brown untersucht in seiner Studie den **Diffusionsprozess von ABC** in australischen Unternehmen und geht dabei insbesondere der Frage nach, aus welchen Gründen und in welchem Stadium Firmen sich entschließen, ABC nicht einzuführen.

Seine Untersuchung wurde gemeinsam von der University of Technology, Sydney und dem Management Accounting Center of Excellence (MACOE) der Australian Society of Certified Practicing Accountants (ASCPA) durchgeführt. Der Beitrag der ASCPA war die Bereitstellung der empirischen Datenbasis der Teilnehmer sowie die Durchführung des administrativen Teils der Mailing-Aktion.

Die gewählte Untersuchungsmethode war eine empirische Querschnittsanalyse in Form eines standardisierten Fragebogens, der an Rechnungswesenmitarbeiter (Senior Accountants) der Mitglieder der ASCPA gesendet wurde. Die ASCPA ist die größte professionelle Vereinigung von Controllern in Australien, die Mehrheit der Mitglieder arbeitet in Handel und Industrie. Die Grundgesamtheit aller Teilnehmer an der Studie war 1.279, wovon 669 in der Fertigungsindustrie und 610 in nicht-produzierenden Branchen beschäftigt waren. Die Rücklaufquote betrug 13,5%, was 173 ausgefüllten Fragebogen entsprach, wovon 160 auswertbare Ergebnisse lieferten (entspricht 12,5%).

Ausgangspunkt seiner Untersuchung ist ein zehnstufiges Modell über den Adaptionsprozess von ABC, das im wesentlichen auf dem Modell von *Krumwiede*[129] beruht. Die Grundüberlegung dieser Adaptionsmodelle beruht auf der Kritik an dichotomen Modellen, die bloß auf die beiden Ausprägungen „Einführung“ oder „Nicht-Einführung“ einer Innovation abstellen.[130] Mehrstufige Adaptionsmodelle hingegen nehmen die Entscheidung über die Implementierung einer Innovation, wie sie ABC zweifellos ist, als einen stetigen Prozess wahr, der sich typischerweise in mehrere Stufen unterteilen lässt.

Das von *Brown* verwendete Modell des Adaptionsprozesses von ABC sowie die damit erzielten Ergebnisse lässt sich in nachfolgender Abbildung zusammenfassen:

---

[128] Vgl. Brown (2000).

[129] Vgl. Krumwiede (1998), S. 239 ff.

[130] Vgl. Brown (2000), S. 17 ff.

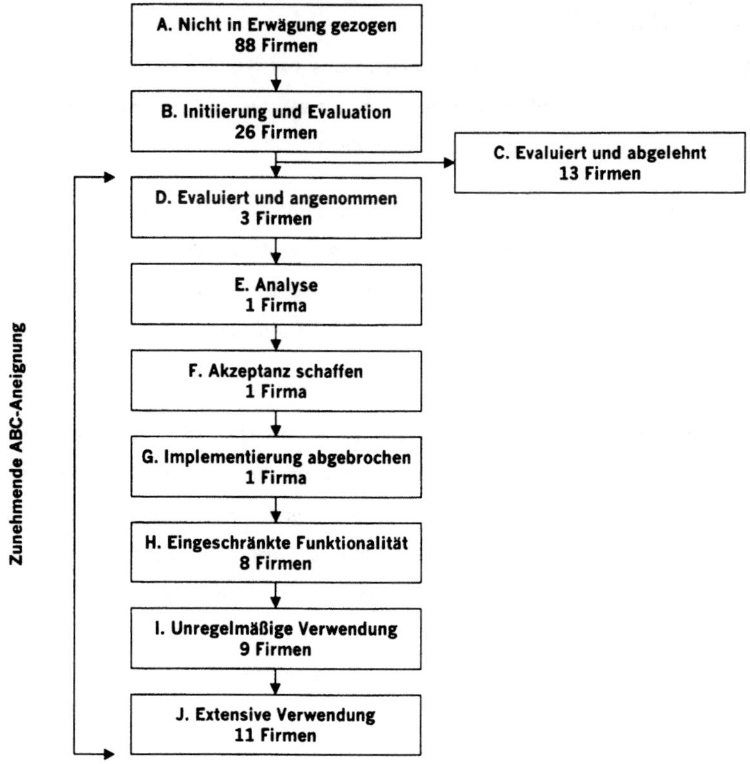

Abbildung 10: Stufenmodell der Adaption [Brown (2000), S. 38 f.]

Darüber hinaus verwendet er ein System an möglichen Einflussfaktoren welche die Entscheidung über die Einführung von ABC beeinflussen. Der Satz an möglichen Einflussfaktoren baut weitgehend auf dem von *Anderson* verwendeten Modell auf, anhand dem sie die Einführung von ABC bei General Motors in den USA untersuchte.[131] Zusätzlich berücksichtigt *Brown* bei der Ableitung seiner untersuchten Einflussfaktoren ein in der IS-Literatur häufig verwendetes Modell für die Untersuchung des Adaptionsprozesses von Informationssystemen.[132] Hierzu ist anzumerken, dass der Begriff Informationssystem in diesem Zusammen-

[131] Vgl. Anderson (1995), S. 1 ff.

[132] Vgl. Kwon / Zmud (1987), S. 227 ff.

hang EDV-technisch verwendet wird. Die Untersuchungen von *Kwon* und *Zmud* hatten eine Meta-Analyse von Studien zur Implementierung von Informationssystemen im Sinne von Software-Paketen zum Gegenstand.[133]

Brown untersucht folgende potenzielle Einflussfaktoren für den Adaptionsprozess von ABC:

Organisatorische Faktoren	Unterstützung des Top Management Fachlich versierter interner Projektleiter Zentralisierungsgrad der Organisation Formalisierungsgrad der Organisation Vertikale Differenzierung der Organisation Unternehmensgröße
Umweltbezogene Faktoren	Wettbewerbsintensität Externe Kommunikation Einfluß von Unternehmensberatern Strategie
Technologische Faktoren	Relative Vorteilhaftigkeit Dominanz von Gemeinkosten Heterogenität der Produktstruktur

Tabelle 3: Einflussfaktoren [Brown (2000), S. 50 f.]

In jeder Stufe des Adaptionsmodells testet *Brown* alle 13 Einflussfaktoren auf Signifikanz. Eine Definition und Erläuterung der einzelnen Kontextfaktoren erfolgt weiter unten im Kapitel über den konzeptionellen Bezugsrahmen der vorliegenden Arbeit.

In einer binären Logit-Analyse untersucht, er welche Faktoren signifikant erklären können, warum sich Unternehmen von Stufe A (kein Interesse an ABC) zu den Stufen B-J (zumindest Interesse an ABC) bewegen:

133 Es sei darauf hingewiesen, dass der Begriff Informationssystem im weiteren Verlauf der Arbeit nicht im Sinne von *Brown* verwendet wird, sondern dass damit allgemein ein Führungskräfteinformationssystem bezeichnet wird. In diesem Sinne ist auch ein (Prozess-)Kostenrechnungssystem ein Informationssystem, das nicht notwendigerweise Hand in Hand mit einem EDV-System gehen muss. Daher ist in weiterer Folge auch die Implementierung eines neuen Informationssystems (z.B. einer Prozesskostenrechnung) im bestehenden EDV-System denkbar.

Kontextfaktoren		Korrelation *
Organisatorische Faktoren	Unterstützung des Top Management	0,383
	Fachlich versierter interner Projektleiter	**0,005**
	Zentralisierungsgrad	0,673
	Formalisierungsgrad	0,948
	Vertikale Differenzierung	0,167
	Unternehmensgröße	**0,022**
Umweltbezogene Faktoren	Wettbewerbsintensität	0,676
	Externe Kommunikation	0,652
	Einfluß von Unternehmensberatern	0,803
	Strategie	0,668
Technologische Faktoren	Relative Vorteilhaftigkeit	0,961
	Dominanz von Gemeinkosten	0,984
	Heterogenität der Produktstruktur	0,408

*) Signifikanzniveau < 0,05

Tabelle 4: Vergleich von Stufe A mit B-J [Brown (2000), S. 115.]

Wie obiger Tabelle zu entnehmen ist, konnte nur bei zwei Faktoren Signifikanz hinsichtlich der Erklärung des Interesses an ABC festgestellt werden, nämlich die Existenz eines fachlich versierten internen Projektleiters sowie eine gewisse Mindestgröße des Unternehmens, gemessen an der Anzahl der Beschäftigten. Bei Vergleich jener Unternehmen, die sich in Stufe A, B und C befinden, mit denen, die sich formal zur Adaption von ABC bekennen (Stufe D–J), konnte mit der binären Logit-Analyse überhaupt nur für die Existenz eines fachlich versierten internen Projektleiters Signifikanz festgestellt werden:

Kontextfaktoren		Korrelation *
Organisatorische Faktoren	Unterstützung des Top Management	0,874
	Fachlich versierter interner Projektleiter	**0,008**
	Zentralisierungsgrad	0,328
	Formalisierungsgrad	0,231
	Vertikale Differenzierung	0,949
	Unternehmensgröße	0,847
Umweltbezogene Faktoren	Wettbewerbsintensität	0,706
	Externe Kommunikation	0,974
	Einfluß von Unternehmensberatern	0,458
	Strategie	0,519
Technologische Faktoren	Relative Vorteilhaftigkeit	0,302
	Dominanz von Gemeinkosten	0,19
	Heterogenität der Produktstruktur	0,107

*) Signifikanzniveau < 0,05

Tabelle 5: Vergleich von Stufe A-C mit D-J [Brown (2000), S. 118.]

Wie der Tabelle zu entnehmen ist, kann hinsichtlich der Unternehmensgröße keine Signifikanz mehr festgestellt werden, sobald das Unternehmen sich formal zur Adaption von ABC entschlossen hat.

Schließlich untersucht *Brown* mittels der geordneten Logit-Analyse die Signifikanz der einzelnen Faktoren hinsichtlich ihrer Erklärung warum Unternehmen von einer Stufe des Adaptionsprozesses zur jeweils nächstfolgenden Stufe wechseln.[134] Da in manchen Stufen die Zahl der antwortenden Unternehmen zu gering war[135], unterteilt er die an der Untersuchung teilnehmenden Unternehmen in folgende Gruppen:

1. Unternehmen die ABC ablehnen (Stufen A, B und C) und

2. Unternehmen die ABC nach der Evaluierung einführen (Stufen D–J), wobei hier die Untergruppen

    - Unternehmen die ABC teilweise einführen (Stufen D–H),

    - Unternehmen in denen das Management ABC für manche Entscheidungen heranzieht (Stufe I) und

    - Unternehmen die sich als extensive Anwender von ABC deklarieren (Stufe J)

gebildet werden. In der ersten Gruppe konnte für die Faktoren Unternehmensgröße, gemessen an der Anzahl der Beschäftigten, und Vertikale Differenzierung, gemessen an der Anzahl an Hierarchiestufen, eine signifikante Erklärungskraft hinsichtlich des Pfades A–B–C festgestellt werden. Auffällig ist, dass der Faktor eines fachlich versierten internen Projektleiters in der Gruppe der ABC-Ablehner fehlt, was die Ergebnisse der binären Logit-Analyse zusätzlich untermauert.

In der zweiten Gruppe von Unternehmen, die den Pfad A–B–(D–J) nehmen, konnte *Brown* Signifikanz bei den Faktoren fachlich anerkannter Projektleiter und relative Vorteilhaftigkeit des Activity-Based Costing nachweisen. Der Faktor eines heterogenen Produktprogrammes war in dieser Gruppe nur knapp nicht signifikant.

---

134 Vgl. Brown (2000), S. 119 ff.

In der dritten Gruppe (Pfad A–B–(D–H)–I–J) wurde unterstellt, dass Unternehmen in Stufe J den vollen Adaptionsprozess von ABC durchwandert haben. Bei Unternehmen in Stufe I besteht zwar grundsätzlich Zustimmung des Managements zu ABC, aber es hat sich noch nicht auf einer derart breiten Basis durchgesetzt wie in Stufe J. Unternehmen, die sich in Stufe D–H befinden, haben ABC auf Expertenniveau etabliert, also im Projektteam oder im Controlling Akzeptanz geschaffen, jedoch noch wenig Verständnis beim Management. Die wesentlichsten Ergebnisse der geordneten Logit-Analyse in dieser Gruppe waren die signifikante positive Korrelation der Faktoren fachlich anerkannter Projektleiter und relative Vorteilhaftigkeit von Activity-Based Costing. Angesichts der geringen Zahl an antwortenden Unternehmen in den Stufen D–H[136] sind die Ergebnisse für die späteren Stufen des Modells nur bedingt repräsentativ.

Die Bewegung von Stufe B zur teilweisen Adaption (Stufen D–H) wird beeinflusst durch die Faktoren Projektleiter, Unternehmensgröße, Wettbewerbsintensität und externe Kommunikation über ABC. Das Voranschreiten zu Stufe I kann auf Unterstützung des Top-Managements, Produktheterogenität und relative Vorteilhaftigkeit von Activity-Based Costing im Vergleich zur traditionellen Zuschlagskalkulation zurückgeführt werden. Die größten Einflussfaktoren, um von Stufe I zur vollumfänglichen Verwendung von ABC (Stufe J) zu gelangen, sind die Existenz eines fachlich versierten Projektleiters und das Ausmaß der externen Kommunikation über ABC.

Grundsätzlich kann aus der Studie von *Brown* die Schlussfolgerung gezogen werden, dass in den frühen Stufen der ABC-Adaption funktionale (technologische) Kriterien zumindest eine geringe Korrelation zeigen, die organisatorischen Faktoren jedoch bei weitem den größten Erklärungsgehalt für die Adaption von ABC haben, insbesondere in den späteren Stufen des Adaptionsprozesses. Weiters ist festzuhalten, dass sich die erklärenden Variablen in den unterschiedlichen Stufen des Adaptionsprozesses ändern, was als eine Bestätigung des mehrstufigen Modells zur Analyse von Diffusionsprozessen gesehen werden kann.

Für die vorliegende Arbeit sind vor allem zwei Punkte an der Studie von *Brown* zu beachten. Zum einen ist das der ausschließliche Fokus auf den Adaptionsprozess von ABC, während in

---

135 Siehe Abbildung 10: Stufenmodell der Adaption.

der vorliegenden Arbeit auch der laufende Betrieb von prozessorientierter Kostenrechnung Gegenstand der Untersuchung ist. Zum anderen ist es das rein quantitative Vorgehen, das insbesondere in den späteren Stufen des Adaptionsprozesses (Stufe D–J) durch qualitative Methoden, etwa in Form teilstrukturierter Interviews mit den Anwendern von ABC, zu aussagekräftigeren Ergebnissen hinsichtlich des tatsächlichen Anwendungsumfanges und des sachlichen Inhaltes der Worthülse ABC in den jeweiligen Unternehmen führen kann.

3.4.1.2 Studie von Malmi[137]

Malmi geht in seiner Untersuchung den Ursachen für die Diffusion von Innovationen im Rechnungswesen am Beispiel der Verbreitung des **Activity-Based Costing in Finnland** nach. Untersuchungsobjekt ist dabei nicht den Einführungsprozess der Prozesskostenrechnung in Unternehmen, sondern der Diffusionsprozess in Finnland. Als Datengrundlage für seine Untersuchung dienen ihm insgesamt vier schriftliche Erhebungen unter finnischen Industrieunternehmen in vier verschiedenen Branchen (Metallindustrie, Holzindustrie, Nahrungsmittelindustrie und Chemische Industrie) sowie Interviews mit Unternehmensberatern, Softwareanbietern und Universitätsangehörigen. Folgende Tabelle gibt einen Überblick über den Rücklauf der Studie:

Branche	**Antworten**	**Rücklaufquote**
Metall	287	41,8%
Holz	57	29,0%
Nahrungsmittel	71	41,0%
Chemie	75	41,2%

Tabelle 6: Rücklauf der Studie von Malmi [Malmi (1999), S. 655]

Malmi geht in seiner Untersuchung von einem **dreistufigen Diffusionsprozess** der Prozesskostenrechnung in Finnland aus (Initial phase, Take-off phase, Subsequent phases). Insgesamt kommt er auf 114 Anwender von Prozesskostenrechnung, was einem Verbreitungsgrad von 23,3% entspricht.

---

136 Siehe Abbildung 10: Stufenmodell der Adaption.

137 Vgl. Malmi (1999).

Wesentlichste Erkenntnis aus der Studie ist, dass sich die Einflussfaktoren im Laufe des Diffusionsprozesses von Prozesskostenrechnung in einem Land verändern. Während zu Beginn des Prozesses eher rationale Argumente überwiegen (efficient choice), bietet in der Phase steigender Verbreitung die Betrachtung von Prozesskostenrechnung als Modeerscheinung (fashion) den größten Erklärungsgehalt, der jedoch nach einer gewissen Zeit wieder zurückgeht.

3.4.1.3 Studie von Bjørnenak[138]

Bjørnenak hat als einer der ersten die Diffusionstheorie als Grundlage zur Untersuchung der Verbreitung von Prozesskostenrechnung verwendet. Er untersucht in seiner Studie die Diffusion von **Activity-Based Costing** unter 75 **norwegischen Industriebetrieben**. Folgende Abbildung gibt einen Überblick über die Teilnehmer an seiner Studie:

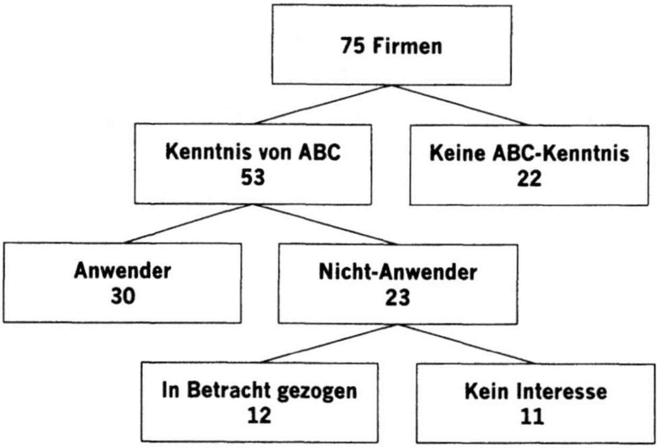

Abbildung 11: Klassifikation von Unternehmen [Vgl. Bjørnenak (1997), S. 3 ff.]

Durch die grobe Unterteilung in Anwender (40%) und Nicht-Anwender sind keine differenzierten Aussagen zu den Stadien zwischen Anwendung und Nicht-Anwendung möglich. Beispielsweise werden Unternehmen, die gerade die Einführung von Prozesskostenrechnung eva-

138 Vgl. Bjørnenak (1997).

luieren ebenso wenig berücksichtigt wie Unternehmen, die bereits entschieden haben, Prozesskostenrechnung einzuführen und sich in der Konzeptions- oder Umsetzungsphase der Implementierung befinden. Weiters ist anzumerken, dass er keinerlei Differenzierung in unterschiedliche Intensitäten der Anwendung trifft.

Auf Basis seines Modells testete er den Einfluss von Kostenstruktur, Wettbewerbsintensität, Status des bestehenden Kostenrechnungssystems und Produktvielfalt als Kontextfaktoren der Einführung von Prozesskostenrechnung, wobei sich nur die Kostenstruktur als signifikant erwies.

3.4.1.4 Studie von Foster/Swenson[139]

Foster und *Swenson* untersuchten 1997 in den USA die Eignung unterschiedlicher Maßgrößen zur Beurteilung des **Erfolges** von **Activity-Based Costing-Systemen**. Sie bedienten sich dabei einer schriftlichen Befragung, die mit Unterstützung des Computer Aided Manufacturing-International (CAM-I) und des American Productivity and Quality Center (APQC) durchgeführt wurde. Es wurden zunächst vier verschiedene Gruppen von a priori-Maßgrößen des ABC-Erfolges definiert, die als die Ausgangshypothesen der Studie von *Foster* und *Swenson* zu verstehen sind:

- Entscheidungsunterstützung
  Der Erfolg von ABC-Systemen ist umso größer, je intensiver die daraus gewonnenen Informationen zur Entscheidungsunterstützung verwendet werden.

- Maßnahmen
  Das ABC-System wird als erfolgreich angesehen, wenn es als Grundlage für Entscheidungen und Maßnahmen verwendet wird.

- Finanzielle Verbesserungen
  Es wird unterstellt, dass durch Anwendung von ABC finanzielle Verbesserungen erzielt werden können, die in der Arbeit von *Foster* und *Swenson* im wesentlichen in der Relation von Umsätzen zu Kosten gemessen werden.

---

139 Vgl. Foster / Swenson (1997).

- Einschätzung der Unternehmensführung
  Die Einführung von ABC-Systemen gilt dann als erfolgreich, wenn dies durch generelle Einschätzungen der Unternehmensführung bestätigt wird.

Bei Durchführung der Faktoranalyse kristallisierten sich schließlich die vier Faktorgruppen Entscheidungsunterstützung, Produkt- und Kundenanwendungen, Managementanwendungen und von der Unternehmensführung wahrgenommene Erfolgswirkungen heraus, die als Bestätigung der Erfolgsfaktoren des ABC gemäß der Studie von *Shields*[140] interpretiert werden.

Die Bestimmung von Verbesserungspotenzialen, die Unterstützung von Produktentscheidungen und die Förderung von Prozessverbesserungen wurden als wichtigste Fragestellungen genannt, bei denen ABC-Informationen zur Entscheidungsunterstützung eingesetzt werden. Die wichtigsten auf Basis von ABC getroffenen Maßnahmen waren Prozessänderungen und die Anpassung der Preisstrategie. Die größten finanziellen Verbesserungen wurden im Bereich der Produktrentabilität erzielt, gefolgt von der Fertigung und dem administrativen Bereich. Am erfolgreichsten wurde die Einführung des ABC von den beteiligten Projektmitarbeitern und der Unternehmensführung beurteilt.

Das Ergebnis der von *Foster* und *Swenson* durchgeführten paarweisen Korrelationsanalysen der einzelnen a priori-Maßgrößen ergab bei allen Kombinationsmöglichkeiten deutlich unter dem Wert 1 liegende Werte (zwischen 0,45 und 0,75), woraus geschlossen werden kann, dass mehr Dimensionen des ABC-Erfolges existieren, als eine dieser Maßgrößen alleine erfassen kann. Der Unterschied im Erfolg der ABC-Anwendung ist nach der Studie von *Foster* und *Swenson* vor allem auf die Unterstützung durch die Unternehmensführung, die Verwendung zur Leistungsmessung und -beurteilung sowie die Breite des Einsatzes und die Anwendungserfahrung zurückzuführen.

Aus der Studie von *Foster* und *Swenson* kann zum einen das verwendete Modell an Erfolgsfaktoren als Input für diese Untersuchung gewonnen werden sowie die Erkenntnis, dass der größte Erklärungsgehalt für den Erfolg oder Misserfolg einer ABC-Anwendung durch eine Kombination mehrerer Einzelmaßgrößen erzielt werden kann.

140 Vgl. Shields (1995), S. 148 ff.

3.4.1.5 Studie von Gosselin[141]

Gosselin geht in seiner Studie der Bedeutung von **Strategie** und **Organisation** auf die Einführung von verschiedenen Ausprägungsformen von **Prozessmanagement** (AM, Activity Management) nach. Prozessmanagement (AM) unterteilt er dabei in Prozessanalyse (AA, Activity Analysis), Prozesskostenanalyse (ACA, Activity Cost Analysis) und Prozesskostenrechnung (ABC, Activity-Based Costing). Dabei geht er von einer sequentiellen Abfolge der drei Konzepte aus, an deren Ende möglicherweise die Anwendung von Prozesskostenrechnung steht. Das bedeutet, er geht von einem dreistufigen Implementierungsmodell aus (AA ⇨ ACA ⇨ ABC).

Im Rahmen einer schriftlichen Befragung von strategischen Geschäftseinheiten kanadischer Industrieunternehmen kommt er bei 58 Unternehmen auf einen Verbreitungsgrad der Prozesskostenrechnung von 36%. Unternehmen mit einem hohen Ausmaß an vertikaler Differenzierung tendieren dabei eher zur Anwendung von Prozesskostenrechnung als flach organisierte Unternehmen. Auch der Zentralisierungsgrad und der Formalisierungsgrad von Unternehmen begünstigt die Anwendung von Prozesskostenrechnung positiv.

3.4.1.6 Studie von Kennedy[142]

In seiner 1996 in Großbritannien durchgeführten Untersuchung geht *Kennedy* der Frage nach inwieweit der **Einsatz von ABC** nachweisbare **Verbesserungen** auf den **Unternehmenserfolg** hat. Grundlage für die Beurteilung des Unternehmenserfolges war dabei der Shareholder Value-Ansatz. Der Fragebogen wurde an die 853 börsennotierten Unternehmen der 1000 größten britischen Firmen versandt, wobei sich der Fragebogen zum Großteil an jenen von *Innes/Mitchell* anlehnte. Die 234 auswertbaren Fragebögen entsprechen einer Rücklaufquote von 27,4%. Zusätzlich wurden Informationen über die wirtschaftliche Entwicklung der Unternehmen im Betrachtungszeitraum berücksichtigt, die vom Wirtschaftsdatenbankanbieter *Datastream Data Service* bezogen wurden.

Von den befragten Unternehmen setzten 20,1% ABC ein, als wichtigste Anwendungsbereiche wurden genannt: Kostengestaltung (64%), Performance Measurement (64%), Kostenredukti-

---

141 Vgl. Gosselin (1997).

142 Vgl. Kennedy (1998).

on (57%), Kundenrentabilitätsanalyse (57%) und Produktkalkulation (51%). 83% der befragten Anwender verwendeten ABC parallel zur bestehenden Kostenrechnung.

Von jenen Unternehmen, die ABC nicht einsetzten, waren nur 5,1% zur Zeit der Befragung mit der Prüfung des Einsatzes beschäftigt, während 20,5% den Einsatz nach erfolgter Prüfung verworfen und 54,3% bislang noch keine Prüfung des Einsatzes durchgeführt hatten. Im Vergleich zur zweiten Studie von *Innes/Mitchell* fällt auf, dass die Zahl der Unternehmen, die ABC gerade prüfen deutlich zurückgegangen ist (5,1% versus 27%), während die Zahl jener, die ABC nach erfolgter Prüfung verworfen hatten, deutlich gestiegen ist (20,5% versus 13%). Dies deutet darauf hin, dass die Verbreitung des ABC in Großbritannien eine gewisse Reife erreicht hat und nicht mehr mit starken Zuwächsen zu rechnen ist.

Der wichtigste Teil der Untersuchung sind jedoch nicht die deskriptiven Ergebnisse, sondern die Erforschung der Frage inwieweit ein meßbarer Erfolg des ABC-Einsatzes festgestellt werden kann. Seiner Untersuchung liegt folgendes Modell als theoretischer Bezugsrahmen zugrunde, das den Zusammenhang zwischen dem Einsatz von ABC und dem Unternehmenserfolg, ausgedrückt als Unternehmenswert nach dem Shareholder Value-Gedanken, zu erklären versucht:

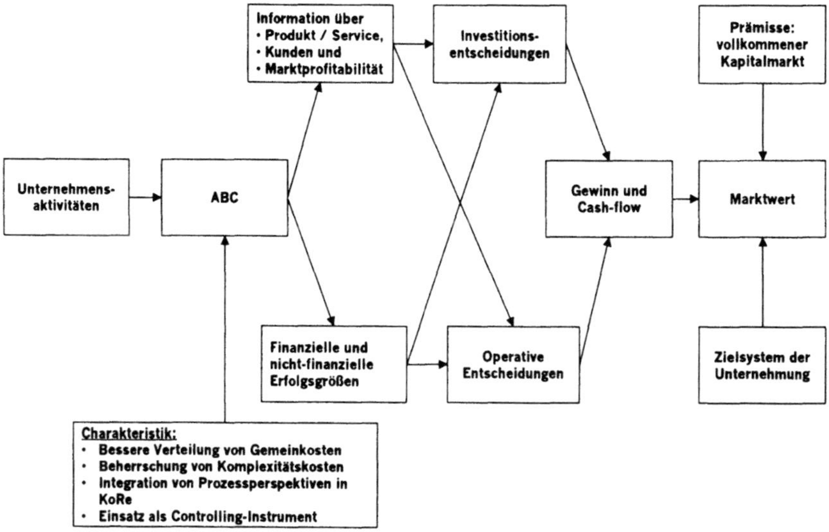

Abbildung 12: Verbindung von ABC mit Shareholder Value [Kennedy (1998), S. 5.]

Hierfür vergleicht *Kennedy* 47 Unternehmen, die ABC einsetzen mit 187 Unternehmen, die ABC nicht verwenden. Verglichen wurde in drei Gruppen welche nach folgenden Aspekten gebildet wurden: Market Capitalisation, Market-to-book Ratio und Net Total Assets. Dabei wurde so vorgegangen, dass zu jeder dieser Kenngrößen in einem statistischen Matching-Prozess jeweils eine Anwender- und eine Nicht-Anwendergruppe gebildet wurde. Die Güte der Bildung der Vergleichsgruppen wurde mit Hilfe statistischer Tests überprüft, um sicherzustellen, dass externe Variablen keinen signifikanten Einfluss auf den Vergleich zwischen Anwender- und Nicht-Anwendergruppe ausüben. Die Gruppengrößen waren 43 Unternehmen bei Market Capitalisation, 38 Unternehmen bei Market-to-book Ratio und 34 Unternehmen bei Net Total Assets. Die Beurteilungskriterien wurden per 31. Dezember vor der Einführung des ABC über einen Zeitraum von drei Jahren nach der Einführung des ABC-Systems gemessen.

Der Vergleich wurde in allen drei Gruppen sowohl nach marktorientierten Maßgrößen (Monthly Average Returns, Monthly Average Holding Period Returns AHPR) als auch nach Maßgrößen aus dem Rechnungswesen (Rates of Return, Profit Margins, Working Capital) durchgeführt. Sowohl die Ergebnisse der Vergleiche der marktbezogenen als auch der Rechnungswesen-Kenngrößen zeigen, dass die Unternehmen, die ABC anwenden, die Ergebnisse der Vergleichsgruppen der Nicht-Anwender deutlich übertreffen. Nachfolgende Tabelle gibt die Ergebnisse der marktbezogenen Kriterien wider:

	ABC Anwender	ABC Nicht-Anwender
Entwicklung von AHPR 3 Jahre nach ABC-Einführung		
Market Capitalisation-Gruppe	61,24%	41,41%
Market-to-book-Gruppe	58,66%	36,02%
Net Total Assets-Gruppe	61,86%	32,83%
Entwicklung von AHPR 2 Jahre vor ABC-Einführung		
Market-Capitalisation-Gruppe	36,20%	30,05%
Market-to-book-Gruppe	29,82%	34,33%
Net Total Assets-Gruppe	25,22%	31,45%

Tabelle 7: Wertentwicklung von ABC-Anwendern [Kennedy (1998), S. 8.]

Wie der Tabelle zu entnehmen ist, war die Entwicklung der Monthly Average Holding Period Returns in den drei Jahren nach ABC-Einführung deutlich besser als jene der Nicht-ABC-Anwender. Das Signifikanzniveau in der Market Capitalisation-Gruppe lag bei 0,1, jenes der anderen beiden Gruppen bei 0,05. In den beiden Jahren vor ABC-Einführung konnten keine signifikanten Unterschiede festgestellt werden.

Aus der Untersuchung von *Kennedy* geht hervor, dass die größten Unterschiede zwischen den Vergleichsgruppen aus dem dritten Jahr der Anwendung des ABC herrühren, weshalb er vermutet, dass die positiven Auswirkungen am Ende der Untersuchungsperiode noch nicht ihren Höhepunkt erreicht haben. Aus dieser Beobachtung kann entnommen werden, dass zwischen der Einführung von ABC und dem Auftreten positiver Auswirkungen eine zeitliche Verzögerung liegt.

Bei den kostenrechnerischen Maßgrößen kommt *Kennedy* in seiner Untersuchung bezugnehmend auf sein theoretisches Modell[143] zum Schluss, dass der wesentliche Erfolgsfaktor bei Nutzung von ABC bei den operativen Entscheidungen und nicht bei den Investitionsentscheidungen liegt. Auch bei den kostenrechnerischen Maßgrößen konnten in der Untersuchung in

143 Siehe Abbildung 12: Verbindung von ABC mit Shareholder Value.

allen drei Gruppen signifikante Unterschiede zwischen den ABC-Anwendern und ABC-Nicht-Anwendern festgestellt werden.

Grundsätzlich ist zur Studie von *Kennedy* anzumerken, dass sie erstmals einen empirischen Nachweis der Erfolgswirksamkeit des ABC-Einsatzes durch eine Vielzahl quantitativer Kennzahlen, die über einen längeren Zeitraum betrachtet wurden, liefert. Zu bedenken ist trotz der beeindruckenden Erkenntnisse der Studie, dass die zugrundeliegenden Stichprobengrößen mit 43, 38 und 34 eher gering waren. Weiters kann nicht ausgeschlossen werden, dass ein nicht berücksichtigter externer Einflussfaktor für einen Teil der Erkenntnisse verantwortlich zeichnet. Beispielsweise ist vorstellbar, dass ABC im Gefolge einer größeren Unternehmensumstrukturierung eingeführt wurde und die verbesserte Performance eine Folge der optimierten Unternehmensprozesse und nicht unmittelbar des Einsatzes von ABC ist. Zusätzlich ist zu bedenken, dass durch die Art der gewählten Forschungsmethode nicht geklärt werden kann, was die befragten Unternehmen unter Prozesskostenrechnung verstehen.

3.4.1.7 Studie von Shields[144]

Shields untersuchte in seiner Studie **Verhaltensaspekte** und organisationale Faktoren der **Implementierung** des **ABC** und deren Auswirkungen auf den **Anwendungserfolg** bei US-amerikanischen Unternehmen. Ausgangspunkt seiner Arbeit ist die Annahme, dass bei vielen US-amerikanischen Unternehmen bei Einführung des ABC der Schwerpunkt auf das konzeptionelle Design und die IT-Architektur gelegt wurde, verhaltenswissenschaftliche und organisatorische Aspekte dabei aber stark vernachlässigt wurden. Methodisch bediente er sich dabei einer schriftlichen Befragung, die an Mitglieder des Computer Aided Manufacturing International. (CAM-I), sowie Kunden von Herstellern von ABC-Software und ABC-Beratern sechs großer Wirtschaftsprüfungs- und Beratungsgesellschaften gesendet wurde.

Die Grundthese von *Shields* lautet, dass der Erfolg des ABC-Einsatzes in Unternehmen unterschiedlich groß ist, wobei diese Unterschiede durch Verhaltens- und Organisations-Variablen und nicht durch technische Variablen begründet sind. In weiterer Folge definiert er insgesamt siebzehn Implementierungsfaktoren, die als die unabhängigen Variablen zur Erklärung des Anwendungserfolges gelten. Diesen mißt *Shields* sowohl durch ein subjektives Globalurteil

[144] Vgl. Shields (1995).

der Befragten als auch durch das Ausmaß an finanziellen Einsparungen durch den ABC-Einsatz.

Bei 72% der ABC-Anwender war das System nicht älter als zwei Jahre, was als Indiz für dessen wachsende Bedeutung in der Praxis gewertet werden kann. Die wichtigsten Zielsetzungen bei Einführung von ABC waren die Verbesserung der Kosteninformation (35%), der Produktkalkulation (32%), der Kostenrechnung (15%) und die Gewinnung von Prozesskosteninformationen (16%). Der Anwendungserfolg wurde von den meisten Unternehmen als mittel bis hoch bezeichnet, insgesamt 75% der Unternehmen gaben an, einen finanziellen Vorteil durch ABC zu erzielen. Einschränkend ist jedoch darauf hinzuweisen, dass die meisten Befragten keine Angaben über das Ausmaß an tatsächlichen Einsparungen machen konnten, sondern lediglich die Tendenz bestätigten, dass auf Grundlage der verbesserten Entscheidungsgrundlage durch ABC finanziell vorteilhaftere Entscheidungen getroffen werden.

Durch die empirische Untersuchung bestätigten sich *Shields* Ausgangshypothesen zum Großteil. Zwölf von siebzehn (ausschließlich verhaltens- und organisationswirtschaftlichen) Implementierungsvariablen korrelierten auf signifikantem Niveau mit dem Anwendungserfolg des ABC, bei den technischen Variablen wurde keine signifikante Korrelation festgestellt. Die wichtigsten Einflussfaktoren für den Erfolg von ABC waren: Managementunterstützung, Verbindung des ABC-Systems mit der Unternehmensstrategie, Verbindung des ABC-Systems mit dem Performance Measurement, ausreichende interne Ressourcen, Mitarbeiterschulung und Projektleitung außerhalb des Rechnungswesens. Eine positive Korrelation besteht auch zwischen dem Anwendungserfolg und der Höhe des mit dem ABC-System erfassten Kostenanteils.

Nachfolgende Tabelle stellt den Zusammenhang zwischen dem Alter der ABC-Systeme und dem damit jeweils erfaßten Kostenanteil dar:

Kostenanteil ABC	Alter des ABC-Systems in Jahren				
	1	2	3	4	5
1. Jahr	50%	30%	10%	6%	4%
2. Jahr		65%	50%	10%	15%
3. Jahr			70%	15%	20%
4. Jahr				28%	30%
5. Jahr					40%
Anteil Firmen in%	36%	36%	19%	4%	5%

Tabelle 8: Erfasster Gesamtkostenanteil seit Einführung von ABC [Shields (1995), S. 155.]

Wie Tabelle 8 zu entnehmen ist, war bei 72% der Unternehmen das ABC-System nicht älter als zwei Jahre. Der mit dem ABC-System erfaßte Kostenanteil steigt mit zunehmender Einsatzdauer kontinuierlich an, wobei bei jenen Firmen, die ABC erst in jüngerer Zeit eingeführt haben (1 bis 3 Jahre), der erfaßte Kostenanteil von Beginn an höher ist. Bei den älteren ABC-Systemen (4 bzw. 5 Jahre) ist der erfaßte Kostenanteil deutlich geringer, weswegen auch kein durchgängiger Verlauf des erfaßten Kostenanteils mit dem Alter des ABC-Systems nachgewiesen werden konnte (In einem 4 Jahre alten ABC-System ist der erfaßte Kostenanteil im vierten Jahr bei kontinuierlichem Anstieg bei 28%, während ein 3 Jahre altes ABC-System im dritten Jahr bei ebenfalls kontinuierlichem Anstieg bereits 70% der Kosten erfaßt). Dies deutet darauf hin, dass zwischen den älteren und den jüngeren ABC-Systemen ein Unterschied hinsichtlich der Gestaltung des Dauerbetriebes besteht, was u.a. damit erklärbar ist, dass die älteren Systeme zum Großteil als Pilotprojekte mit Versuchscharakter implementiert wurden, während die jüngeren Implementierungen von Beginn an auf Gesamtunternehmensebene eingesetzt werden.

Die Ergebnisse von *Shields* stellen eine wichtige Grundlage zur Untersuchung des Anwendungserfolges von ABC-Systemen dar. Insbesondere seine Erkenntnisse der Bedeutung verhaltens- und organisationswissenschaftlicher Kriterien bei Einsatz von ABC geben vor dem Hintergrund der Kontingenztheorie wertvolle Hinweise für die Bildung geeigneter Hypothesen in der vorliegenden Arbeit.

3.4.1.8 Studien von Innes/Mitchell[145]

Innes und *Mitchell* haben bereits drei umfangreiche schriftliche Befragungen zum Activity-Based Costing durchgeführt. An der ersten Untersuchung im Jahre 1990 nahmen insgesamt 187 Mitglieder des Chartered Institute of Management Accountants (CIMA) teil, was einer Rücklaufquote von 26% entspricht. Bei den einbezogenen Unternehmen handelte es sich überwiegend um Industriebetriebe und Finanzdienstleistungsunternehmen.

Die Studie hatte das Ziel herauszufinden, inwieweit **ABC** von **britischen Unternehmen** bereits geprüft und eingeführt bzw. abgelehnt wurde und welche Gründe dafür ausschlaggebend waren. Die Studie machte deutlich, dass sich die meisten Unternehmen aufgrund der Neuartigkeit des Ansatzes noch in der Beurteilungsphase befanden. Die Unternehmen zeigten bezüglich der Einführung des ABC beträchtliche Unsicherheit, was sich insbesondere in der langen Beurteilungsdauer und Bedenken hinsichtlich der Komplexität und des Nutzens des ABC-Einsatzes ausdrückt. Als wesentliche praktische Probleme wurden die organisatorische Umsetzung der Bildung von Activity Cost Pools und die Ermittlung der Cost Driver angesehen.

52% der Unternehmen hatte sich zum damaligen Zeitpunkt noch nicht mit dem Einsatz des ABC beschäftigt. Bei 33% wurde die Möglichkeit des Einsatzes gerade geprüft und 9% hatten sich nach erfolgter Prüfung gegen die Einführung bzw. weitere Nutzung des ABC entschieden. Nur bei 6% der Unternehmen befand sich das ABC zum Zeitpunkt der Befragung bereits im Einsatz. Die wichtigsten Gründe für die Einführung des ABC waren die bessere Ermittlung der Produktkosten zu Zwecken der Preisermittlung und Produktrentabilitätsanalyse sowie die Zurechnung von Kosten auf Kunden, verbesserte Kostensteuerung, Erkenntnisse über die Kostenverursachung und die Beeinflussung des Verhaltens der Produktentwickler.

Die Einschätzung des Nutzens des ABC fiel ausschließlich positiv aus und ließ sich in zwei Kategorien teilen: Zum einen bezieht sich der Nutzen auf die Erhöhung der Transparenz des Unternehmens und zum zweiten auf die Verwendung der Informationen zur Entscheidungsunterstützung. Bei der Erhöhung der Transparenz waren insbesondere Informationen über die

145 Vgl. Innes / Mitchell (1991, 1995, 1995a, 1997).

Ursachen der Kostenentstehung und die Kosten von Produktgruppen, Prozessen, Marktsegmenten oder Kunden von Bedeutung.

ABC-Informationen wurden insbesondere zur Unterstützung von Preisentscheidungen, zur Auswahl relevanter Marktsegmente und zur Kostenreduktion eingesetzt. Bei 11% der Unternehmen war die Zunahme des Anteils an Gemeinkosten ausschlaggebend für das Interesse an ABC. Die wichtigsten Vorbehalte gegen ABC waren die damit verbundenen Kosten sowie die hohe Komplexität der ABC-Systeme.

Bei der zweiten Studie von *Innes* und *Mitchell* wurden 1994 die 1000 größten Unternehmen Großbritanniens über deren Erfahrungen mit dem ABC befragt. Von den 251 teilnehmenden Unternehmen setzten 19,5% ABC ein, 27,1% prüften den Einsatz zum Zeitpunkt der Befragung und 13,2% hatten sich nach eingehender Prüfung gegen die Einführung entschieden. Ein großer Teil (40,2%) hatte sich zum Zeitpunkt der Befragung noch nicht mit ABC beschäftigt.

Bei der Untersuchung der Anwendungsbereiche von ABC konnte festgestellt werden, dass die Mehrzahl der Firmen ABC zur Kostenreduktion eingesetzt hat (87,7%), gefolgt von Performance Measurement (67,3%), Produktkalkulation (65,3%) und Kostengestaltung (61,2%). Mehr als die Hälfte der Unternehmen, die ABC zur Kostenreduktion verwendeten, gaben an, durch dessen Einsatz bereits erhebliche Einsparungen realisiert zu haben. Bei den meisten Unternehmen beschränkte sich der Einsatz des ABC jedoch auf einige wenige organisatorische Bereiche. Folgende Tabelle gibt einen Überblick über die Ergebnisse der Untersuchung der Anwendungsbereiche:

Anwendungsbereich	Anteil der Anwender	Bedeutung	Anwendungserfolg
Kostenreduktion	87,8%	4,5	3,9
Performance Measurement	67,3%	4,4	3,9
Produktkalkulation	65,3%	4,8	4,0
Kostengestaltung	61,2%	3,9	3,8
Budgetierung	59,2%	4,4	4,0
Kundenrentabilitätsanalyse	51,0%	4,2	4,0
Ausbringungsentscheidungen	46,9%	4,2	3,8
Produktentwicklung	30,6%	4,5	4,1
Bestandsbewertung	28,6%	4,0	4,1
Andere Anwendungsbereiche	16,3%	4,9	k.A.

Tabelle 9: Anwendungsbereiche des ABC [Innes / Mitchell (1995), S. 144.]

Die Unternehmen, die sich noch nicht mit ABC beschäftigt hatten, begründeten dies mit der mangelnden Anwendbarkeit in ihrer Branche, mangelnden Ressourcen zur Beurteilung und einem zu geringen Wissen über ABC.

In einer dritten Studie befragten *Innes* und *Mitchell* ebenfalls 1994 die 60 größten Finanzdienstleistungsunternehmen Großbritanniens zum Einsatz von ABC. Als Ergebnis dieser Studie kann festgehalten werden, dass der Anteil an ABC-Anwendern im Finanzdienstleistungsbereich erheblich höher war als in anderen Branchen (54%). Als Ursache hierfür wurden der höhere Personal- und Gemeinkostenanteil dieser Branche genannt. Diese Erkenntnis wird bei der Ableitung der Untersuchungshypothesen aufgegriffen.

Insbesondere die zweite Studie von *Innes* und *Mitchell* beruht auf einer sehr breiten Datenbasis und stellt damit eine wichtige Ausgangsposition für weitere Forschungsarbeiten auf dem Gebiet des ABC dar. Generell kann aus den Studien von *Innes* und *Mitchell* abgeleitet werden, dass im Untersuchungszeitraum von 1990 bis 1994 in Großbritannien eine klare Tendenz zur Ausbreitung des ABC festzustellen war, was den Stellenwert des ABC für die Unternehmenspraxis bestätigt. Die Erforschung der Anwendungsbereiche des ABC gibt wertvolle Hinweise für künftige Untersuchungen des Einsatzgebietes prozessorientierter Kostenrechnungssysteme.

3.4.1.9 Studie von Swenson[146]

Die Untersuchung von Swenson beschäftigt sich mit der Vorteilhaftigkeit des **ABC** für Unternehmen der **Fertigungsindustrie**. Dieser allgemeinen Fragestellung wird in drei Teilfragen nachgegangen:

- Ist die Zufriedenheit der Unternehmensführung mit der Produktkalkulation, Kostenreduktion und dem Performance Measurement durch ABC im Vergleich zu den zuvor eingesetzten Verfahren angestiegen?
- Werden die Ergebnisse des ABC-Systems häufiger zur Entscheidungsfindung herangezogen als dies beim zuvor eingesetzten System der Fall war?

[146] Vgl. Swenson (1995).

- Kann die Zufriedenheit der Unternehmensführung mit ABC durch spezifische Beispiele belegt werden?

Swenson interviewte zu diesem Zweck 1992 insgesamt 60 Personen aus 25 Unternehmen der US-amerikanischen Fertigungsindustrie. In zehn Unternehmen wurden Interviews vor Ort geführt und 50 Personen wurden telefonisch befragt. Bei der Auswahl der interviewten Unternehmen handelte es sich um Unternehmen, von denen in Fachzeitschriften Fallbeispiele zum ABC veröffentlicht wurden sowie Firmen, von denen aus anderen Quellen bekannt war, dass sie ABC einsetzen.

Die befragten Unternehmen verwendeten ABC im Durchschnitt seit 2,6 Jahren. Die Zielsetzung vor der ABC-Einführung war bei den meisten Firmen die Verbesserung der Produktkalkulation, nach Einführung gewann vermehrt die Unterstützung operativer Entscheidungen an Bedeutung. Begründet wurde dies von den Befragten damit, dass die Verbesserung der Produktkalkulation ein einmaliger Vorgang sei, während operative Verbesserungen laufend notwendig seien, um die Wettbewerbsfähigkeit des Unternehmens zu erhöhen. Die Zufriedenheit der Befragten mit dem ABC-System stieg am höchsten bei der Produktkalkulation und der Aufdeckung von Kostensenkungspotenzialen sowie beim Performance Measurement. Die Haupteinsatzgebiete von ABC waren in der Untersuchung von *Swenson* die Unterstützung von Produktionsprogramm- und Produktpreisentscheidungen sowie die Identifikation von Rationalisierungspotenzialen.

36% der Unternehmen wendeten ABC zur Beurteilung der Kundenprofitabilität an, 92% gaben an, dass sie ABC vor allem zur laufenden Prozessverbesserung heranzogen. 28% wendeten das ABC-System im Performance Measurement an, jedoch wurde dies von den meisten Unternehmen als angestrebte Endausbaustufe Ihres ABC-Systems genannt.

Zur Studie von *Swenson* ist zu bemerken, dass die Auswahl von bekannten ABC-Anwendern aus Fachzeitschriften die Ergebnisse zweifellos positiv beeinflusst hat und man daher bei Anwendungsbreite und Zufriedenheit nicht von repräsentativen Werten ausgehen kann.

Bezüglich der Methodik fällt auf, dass *Swenson* sich einer qualitativen Methode der Sozialforschung, des Interviews, bedient. Im Gegensatz zu den bisher dargestellten Studien kann dies bei einem derart komplexen Untersuchungsgegenstand wie dem ABC als eine wertvolle Erweiterung zu den bisher vorgestellten breit angelegten quantitativen Studien gesehen werden, da detaillierter auf die Besonderheiten in den Unternehmen eingegangen werden kann und somit tiefergehende Analysen einzelner Anwendungsfälle möglich sind.

3.4.2 Studien im deutschsprachigen Raum

Im deutschsprachigen Raum gibt es bisher nur wenige empirische Erkenntnisse über die prozessorientierte Kostenrechnung. Die meisten empirischen Befunde wurden im Rahmen begrifflich weiter gefasster Studien gewonnen. Im folgenden werden die Arbeiten von *Wall/Hirsch/Attorps*[147], *Frank*[148], *Stoi*[149], *Risak/Exner*[150], *Franz/Kajüter*[151], *Kropfberger*[152], *Brede*[153], *Weber*[154] und *Niedermayr*[155] kurz vorgestellt, wobei vor allem die Arbeit von *Stoi* hervorzuheben ist.

3.4.2.1 Studie von Wall/Hirsch/Attorps[156]

Die Studie von *Wall, Hirsch* und *Attorps* untersucht, wie das Controlling in der Unternehmenspraxis auf die **Prozesseffizienz** ausgerichtet ist. Dazu wird einerseits untersucht, welche prozessbezogenen Controlling-Instrumente in der Unternehmenspraxis überhaupt eingesetzt werden. Andererseits behandelt die Studie die Frage, wie sich das prozessbezogene Controlling im Zuge von **Reengineering-Projekten** ändert, ob mit Reengineering-Projekten also beispielsweise **Lerneffekte** im Controlling einhergehen.

Die Untersuchung wurde mittels schriftlichen Fragebogen durchgeführt, der an 454 Unternehmen versendet wurde, woraus 92 auswertbare Fragebögen resultierten. Zur Frage, ob Prozessorientierung eine hohe Bedeutung für das Unternehmen besitzt, antworteten etwa 50% der

---

147 Vgl. Wall et al. (2000), S. 243 ff.

148 Vgl. Frank (2000).

149 Vgl. Stoi (1999).

150 Vgl. Risak / Exner (1998).

151 Vgl. Franz / Kajüter (1997), S. 481 ff.

152 Vgl. Kropfberger et al. (1997); Kropfberger (1986, 1996).

153 Vgl. Brede (1994), S. 334 ff.

154 Vgl. Weber (1993), S. 257 ff.

155 Vgl. Niedermayr (1994).

156 Vgl. Wall et al. (2000).

Befragten, dass Prozessorientierung sehr wichtig sei, weitere 40% halten sie für wichtig. Differenziert nach Unternehmensgröße zeigt sich, dass große Unternehmen die Prozessorientierung deutlich wichtiger einschätzen als Kleinunternehmen. Differenziert nach Branchen konnte gezeigt werden, dass Prozessorientierung in der Fertigungsindustrie weniger wichtig erachtet wird als bei Finanzdienstleistungsunternehmen. Bereits mehr als 72% der befragten Unternehmen aus dem Finanzsektor gaben an, über Erfahrung mit Prozess-Reengineering-Projekten zu verfügen.

Hinsichtlich der Abbildung von Prozessen im Controlling stellte sich heraus, dass größere Unternehmen eine tiefere Gliederung der Prozesse vornehmen als dies bei kleineren Unternehmen der Fall ist. Bei der Frage nach prozessbezogenen Kenngrößen wurde Kundenzufriedenheit (75%) vor Qualität (54%) genannt, erst an dritter Stelle rangieren die Prozesskosten (52%), gefolgt von Zeit (48%). Für die Ermittlung prozessspezifischer Kosten setzen 27% der Unternehmen, die Prozesskosten messen, die Prozesskostenrechnung ein; eine traditionelle Vollkostenrechnung oder Teilkostenrechnung wird von jeweils knapp 39% durchgeführt. 8% der Unternehmen führen die Prozesskostenrechnung dabei parallel zu ihrer traditionellen Kostenrechnung durch.

Auffällig ist, dass die prozessbezogenen Kenngrößen in unterschiedlichen organisatorischen Einheiten ermittelt werden und es offenbar keine eindeutigen Zuständigkeiten gibt. In größeren Unternehmen wird diese Aufgabe tendenziell eher vom Controlling wahrgenommen. Bei Untersuchung der Lernprozesse aus Reengineering-Projekten stellte sich heraus, dass 22% der erfahrenen, aber nur 6% der nicht-erfahrenen Unternehmen die Prozesskostenrechnung einsetzen, wobei „erfahrene" Unternehmen als jene Unternehmen definiert wurden, die bereits ein Business Process-Reengineering-Projekt durchgeführt haben. Daraus kann geschlossen werden, dass die Erfahrung von Reengineering-Projekten einen wesentlichen Kontextfaktor für den Einsatz der Prozesskostenrechnung darstellt. Einschränkend ist anzumerken, dass nicht dokumentiert ist, wie die Erfahrung mit einem Reengineering-Projekt gemessen wurde.

Zur abschließenden Beurteilung der Studie von *Wall et al.* ist zu sagen, dass sie Prozesskostenrechnung nur am Rande behandelt und daher keinen unmittelbaren Einfluss auf diese Arbeit hat. Manche der gewonnenen Erkenntnisse werden bei der Hypothesengenerierung jedoch durchaus eine Rolle spielen, insbesondere im Bereich der Kontextfaktoren. Die oben erwähnte Erfahrung mit Reengineering-Projekten wird insofern Eingang in die Untersuchung finden, als sie als Indikator für Innovationserfahrung bzw. Reorganisationsfähigkeit eines

Unternehmens betrachtet wird, die im Rahmen der organisatorischen Kontextfaktoren untersucht wird.[157]

3.4.2.2 Studie von Frank[158]

Die Arbeit von *Frank* stellt eine umfassende empirische Untersuchung der Determinanten der Gestaltung und des Einsatzes der **Kostenrechnung in mittelständischen deutschen Unternehmen** dar. Im Gegensatz zur Entwicklung in Großunternehmen stellt *Frank* in den vergangenen fünfzehn Jahren im Mittelstand einen weitgehenden Entwicklungsstillstand in der Kostenrechnung fest.

Frank geht dabei nicht direkt auf die unterschiedlichen Gestaltungsmöglichkeiten der Kostenrechnung ein, sondern untersucht die allgemeine Komplexität der Kostenrechnung in Abhängigkeit von unternehmensinternen und unternehmensexternen Kontextfaktoren sowie den Zusammenhang zwischen der Komplexität der Kostenrechnung und dem Nutzen des Kostenrechnungssystems. Dabei zeigt sich, dass die Qualität und Nutzung der Kostenrechnung nicht unmittelbar von der methodischen Stringenz und Komplexität des Kostenrechnungssystems (z.B. durch die detaillierte Abbildung der indirekten Bereiche in Form einer Prozesskostenrechnung) abhängt, sondern wesentlich vom Stand des Know-hows und der Aufmerksamkeit des Managements. Die Vorgehensweise und Ergebnisse der Studie von *Frank* werden insbesondere bei der Untersuchung der Nutzung von Prozesskostenrechnungssystemen in dieser Studie berücksichtigt.

3.4.2.3 Studie von Stoi[159]

Die Studie von *Stoi* zur **Implementierung** und **Anwendung** der **Prozesskostenrechnung** in **Deutschland** war Teil der sogenannten *Stuttgarter Studie*. Die empirische Untersuchung verfolgt zwei wesentliche Zielsetzungen: Zum einen soll bestimmt werden, wie prozessorientierte Kostenrechnungs- und Kostenmanagementsysteme in deutschen Unternehmen implementiert, aufgebaut und gestaltet wurden bzw. werden. Zum anderen soll aber auch die Anwen-

---

[157] Siehe Kapitel Generierung und Operationalisierung von Hypothesen.

[158] Vgl. Frank (2000).

[159] Vgl. Stoi (1999).

dung dieser Systeme sowie deren Auswirkung auf den Unternehmenserfolg festgestellt werden. Zu diesem Zweck wurden im September 1997 alle Unternehmen Deutschlands mit mehr als 1.000 Mitarbeitern kontaktiert und bezüglich ihres Interesses an einer Teilnahme an der Studie angeschrieben. Den interessierten Unternehmen wurde daraufhin der Fragebogen zugeschickt, wovon 86 Unternehmen bis März 1998 einen auswertbaren Fragebogen zurücksendeten. Alle Respondenten sind Anwender der Prozesskostenrechnung. Unternehmen, die keine Prozesskostenrechnung im Einsatz haben sowie solche, die im Zuge des Einführungsprozesses gescheitert sind, wurden nicht in die Untersuchung einbezogen. Die Untersuchungsergebnisse sind angesichts dieses selection bias zu relativieren.

Nachfolgende Abbildung gibt einen Überblick über Kontext, Gestaltung und Anwendung der Prozesskostenrechnung im Bezugsrahmen der Untersuchung von Stoi:

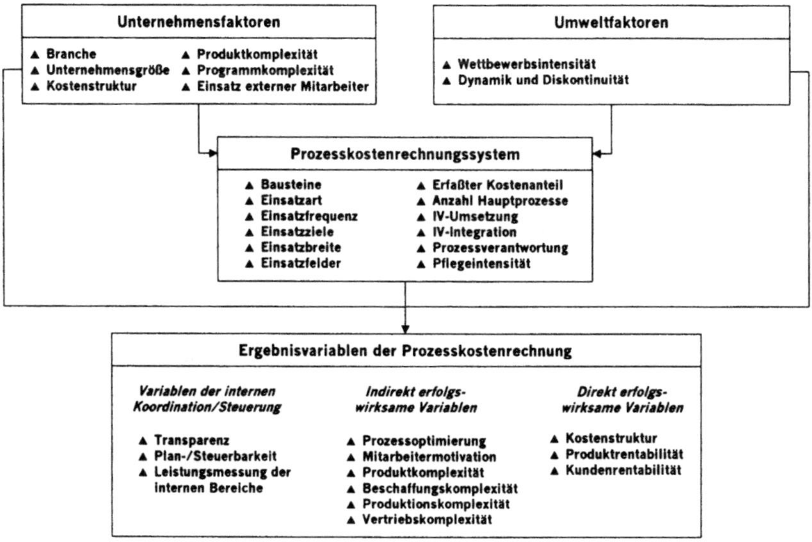

Abbildung 13: Theoretischer Bezugsrahmen [Stoi (1999), S. 94.]

Es lassen sich also zwei grundlegende Untersuchungsbereiche unterscheiden:

- Implementierung und Gestaltung des Prozesskostenrechnungssystems und
- Anwendung des Prozesskostenrechnungssystems.

Im ersten Untersuchungsbereich stellte die Ausprägung des Systems das zentrale Untersuchungsobjekt dar, während im zweiten Teil der Studie auf die Effizienz des Prozesskostenrechnungssystems näher eingegangen wird.

23% der Unternehmen setzt die Prozesskostenrechnung bereits im gesamten Unternehmen oder in einem gesamten Werk oder einer gesamten Division eines Konzerns ein. 77% der befragten Unternehmen haben den Einsatz jedoch auf einzelne Funktionsbereiche beschränkt. Durchschnittlich werden ca. 33% der Gesamtkosten und ca. 40% der Gemeinkosten mit Hilfe der Prozesskostenrechnung erfaßt. Aus der Untersuchung von *Stoi* geht hervor, dass die Einsatzart bzw. der Grad der Integration der Prozesskostenrechnung in das interne Rechnungswesen bei den befragten Unternehmen sehr unterschiedlich ist. 20% hat den Einsatz bisher auf eine Pilotstudie in einem eng abgegrenzten Bereich beschränkt und knapp ein Drittel verwendet die Prozesskostenrechnung fallweise und parallel zur bestehenden Kostenrechnung. Die Hälfte der Unternehmen setzt die Prozesskostenrechnung jedoch bereits laufend ein, ein Drittel verfügt dabei über ein durchgängiges System mit Integration in die Kalkulation und Ergebnisrechnung.

Interessant ist, dass es bei 57% der Unternehmen keine Prozessverantwortung gibt, wiewohl 43% der Befragten bereits Prozessverantwortliche bestimmt haben. Bei der Frage wer die Prozessverantwortung übernimmt, stellte sich heraus, dass dies in 83% der Fälle die Leiter der Fachbereiche sind, in denen die betreffenden Prozesse ablaufen. Bei 25% der Unternehmen werden auch Prozessbeteiligte als Process Owner eingesetzt, in nur 14% der Unternehmen zeichnet die Geschäftsführung und in nur 11% der Rechnungswesenleiter für Prozesse verantwortlich.

Als kritischer Erfolgsfaktor für den erfolgreichen Einsatz der Prozesskostenrechnung erwies sich die Pflege des Systems. 74% der Unternehmen pflegen das System regelmäßig, davon 65% einmal jährlich. 25% der Befragten gab an, dass eine Pflege bei Bedarf ausreiche. Bezüglich der Einsatzfelder der Prozesskostenrechnung wird die Produktkalkulation (78%) und die Ermittlung von Kostensenkungspotenzialen (77%) am häufigsten genannt. Die Analyse der Kundenrentabilität wird nur von 43% der Unternehmen als Einsatzfeld der Prozesskostenrechnung genannt. Die erzielten Auswirkungen der Prozesskostenrechnung werden in folgender Tabelle wiedergegeben (+2 = starke Verbesserung; -2 = starke Verschlechterung:

Auswirkung	
Erhöhung der Transparenz von Kosten und Leistungen	1,57
Verbesserung der Produktkalkulation	1,22
Optimierung der Unternehmensprozesse	0,99
Verbesserung der Ergebnisrechnung	0,99
Leistungsmessung der indirekten Bereiche	0,82
Erhöhung der Produktrentabilität	0,75
Bessere Plan-/Steuerbarkeit der indirekten Bereiche	0,72
Verringerung der Produktkomplexität	0,59

Tabelle 10: Auswirkungen des Einsatzes von Prozesskostenrechnung [Stoi (1999), S. 191.]

Das Ausmaß der durch den Einsatz der Prozesskostenrechnung erzielten Verbesserungen ist signifikant von der Einsatzbreite, dem erfaßten Kostenanteil, der Einrichtung von Prozessverantwortung, der Einsatzfrequenz, dem Alter des Prozesskostenrechnungssystems und den Einsatzfeldern abhängig. Weiters konnte eine Korrelation mit der Schulungsintensität, der Branche und der Einführungsstrategie festgestellt werden. Ein Zusammenhang zwischen den erzielten Auswirkungen und dem Einsatz externer Mitarbeiter, der IV-Umsetzung und Integration oder der Pflegeintensität konnte nicht nachgewiesen werden.

Aus der Studie von *Stoi* geht hervor, dass die meisten Befragten nicht vor dem Jahr 1996 mit der Einführung von Prozesskostenrechnung begonnen haben. Angesichts der hohen Bekannheits- bzw. Verbreitungsgrade in früheren Studien[160] lässt dies auf einen weiteren selection bias der Untersuchung schliessen, da offenbar mehr „Anfänger" untersucht wurden als in der Grundgesamtheit vorhanden sind. Die Unterstützung durch die Unternehmensführung wurde als wichtigster Erfolgsfaktor bei der Einführung identifiziert, was mit den Ergebnissen der Studien im englischsprachigen Raum übereinstimmt.[161] Für die vorliegende Untersuchung besonders aufschlussreich ist die Tatsache, dass IV-technische Probleme zwar erfolgskritisch sind, jedoch nicht mehr als zentrales Problem wahrgenommen werden. *Stoi* führt dies vor allem auf die Entwicklung des Moduls CO-ABC im System *R/3* der Firma *SAP* zurück, ohne in der empirischen Untersuchung näher darauf einzugehen. Angesichts der weiten Verbreitung von *SAP* auch in Österreich, stellt dies einen wichtigen Hinweis für die vorliegende Untersuchung dar.

[160] Vgl. Kropfberger et al. (1997); Kropfberger (1986, 1996); Franz / Kajüter (1997).

[161] Vgl. Shields (1995), S. 148 ff.

Grundsätzlich ist zur Studie von *Stoi* zu sagen, dass sie die erste umfassende empirische Untersuchung zur Prozesskostenrechnung im deutschen Sprachraum ist und als solche natürlich von hoher Bedeutung für die vorliegende Arbeit. Insbesondere im Teil der Implementierung der Prozesskostenrechnung ist das gewählte Modell jedoch dem Modell des Adaptionsprozesses von *Brown*[162] unterlegen. Die gewählten Faktoren in den Bereichen Kontext, Systemgestaltung und Anwendungserfolg stellen jedoch eine wesentliche Basis für spätere Studien im Bereich der Prozesskostenrechnung dar. Als Einschränkung bezüglich der Vergleichbarkeit der erzielten Ergebnisse ist nochmals anzumerken, dass *Stoi* nur Unternehmen befragt hat, die Anwender von Prozesskostenrechnung sind. Mit anderen Worten, die Untersuchung von Stoi kann aufgrund ihres selection bias keinerlei representative Aussagen über den Verbreitungsgrad von Prozesskostenrechnungssystemen in Deutschland treffen.

3.4.2.4 Studie von Risak/Exner[163]

Im Rahmen eines Seminars am Institut für Unternehmensführung der Wirtschaftsuniversität Wien untersuchten *Risak* und *Exner* 1998 den **Stand der Kostenrechnung in der österreichischen Unternehmenspraxis**. Die zentrale Fragestellung war jene nach der Aktualität der Kostenrechnung. Methodisch bediente man sich einer schriftlichen Befragung mittels standardisierter Fragebogen, die an Controller bzw. Rechnungswesenleiter von 500 österreichischen Unternehmen mit über 130 Millionen Schilling Umsatz gesendet wurden. Bei einer Rücklaufquote von 13% betrug die Anzahl der auswertbaren Fragebögen 65.

Hinsichtlich der Prozesskostenrechnung ist zu sagen, dass diese ebenso wie in den Studien von *Kropfberger* und *Niedermayr* bloß am Rande berücksichtigt wird. 66,2% der Unternehmen geben an, dass sie das Konzept der Prozesskostenrechnung kennen, jedoch nur 20,9% der befragten Unternehmen wenden sie zum Zeitpunkt der Untersuchung an. Diese Zahl liegt zwischen den Ergebnissen von *Kropfberger* und *Niedermayr* und entspricht ungefähr den Ergebnissen von *Innes* und *Mitchell* in Großbritannien im Jahr 1994. Bei den geplanten Veränderungen geben 62% der Unternehmen an, dass sie eine stärkere Berücksichtigung von Prozessen forcieren wollen. Daraus kann jedoch nicht unmittelbar abgeleitet werden, dass 62%

162 Siehe Abbildung 10: Stufenmodell der Adaption.

163 Vgl. Risak / Exner (1998).

der österreichischen Unternehmen eine Einführung der Prozesskostenrechnung planen. Vielmehr kann im Sinne des Modells von *Brown*[164] angenommen werden, dass diese Unternehmen in nächster Zeit eine Evaluierung der Prozesskostenrechnung in Betracht ziehen.

Interessant ist, dass Unternehmen, die einen stärkeren Änderungsdruck spüren, den Einsatz von Prozessen in ihrem Kostenrechnungssystem in Zukunft als signifikant wichtiger erachten, als jene, die geringen Änderungsdruck wahrnehmen. Daraus kann geschlossen werden, dass die Prozesskostenrechnung in der Unternehmenspraxis durchaus als ein Instrument gesehen wird, mit dem wirtschaftlicher Wandel bewältigt werden kann. In einem Mittelwertsvergleich, wo die Mittelwerte zweier Variablen, die auf einer fünfstufigen Skala die Beurteilung von Aussagen über die Probleme der Kosten- und Leistungsrechnung ausdrücken, miteinander verglichen werden, ist für Unternehmen, die die Prozesskostenrechnung einsetzen, ein niedriger Informationsgehalt der Kosten- und Leistungsrechnungsdaten in der unternehmensinternen Kommunikation ein signifikant geringeres Problem als in jenen Unternehmen, die sie nicht einsetzen.

Obwohl die Studie von *Risak* und *Exner* einer anderen Fragestellung nachgeht, sind doch einige interessante Aspekte für die vorliegende Arbeit zu beachten. Insbesondere die Ergebnisse der Mittelwertsvergleiche sowie die Hinweise auf eine steigende Bedeutung der Prozesskostenrechnung liefern wichtige Anregungen für die Hypothesengenerierung der vorliegenden Untersuchung.

3.4.2.5 Studie von Franz/Kajüter[165]

Die Studie von *Franz* und *Kajüter* beschäftigt sich mit dem **Stand des Kostenmanagements in deutschen Großunternehmen**. Dazu werden die Ziele des Kostenmanagements, die Verbreitung von Kostenmanagement-Instrumenten, unter anderem die Prozesskostenrechnung, die Fixkostenproblematik und die Verantwortung für Kostenmanagement evaluiert. Laut den Untersuchungsergebnissen wird die Prozesskostenrechnung in 52% aller Unternehmen eingesetzt. In der Automobilbranche (80%), der Elektronikbranche (75%) und der Nahrungs- und Genussmittelbranche (75%) ist die Prozesskostenrechnung am häufigsten im Ein-

---

164 Siehe Abbildung 10: Stufenmodell der Adaption.

165 Vgl. Franz / Kajüter (1997).

satz. Die intensivste Nutzung der Prozesskostenrechnung findet sich bei Banken, die geringste Einsatzintensität weist die Energiewirtschaft auf.

Weiters kommen *Franz* und *Kajüter* zum Ergebnis, dass die Prozesskostenrechnung in den nächsten Jahren in Deutschland an Bedeutung zunehmen wird, wobei dies unter anderem bei Banken und Versicherungen verstärkt erfolgen soll. Grundsätzlich kann aus der Studie geschlossen werden, dass die Prozesskostenrechnung zum Untersuchungszeitpunkt im deutschen Sprachraum zunehmend an Akzeptanz gewonnen hat. Bei Interpretation der Ergebnisse ist jedoch anzumerken, dass die Untersuchung nicht näher auf das Prozesskostenrechnungsverständnis und die tatsächlich geübte Praxis in den befragten Unternehmen einging.

3.4.2.6 Studie von Kropfberger[166]

Im Rahmen eines von *Kropfberger* geleiteten vergleichenden Forschungsprojektes über den Einsatz von **Controlling- und Planungsinstrumenten** in der Praxis in **Österreich und Großbritannien** steht die Bestandsaufnahme über den Einsatz von Planungs-, Controlling- und Marketinginstrumenten in Österreich im Mittelpunkt des Interesses. Die Untersuchung war Teil einer internationalen vergleichenden Studie mit Großbritannien und wurde mit Unterstützung der Österreichischen Nationalbank, dem Förderverein des Instituts für Wirtschaftswissenschaften der Universität Klagenfurt und dem Sparkassen-Forschungsinstitut durchgeführt.

Kropfberger bediente sich in seiner Studie einer schriftlichen Befragung mittels Fragebogen und erzielte bei einer Rücklaufquote von 22% insgesamt 354 auswertbare Fragebögen. Damit ist seine Untersuchung hinsichtlich der Datenbasis zu den umfassendsten empirischen Untersuchungen im Bereich des Controlling in Österreich zu zählen. Das Forschungsprojekt ist auch als Längsschnittstudie zu einer von *Kropfberger* 1986 durchgeführten Untersuchung zum strategischen Management im österreichischen Mittelstand zu verstehen, weshalb das Untersuchungsdesign auch darauf aufbaut.[167]

---

166 Vgl. Kropfberger et al. (1997); Kropfberger (1986, 1996).

167 Vgl. Kropfberger (1986), S. 206 ff.

Einer der Schwerpunkte der Untersuchung liegt im Bereich der eingesetzten Methoden des Rechnungswesens. Im Rahmen dieses Abschnitts wurde die Anwendung der Prozesskostenrechnung mit einer Frage abgedeckt. Die Ergebnisse der Studie in Bezug auf Prozesskostenrechnung, Target Costing und Life Cycle Costing sind in nachstehender Tabelle angeführt:

	Mittelständische Unternehmen	**Großunternehmen**
Prozesskostenrechnung		
regelmäßig / häufig	19,20%	32,00%
manchmal	8,90%	16,50%
selten / gar nicht	1,20%	51,50%
Target Costing		
regelmäßig / häufig	19,90%	31,30%
manchmal	13,70%	34,30%
selten / gar nicht	66,40%	34,30%
Life Cycle Costing		
regelmäßig / häufig	4,90%	12,60%
manchmal	11,10%	21,10%
selten / gar nicht	83,30%	66,30%

Tabelle 11: Methodenanwendung nach Unternehmensgröße [Kropfberger (1996), S. 25 ff.]

Der Prozentsatz von 32% Anwender der Prozesskostenrechnung bei Großunternehmen und 19,2% bei Mittelständischen Unternehmen im Jahre 1995 in Österreich erscheint im Vergleich zu den Ergebnissen von *Innes/Mitchell* oder *Kennedy* sehr hoch, insbesondere wenn man unterstellt, dass zum damaligen Zeitpunkt das Wissen um das Konzept der Prozesskostenrechnung in Österreich noch nicht so weit verbreitet war wie in Großbritannien. Meiner Einschätzung nach sind die Ergebnisse von *Kropfberger* bezüglich der Verbreitung von Prozesskostenrechnung kritisch zu betrachten, da keine Differenzierung hinsichtlich der Ausgestaltung, Anwendungsbreite, Häufigkeit, etc. vorgenommen wird und somit nicht eindeutig geklärt werden kann, in welchem Ausmaß die befragten Unternehmen die Prozesskostenrechnung tatsächlich einsetzen bzw. inwieweit hier „Bekanntheit" anstelle von „Anwendung" gemessen wurde.

3.4.2.7 Studie von Brede[168]

Brede befasste sich im Rahmen seiner Untersuchung mit der **Verbreitung moderner Instrumente des Kostenmanagements in der Schweiz**. Die untersuchten Instrumente waren Target Costing, Benchmarking, Life Cycle Costing, Strategisches Kostenmanagement und die Prozesskostenrechnung. Untersucht wurde der Bekanntheitsgrad und die Verbreitung des Einsatzes dieser Instrumente in den 326 größten Schweizer Industrie- und Handelsunternehmen. Die Rücklaufquote betrug 18%, was einer Anzahl von 55 verwertbaren Fragebögen entspricht.

Der Bekanntheitsgrad der Prozesskostenrechnung lag bei 67%, 33% hatten sie bereits im Einsatz. Bei 44% der Unternehmen, die die Prozesskostenrechnung bereits einsetzten, wurde diese mit dem Target Costing kombiniert.

Die Divergenz zwischen Bekanntheitsgrad und Einsatz der Prozesskostenrechnung führt *Brede* auf die notwendige Schaffung der Datengrundlage zurück, wovor viele Unternehmen zurückschrecken. Weiters nennt er das Fehlen einer integrierten Softwarelösung zur Umsetzung der Prozesskostenrechnung als einen Grund für den geringen Einsatz der Prozesskostenrechnung.

3.4.2.8 Studie von Weber[169]

Weber untersuchte 1993 den **Stand der Kostenrechnung in deutschen Großunternehmen**. Hierfür wurden die 48 größten deutschen Unternehmen angeschrieben, von denen sich 31 an der schriftlichen Befragung beteiligten. Ähnlich der fünf Jahre später in Österreich von *Risak* und *Exner* durchgeführten Untersuchung gibt die Studie von *Weber* Hinweise auf eine zukünftige Bedeutungssteigerung der Prozesskostenrechnung sowie auf einen zum Zeitpunkt der Untersuchung geringen Verbreitungsgrad. 74% der Befragten sehen in der Prozesskostenrechnung eine der wesentlichsten Herausforderungen für die Kostenrechnung der 1990er Jahre.

---

168 Vgl. Brede (1994).

169 Vgl. Weber (1993).

Nach den Ergebnissen von *Weber* haben 26% der befragten deutschen Großunternehmen eine Prozesskostenrechnung implementiert. Allerdings ist zu beachten, dass nur 29 Befragte diese Frage beantworteten, von denen 8 Unternehmen angaben, eine Prozesskostenrechnung implementiert zu haben. In drei dieser Unternehmen wird die Prozesskostenrechnung dabei standardmäßig durchgeführt, in drei Firmen kommt sie als Zusatzrechnung zum Einsatz und zwei Befragte machten hierzu keine Angaben.

3.4.2.9 Studie von Niedermayr[170]

Niedermayr geht in ihrer Untersuchung 1992 der Frage nach **System, Kontext und Effizienz des Controlling in Österreich** nach. Die sehr breit angelegte Studie untersucht unternehmensexterne und unternehmensinterne Umfeldfaktoren und deren Auswirkungen in Form von Anpassungs- und Koordinationsdruck auf das System des Controlling, den Entwicklungsstand von Controllingsystemen in der Unternehmenspraxis sowie funktionale Effizienzfaktoren des Controlling.

Bei den externen Umfeldfaktoren unterscheidet sie in Dynamik, Komplexität, Abhängigkeit, Konkurrenzsituation und Umweltdifferenziertheit. Als interne Kontextfaktoren finden Unternehmensgröße, Branchenzugehörigkeit, Organisationsstruktur und Entwicklungsstadium des Unternehmens Berücksichtigung. Zusätzlich beachtet sie Einflussfaktoren des Führungssystems auf die Ausgestaltung des Controllingsystems, gemessen als sieben ordinalskalierte Stufen auf einem Kontinuum zwischen autoritären und kooperativen Führungsstil.

Zur Bestimmung der Controllingeffizienz wird untersucht inwieweit Verhalten, Instrumente und Prozesse in den einzelnen Controlling-Dimensionen der Zielerfüllung dienen. Gemessen wird die Effizienz mittels eines Effizienzgrades, der die Wirkung der Controlling-Dimensionen im Hinblick auf ihren Beitrag zur Zielerreichung bewertet. Nachfolgende Grafik verdeutlicht das zugrundeliegende Untersuchungsmodell der Studie von *Niedermayr*:

170 Vgl. Niedermayr (1994).

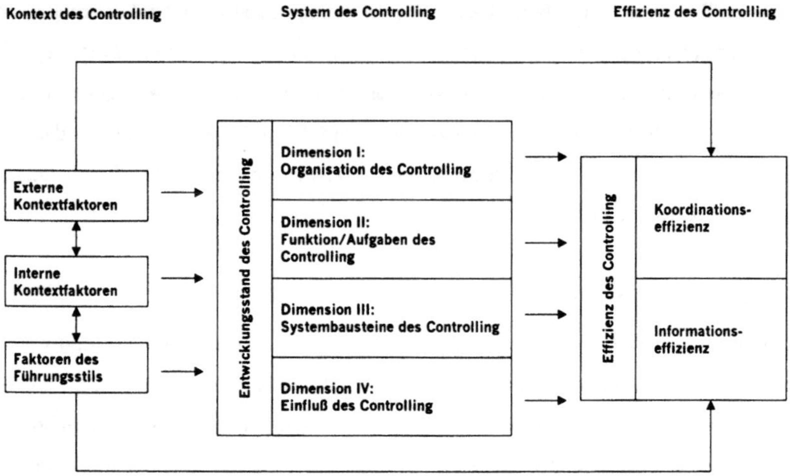

Abbildung 14: Kontext, System und Effizienz des Controlling [Niedermayr (1994), S. 171.]

Bei einer Stichprobe von 905 Unternehmen standen bei einer Rücklaufquote von 33,4% 292 auswertbare Fragebögen zur Verfügung. Im Rahmen der Untersuchung des Entwicklungsstands des Controllings wurde auch die Anwendungsintensität von Controllinginstrumenten und damit auch der Prozesskostenrechnung auf einer sechsstelligen Ordinalskala untersucht. Dabei kam zu Tage, dass 77% der Unternehmen die Prozesskostenrechnung nie benutzen, während nur 1% angab, häufig von der Prozesskostenrechnung Gebrauch zu machen. Im Ranking der Anwendungsintensität aller untersuchten Controllinginstrumente belegt die Prozesskostenrechnung in der Untersuchung *Niedermayrs* damit nur den 28. Platz. Dies steht im krassen Gegensatz zu den Ergebnissen von *Kropfberger*, der nur zwei Jahre später eine Verbreitung der Prozesskostenrechnung bei 32% der Großunternehmen festgestellt hat. Beiden Studien ist gemein, dass sie die Prozesskostenrechnung nur im Kontext viel weiter gefasster Studien mit einer einzigen Frage in ihren Untersuchungen bedenken. Es ist daher schwierig, aus den so gewonnenen widersprüchlichen Ergebnissen klare Aussagen hinsichtlich Einführung und Betrieb prozessorientierter Kostenrechnungssysteme in Österreich zu treffen.

Dennoch liefert die Studie von *Niedermayr* wichtige Hinweise zur Durchführung empirischer Untersuchungen im Bereich des Controlling in Österreich. Zum einen kann für die vorliegende Arbeit die Verwendung der Firmendatenbank *Hoppenstedt* als Datenbasis für die Stichprobenauswahl mitgenommen werden. Zum anderen kann das methodische Vorgehen als allgemeines Beispiel für theoriegeleitete empirische Forschung betrachtet werden.

3.4.3 Zusammenfassende Bewertung

Aus der Darstellung der bisherigen empirischen Studien ist ersichtlich, dass es im deutschen Sprachraum bisher nur wenig empirische Erkenntnisse auf dem Gebiet der Prozesskostenrechnung gibt. Einzig die Untersuchung von *Stoi* liefert empirische Befunde zur Prozesskostenrechnung in Deutschland, die aufgrund der befragten Unternehmen mit mehr als 1.000 Mitarbeitern auf österreichische Verhältnisse jedoch nur eingeschränkt übertragen werden kann. Zielgruppe dieser Untersuchung sind mittlere und große österreichische Unternehmen, wobei als relevantes Größenkriterium ein Umsatz von 50 Millionen EUR erachtet wird.

Für **Österreich** gibt es **bis dato** überhaupt **keine Untersuchung**, die sich mit Implementierung, Betrieb und Nutzen **prozessorientierter Kostenrechnungssysteme** beschäftigt. Auch die Ergebnisse der sehr breit gefassten Studien von *Niedermayr* oder *Kropfberger* geben in dieser Hinsicht nur wenige Antworten. Nachfolgend werden daher erstmals in Österreich Implementierung, Gestaltung und Nutzen von Prozesskostenrechnungssystemen untersucht. Damit soll sowohl die Akzeptanz und Praxistauglichkeit der Konzepte überprüft, als auch eine Grundlage für deren Weiterentwicklung geschaffen werden.

4 Forschungsdesign

4.1 Überblick

In diesem Kapitel wird das Untersuchungsmodell der empirischen Studie dargestellt. Das verwendete Untersuchungsmodell besteht aus drei Dimensionen, einem theoretischen, einem methodischen und einem konzeptionellen Bezugsrahmen.

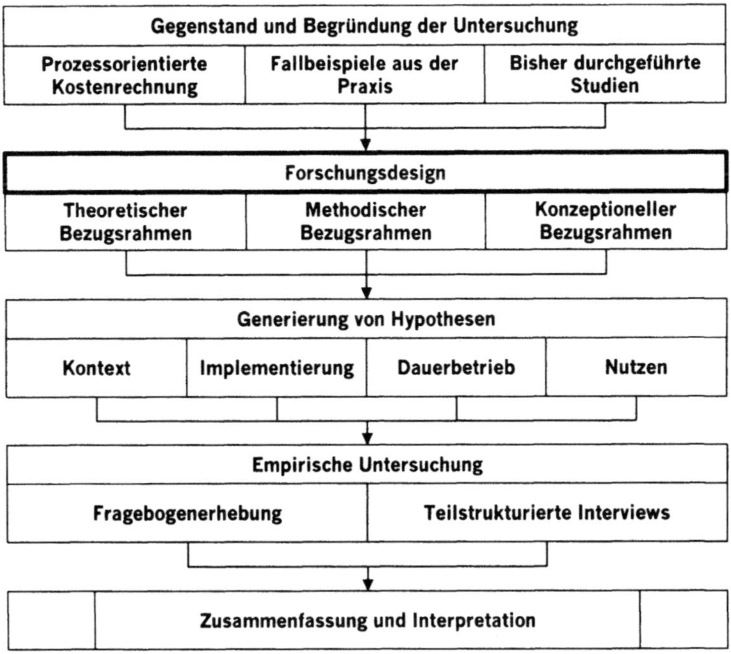

Abbildung 15: Konzeption des Forschungsdesigns

Der **theoretische Bezugsrahmen** ist als betriebswirtschaftliches Fundament der Untersuchung zu verstehen, das eine Basis für die wissenschaftliche Durchführung und Interpretation der Erhebung bietet. Durch die Auseinandersetzung mit den theoretischen Grundlagen der Untersuchung werden die dahinterliegenden Prämissen und Einschränkungen der theoretischen Basis dieser Arbeit dargelegt. Im **methodischen Bezugsrahmen** erfolgt die Erörterung des Forschungsdesigns der empirischen Untersuchung. Dabei werden die im Rahmen dieser Erhebung eingesetzten Methoden der empirischen Sozialforschung erläutert. Der **konzeptionelle Bezugsrahmen** schließlich stellt die inhaltliche Grundlage der Erhebung dar. Das heißt, im konzeptionellen Bezugsrahmen werden die der Untersuchung zugrundeliegenden Zusammenhänge und Annahmen über Kontextfaktoren, Implementierungsprozess, Gestaltungsmerkmale und Nutzen prozessorientierter Kostenrechnungssysteme dargestellt. Der konzeptionelle Bezugsrahmen stellt somit die Grundlage für die Ableitung der Hypothesen dar.

Der theoretische Bezugsrahmen ist die abstrakteste Grundlage der vorliegenden Untersuchung, während der methodische Bezugsrahmen bereits die konkret verwendeten Methoden der Sozialforschung umfaßt und der konzeptionelle Bezugsrahmen den Untersuchungsgegenstand der Arbeit (i.e. prozessorientierte Kostenrechnungssysteme in der österreichischen Unternehmenspraxis) bereits sehr konkret beschreibt.

4.2 Theoretischer Bezugsrahmen

Das vorliegende Forschungsprojekt baut im wesentlichen auf zwei theoretischen Modellen auf. Das ist einerseits der **kontingenztheoretische** bzw. situative **Forschungsansatz** und andererseits die Theorie von der **Diffusion von Innovationen**. Beide Ansätze werden im folgenden kurz dargestellt, um die theoretische Grundlage für das vorliegende Forschungsprojekt zu erläutern.

Die beiden Ansätze schließen einander nicht aus, sondern ergänzen einander zum Teil. Im Rahmen des stufenweisen Adaptionsmodells nach der Diffusionstheorie können die Kontextfaktoren nach dem situativen Ansatz jeweils unterschiedliche und teilweise sogar gegenläufige Auswirkungen haben. Das bedeutet, dass die beiden dieser Arbeit zugrundeliegenden theoretischen Ansätze jeweils unterschiedliche Aspekte im Rahmen des methodischen Vorgehens abdecken und sich somit gegenseitig ergänzen.

4.2.1 Kontingenztheoretischer Ansatz

Der kontingenztheoretische, situative Ansatz geht davon aus, dass Organisationen durch die Situation, den Kontext, in dem sie sich befinden, beeinflusst werden und versucht, die jeweilige Strukturform eines Systems **situationsabhängig** zu erklären. Da alle Unternehmen sich in ihrem Kontext und ihren Situationseigenschaften (im Bezug auf das zu gestaltende System, die relevanten Umweltsegmente und die personellen Aufgabenträger) unterscheiden, gibt es keine allgemeingültigen Gestaltungsempfehlungen, die in allen Unternehmen zum gleichen Ergebnis führen.[171] Die unternehmensspezifischen Gegebenheiten haben großen Einfluss auf die Wirksamkeit getroffener Maßnahmen. Daher ist in jedem Fall sorgfältig zu prüfen, ob ein vergleichbarer Kontext vorliegt und ob die in einem Unternehmen erfolgreich eingesetzten Methoden auch in anderen Unternehmen angewendet werden können. Unterschiede in der Organisationsstruktur von Unternehmen resultieren danach daraus, dass diese sich auf ihre spezifische Situation einstellen. Die situative Analyse wirtschaftlicher Handlungen fördert eine differenzierte, praxisnahe Betrachtungsweise betriebswirtschaftlicher Problem- und Fragestellungen.[172]

Die situativen Einflussfaktoren bilden im Rahmen einer empirischen Untersuchung in der Regel die unabhängigen Variablen, während die organisationalen Phänomene als abhängige Variablen angesehen werden.

Da die Angabe allgemeingültiger Beziehungen zwischen den (unabhängigen) Instrumental- und den (abhängigen) Ergebnisvariablen in komplexen sozio-technischen System, als die moderne Unternehmen zu verstehen sind, nicht möglich ist, ist es notwendig, die Rahmenbedingungen des Systems durch die Angabe von sogenannten moderierenden Variablen zu beschreiben.[173] Diese stellen den (nicht betrachteten) Kontext der Untersuchung dar und beeinflussen (positiv und negativ) die Beziehungen zwischen den Instrumental- und Ergebnisvariablen und bilden somit die Restriktionen, durch welche die Gültigkeit der Beziehung zwischen Instrumental- und Ergebnisvariablen auf die jeweils durch die moderierenden Variablen beschriebene Situation begrenzt wird. Mit anderen Worten, es ist unmöglich alle Kontextfaktoren zu berücksichtigen, weshalb man sich auf wenige, möglichst relevante und operationalisierbare Faktoren beschränkt.

Das bedeutet, dass aufgrund des unberücksichtigt gebliebenen Zusammenhangs stets ein gewisser Gestaltungsspielraum in der Untersuchung bestehen bleibt und daher im Rahmen einer

---

171 Vgl. Kieser / Kubicek (1983).

172 Vgl. Staehle (1981), S. 215 ff.

173 Vgl. Armbrecht (1992), S. 131.

empirischen Forschung auch **keine deterministischen Wenn-Dann-Beziehungen** hergestellt werden können. Für die Durchführung einer empirischen Untersuchung ist dies insofern bedeutsam, als die Situation so zu beschreiben ist, dass eine Wiederholung der Untersuchung unter gleichen Bedingungen möglich ist, die zu den gleichen Ergebnissen führt.

Die am **pragmatischen Wissenschaftsziel** ausgerichtete Aufgabe des situativen Ansatzes ist es, alternative Handlungsmöglichkeiten zu entwickeln und zu bestimmen, in welcher Situation welche Alternative welche Problemlösung bietet. Dies soll durch die Beantwortung folgender Fragestellungen erreicht werden:[174]

- Welche Merkmale sind für die organisationalen Phänomene kennzeichnend?
- Auf welche situationsbedingten Einflussfaktoren lassen sich diese Merkmale zurückführen?
- Wie können die Wechselbeziehungen zwischen organisationalen Phänomenen und situationsbedingten Einflussfaktoren gemessen werden?
- Welche Auswirkungen haben dabei Wechselbeziehungen zwischen den organisationalen Phänomenen und den situationsbedingten Einflussfaktoren?

Als Kritikpunkt am kontingenztheoretischen Forschungsansatz wird genannt, dass in einer sehr engen Auslegung ein mechanistischer Zusammenhang zwischen Situation und Struktur unterstellt wird.[175] Bestimmte Situationen erfordern demnach zwangsläufig bestimmte Strukturen und führen dadurch zu einer Verfestigung der Verhältnisse. Da diese Vorstellung wenig realistisch ist und auch empirisch nicht nachgewiesen werden konnte, darf der situative Ansatz jedoch nicht insofern aufgefasst werden, dass er die Offenlegung von Ursache-Wirkungs-Ketten zum Ziel hat. Der situative Ansatz hat vielmehr die Absicht, situationscharakterisierende Merkmale der Unternehmung mit der zweckmäßigsten Lösung organisatorischer Gestaltungsprobleme in Beziehung zu setzen. Es steht somit die Bestimmung von Situations- und Verhaltensmustern im Vordergrund, wobei immer ein Gestaltungsspielraum für die Systemgestaltung bestehen bleibt.

---

174 Vgl. Armbrecht (1992), S. 131.

Bezüglich der oben beschriebenen Beziehung von Situation und Struktur ist hinzuzufügen, dass diese oft als Augenblicksbetrachtung verstanden und auch kritisiert wird.[176] Im Rahmen der Untersuchung von organisatorischen Phänomenen, wie beispielsweise auch der Einführung von neuen Kostenrechnungssystemen in einer Organisation, greift die statische Erklärung der Kontingenztheorie jedoch zu kurz. Gemäß der kontingenztheoretischen Betrachtung lässt sich die Struktur einer Organisation durch die Komplexität der Aufgaben, die Größe der Organisation, ein Schrumpfen der Organisation, die Strategie sowie die Herausforderungen der Umwelt der Organisation erklären.[177] Dieses Modell kann jedoch keinen Beitrag zur Erklärung von organisationalem Wandel leisten.[178]

Als Erweiterung der ursprünglichen Ansätze der Kontingenztheorie versucht die strukturelle Kontingenztheorie (structural contingency theory) ein Modell aufzustellen, das einen Mechanismus zur Erklärung des organisationalen Wandels bereitstellt.[179] Dabei wird ein **dynamischer** Prozess zur Anpassung der Organisationsstruktur an geänderte Anforderungen beschrieben. Der Schlüssel zur Integration von Wandel im Zeitablauf in das ursprünglich statische Modell der Kontingenztheorie liegt in der Berücksichtigung der Leistung (performance) der Organisation.[180] Folgende Darstellung gibt einen Überblick über die Integration von Kontingenztheorie und organisationalem Wandel:

175 Vgl. Kieser / Kubicek (1983), S. 349 ff.

176 Vgl. Child (1995), S. 401.

177 Vgl. Donaldson (1995), S. 12 ff.

178 Vgl. Donaldson (1995), S. 273.

179 Vgl. Donaldson (1999), S. 9.

180 Vgl. Child (1995), S. 408.

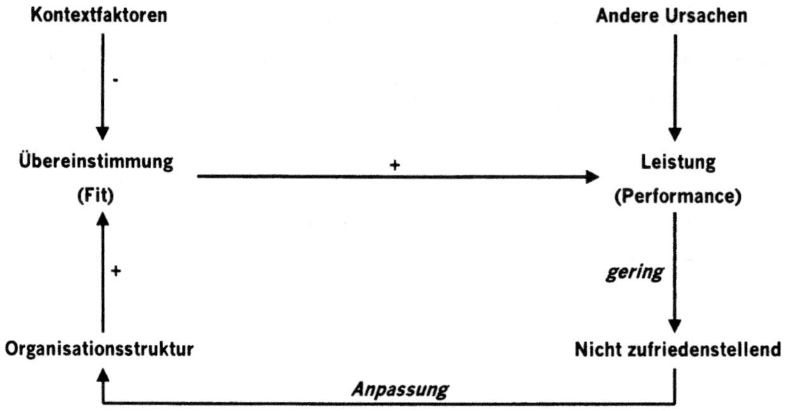

Abbildung 16: Kontingenztheorie und organisationaler Wandel [Donaldson (1999), S. 11.]

Gemäß dem kontingenztheoretischen Ansatz orientiert sich die Organisationsstruktur entsprechend der Kontextfaktoren und strebt nach einer Übereinstimmung (Fit) der externen Anforderungen mit der internen Struktur. Dieser Fit leistet, neben anderen Faktoren, einen Beitrag zum Unternehmensergebnis (Performance). Die Erweiterung zur klassischen Kontingenztheorie besteht nun darin, dass im Falle einer Veränderung der Kontextfaktoren die Übereinstimmung mit der Organisationsstruktur nicht mehr optimal ist (Misfit) und zu einer schlechteren Performance führt. Bei Feststellen einer nicht zufriedenstellenden Performance werden daraufhin Anpassungen in der Organisationsstruktur vorgenommen, die zu einem neuen Fit mit den Kontextfaktoren führen und letztlich eine Leistungssteigerung bewirken. Die explizite Einbeziehung von Fit und Performance ist daher eine wesentliche Erweiterung in Richtung einer Integration von Kontingenztheorie und **organisationalem Wandel**.[181] Kennzeichnend für diesen Ansatz ist die zentrale Rolle der Leistung (Peformance-Driven Organizational Change). Demnach wird nicht bei mangelnder Übereinstimmung der Organisation mit dem Kontext automatisch eine Anpassungshandlung getätigt, sondern erst bei Unzufriedenheit mit der Performance. Es ist daher auch denkbar, dass die Leistungseinbußen durch einen Misfit von positiven Wirkungen anderer Ursachen kompensiert werden und keine Anpassungen vor-

181 Vgl. Donaldson (1999), S. 10.

genommen werden.[182] Für die vorliegende Untersuchung wäre eine mögliche Anpassungshandlung an veränderte Kontextfaktoren und infolge dessen an verminderte Performance (z.B. des Kostenrechnungssystems, gemessen in Unzufriedenheit des Managements mit den bereitgestellten Informationen zur Entscheidungsunterstützung) die Implementierung (bzw. auch der Abbruch) eines prozessorientierten Kostenrechnungssystems in einem Unternehmen. Im konzeptionellen Bezugsrahmen wird diese Problematik durch die Entwicklung eines Modells der stufenweisen Adaption berücksichtigt, wobei davon ausgegangen wird, dass die Bedeutung der Kontextfaktoren in jeder Stufe variiert.[183] Durch diese Vorgehensweise wird es möglich, kontextabhängige, empirisch fundierte, Entwicklungspfade zur Implementierung, der Gestaltung des Dauerbetriebs und dem erzielten Nutzen prozessorientierter Kostenrechnungssysteme in Österreich aufzuzeigen.

Eine weitere Einschränkung der Kontingenztheorie, die ebenfalls auf den statischen Charakter des Modells abzielt, bezieht sich auf die Frage der Wiederholbarkeit von kontingenztheoretisch fundierten empirischen Studien. Dieses Problem ist weniger ein Kritikpunkt, der nur kontingenztheoretische Untersuchungen betrifft, sondern vielmehr ein Problem aller empirischen Untersuchungen komplexer Sachverhalte.[184] In diesem Zusammenhang wird von der Forderung nach Reliabilität, d.h. Verlässlichkeit, der empirischen Untersuchung gesprochen. Die Reliabilität dient allgemein der Beurteilung der Brauchbarkeit des wissenschaftlichen Instrumentes, das bei wiederholtem Messen immer gleiche Resultate bringen soll, d.h. man spricht hier vom Ausmaß der Streuung des Instrumentes bei wiederholtem Messen.[185] Reliabilität ist im allgemeinen keine dichotome Eigenschaft, sondern eine, die graduell abgestuft ist und deren Grad von der jeweils verwendeten Methode zur Reliabilitätsbestimmung abhängt.[186] In der vorliegenden Studie kann davon ausgegangen werden, dass sich die untersuchten Kontextfaktoren im **Zeitablauf** verschieben, beispielsweise im Hinblick auf die Bedeutung von Informationstechnologie.[187] Daher ist bei Interpretation der Ergebnisse dieser

---

182 Vgl. Donaldson (1999), S. 35 f.

183 Siehe 4.4 Konzeptioneller Bezugsrahmen, S. 106.

184 Vgl. Jenner (2001), S. 81 ff.

185 Vgl. Atteslander (1995), S. 263.

186 Vgl. Stier (1999), S. 51.

187 Vgl. Brynjolfsson / Hitt (2000a), S. 4 ff.; Kropfberger et al. (1997), S. 11.

Untersuchung zu berücksichtigen, dass diese in einem bestimmten Zeitraum bei einer spezifischen Situation der Kontextfaktoren erzielt wurden und bei einer Wiederholung der Untersuchung nicht zwingend die gleichen Resultate erzielt werden. Vielmehr ist zu erwarten, dass bei künftigen Forschungsprojekten im Sinne einer Längsschnittanalyse Veränderungen gegenüber den Ergebnissen dieser Studie festzustellen sind.[188]

Eine weitere Einschränkung der Gültigkeit kontingenztheoretisch fundierter empirischer Aussagen ist in der **räumlichen** bzw. **kulturellen Bedingtheit** zu sehen. Das heißt, dass die Ergebnisse von Untersuchungen in anderen Kulturkreisen nicht unreflektiert übernommen werden können, da die Kontextfaktoren räumlich-kulturelle Spezifika widerspiegeln, die unter Umständen zu Fehlschlüssen in der Interpretation führen können. Daher ist bei Berücksichtigung der Ergebnisse aus anglo-amerikanischen empirischen Studien nicht nur die Unterscheidung zwischen Prozesskostenrechnung und Activity-Based Costing relevant, sondern insbesondere auch die Beachtung von kulturellen Unterschieden, die sich in der Ausprägung von Kontextfaktoren niederschlagen. Aus der eingeschränkten Übertragbarkeit von empirischen Erkenntnissen aus anderen Ländern begründet sich auch der Forschungsbedarf für die vorliegende Untersuchung.

Die Annahme der Kontextabhängigkeit von Unternehmen bildet die Grundlage zahlreicher empirischer Forschungsvorhaben der Betriebswirtschaftslehre und wird auch in dem hier dargestellten empirischen Forschungsprojekt als zweckmäßiger Ansatz angesehen.

4.2.2 Diffusion von Innovationen

Das zweite dieser Arbeit zugrunde liegende Modell ist die Theorie von der Diffusion von Innovationen. Die **Diffusionstheorie**, die vornehmlich in der Literatur über den Diffusionsprozess von Informationssystemen oder auch in der Marketingliteratur Verwendung findet, hat allgemein die Erforschung der Verbreitung von Innovationen zum Inhalt. Die Grundüberlegung dieser Adaptionsmodelle beruht auf der Kritik an dichotomen Modellen, die bloß auf die beiden Ausprägungen „Einführung“ oder „Nicht-Einführung“ einer Innovation abstellen.[189]

---

188 Vgl. Kropfberger et al. (1997), S. 7.

189 Vgl. Wolfe (1994), S. 405 ff.

Mehrstufige Adaptionsmodelle hingegen nehmen die Entscheidung über die Implementierung einer Innovation, wie sie ABC zweifellos ist, als einen dynamischen Prozess wahr, der in mehreren, klar abgrenzbaren Stufen abläuft. In jeder Stufe spielen entsprechend dem situativen Ansatz andere Einflussfaktoren eine dominierende Rolle. Die Entscheidungsfindung über die Implementierung einer Innovation in Organisationen durchläuft typischerweise mehrere Stufen, wobei die Zustimmung zur Innovation mit jeder Stufe steigt.[190]

Allgemein lassen sich drei theoretische Hauptströmungen in der Erforschung von Innovationen beobachten:[191]

- Die Untersuchung der Diffusion von Innovationen,
- die Erforschung des Innovationspotenzials einer Organisation und
- die Betrachtung des Innovationsprozesses an sich.

Bei der Untersuchung der Diffusion von Innovationen untersucht man die Verbreitung einer Innovation in einer Gesellschaft. Betrachtungsobjekt der Forschung ist die Innovation, die Zielsetzung liegt in der Einschätzung und Vorhersage des Verbreitungsgrades.

Die Erforschung des Innovationspotenzials einer Organisation untersucht die Frage welche Faktoren dazu beitragen, eine Organisation innovationsfreundlicher zu machen. Betrachtungsobjekt der Forschung ist die Organisation, die abhängige Variable ist in diesem Fall der Innovationsgrad gemessen an der Zahl an adaptierten Innovationen.

Bei den Modellen zur Erforschung des Innovationsprozesses ist der Innovationsprozess an sich der Betrachtungsgegenstand. Man untersucht dabei den Fluss an Aktivitäten bei der Entwicklung und Implementierung von Innovationen. Die Zielsetzung dieser Forschungsströmung liegt in der Ableitung von allgemeingültigen **Stufenmodellen** eines idealtypischen Innovationsprozesses.

Für diese Arbeit ist die Untersuchung der Diffusion von Innovationen das wesentliche theoretische Modell. Die Erforschung des Innovationspotenzials von Organisationen ist zur Beant-

---

190 Vgl. Kwon / Zmud (1987), S. 227 ff.

wortung der vorliegenden Fragestellungen wenig geeignet, da sich diese Arbeit auf eine einzige Innovation, nämlich prozessorientierte Kostenrechnungssysteme, beschränkt. Die Modelle der Erforschung des Innovationsprozesses wiederum sind für die vorliegende Untersuchung insofern weniger geeignet, als sie versuchen einen für alle Innovationen gültigen typischen Innovationsprozess abzuleiten, während dieser Studie der situative Ansatz zugrunde liegt, der davon ausgeht, dass in komplexen sozialen Systemen alle Vorgänge kontextgetrieben sind. Dennoch werden auch aus der Literatur zur Erforschung des Innovationsprozesses wichtige Erkenntnisse berücksichtigt, die dazu beitragen können, den Diffusionsprozess prozessorientierter Kostenrechnungssysteme besser zu verstehen.

Im Rahmen der Diffusion von Innovationen unterscheidet man grundsätzlich vier Elemente: (1) die Innovation, (2) Kommunikation, (3) das soziale System, (4) der Diffusionszeitraum. Als Innovation wird ein Gegenstand, Gedanke oder Prozess verstanden, der als neu wahrgenommen wird.[192] Es ist dabei wesentlich, dass etwas an einem Ort eine Innovation sein kann, obwohl es an einem anderen Ort bereits breite Akzeptanz und Verbreitung findet. Mit Kommunikation bezeichnet man den Prozess, durch den sich die Innovation von einem Ort oder einen sozialen Gruppe zur nächsten verbreitet. Als soziales System wird die Gruppe von Individuen oder Unternehmen bezeichnet, die gesamthaft die Zielgruppe der Adaption der Innovation darstellen. Der Diffusionszeitraum schließlich bestimmt die Zeitspanne die das soziale System benötigt, die Innovation anzunehmen.

Beim Studium von Innovationen ist es wichtig zu berücksichtigen, dass man bei der Diffusion einer Innovation in einem sozialen System nicht von einer einzigen Innovation spricht, sondern vielmehr von mehreren unterschiedlichen Innovationen. Es gibt im wesentlichen drei Arten von Innovationen, die auf verschiedene Arten diffundieren: (1) Die kontinuierliche Innovation, (2) die dynamische kontinuierliche Innovation und (3) die diskontinuierliche Innovation. Am Beispiel eines neuen Produktes wäre die **kontinuierliche Innovation** eine Änderung bzw. Verbesserung eines bestehenden Produktes, wie z.B. die Modellpflege bei Automobilherstellern. Die **dynamische kontinuierliche Innovation** wäre die Entwicklung eines neuen Produktes oder die radikale Veränderung eines bestehenden Produktes. Ein Beispiel

[191] Vgl. Wolfe (1994), S. 405 ff.

[192] Vgl. Rogers (1995), S. 9 ff.

hierfür wäre etwa die Weiterentwicklung von MS-DOS zur Windows-Oberfläche. Von einer diskontinuierlichen Innovation schließlich spricht man wenn ein total neues Produkt auf den Markt kommt, das eine völlige Neuorientierung bestimmter Verhaltensmuster der adaptierenden Gesellschaft auslöst, wie beispielsweise die Erfindung der Compact Disc. Im Rahmen dieser Studie wird die „Innovation“ eines prozessorientierten Kostenrechnungssystems untersucht, die je nach Entwicklungsstand der Kostenrechnung im Unternehmen und je nachdem, ob ein amerikanisch geprägtes Activity-Based Costing oder eine Prozesskostenrechnung deutscher Prägung adaptiert wird, zwischen der kontinuierlichen und der dynamischen kontinuierlichen Innovation einzuordnen ist.

Idealtypischerweise folgt der Diffusionsprozess von Innovationen in einer Gesellschaft einem Muster, das sich in einer S-förmigen Kurve darstellen lässt. Nach diesem Muster folgen spätere Schritte in einem Diffusionsprozess dem gleichen Muster wie früher stattfindende Schritte. Als Beispiel zur Erläuterung von Diffusionsprozessen wird das Standardsoftwareprodukt *SAP R/3* verwendet, wobei der Kauf einer Lizenz als ein früherer Schritt in einem idealtypischen Diffusionsprozess zu sehen ist, während die Nutzung einzelner Module als späterer Diffusionsschritt verstanden wird:[193]

[193] Anmerkung: es wird explizit darauf hingewiesen, dass das gewählte Beispiel nicht empirisch fundiert ist, sondern einzig der Demonstration des theoretischen Modells von Diffusionsprozessen dient; die aufgezeigten Effekte erheben daher hinsichtlich des genannten Produktes keinerlei Anspruch auf empirische Richtigkeit.

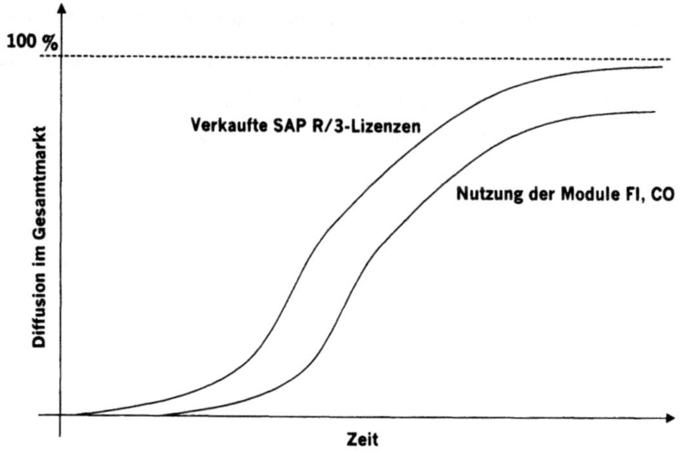

Abbildung 17: Diffusionsverlauf von Innovationen [Fichman / Kemerer (1995), S. 4.]

Obige Abbildung zeigt die idealtypische S-förmige Diffusionskurve von Innovationen, bei der unterstellt wird, dass spätere Stufen im Diffusionsprozess mehr oder weniger dem gleichen Muster der Adaption folgen wie früher stattfindende Stufen. Im gewählten Beispiel heißt das, dass mit zunehmender Verbreitung von *SAP R/3*-Lizenzen im Markt die Nutzung der Module FI und CO eine - zeitlich verzögerte - gleichlaufende Anwendungsrate erfahren.

Bisherige Untersuchungen haben jedoch gezeigt, dass diese zunehmende Adaption späterer Schritte nach dem gleichen Muster bei komplexen Innovationen nicht automatisch eintritt. Bei komplexen Softwareprodukten wird dies hauptsächlich auf Wissensbarrieren in der Organisation zurückgeführt.[194] *Cooper* und *Zmud* beispielsweise fanden in ihrer Studie über die Diffusion von MRP-Systemen in den USA heraus, dass 1990 zwar 73% der untersuchten Unternehmen ein MRP-System zur Materialbedarfsplanung einsetzten, jedoch nur 27% davon über die niedrigste Stufe der Implementierung hinausgekommen waren. Sie sprechen in diesem

[194] Vgl. Attewell (1992), S. 1 ff.

Zusammenhang von einer sogenannten Anpassungslücke („**Assimilation Gap**").[195] Folgende Darstellung zeigt den Assimilation Gap:

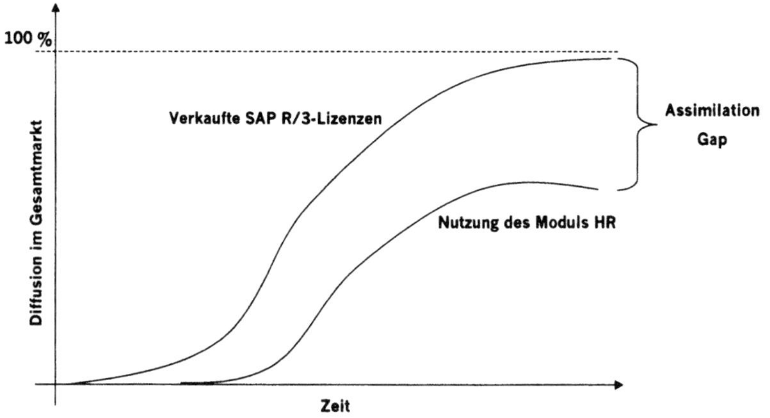

Abbildung 18: Assimilation Gap [Fichman / Kemerer (1995), S. 4.]

Wie Abbildung 18: Assimilation Gap zu entnehmen ist, verläuft hier die spätere Stufe im A-daptionsprozess nicht spiegelgleich nach dem gleichen Muster wie die frühere Stufe, sondern es kommt zu einer Lücke im Anpassungsprozess. Im gewählten Beispiel stellt sich das dergestalt dar, dass die Nutzung des Moduls HR eine geringere Anwendungsrate erzielt als der Verbreitungsgrad des Gesamtpakets *SAP R/3* im Markt erwarten lässt. Im Fall von betriebswirtschaftlichen Innovationen wie der Prozesskostenrechnung kann das Vertrauen auf einen stabilen S-förmigen Anpassungsprozess zu weitreichenden Fehleinschätzungen kommen, der sich auch auf das finanzielle Ergebnis negativ auswirken kann.[196] Die im letzten Teil nach unten geneigte Kurve der Nutzung von HR spiegelt die Möglichkeit wider, dass einige Unternehmen die Nutzung nach einer gewissen Zeit des Dauerbetriebes wieder ganz einstellen. Für die vorliegende Arbeit ist diese Erkenntnis insofern bedeutsam, als bei der Untersuchung der Implementierung der Prozesskostenrechnung ein Modell zu wählen ist, dass die praktisch relevante Möglichkeit vorsieht, dass Unternehmen in einer späteren Adaptionsstufe die Ein-

195 Vgl. Cooper / Zmud (1990), S. 123 ff.

196 Vgl. Fichman / Kemerer (1993), S. 7 ff.

führung eines prozessorientierten Kostenrechnungssystems abbrechen und somit nicht bis zur vollen Adaption kommen.

Die Theorie von der Diffusion von Innovationen ist bereits in mehreren Untersuchungen zum Einsatz von neueren Kostenrechnungsmethoden zur Anwendung gekommen und hat sich dabei als ausgesprochen fruchtbare theoretische Basis erwiesen.[197] Daher wird im Rahmen dieser Studie als zweite theoretische Grundlage neben der Kontingenztheorie die Innovationsdiffusion herangezogen, um die Implementierung prozessorientierter Kostenrechnungssysteme in der österreichischen Unternehmenspraxis zu untersuchen.

4.3 Methodischer Bezugsrahmen

Empirische Forschung beschränkt sich nicht nur auf die Sammlung, Aufbereitung und Auswertung empirischer Daten. Sie stellt vielmehr einen umfassenden Prozess dar, in dem die Aussagen gedanklicher Konzepte, die durch eine Beobachtung der Realität gewonnen wurden, an der Realität auf ihre Gültigkeit und Verlässlichkeit überprüft werden. Empirische Forschung besteht somit aus einer verfahrenstechnischen und einer konzeptionellen Komponente. Verfahrenstechnisch geht es um die Festlegung der Auswahl- und Erhebungsverfahren sowie die Bestimmung der Verfahren der Datenaufbereitung und -auswertung. Konzeptionell ist der inhaltliche Bezugsrahmen aufzustellen, in dem gedankliche Annahmen über die zu erfassenden Sachverhalte getroffen werden. Dadurch wird verhindert, dass empirische Forschung zu einer konzeptionslosen Ansammlung empirischer Daten verkommt. Sie ist somit ein gezielter, planmäßiger und systematischer Erkenntnisprozess aus einem Wechselspiel zwischen gedanklichen Annahmen und empirischen Daten.

Der **forschungslogische Ablauf** unterteilt sich generell in die Phasen Problembenennung, Gegenstandsbenennung, Durchführung (Anwendung von Forschungsmethoden), Analyse (Auswertungsverfahren) und Verwendung von Ergebnissen:

---

197 Vgl. Brown (2000), S. 17 ff.; Smith (2000), S. 40 f.; Sisaye (1999), S. 279 ff.

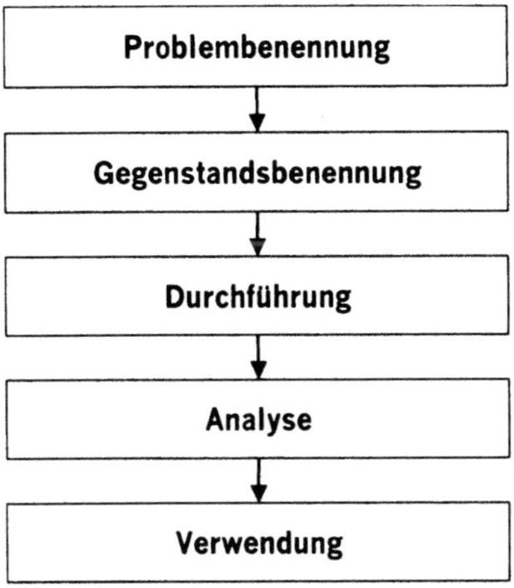

Abbildung 19: Phasen des Forschungsablaufes [Atteslander (1995), S. 31.]

Unter **Problembenennung** versteht man die Abgrenzung des Problems, den Nachweis seiner Erklärungsbedürftigkeit und des Bedarfs an empirischer Untersuchung. Der untersuchte Gegenstand muss nach logischen und empirisch überprüfbaren Erfordernissen als Aussage in Form einer Hypothese formuliert werden. In diesem Sinne sind Hypothesen Erklärungsversuche der unerklärten Umwelt.[198]

Hypothesen sind generelle Vermutungen über Eigenschaften der tatsächlichen Welt und über deren Gesetzmäßigkeiten. Sie sollen über die Realität eines **Gegenstandsbereichs** informieren, müssen aber ebenso an dieser Realität scheitern können. Dieser Anspruch grenzt empirische Theorien von anderen Aussagesystemen ab. Auch wenn die Hypothesen mit den Ergebnissen der Beobachtung übereinstimmen, können sie dennoch niemals endgültig verifiziert werden, da immer die Möglichkeit einer späteren Falsifizierung besteht. Widersprechen die empirischen Ergebnisse der Hypothese, so gilt diese als falsifiziert.[199] Dabei ist zu beachten, dass es sich bei den Erkenntnissen empirischer Sozialforschung stets um vorläufige Ergebnisse handeln kann. Das heißt, wenn die erhobenen Daten der Hypothese entsprechen, so gilt

---

198 Vgl. Atteslander (1995), S. 31.

199 Popper (1984), S. 198 ff.

diese als vorläufig bewährt, wenn die Daten zur Hypothese im Widerspruch stehen, so gilt sie als vorläufig widerlegt.

Die **Überprüfung von Hypothesen** in der Phase der Durchführung ist das eigentliche Ziel der empirischen Forschung. Dabei wird versucht, die formulierten Annahmen über die Eigenschaften der Grundgesamtheit mit Hilfe von Zufallsstichproben zu bestätigen oder zu widerlegen. Aufgrund der zufallsbedingten Schwankungen der Stichprobenergebnisse werden zur Überprüfung von Hypothesen Signifikanztests durchgeführt, wobei nicht von der eigentlichen Hypothese, sondern von der sogenannten Nullhypothese (H_0) ausgegangen wird, nach der kein Zusammenhang zwischen den untersuchten Variablen besteht. Die Alternativhypothese (H_1) nimmt hingegen einen solchen Zusammenhang an. Im Rahmen dieser Untersuchung wird bei Formulierung der Hypothesen die eigentliche Hypothese, also der unterstellte Zusammenhang zwischen den betrachteten Variablen angeführt. Dabei ist zu beachten, dass für die statistische Überprüfung jeweils von der entsprechenden Nullhypothese, also dem Gegenteil der formulierten Hypothese, ausgegangen wird. Im Rahmen des Signifikanztests wird die Alternativhypothese nur dann akzeptiert, wenn der beobachtete Zusammenhang mit an Sicherheit grenzender Wahrscheinlichkeit nicht aus Zufallsschwankungen resultiert. Signifikanztests führen somit nicht mit absoluter Sicherheit zur richtigen Entscheidung, es besteht immer die Möglichkeit eines Irrtums. Diese Grenzen der statistischen Analyse sind bei der Interpretation des Datenmaterials zu beachten.

Die Wahl des methodischen Designs stellt einen Schlüsselfaktor für die Durchführung einer empirischen Untersuchung dar. Die Methodik muss sich als passend für die zu untersuchende Fragestellung erweisen. Grundsätzlich sind hier die drei Instrumente Inhaltsanalyse, Beobachtung und Befragung zu nennen.[200] Daneben gibt es noch spezielle Untersuchungsdesigns wie Experiment, Panelstudien oder Einzelfallstudien die im Rahmen dieser Arbeit von nachrangiger Bedeutung sind.

Für die vorliegende Untersuchung ist in erster Linie das Instrument der **Befragung** von Relevanz. Die Befragung stellt das weitaus am häufigsten eingesetzte Datenerhebungsinstrument dar, sei es in der mündlichen Form als Interview oder als schriftliche Befragung. Befragungen

---

[200] Vgl. Stier (1999), S. 161.

können in standardisierter, teil-standardisierter und nicht-standardisierter Form durchgeführt werden. Als standardisiert bzw. strukturiert wird eine Befragung dann bezeichnet, wenn für alle Befragten die gleichen Fragen in der gleichen Reihenfolge vorliegen. Bei der teil-standardisierten Befragungen ist dies nur teilweise und bei der nicht-standardisierten Befragung überhaupt nicht der Fall.

Hinsichtlich der Frageformen sind für die vorliegende Studie die schriftliche Befragung mittels Fragebogen sowie die mündliche Befragung mittels Interview hervorzuheben. Allgemein lassen sich die unterschiedlichen Typen der Befragung folgendermaßen klassifizieren:

	wenig strukturiert	**teilstrukturiert**	**stark strukturiert**
mündlich	Informelles Gespräch Experteninterviews Gruppendiskussion	***Leitfadengespräch*** ***Intensivinterview*** ***Gruppenbefragung*** ***Expertenbefragung***	Einzelinterview Telefonbefragung Gruppeninterview Panelbefragung
schriftlich	Informelle Anfrage bei Zielgruppen	Expertenbefragung	***Postalische Befragung*** ***Persönliche Verteilung und Abholung*** ***Gemeinsames Ausfüllen von Fragebogen*** ***Panelbefragung***

Erfassen qualitativer Aspekte (wenig strukturiert bis teilstrukturiert) — *Erfassen quantitativer Aspekte* (teilstrukturiert bis stark strukturiert)

Tabelle 12: Typen der Befragung [Atteslander (1995), S. 159.]

Die fett markierten Bereiche deuten an, welcher Befragungsmethoden sich diese Studie bedient. Grundsätzlich können sowohl mündliche als auch schriftliche Befragungen wenig strukturiert, teilstrukturiert und stark strukturiert sein. Im Rahmen dieser Untersuchung wird jedoch nur ein Ausschnitt aus diesen Möglichkeiten verwendet. Während die schriftliche Befragung in dieser Studie also eindeutig dem Typus der stark strukturierten Befragung zugeordnet werden kann, stellt sich der mündliche Teil dieser Studie als teilstrukturierte Befragung dar.

Aus zeitlichen und finanziellen Gründen wird für diese Studie vor allem die schriftliche Befragung anhand eines stark strukturierten **Fragebogens** (Postalische Befragung) angewendet. Dadurch ist es möglich, unter vertretbarem zeitlichen und finanziellen Aufwand eine große Anzahl an Unternehmen zu untersuchen. Als Vorteile der Fragebogenmethode werden neben den niedrigen Kosten und der relativ einfachen Erreichbarkeit einer großen Anzahl von Befragten auch der Wegfall von Beeinflussungseffekten durch einen Interviewer und die glaubhafte Möglichkeit der Zusicherung von Anonymität genannt.[201]

Als Nachteile werden die erfahrungsgemäß geringe Rücklaufquote und die Gefahr eines Bias durch die Rücksendung des Fragebogens nur durch jene Personen, die besonders an der Thematik interessiert sind, genannt. Weiters ist zu bedenken, dass Verständnisschwierigkeiten bei gewissen Fragen nicht im Gespräch ausgeräumt werden können und dass daher bei der schriftlichen Befragung komplexe Zusammenhänge schwieriger zu erfassen sind als etwa bei einer mündlichen Befragung. Generell ist festzuhalten, dass die Fragebogen-Methode eine große Sensibilität gegenüber sprachlichen Nuancen aufweist.[202] Damit zusammenhängend ist auch anzumerken, dass auf unternehmensindividuelle Definitionen und Besonderheiten in einem standardisierten Instrument wie dem Fragebogen nicht eingegangen werden kann. Ferner ist zu beachten, dass nicht kontrollierbar ist, wer den Fragebogen tatsächlich ausgefüllt hat.[203]

Für die Untersuchung der Diffusion und des Einsatzgrades prozessorientierter Kostenrechnungssysteme scheint dennoch die Fragebogenmethode die geeignetste, da sich die hierbei untersuchten Zusammenhänge auf ein noch vertretbares Komplexitätsniveau reduzieren lassen. Insbesondere die Ergebnisse der Studien von *Brown* und *Stoi* deuten darauf hin, dass mit dem Instrument eines standardisierten Fragebogens aussagekräftige Ergebnisse hinsichtlich des Verbreitungsgrades von Prozesskostenrechnung zu erzielen sind. Durch die an die schriftliche Befragung anschließende Validierung der Ergebnisse mittels teilstrukturierter Interviews wird den genannten Schwächen der Fragebogenmethode begegnet.

Ein zentraler Punkt bei Anwendung empirischer Sozialforschung ist das **Messen**. Allgemein versteht man unter Messen „die Zuordnung von Zahlen zu Objekten oder Ereignissen gemäß bestimmten Regeln“.[204] Diese Zuordnung von Zahlen (bzw. Eigenschaften) zu Objekten erfolgt über eine Skala, die es ermöglicht, die Objekte bzw. ihre Merkmalsausprägungen zu

---

201 Vgl. Kromrey (1994), S. 269 ff.

202 Vgl. Mummendey (1995), S. 143 ff.

203 Vgl. Stier (19999), S. 198 ff.

204 Stevens (1951), zitiert nach Stier (1999), S. 35.

ordnen. Von **Skalen** spricht man dann, wenn eine strukturverträgliche Abbildung zwischen einem empirischen und einem numerischen Relativ angegeben werden kann. Man differenziert üblicherweise in Nominalskalen, Ordinalskalen, Intervallskalen und Ratioskalen.[205] Bei Nominalskalen machen die Zahlenwerte keine quantitativen Aussagen, sondern dienen lediglich der Bezeichnung sich gegenseitig ausschließender Kategorien. Mit Ordinalskalen werden numerische Aussagen über die Abfolge von Tatbeständen zwischen Extrempunkten gemacht. Bei Intervallskalen werden die numerischen Werte der einzelnen Abstände in der Rangfolge angegeben, d.h. die Abstände zwischen den Zahlenwerten sind gleich den Abständen der gemessenen Merkmalsausprägungen. Die Verhältnisse der Werte zueinander sind jedoch nicht gleich den Verhältnissen der Stärke der gemessenen Eigenschaften. Ratioskalen schließlich besitzen einen absoluten Nullpunkt und bieten die Möglichkeit, Abstandswerte quantitativ in Beziehung zu setzen.

Im Rahmen dieser Untersuchung kommen zur Messung der unabhängigen Variablen vorwiegend eindimensionale Skalierungsverfahren, sogenannte **Rating-Skalen**, zum Einsatz. Im Unterschied zu mehrdimensionalen Skalierungsverfahren werden bei eindimensionalen Verfahren reelle Zahlen als Skalenwerte zugeordnet und man versucht damit, die untersuchten Objekte auf einem latenten Kontinuum, d.h. auf der Zahlengerade, zu positionieren. Konkret wird im Rahmen dieser Studie vor allem die Likert-Skalierung angewendet. Dabei handelt es sich um ein personen-orientiertes, eindimensionales Skalierungsverfahren, das vor allem in der Einstellungsmessung verwendet wird. Es ist wohl das in der empirischen Sozialforschung am häufigsten verwendete Skalierungsverfahren. Es baut nicht auf einem mathematischen Modell auf, Vorgehensweise und Berechnung der Skalenwerte erfolgen nach Plausibilitätsüberlegungen.[206] Hauptgrund für die Verwendung in dieser Studie ist zum einen seine generell sehr weite Verbreitung und zum anderen die Tatsache, dass auch in den Studien von *Brown*[207] und *Stoi*[208] in weiten Teilen mit Likert-Skalierungen gearbeitet wurde, woraus geschlossen werden kann, dass diese Art der Skalierung für die vorliegende Fragestellung grundsätzlich als geeignet einzustufen ist.

---

205 Vgl. Atteslander (1995), S. 264 ff.

206 Vgl. Stier (1999), S. 79 ff.

207 Vgl. Brown (2000), S. 88 ff.

208 Vgl. Stoi (1999), S. 237 ff.

Im Gegensatz zu *Brown* wird in dieser Untersuchung mit einem forcierten Rating gearbeitet, d.h. es kommt bei Skalen-Abfragen grundsätzlich eine gerade Anzahl an Antwortkategorien zum Einsatz. Der Vorteil einer solchen Vorgehensweise ist, dass der Befragte keine Möglichkeit hat, eine neutrale Position zu beziehen und somit grundsätzlich eine Entscheidung treffen muss. Als Nachteil ist anzuführen, dass ein forciertes Rating die Gefahr einer Verzerrung enthält, wenn beispielsweise die Befragten über nicht genügend Information zum Gegenstand der Befragung verfügen.[209] Die Zielgruppe der vorliegenden Untersuchung, Controller bzw. Leiter des Finanz- und Rechnungswesens, wird jedoch als ausreichend informiert über prozessorientierte Kostenrechnungssysteme gesehen, um durch ein forciertes Rating eindeutig auswertbare Antworten zu erhalten. Da sich eine sechsstufige Skalierung bei der Erhebung zu System, Kontext und Effizienz von Controlling in Österreich bereits bewährt hat[210], kommt auch in dieser Studie - wo anwendbar - eine sechsstufige Rating-Skala zum Einsatz, wodurch zum einen eine annähernd metrische Skala verwendet wird und dennoch die Möglichkeit einer späteren Rekodierung auf eine kleinere Skala (z.B. binär) im Logit-Modell offen bleibt.[211]

Die konkrete Umsetzung der Ratingskalen in der elektronischen Form des Fragebogens erfolgt mit Hilfe von steuerbaren **Bildlaufleisten**. Dadurch kann der Befragte auf einer graphische Skala seine Einschätzung abgeben, ohne sich auf einen bestimmten Zahlenwert festlegen zu müssen:

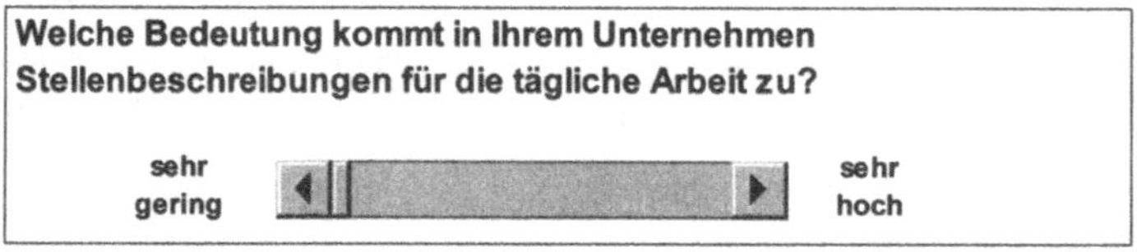

Abbildung 20: Bildlaufleiste als Ratingskala

Die Auswertung dieser graphisch skalierten Fragen erfolgt dergestalt, dass hinter der Länge der Skalenlinie für den Befragten unsichtbar die verwendete Skalierung hinterlegt ist, wobei

209 Vgl. Stier (1999), S. 69.

210 Vgl. Niedermayr (1994), S. 398 ff.

211 Zur optimalen Anzahl von Kategorien vgl. Stier (1999), S. 66 ff.

die Skalen jeweils ein vielfaches von sechs betrugen, um auf das ursprünglich angedachte Skalenniveau verdichten zu können. Bei den elektronisch ausgefüllten Fragebögen wird durch Bewegen der Bildlaufleiste durch den Befragten in der Datenbank automatisch der damit verbundene Skalenwert gespeichert. Bei manuell ausgefüllten Fragebögen erfolgt die Auswertung durch Ausmessen der Skalenlinie.

Entscheidend für die Anwendung komplexer Auswertungsmethoden ist die Frage nach dem Skalenniveau der verwendeten Ratingskalen. In der Regel ist davon auszugehen, dass Ratingskalen Ordinalskalenniveau besitzen. In bestimmten Situationen können sie allerdings auch Intervallskalenniveau erreichen.[212] Im Rahmen der Operationalisierung der Hypothesen in dieser Studie ist bei Messung der unabhängigen Variablen grundsätzlich von gleichen Skalenabständen auszugehen, weshalb das Vorliegen von Intervallskalen unterstellt werden kann. Die Messung der erreichten Implementierungsstufe als unabhängige Variable erfolgt auf einer ordinalen Skala, dem Stufenmodell der Implementierung.[213]

Angesichts der genannten Schwächen der Fragebogen-Methode werden hinsichtlich der Untersuchung des Einsatzerfolges und Dauerbetriebs prozessorientierter Kostenrechnungssysteme zur **Validierung** der Ergebnisse nach Abschluss der Auswertung und Analyse der zurückgesandten Fragebogen **teilstrukturierte Interviews** mit Führungskräften von Unternehmen, die prozessorientierte Kostenrechnungssysteme anwenden bzw. angewendet haben, durchgeführt. Damit wird neben den in der ersten Phase angewendeten quantitativen Methoden der Sozialforschung auch ein qualitatives Element in die Untersuchung eingebracht, wodurch sichergestellt werden soll, dass die Erfahrungen jener Unternehmen, die tiefergehende Erfahrungen mit Prozesskostenrechnungssystemen haben, ausreichend in die Untersuchung einfließen und auf allfällige Besonderheiten ausreichend eingegangen werden kann.

Methoden qualitativer empirischer Sozialforschung wurden lange Zeit in den Sozial- und Wirtschaftswissenschaften wegen vermeintlich mangelnder Präzision und fehlender Objektivität ihrer Untersuchungen weniger geschätzt. In letzter Zeit haben sie jedoch zunehmend an

---

212 Vgl. Backhaus et al. (2000), S. 3; Stier (1999), S. 72 f.

213 Auf die methodisch-statistischen Implikationen der Konzeption des Stufenmodells der Implementierung als sequentielle ordinale Skala wird weiter unten im Rahmen der empirischen Untersuchung näher eingegangen.

Akzeptanz gewonnen und finden auch in der Betriebswirtschaftslehre verstärkt Anwendung, insbesondere für die Erforschung komplexer Zusammenhänge haben sie sich als äußerst geeignet erwiesen.[214] Die methodischen Unterschiede zwischen qualitativer und quantitativer empirischer Forschung bestehen im wesentlichen in der Standardisierung der Erhebungsverfahren. Während in der quantitativen Forschung eine Erfassung der Realität anhand von standardisierten Instrumenten erfolgt, bedient sich die qualitative Forschung offener Verfahren, durch die sie eine validere Beschreibung des Untersuchungsgegenstandes erwartet. In der Auswertung können unter Umständen auch quantitative, statistische Methoden zur Anwendung gelangen.[215]

Als Nachteile qualitativer Sozialforschung werden die mögliche Selektivität der Beobachtungen und Erhebungen, die Wahrscheinlichkeit der Beeinflussung des Verhaltens des Befragten durch den Forscher, die niedrige Reliabilität der erhobenen Daten sowie die Schwierigkeit einer Wiederholbarkeit der Erhebung genannt.[216]

Um diesen genannten Nachteilen teilweise zu begegnen, wird im Rahmen dieser Untersuchung ein Interviewleitfaden verwendet, der auf den erzielten Ergebnissen der quantitativen Erhebung mittels standardisierten Fragen aufbaut. Das heißt, die Interviews werden nicht völlig offen geführt, sondern basieren auf einem teilstrukturierten Leitfaden. Damit sollten subjektive Einflüsse möglichst eingeschränkt und eine spätere Wiederholbarkeit der Erhebung theoretisch möglich sein.

4.4 Konzeptioneller Bezugsrahmen

Die Grundlage jeder empirischen Forschungsarbeit und darauf aufbauender Handlungsempfehlungen sollte ein wissenschaftlicher Rahmen sein, der als diagnostische Vorstufe eine theoretische Durchdringung des Forschungsgegenstandes ermöglicht. Neben dem theoretischen Fundament und den methodischen Verfahren der Untersuchung ist ein konzeptioneller Be-

---

214 Vgl. Kreuter (1997), S. 68 ff.

215 Vgl. Booth (1991), S. 2 ff.

216 Vgl. Kreuter (1997), S. 71.

zugsrahmen über den Untersuchungsgegenstand unabdingbare Voraussetzung für eine theoriegeleitete empirische Forschungsarbeit.

Der Bezugsrahmen hat die Funktion eines Orientierungs- und Ordnungsrasters für die Aussagen über das Ergebnisobjekt Prozesskostenrechnung. Der konzeptionelle Bezugsrahmen stellt somit die Vorstufe der empirischen Untersuchung dar. Seine Aufgabe besteht darin, eine umfassende Anschauung über den Untersuchungsgegenstand zu vermitteln und den Untersuchungsgegenstand zu operationalisieren. Nachfolgende Abbildung gibt einen Überblick über den in dieser Studie verwendeten konzeptionellen Bezugsrahmen:

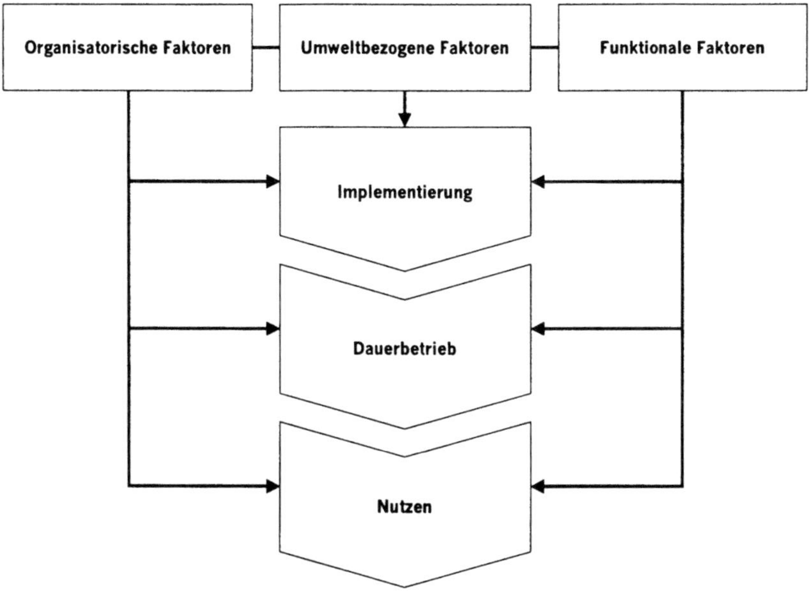

Abbildung 21: Konzeptioneller Bezugsrahmen

Ausgehend von den organisatorischen, umweltbezogenen und funktionalen **Kontextfaktoren** wird in der ersten Stufe des Untersuchungsmodells die Frage nach der Implementierung bzw. Nicht-Implementierung prozessorientierter Kostenrechnungssysteme in der österreichischen Unternehmenspraxis untersucht. Dabei kommt in erster Linie das stufenweise Adaptionsmodell der Implementierung von prozessorientierten Kostenrechnungssystemen in Anlehnung an *Brown* zur Anwendung. In der zweiten Stufe der Untersuchung steht die Frage nach der Ausgestaltung prozessorientierter Kostenrechnungssysteme in Österreich und die Betriebsbedingungen für deren Dauereinsatz im Mittelpunkt. In der dritten Stufe schließlich geht es um die Frage nach dem wahrgenommenen Nutzen des Einsatzes von prozessorientierten Kostenrechnungssystemen.

Eine in der Betriebswirtschaftslehre übliche Klassifikation ist jene in unternehmensinterne und unternehmensexterne Kontextfaktoren.[217] Die im Rahmen dieser Untersuchung betrachteten Kontextfaktoren weichen davon allerdings insofern ab, als sie auf den von *Brown* verwendeten Gruppierungen basieren, die sich zur Untersuchung von prozessorientierten Kostenrechnungssystemen als geeignet erwiesen haben. In seiner Untersuchung reduziert er die in der Studie von *Anderson* sowie in relevanter IS-Literatur identifizierten Umfeldfaktoren nach dem Kriterium der Anwendbarkeit und bisherigen Aussagekraft in Studien des Adaptionsprozesses von Activity-Based Costing sowie nach der Existenz eindeutiger Messgrößen.[218] Dabei reduziert er die möglichen Einflussfaktoren auf die **organisatorischen**, **umweltbezogenen** und **funktionalen** Faktoren als relevante Kategorien, die auch als Ordnungsmuster des Kontext in dieser Studie dienen. Insbesondere die organisatorischen Faktoren erwiesen sich in den bisherigen Studien als jene Kontextfaktoren mit dem höchsten signifikanten Einfluss auf den Adaptionsprozess von prozessorientierten Kostenrechnungssystemen.[219] Weiters hat sich gezeigt, dass der weitaus größere Teil von Produktivitätsgewinnen bei Einführung neuer Technologien und Systemen in Unternehmen erst durch die entsprechenden organisatorischen Umgestaltungsmaßnahmen realisiert wird.[220] Deshalb wird diesen Faktoren auch im Rahmen dieser Studie besondere Aufmerksamkeit zuteil.

Zusätzlich zu den von *Brown* verwendeten Faktoren wird in dieser Studie die Branchenzugehörigkeit als relevanter umweltbezogener Einflussfaktor berücksichtigt. Die Begründung hierfür liegt in der unterschiedlichen Ausgestaltung von prozessorientierten Kostenrechnungssystemen in Fertigungsbetrieben und Dienstleistungsunternehmen, wie dies beispielsweise in den

---

217 Vgl. Stoi (1999), S. 91 ff.; Niedermayr (1994), S. 139 ff.

218 Vgl. Brown (2000), S. 40 ff.

219 Vgl. Brown (2000), S. 104 ff.; Anderson / Young (1999), S. 543 ff.; Chenhall / Langfield-Smith (1998), S. 251 ff.; Lal / Hassel (1998), S. 266 ff.; Gosselin (1997), S. 112 ff.; Foster / Swenson (1995), S. 109 ff.; Shields (1995), S. 148 ff.

220 Vgl. Brynjolfsson / Hitt (2000), S. 7 f.

dargestellten Fallstudien ersichtlich war. Es kann daher angenommen werden, dass die Branchenzugehörigkeit insbesondere für den zweiten Teil der Studie, die Ausgestaltung des Prozesskostenrechnungssystems im Dauerbetrieb, von wesentlicher Bedeutung ist.

Ein weiterer Kontextfaktor, der in dieser Studie untersucht wird, ist die Konzernzugehörigkeit. Insbesondere aus der Studie von *Kropfberger* geht hervor, dass die Konzerneinbindung österreichischer mittelständischer Betriebe einen signifikant positiven Einfluss auf die Anwendung strategischer und operativer Planungs- und Controllinginstrumente hat.[221] Es ist daher anzunehmen, dass auch die Anwendung der Prozesskostenrechnung deutlich von der Konzernzugehörigkeit eines Unternehmens abhängig ist.

Bei der Untersuchung der Lernprozesse aus Reengineering-Projekten von *Wall et al.* stellte sich heraus, dass 22% der erfahrenen, aber nur 6% der nicht-erfahrenen Unternehmen die Prozesskostenrechnung einsetzen, wobei „erfahrene" Unternehmen als jene Unternehmen definiert wurden, die bereits ein Business Process-Reengineering-Projekt durchgeführt haben.[222] Im Rahmen dieser Untersuchung wird die Erfahrung mit Reengineering-Projekten als Indiz für die Innovationserfahrung und Reorganisationsfähigkeit eines Unternehmens herangezogen und als Kontextfaktor für den Einsatz der Prozesskostenrechnung untersucht. Die in dieser Studie untersuchten Kontextfaktoren sind daher:

221 Vgl. Kropfberger et al. (1997), S. 30 ff.

222 Vgl. Wall et al. (2000), S. 243 ff.

Organisatorische Faktoren	Umweltbezogene Faktoren	Funktionale Faktoren
Machtpromotor	Branchenzugehörigkeit	Gemeinkostenanteil
Fachpromotor	Wettbewerbsintensität	Komplexität der Leistungserstellung
Konzernzugehörigkeit	Externe Kommunikation	Relative Vorteilhaftigkeit
Zentralisierungsgrad	Unternehmensberater	Verfügbarkeit von EDV-Systemen
Formalisierungsgrad	Strategie	
Vertikale Differenzierung		
Unternehmensgröße		
Innovationserfahrung		

Tabelle 13: Kontextfaktoren prozessorientierter Kostenrechnungssysteme

Die dargestellten Kontextfaktoren entsprechen im wesentlichen jenen Faktoren, die in bisherigen Untersuchungen sowohl im internationalen als auch im deutschen Sprachraum durchgeführt wurden. Die Operationalisierung und logische Begründung jedes Faktors erfolgt in einem späteren Abschnitt dieser Arbeit.

Bezüglich der Untersuchung des **Implementierungsprozesses** von prozessorientierten Kostenrechnungssystemen kommt im wesentlichen das Adaptionsmodell zum Einsatz, das bereits bei *Brown*[223] Verwendung findet und sich als praktikables Modell zur Untersuchung von Implementierungsprozessen erwiesen hat:

223 Vgl. Brown (2000), S. 38 f.

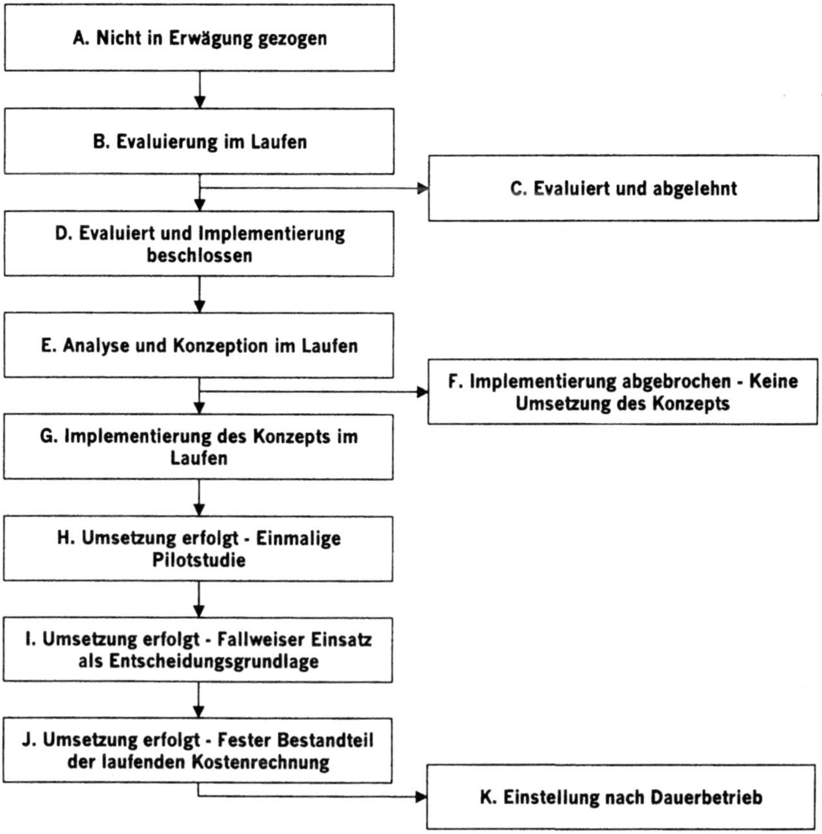

Abbildung 22: Implementierungsstufen prozessorientierter Kostenrechnungssysteme

In Erweiterung zum Modell von *Brown* wird in dieser Studie noch eine elfte Stufe des Adaptionsprozesses eingeführt, nämlich die Möglichkeit der Einstellung nach dem Dauerbetrieb eines prozessorientierten Kostenrechnungssystems. Damit sollen jene Unternehmen erfasst werden, die nach einem erfolgreichen Implementierungsprojekt und möglicherweise einigen Jahren Verwendung der Prozesskostenrechnung deren Betrieb wieder einstellen. In dieser Untersuchung werden also grundsätzlich drei Möglichkeiten der Ablehnung von prozessorientierten Kostenrechnungssystemen untersucht: die grundsätzliche Ablehnung nach eingehender Evaluierung, der Abbruch eines Implementierungsprojektes und die Einstellung nach dem Dauerbetrieb.

Im Gegensatz zu dichotomen Modellen, die nur die Möglichkeiten Einführung oder Nicht-Einführung abbilden, können mit einem Stufenmodell des Einführungsprozesses Gründe für die Annahme oder Ablehnung der Prozesskostenrechnung detaillierter untersucht werden. Dadurch wird es möglich, die grundsätzliche Ablehnung von Prozesskostenrechnung von einem Projektabbruch der Einführung oder einem Einstellen des Systems nach einer gewissen Zeit im Dauerbetrieb zu unterscheiden und die Gründe hierfür zu beleuchten.

In jeder der elf Stufen wird der Einfluss der betrachteten Kontextfaktoren untersucht, um festzustellen in welchem Stadium welche Einflussfaktoren von signifikanter Bedeutung sind bzw. um Unterschiede in den maßgeblichen Erfolgsfaktoren des Adaptionsprozesses herauszuarbeiten. Dadurch soll mehr Klarheit über die Ablehnung von prozessorientierten Kostenrechnungssystemen gewonnen werden.

Neben der Untersuchung des Implementierungsprozesses werden auch die gewählte Implementierungsstrategie und der Implementierungsaufwand als kritische Erfolgsfaktoren der Einführung von Prozesskostenrechnungssystemen betrachtet.

Die zweite Phase der Untersuchung bezieht sich auf den **Dauerbetrieb** prozessorientierter Kostenrechnungssysteme, also auf die Stufen H–K im Stufenmodell der Implementierung. Implementierung und Dauerbetrieb einer Prozesskostenrechnung sind eng miteinander verknüpft. Die notwendigen Voraussetzungen für einen erfolgreichen Dauerbetrieb müssen bereits bei der erstmaligen Einführung berücksichtigt werden. Neben den Problembereichen bei Implementierung eines Prozesskostenrechnungssystems sind bei dessen Dauerbetrieb zusätzlich die Problembereiche der laufenden Prämissenkontrolle und die Feinsteuerung des Systems zu berücksichtigen.[224]

Ändern sich die Bedingungen für den Betrieb eines prozessorientierten Kostenrechnungssystems, kann eine Anpassung des Systems angebracht sein. Eine permanente Prämissenkontrolle deckt Änderungsbedarf im Dauerbetrieb auf und macht dadurch eine Anpassung der bei der Implementierung gebildeten Strukturen möglich. Jede Anpassung des Systems liefert das Objekt für neue Prämissenkontrollen und neue Maßnahmen der Feinsteuerung im Bereich der

224 Vgl. Ossadnik (2000), S. 372 f.

Prozessorganisation, der Mitarbeitereinbindung und der Organisation von EDV und Rechnungswesen.

Für die Untersuchung der Gestaltung des Dauerbetriebes von Prozesskostenrechnungssystemen bedeutet das, dass grundsätzlich die gleichen Kontextfaktoren wie bei der Implementierung von Bedeutung auf den Betrieb des Systems sind. Daher wird in dieser Phase der Untersuchung die Korrelation der Kontextfaktoren mit den Merkmalen der prozessorientierten Kostenrechnungssysteme untersucht.

Die Untersuchung der relevanten Kriterien für die Gestaltung des Dauereinsatzes von Prozesskostenrechnungssystemen baut im wesentlichen auf den verwendeten Faktoren von *Stoi* auf.[225] Allerdings wird abweichend zu *Stoi* nicht zwischen zentralen Bausteinen und Einsatzfeldern unterschieden, da diese Priorisierung in erster Linie aus dem Gesamtzusammenhang der *Stuttgarter Studie* resultiert (Wechselwirkungen zwischen Prozesskostenmanagement, Performance Measurement und Target Costing) und für die isolierte Untersuchung der Gestaltung von Prozesskostenrechnungssystemen in Österreich keinen Nutzen stiftet.

Weiters wird anstatt der getrennten Erfassung von EDV-Umsetzung und EDV-Integration das Merkmal der EDV-Unterstützung angewendet, unter dem beide Aspekte zuzüglich der spezifischen Rolle von CO-ABC subsumiert werden.

Mittels dieser Kriterien können Aussagen über den Stand und die Gestaltung der Prozesskostenrechnung in der österreichischen Unternehmenspraxis getroffen werden. Im Kapitel über die Hypothesengenerierung wird auf die einzelnen Punkte und die damit unterstellten Zusammenhänge genauer eingegangen.

Die dritte Stufe des Untersuchungsmodells befasst sich mit dem **Nutzen** des Einsatzes prozessorientierter Kostenrechnungssysteme. Der Erfolg eines Unternehmens ist von einer Vielzahl von Einflussfaktoren abhängig. Eine direkte Beziehung zwischen dem Einsatz eines prozessorientierten Kostenrechnungssystems und dem Unternehmenserfolg lässt sich nicht eindeutig herstellen. Die Messung des Nutzens des Einsatzes prozessorientierter Kostenrechnungssysteme erfolgt in dieser Studie deshalb mittels qualitativer Einschätzung der Anwender

---

[225] Vgl. Stoi (1999), S. 93 ff.

zur Zufriedenheit bzw. zum wahrgenommenen Nutzen des prozessorientierten Kostenrechnungssystems im Rahmen der Interviews. Damit können einerseits die Schwächen eines Untersuchungsdesigns, wie es etwa *Kennedy*[226] verwendet, behoben werden. Andererseits wird damit auf eine quantitative statistische Auswertung wie etwa bei den Kontextfaktoren verzichtet. Die in diesem Zusammenhang betrachteten Dimensionen sind Variablen der internen Koordination und Steuerung, indirekt erfolgswirksame Variablen und direkt erfolgswirksame Variablen.[227]

Folgende Graphik gibt einen detaillierteren Überblick über das verwendete Untersuchungsmodell:

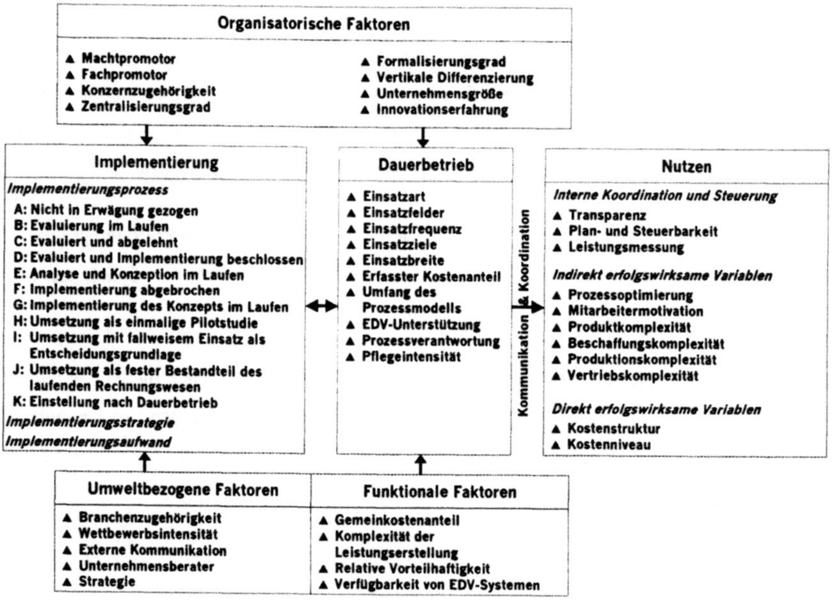

Abbildung 23: Untersuchungsmodell

226 Vgl. Kennedy (1998), S. 5.

227 Zur Prozessnutzenermittlung und -bewertung vgl. Hirschmann / Lubiewski / Scheer (1996), S. 9 ff.

Die in obiger Abbildung dargestellte wechselseitige Beziehung zwischen den Phasen Implementierung und Dauerbetrieb resultiert aus den Stufen H bis K im Implementierungsmodell, die im Rahmen der Untersuchung der Gestaltungsmerkmale des Dauerbetriebs bzw. geplanten Dauerbetriebs näher beleuchtet werden. Darüber hinaus wird durch diese Art der Darstellung die enge Verknüpfung von Implementierung und Dauerbetrieb und die Bedeutung der laufenden Prämissenkontrolle zum Ausdruck gebracht.

Grundsätzlich ist zum verwendeten **Untersuchungsdesign** zu bemerken, dass die empirische Überprüfung nicht ausschließlich in Form der quantitativen Fragebogen-Methode erfolgt, sondern dass beim Dauerbetrieb und bei der Untersuchung des Nutzens die Studie um qualitative Aspekte in Form teilstrukturierter Interviews ergänzt wird, was die Validität der Ergebnisse erhöhen sollte.

Im Abschnitt über die Hypothesenformulierung werden die einzelnen Elemente des Untersuchungsmodells operationalisiert und Vermutungen über Zusammenhänge aufgestellt, die danach der empirischen Überprüfung unterzogen werden. Im Rahmen der Operationalisierung sind die Begründungen für die einzelnen Stufen des Implementierungsprozesses, die Annahmen hinter den einzelnen Kontextfaktoren und Gestaltungsmerkmalen sowie die Erklärungen zu den untersuchten Ergebnisvariablen im Detail anzuführen und deren Messung zu erläutern.

5 Generierung von Hypothesen

5.1 Überblick

Auf Grundlage des vorhandenen theoretischen Wissens über prozessorientierte Kostenrechnungssysteme, der bisher durchgeführten empirischen Studien sowie der Fallbeispiele aus der Unternehmenspraxis wurde ein Untersuchungsmodell als konzeptioneller Bezugsrahmen zur Durchführung der empirischen Untersuchung aufgestellt, das in diesem Abschnitt zu operationalisieren ist.

Abbildung 24: Generierung von Hypothesen

Zunächst erfolgt die Darlegung der zugrundeliegenden **Ausgangshypothesen**, die sich aus den bestehenden empirischen Erkenntnissen sowie vorhandenen theoretischen Konzepten und den zugrundeliegenden Fragestellungen der Studie ableiten. Die Ausgangshypothesen bilden die Grundlage für die Ableitung singulärer, auf einzelne Beziehungen zwischen den Faktoren gerichtete Einzelhypothesen. Diese singulären, deduktiv aus Ausgangshypothesen abgeleiteten Behauptungen können in einer gezielten empirischen Beobachtung überprüft werden. Hypothesen sind in diesem Sinne nichts anderes als Vermutungen über einen bestimmten Sachverhalt, die nach der empirischen Überprüfung entweder vorläufig bewährt oder vorläufig widerlegt sind.

Hypothesen können unterschiedlich präzise formuliert sein. In der am wenigsten präzisierten Form stellen Hypothesen eine Vermutung über eine Beziehung zwischen Variablen dar, gleich welcher Ausprägung diese Beziehung ist. In einer zweiten Präzisierungsstufe werden Vermutungen über die Richtung der Beziehung durch die Bestimmung von abhängigen und unabhängigen Variablen, also durch Einführung von kausalen Ursache-Wirkungs-Beziehungen, getroffen. In der präzisesten Form enthält eine Hypothese quantitative Angaben über die Stärke der Beziehung, man spricht von einer sogenannten Punkthypothese, z.B.: wenn X um 1% größer wird, dann sinkt Y um 3%.[228] Die Aufstellung von Hypothesen über die Stärke der Beziehungen ist erst dann sinnvoll, wenn bereits die Struktur des Beziehungszusammenhangs empirisch festgestellt wurde.[229] Da es sich bei dieser Untersuchung um die erste umfassende Studie zu Implementierung, Dauerbetrieb und Nutzen von prozessorientierten Kostenrechnungssystemen in der österreichischen Unternehmenspraxis handelt, werden keine Punkthypothesen im obigen Sinne aufgestellt. Vielmehr beschränkt sich die Formulierung der Hypothesen in dieser Studie auf Vermutungen über **Beziehungen** und gegebenenfalls die **Beziehungsrichtung** zwischen den betrachteten Variablen. Wie bereits im Kapitel über das Forschungsdesign erläutert, werden im Rahmen der Hypothesengenerierung die tatsächlichen vermuteten Zusammenhänge formuliert. Dabei ist zu beachten, dass für die statistische Überprüfung vom Gegenteil dieser Hypothese, also von der sogenannten Nullhypothese, ausgegangen wird.

Als Voraussetzung für die Überprüfung der Hypothesen sind diese zu operationalisieren. Die Operationalisierung ermöglicht es, die aufgestellten Hypothesen mit eindeutig bestimmbaren

---

228 Vgl. Stier (1999), S. 12.

229 Vgl. Kubicek (1975), S. 117.

Daten der befragten Unternehmen zu konfrontieren. Unter Operationalisierung eines Begriffs ist also die Angabe derjenigen Vorgehensweisen und Forschungsoperationen zu verstehen, mit deren Hilfe entscheidbar wird, ob und in welchem Ausmaß der mit dem Begriff bezeichnete Sachverhalt in der Realität vorliegt.[230] Bei der Operationalisierung geht es um genaue technische Anweisungen, wie im konkreten Fall vorzugehen ist, um die gewünschten Informationen aus der Realität zu erhalten. Die Operationalisierung kann also als ein Übersetzungsvorgang betrachtet werden, bei dem Hypothesen in Forschungsoperationen übersetzt werden.[231]

Im Rahmen der **Operationalisierung** sind Indikatoren und deren Messvorschriften festzulegen, anhand derer die Kontextfaktoren, Implementierungsstufen, Gestaltungsparameter und Nutzenwerte zu messen sind. Dies ist deshalb nötig, da im Rahmen der Arbeit verschiedene Sachverhalte untersucht werden, die einer direkten Beobachtung nicht zugänglich sind und daher auch nicht unmittelbar gemessen werden können. Bei diesen Phänomenen bzw. ihrer abstrakten Widerspiegelung handelt es sich um Konstrukte oder latente Variablen.[232] Die Identifikation der Indikatoren, welche die relevanten Aspekte eines Konstruktes widerspiegeln, wird als Konzeptualisierung bezeichnet. Im folgenden werden Hypothesenbildung und Operationalisierung entsprechend der Logik des Untersuchungsmodells gemeinsam durchgeführt: Zunächst werden die Kontextfaktoren erläutert, danach wird auf das Stufenmodell der Implementierung eingegangen, es werden die Gestaltungsmerkmale des Dauerbetriebs erläutert und die betrachteten Ergebnisvariablen definiert. Dabei wird jeweils so vorgegangen, dass zunächst die Ausgangshypothesen getroffen werden, danach werden gegebenenfalls die Einzelhypothesen abgeleitet und schließlich erfolgt die Operationalisierung der verwendeten Variablen.

---

230 Vgl. Kromrey (1994), S. 126.

231 Vgl. Atteslander (1995), S. 62.

232 Vgl. Homburg / Giering (1998), S. 114.

5.2 Kontextfaktoren

Die im Rahmen der Untersuchung prozessorientierter Kostenrechnungssysteme in Österreich betrachteten Kontextfaktoren lassen sich in organisatorische, umweltbezogene und funktionale Faktoren unterteilen.

Die Ausgangshypothese zu den Kontextfaktoren lautet:

H_{A1}: *Die Implementierung, der Dauerbetrieb sowie der Nutzen von prozessorientierten Kostenrechnungssystemen sind von unternehmensinternen und unternehmensexternen Kontextfaktoren abhängig.*

5.2.1 Organisatorische Kontextfaktoren

Die untersuchten organisatorischen Faktoren sind die Unterstützung eines Machtpromotors, die Existenz eines Fachpromotors, Konzernzugehörigkeit, der Zentralisierungsgrad, der Formalisierungsgrad, die vertikale Differenzierung und die Unternehmensgröße.

5.2.1.1 Machtpromotor

Gemäß dem **Promotoren-Opponenten-Modell** von *Witte* tendieren Organisationen dazu, durch Fähigkeits- und Willensbarrieren Innovationen zu verhindern. Fähigkeitsbarrieren müssen durch Personen mit dem entsprechenden Fachwissen überwunden werden. Willensbarrieren können nur durch Anreize und Sanktionen von Personen mit einer gewissen Machtstellung überwunden werden.[233]

[233] Vgl. Hauschildt (1998), S. 5 ff.

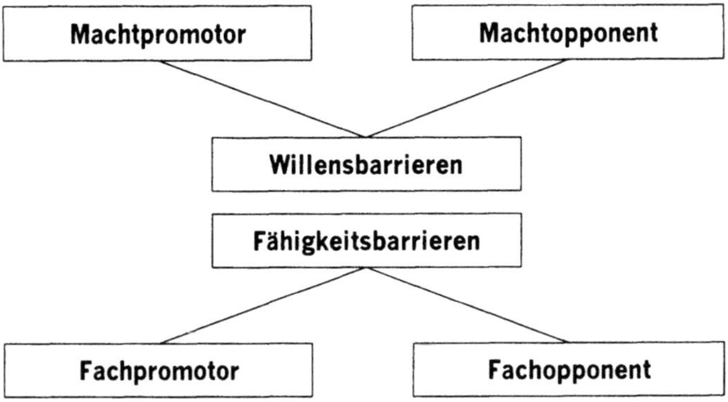

Abbildung 25: Promotoren-Opponenten-Modell [Vgl. Witte (1973), S. 15 ff.]

In den dargestellten bisherigen Studien zur prozessorientierten Kostenrechnung haben sich insbesondere die Unterstützung durch einen Machtpromotor sowie die Existenz eines Fachpromotors als kritische Erfolgsfaktoren der Implementierung herausgestellt.[234] Im Rahmen dieser Untersuchung wird daher unterstellt, dass die Existenz eines Machtpromotors und Fachpromotors wesentliche Einflussfaktoren für die Erfolg der Implementierung prozessorientierter Kostenrechnungssysteme in der österreichischen Unternehmenspraxis sind.

Die Einführung einer Prozesskostenrechnung stellt ein Projekt mit hohem Ressourceneinsatz und Risiko dar. Durch die Unterstützung des Top-Management wird der Zugang zu den abteilungsübergreifend benötigten Ressourcen zur Durchführung dieses Projektes erleichtert und es sinkt somit das Risiko des Scheiterns. Darüber hinaus ist die Existenz eines **Machtpromotors** für ein prozessorientiertes Kostenrechnungssystem auch im Stadium des Dauerbetriebes sowie bei der Wahrnehmung des damit erzielten Nutzens von hoher Bedeutung. Die Einzelhypothese zum Kontextfaktor des Machtpromotors lautet daher:

H_{E1}: *Wenn ein Machtpromotor existiert, dann erhöht sich Chance auf eine hohe Implementierungsstufe des Prozesskostenrechnungssystems.*

[234] Vgl. Brown (2000), S. 53 f.; Foster / Swenson (1997), S. 109 ff.; Krumwiede / Roth (1997), S. 10 f.; Shields (1995), S. 148.

Die Messung der Unterstützung durch einen Machtpromotor erfolgt in Form einer graphischen Skalierung, die von sehr hoher bis sehr geringer Unterstützung reicht. Der Umsetzungserfolg wird anhand des Stufenmodells der Implementierung gemessen, wobei die Stufe J den größten Erfolg markiert. Gemeinsam mit dem Implementierungsprozess werden die Implementierungsstrategie und der Implementierungsaufwand erhoben.

5.2.1.2 Fachpromotor

Analog zum Kontextfaktor Machtpromotor beruht auch die Betrachtung der Existenz eines Fachpromotors auf dem Promotoren-Opponenten-Modell von *Witte*. Ein Fachpromotor leistet einen wesentlichen Beitrag zum Gelingen des Projektes, indem er aus fachlicher Perspektive die Notwendigkeit und den Nutzen eines prozessorientierten Kostenrechnungssystems in der Organisation verbreitet. Auf die explizite Unterscheidung und Messung von Beziehungs- und Prozesspromotoren im Sinne von *Gemünden* wird in dieser Studie verzichtet, da grundsätzlich bei allen Controlling-Projekten - und somit auch bei Evaluierung, Konzeption und Implementierung von Prozesskostenrechnung - vom internen Projektleiter neben der fachlichen Expertise auch Sozialkompetenz, Netzwerkwissen und Beziehungsmanagement im Projektteam im Sinne des Rollenbilds eines Beziehungspromotors ausgehen muss.[235] Im Rahmen dieser Studie werden daher mit dem Terminus **Fachpromotor** vereinfachend auch die Rollen eines Beziehungs- und eines Prozesspromotors beschrieben. Demnach lautet die Einzelhypothese für die vorliegende Untersuchung:

H_{E2}: *Wenn ein Fachpromotor existiert, dann erhöht sich Chance auf eine hohe Implementierungsstufe des Prozesskostenrechnungssystems.*

Die Messung der Unterstützung durch einen Fachpromotor erfolgt analog zur Evaluierung der Existenz eines Machtpromotors in Form einer graphischen Skalierung. Ebenso wird der Umsetzungserfolg mittels dem Stufenmodell der Implementierung ermittelt. Gemeinsam mit dem Implementierungsprozess werden die Implementierungsstrategie und der Implementierungsaufwand erhoben.

---

235 Vgl. Gemünden / Högl (2000), S. 37 ff.; Gemünden / Keim (1998), S. 217 ff., Hauschildt / Schewe (1998), S. 160 ff.; Walter (1998), S. 116 ff.

5.2.1.3 Konzernzugehörigkeit und Konzerneinbindung

Die Konzernabhängigkeit von Unternehmen stellt vermutlich eine wesentliche Einflussgröße der Existenz und des Entwicklungsstandes der betriebswirtschaftlichen Instrumente eines Unternehmens dar. Aus der Studie von *Kropfberger* geht beispielsweise hervor, dass Unternehmen, die in einem **Konzern** eingebunden sind, eine höhere Anwendungsrate von strategischen und operativen Planungs- und Controllinginstrumenten aufweisen.[236] Es ist deshalb auch für die Untersuchung von prozessorientierten Kostenrechnungssystemen anzunehmen, dass dieser Einfluss der Konzernzugehörigkeit besteht. Als Begründung hierfür ist anzuführen, dass Konzernunternehmen in der Lage sind, auf einen Pool von konzerninternen Spezialkenntnissen zurückzugreifen, der in diesem Ausmaß bei konzernfreien Unternehmen üblicherweise nicht vorhanden ist.[237] Weiters ist zu bedenken, dass Muttergesellschaften häufig versuchen, ihr Kostenrechnungssystem auf ihre Tochtergesellschaften zu übertragen, oftmals in Verbindung mit der Einführung einer konzernweiten Softwarelösung. Diese Vermutung gilt insbesondere für Konzerne, die eine an der Wertkette orientierte interne Arbeitsteilung zwischen den Konzernunternehmen haben, also beispielsweise eine Explorationsgesellschaft, ein Walzwerk, etc.. In diesen Fällen liegt die Vermutung nahe, dass die Unternehmen im vollen Umfang in das konzernweite operative Kostenrechnungssystem eingebunden sind, d.h. dass sie ihre Prozesskostenrechnung bis zur vollen Integration mit der laufenden Kostenrechnung umgesetzt haben. Die entsprechenden Hypothesen lauten daher:

H_{E3}: *Wenn Konzernzugehörigkeit vorliegt, dann erhöht sich die Chance auf eine hohe Implementierungsstufe des Prozesskostenrechnungssystems.*

H_{E4}: *Je stärker die Konzerneinbindung in eine arbeitsteilig organisierte Wertschöpfungskette desto höher die erreichte Implementierungsstufe des Prozesskostenrechnungssystems.*

Die Messung der Konzernzugehörigkeit erfolgt durch Abfrage des Status einer Gesellschaft, wobei in einer nominalskalierten Skala die Möglichkeiten Muttergesellschaft, Tochtergesellschaft und konzernfreie Gesellschaft vorgesehen sind. Zur Klärung der Frage, ob die konzerninterne Organisation an der Wertkette orientiert ist, wird der Anteil der Innenumsätze in Pro-

---

[236] Vgl. Kropfberger et al. (1997), S. 30 ff.

[237] Vgl. Niedermayr (1994), S. 146 f.

zent des Konzernumsatzes abgefragt. Dabei wird unterstellt, dass sich an einem hohen Anteil des Innenumsatzes die wechselseitigen Beschaffungs- und Liefervorgänge entlang des Wertschöpfungsprozesses widerspiegeln. Die erreichte Stufe der Umsetzung der Prozesskostenrechnung sowie der erreichte Integrationsgrad wird mittels des Stufenmodells der Implementierung gemessen. Ein vermuteter Zusammenhang zwischen Konzernzugehörigkeit und Dauerbetrieb von Prozesskostenrechnung zielt auf komplexe Zusammenhänge ab, die besser geeignet sind mittels teilstrukturierter Interviews im zweiten Teil der Erhebung behandelt zu werden. Gemeinsam mit dem Implementierungsprozess werden die Implementierungsstrategie und der Implementierungsaufwand erhoben.

5.2.1.4 Zentralisierungsgrad

Der **Organisationsgrad** einer Unternehmung lässt sich durch Zentralisation, Formalisierung und vertikale Differenzierung beschreiben.[238] Durch diese drei Indikatoren können Rückschlüsse auf die Innovationsbereitschaft und Reorganisationsfähigkeit bzw. Reorganisationsgeschwindigkeit von Unternehmen getroffen werden. Die Zentralisation bezieht sich auf den **Ort der Entscheidungsbildung** in einer Organisation. In zentralisierten Unternehmen werden Entscheidungen demnach von der Unternehmensführung zentral getroffen, während die Entscheidungsgewalt in dezentral organisierten Unternehmen auf mehrere Organisationseinheiten aufgeteilt ist. *Anderson* stellte in ihrer Fallstudie fest, dass ein hoher Zentralisierungsgrad negative Auswirkungen auf die Initiierung der Evaluation von Prozesskostenrechnung hat, jedoch positive Auswirkungen auf die Implementierung.[239]

Der Grund für die höhere Initiierung von prozessorientierten Kostenrechnungssystemen in dezentralen Organisationen wird in der größeren Entscheidungsfreiheit und Selbständigkeit der Mitarbeiter gesehen, die dadurch Probleme bewusster wahrnehmen und geeignete Lösungsmöglichkeiten vorschlagen. Die Hypothese für diese Untersuchung lautet daher:

H_{E5}: *Je geringer der Zentralisierungsgrad, desto höher die Chance eine Implementierungsstufe von B bis G zu erreichen.*

238 Vgl. Miles / Snow (1978), S. 5 ff.

239 Vgl. Anderson (1995), S. 1 ff.

Im Gegensatz zur Initiierung des Interesses an der Innovation Prozesskostenrechnung gilt für deren Implementierung sowie den dauerhaften Einsatz die Annahme, dass der Erfolg der Einführung durch einen hohen Zentralisierungsgrad begünstigt wird. Die Begründung für diese Annahme ist darin zu sehen, dass ein hoher Zentralisierungsgrad auch eine Zentralisation von Ressourcen bedingt und somit schnellere Entscheidungen getroffen und umgesetzt werden können. Daher lautet die Hypothese:

H_{E6}: *Je höher der Zentralisierungsgrad, desto höher die Chance eine Implementierungsstufe über G zu erreichen.*

Die Messung des Zentralisierungsgrades wird durch Fragen nach der Entscheidungskompetenz in bestimmten Situationen (z.B. Preisentscheidungen, Personalentscheidungen, Fremdkapitalaufnahme, etc.) mittels einer graphischen Skala vorgenommen, wobei die Antwortmöglichkeiten von der Entscheidungskompetenz zur Gänze beim Top-Management bis Entscheidungskompetenz zur Gänze beim betroffenen Abteilungs-/Bereichsleiter vorsieht. Die erreichte Stufe im Prozess der Evaluierung und Implementierung von Prozesskostenrechnungssystemen wird mit Hilfe des Stufenmodells der Implementierung gemessen. Gemeinsam mit dem Implementierungsprozess werden die Implementierungsstrategie und der Implementierungsaufwand erhoben.

5.2.1.5 Formalisierungsgrad

Formalisierung beschreibt das **Ausmaß der Standardisierung** in einer Organisation, die sich in Regeln und Handlungsanweisungen ausdrückt. Bisherige Studien deuten darauf hin, dass ein negativer Zusammenhang zwischen dem Formalisierungsgrad und der Initiierung und ein positiver Zusammenhang zwischen dem Formalisierungsgrad und der Einführung von Prozesskostenrechnung besteht.[240]

Zwischen dem Zentralisierungsgrad und dem Formalisierungsgrad einer Organisation besteht in der Regel eine hohe Korrelation, weshalb angenommen werden kann, dass sich auch die Beziehung zwischen dem Formalisierungsgrad und der Initiierung und Implementierung von prozessorientierten Kostenrechnungssystemen ähnlich verhält. Dies kann dadurch begründet

---

240 Vgl. Kwon / Zmud (1987), S. 227 ff.

werden, dass Unternehmen mit wenigen standardisierten Regeln und Anweisungen den Mitarbeitern größere Freiheiten und Entscheidungsspielräume belassen und somit die Eigenständigkeit und Problemlösungsfähigkeit tendenziell erhöhen. Daher werden Innovationen, wie beispielsweise die Prozesskostenrechnung, häufiger vorgeschlagen als in stark formalisierten Organisationen. Hingegen gilt für die Implementierung und den dauerhaften Einsatz die bereits bei der Zentralisierung getroffene Annahme, dass ein hoher Formalisierungsgrad die straffe Durchsetzung von Entscheidungen und damit den Erfolg des Projektes einer Implementierung von Prozesskostenrechnung begünstigt. Die Hypothesen zum Formalisierungsgrad lauten:

H_{E7}: *Je geringer der Formalisierungsgrad, desto höher die Chance eine Implementierungsstufe von B bis G zu erreichen.*

H_{E8}: *Je höher der Formalisierungsgrad, desto höher die Chance eine Implementierungsstufe über G zu erreichen.*

Zur Messung des Formalisierungsgrades wird das Vorhandensein und die Bedeutung von Stellenbeschreibungen und Handlungsanweisungen auf einer graphischen Skala vorgenommen sowie eine allfällige Zertifizierung nach einer prozessorientierten Qualitätsmanagementnorm erhoben[241]. Die erreichte Stufe im Prozess der Evaluierung und Implementierung von Prozesskostenrechnungssystemen wird mit Hilfe des Stufenmodells der Implementierung gemessen. Gemeinsam mit dem Implementierungsprozess werden die Implementierungsstrategie und der Implementierungsaufwand erhoben.

5.2.1.6 Vertikale Differenzierung

Vertikale Differenzierung als drittes organisationsbeschreibendes Merkmal bezieht sich auf die **Anzahl der Hierarchiestufen** in einer Organisation. Bei Unternehmen die in einem Konzernverbund stehen ist dabei die Sichtweise des einzelnen (Tochter-)Unternehmens und nicht jene des Gesamtkonzerns maßgeblich. Organisationen mit hohem Zentralisierungs- und Formalisierungsgrad haben tendenziell auch eine höhere vertikale Differenzierung. Daher ist anzunehmen, dass ähnlich den Annahmen bei Zentralisierungs- und Formalisierungsgrad ein geringer Grad an vertikaler Differenzierung die Wahrscheinlichkeit der Initiierung von Prozesskostenrechnung erhöht, während ein hoher Grad an vertikaler Differenzierung auf eine höhere Erfolgswahrscheinlichkeit des Implementierungsprojektes schließen lässt. Die Hypothesen zur vertikalen Differenzierung lauten daher:

H_{E9}: *Je geringer der Grad an vertikaler Differenzierung, desto höher die Chance eine Implementierungsstufe von B bis G zu erreichen.*

H_{E10}: *Je höher der Grad an vertikaler Differenzierung, desto höher die Chance eine Implementierungsstufe über G zu erreichen.*

Als Messgröße für das Ausmaß vertikaler Differenzierung wird die Anzahl an Hierarchieebenen in Beziehung zur Anzahl an Mitarbeitern der Organisation gesehen, d.h. der Quotient aus der Anzahl der Hierarchiestufen und dem Personalstand. Der Grund für die Relativierung der Hierarchieebenen an der Anzahl der Mitarbeiter ist darin zu sehen, dass zwischen der Anzahl an hierarchischen Stufen in einem Unternehmen und der Unternehmensgröße eine hohe Korrelation besteht, die durch den Einbezug des Personalstands als Indikator für die Unternehmensgröße[242] berücksichtigt wird. Je höher der Quotient ist, desto höher ist das Ausmaß der vertikalen Differenzierung im Unternehmen. Die erreichte Stufe im Prozess der Evaluierung und Implementierung von Prozesskostenrechnungssystemen wird mit Hilfe des Stufenmodells der Implementierung gemessen. Gemeinsam mit dem Implementierungsprozess werden die Implementierungsstrategie und der Implementierungsaufwand erhoben.

5.2.1.7 Unternehmensgröße

Bisherige Untersuchungen haben gezeigt, dass die Implementierungsrate von prozessorientierten Kostenrechnungssystemen bei großen Unternehmen höher ist als bei kleinen.[243] Die Begründungen für diese Beobachtungen sind vielfältig. Zum einen haben größere Firmen eher Zugang zu Personen, die Wissen und Erfahrung zur Einführung und Gestaltung prozessorien-

---

241 Vorhandene ISO-Zertifizierungen werden oftmals als Ausgangspunkt für die Tätigkeitsanalyse und den Aufbau des Prozessmodells verwendet, vgl. Mülhaupt (1999), S. 66.

242 Siehe 5.2.1.7 Unternehmensgröße, S. 127 f.

243 Vgl. etwa Krumwiede (1998), S. 239 ff; vgl. auch Niedermayr (1994) allgemein für Innovationen auf dem Gebiet des Controlling.

tierter Kostenrechnungssysteme haben. Größere Firmen sind daher generell eher innovationsfreundlich als kleinere Unternehmen. Darüber hinaus ist zu beachten, dass die Einführung eines Prozesskostenrechnungssystem ein zeit- und kostenintensives Projekt ist und die dadurch (bzw. die durch auf Basis der Prozesskostenrechnung getroffenen Entscheidungen) erzielbaren Einsparungseffekte erst ab einer gewissen Mindestbetriebsgröße realisierbar sind. Weiters haben kleinere Unternehmen tendenziell geringere Gemeinkostenbereiche und sind daher von der Problematik der nicht verursachungsgerechten Kostenverteilung durch die Zuschlagskalkulation weniger betroffen. Zudem ist anzunehmen, dass größere Unternehmen komplexere Produktvarianten, mehr Kunden und unterschiedliche Marktsegmente haben und die Transparenz der Komplexitätskosten für größere Unternehmen daher von höherer Notwendigkeit ist.

Ein weiteres Argument ist darin zu sehen, dass zwischen der **Unternehmensgröße** und dem Organisationsgrad (ausgedrückt im Zentralisierungs- und Formalisierungsgrad und der vertikalen Differenzierung) eine positive Korrelation besteht und größere Unternehmen daher die Prozesskostenrechnung aus den bereits weiter oben genannten Punkten eher implementieren als kleinere Unternehmen. Die Hypothese bezüglich der Unternehmensgröße lautet:

H_{E11}: Je höher die Unternehmensgröße, desto höher die Implementierungsstufe.

Als Indikatoren für die Unternehmensgröße werden eine Vielzahl an Kenngrößen, wie z.B. Umsatz, Personalstand, Bilanzsumme, Höhe des Anlagevermögens, etc. genannt. Aufgrund der Tatsache, dass die einzelnen Indikatoren stark miteinander korrelieren, ist die Messung aller Indikatoren nicht notwendig.[244] Für diese Studie werden die Höhe des Umsatzes und die Anzahl der Mitarbeiter als relevante Indikatoren für die Unternehmensgröße herangezogen, wobei der Umsatz als primäres Kriterium betrachtet wird. Die erreichte Stufe im Prozess der Evaluierung und Implementierung von Prozesskostenrechnungssystemen wird mit Hilfe des Stufenmodells der Implementierung gemessen. Gemeinsam mit dem Implementierungsprozess werden die Implementierungsstrategie und der Implementierungsaufwand erhoben.

244 Vgl. Niedermayr (1994), S. 149.

5.2.1.8 Innovationserfahrung

In bisherigen Untersuchungen konnte eine positive Korrelation zwischen der Erfahrung mit Reorganisations-Projekten und dem Einsatz von Prozesskostenrechnung gezeigt werden.[245] Im Rahmen dieser Arbeit wird die Reorganisations-Erfahrung als Indiz für die Innovationserfahrung und Reorganisationsfähigkeit eines Unternehmens herangezogen. Dabei wird angenommen, dass jene Unternehmen, die bereits Reorganisationsprojekte durchgeführt haben, innovationsfähiger sind und durch die mit dieser Projekterfahrung einhergegangenen **Lerneffekte** einerseits offener gegenüber Veränderungen sind und andererseits solche Veränderungsschritte auch schneller umzusetzen imstande sind. Als Anlass für Veränderungen können sowohl interne aus dem Controlling kommende Anlässe, als auch externe Ursachen, wie z.B. Konzern-Umstrukturierungen, Fusionen, etc. dienen. Da der Gegenstand der vorliegenden Untersuchung prozessorientierte Kostenrechnungssysteme sind, wird nicht die Erfahrung mit jedweder Neuigkeit im Unternehmen als relevant erachtet, sondern in erster Linie die Erfahrung mit Reorganisationsprojekten, die zumindest potenziell einen Bezug zu prozessorientierter Unternehmensführung und Kostenrechnung aufweisen. Als Reorganisationsprojekt im Sinne der Untersuchung werden Benchmarking, Target Costing, Life-Cycle-Costing, Gemeinkostenwertanalyse und Zero Based Budgeting verstanden.

Zur Bestimmung der Innovationserfahrung von Unternehmen werden in dieser Studie grundsätzlich jene „neuen" Managementansätze[246] herangezogen, die auf einer prozessorientierten Sichtweise aufbauen. Dabei werden jene Methoden, die sich besonders auf die Gestaltung von Kosten konzentrieren, gesondert betrachtet. In diesem Sinne werden unter Business Process Reengineering Projekte verstanden, welche die Optimierung von Qualität, Zeit oder Kosten zum Ziel haben. Unter dem Schlagwort des Business Process Reengineering werden Konzepte wie das Time-Based Management, Just-in-Time, Total Quality Management, Lean Management, Benchmarking, Supply Chain Management, Continuous Improvement und Kaizen verstanden. Darüber hinaus werden im Rahmen dieser Untersuchung jene Projekte, die vor allem auf die Gestaltung bzw. Optimierung von Kosten abzielen, gesondert angeführt. Im

245 Vgl. Wall et al. (2000), S. 243 ff.

246 Vgl. Hoffmann et al. (1996), S. 24 ff.

konkreten sind dies die **Gemeinkostenwertanalyse, Zero Based Budgeting, Target Costing** und **Life-Cycle-Costing.**[247]

Es wird also angenommen, dass Unternehmen mit Erfahrung in Reorganisationsprojekten eine höhere Anwendungsrate von Prozesskostenrechnungssystemen haben. Weiters wird vermutet, dass ein signifikant positiver Zusammenhang zwischen der so definierten Innovationserfahrung und dem Umfang des Prozesskostenrechnungssystems besteht. Das heißt, dass Einsatzart, Einsatzbreite, Einsatzfelder, Einsatzfrequenz und erfasster Kostenanteil bei Unternehmen mit Innovationserfahrung als stärker ausgeprägt vermutet werden als bei Unternehmen ohne Innovationserfahrung. Darüber hinaus wird angenommen, dass der erzielte Nutzen aus dem Prozesskostenrechnungssystem bei innovationserfahrenen Unternehmen höher bewertet wird. Demnach besagt die Hypothese zur Innovationserfahrung:

H_{E12}: Je höher die Innovationserfahrung, desto höher die Implementierungsstufe.

Die Messung der Innovationserfahrung erfolgt dergestalt, dass die Unternehmen ihre Erfahrung mit Benchmarking, Target Costing, Life Cycle-Costing und Gemeinkostenwertanalyse angeben, wobei als Erfahrung Schulungen zu diesem Thema bzw. der (gegenwärtige oder vergangene) Einsatz im Unternehmen bzw. in Teilbereichen des Unternehmens betrachtet wird. Der Einsatzgrad von Prozesskostenrechnungssystemen wird mit Hilfe des Stufenmodells der Implementierung gemessen. Gemeinsam mit dem Implementierungsprozess werden die Implementierungsstrategie und der Implementierungsaufwand erhoben.

---

247 Vgl. Ewert / Wagenhofer (1993), S. 260 ff.; Seicht (1995), S. 478 ff.; Horngren et al. (1996), S. 681 ff.; Coenenberg (1992), S. 454 ff.; Schweitzer/ Küpper (1995), S. 675 ff.

5.2.2 Umweltbezogene Kontextfaktoren

Unter den umweltbezogenen Kontextfaktoren werden im Rahmen dieser Studie die Branchenzugehörigkeit, die Wettbewerbsintensität, das Ausmaß der externen Kommunikation über prozessorientierte Kostenrechnungssysteme, der Einfluss von Unternehmensberatern und die Strategie betrachtet.

5.2.2.1 Branchenzugehörigkeit

Die **Branchenzugehörigkeit** kann als grober Indikator für das Unternehmensumfeld gesehen werden. Zum einen wird in der Branchenzugehörigkeit ein geeignetes Beschreibungskriterium für vergleichbare Unternehmenssituationen vermutet, zum anderen kann sie als (begrenzter) Indikator für die Organisation des Prozesses der Leistungserstellung gesehen werden.[248] In den weiter oben betrachteten Fallstudien von aktiven Anwendern prozessorientierter Kostenrechnungssysteme wurden sowohl Industriebetriebe als auch Unternehmen aus der Finanzdienstleistungsbranche als Anwender der Prozesskostenrechnung identifiziert. Bisherige Studien lassen auf Unterschiede im Verbreitungsgrad und Ausgestaltung von prozessorientierten Kostenrechnungssystemen bei Fertigungsbetrieben und Finanzdienstleistern schließen.[249] Auch aus den betrachteten Fallbeispielen geht hervor, dass im Dauerbetrieb unterschiedliche Merkmalsausprägungen der beschreibenden Faktoren des Dauerbetriebes von prozessorientierten Kostenrechnungssystemen zwischen Industriebetrieben und (Finanz-)Dienstleistungsunternehmen feststellbar sind, wie beispielsweise die Anzahl und Definition von Hauptprozessen, der erfasste Kostenanteil, etc.. Entsprechend dem verwendeten Untersuchungsmodell wird kein direkter Zusammenhang zwischen Branche und Merkmalsausprägung im Dauerbetrieb vermutet, sondern vielmehr eine Beziehung der Art, dass die Branchenzugehörigkeit mit einem bestimmten Umsetzungsgrad korreliert, der sich wiederum durch bestimmte Merkmalsausprägungen der Strukturvariablen des Dauerbetriebs auszeichnet. Die Hypothese lautet daher:

H_{E13}: Die Branchenzugehörigkeit beeinflusst die Implementierungsstufe.

---

248 Vgl. Niedermayr (1994), S. 149 f.

249 Vgl. Wall et al. (2000), S. 243 ff.; Krumwiede (1998a), S. 33 f.

Die Bestimmung der Branchenzugehörigkeit erfolgt in der Untersuchung insofern, als eine nominal-skalierte Auswahl an Branchengruppen in einer eindimensionalen Abfrage verwendet wird, die den Branchenhauptgruppen nach dem NACE-Code in der Firmendatenbank Hoppenstedt folgt. Folgende **Branchengliederung** wird verwendet:

A	Bergbau und Gewinnung von Steinen und Erden
B	Sachgütererzeugung
C	Energie- und Wasserversorgung
D	Bauwesen
E	Handel
F	Gastgewerbe
G	Verkehr und Nachrichtenübermittlung
H	Kredit- und Versicherungswesen

Tabelle 14: Branchengliederung

Zusätzlich zum Ankreuzen der zutreffenden Branchengruppe wird mittels einer offenen Frage der ÖNACE-Code des Unternehmens erfragt. Durch den hohen Aggregationsgrad der Branchengruppierung wird gewährleistet, dass für die statistische Auswertung eine ausreichend hohe Zahl an Unternehmen je Branche zustande kommt, während durch die Angabe des Ö-NACE-Codes für die zweite Phase der Untersuchung detailliertere Aussagen möglich sind. Die Messung des erreichten Umsetzungsgrades je Branche erfolgt durch das Stufenmodell der Implementierung. Gemeinsam mit dem Implementierungsprozess werden die Implementierungsstrategie und der Implementierungsaufwand erhoben.

5.2.2.2 Wettbewerbsintensität

Es ist anzunehmen, dass Unternehmen, die einer hohen **Wettbewerbsintensität** ausgesetzt sind, einen größeren Druck haben, mit den vorhandenen Ressourcen wirtschaftlich umzugehen und daher auch ein größeres Bedürfnis nach Transparenz in der Kostenstruktur besteht. *Anderson* stellte in ihrer Fallstudie fest, dass Geschäftsbereiche von General Motors, die einer hohen Wettbewerbsintensität ausgesetzt sind, die größten Befürworter von Activity-Based Costing sind. Als Grund dafür wird angegeben, dass man von Activity-Based Costing erwartet, verursachungsgerechtere Kalkulationsergebnisse zu liefern und so eine Entscheidungsgrundlage für mittel- bis langfristige Entscheidungen zu bieten.[250] Die Hypothese lautet daher:

H_{E14}: Je höher die Wettbewerbsintensität, desto höher die Implementierungsstufe.

Die Messung der Wettbewerbsintensität erfolgt in Anlehnung an das Five Forces-Modell von Porter:

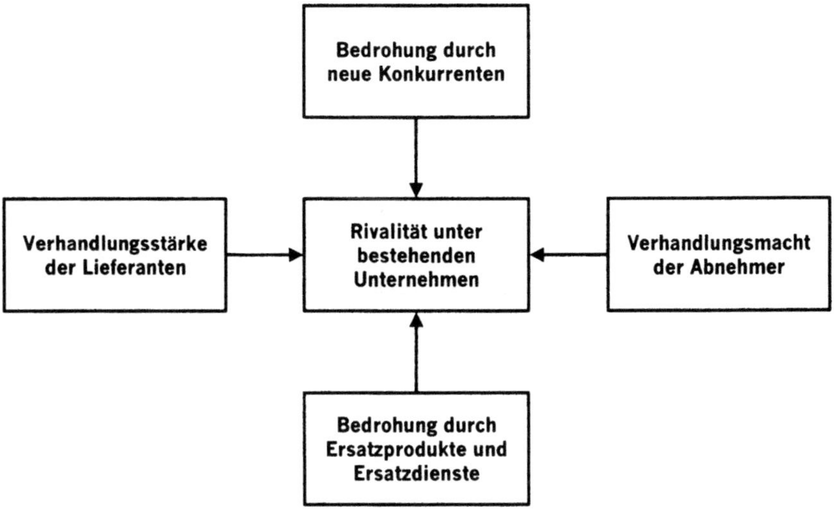

Abbildung 26: Five Forces-Modell [Porter (1992), S. 26.]

[250] Vgl. Anderson (1995), S. 1 ff.; ähnliche Aussagen finden sich auch in einer Längsschnittstudie zur Anwendung von Kostenrechnungssystemen in US-Spitälern von 1980 bis 1990 bei Hill (2000), S. 60 ff.

Zur Bestimmung der Wettbewerbsintensität werden für die fünf Triebkräfte des Branchenwettbewerbs jeweils bestimmte Kennzahlen bzw. Einschätzungen abgefragt, wobei sich die Wettbewerbsintensität innerhalb der Kategorien und insgesamt als Durchschnitt der Antworten ergibt. Hierzu werden die Anzahl der Lieferanten, die Bedeutung der Vormaterialien/Vorleistungen an der Wertschöpfung des Produktes/der Leistung, die Anzahl der Kunden, die Einschätzung der Bedeutung des Umsatzes am Gesamtumsatz der Kunden, die Einschätzung der Bedrohung durch neue Konkurrenten, die Einschätzung der Bedrohung durch Ersatzprodukte und Ersatzdienste, die Anzahl der Unternehmen im Markt sowie die Position des eigenen Unternehmens im Markt erhoben. Dabei werden jeweils nicht die absoluten Kennzahlen erhoben, sondern es wird jeweils eine graphische Skala zur Messung der Variablen eingesetzt. Der Implementierungs- bzw. Umsetzungsgrad der Prozesskostenrechnung wird mit dem Stufenmodell der Implementierung gemessen, wobei die Stufe J den höchsten erreichten Ausbaugrad der Umsetzung markiert. Gemeinsam mit dem Implementierungsprozess werden die Implementierungsstrategie und der Implementierungsaufwand erhoben.

5.2.2.3 Externe Kommunikation

Unternehmen mit verschiedenen unterschiedlichen Informationsquellen und **Außenkontakten** weisen gewöhnlich eine höhere Innovationsbereitschaft auf als solche mit geringerem Informationsstand.[251] Je mehr Außenkontakte ein Unternehmen hat, wie beispielsweise Konferenzen oder Seminare, desto eher wird es über Innovationen informiert werden.[252] Es ist für diese Untersuchung daher anzunehmen, dass Unternehmen mit einem höheren Informationsstand eher prozessorientierte Kostenrechnungssysteme evaluieren werden als solche mit einem geringeren Informationsstand. Die zugehörige Hypothese lautet:

H_{E15}: Je höher die externe Kommunikation, desto höher die Implementierungsstufe.

---

251 Vgl. Kwon / Zmud (1987), S. 227 ff.

252 Vgl. Darby / Zucker (1999), S. 17 ff.; siehe hierzu auch Malmi (1999), S. 661 ff.; zu beachten ist bei *Malmi* jedoch die relativ geringe Signifikanz des Einflusses von „kommunikativen" Faktoren auf die Implementierung von Prozesskostenrechnungssystemen in seiner Untersuchung in Finnland.

Zur Messung des Ausmaßes an externer Kommunikation wird in etwas abgewandelter Form[253] die von Brown eingesetzte Methode verwendet, bei der die Befragten anhand einer vorgegebenen Liste ihre Informationsquellen über prozessorientierte Kostenrechnungssysteme angeben. Als potenzielle Informationsquellen werden vorgeschlagen: Berater, andere Konzernunternehmen, Literaturquellen, Weiterbildungsveranstaltungen (z.B. Konferenzen und Seminare), neuer Manager, neuer Controlling-Leiter, neue Mitarbeiter, andere Unternehmen. Die erreichte Implementierungsstufe von Prozesskostenrechnungssystemen wird mit Hilfe des Stufenmodells der Implementierung gemessen. Gemeinsam mit dem Implementierungsprozess werden die Implementierungsstrategie und der Implementierungsaufwand erhoben.

5.2.2.4 Unternehmensberater

Zur Identifizierung und Lösung von Problemen in Unternehmen werden in zunehmendem Ausmaß **externe Berater** hinzugezogen. Sobald ein Problem in den Kostenrechnungssystemen identifiziert wird, wird der Einfluss von Unternehmensberatern zu einem entscheidenden Faktor in der Bestimmung der weiteren Vorgehensweise.[254] In frühen Stadien des Implementierungsprozesses wird die Bedeutung von Unternehmensberatern als zusätzliche Informationsquelle hervorgehoben, die ihr Beratungsprodukt „Activity-Based Costing" oder „Prozesskostenrechnung" verkaufen wollen und deshalb auf ein noch nicht wahrgenommenes Problem des Unternehmens hinweisen, das sich mit diesem Produkt lösen lässt.[255]

Für Unternehmen, die das Stadium der Initiierung der Evaluation hinter sich haben, ändert sich die Rolle von Beratern. Zum einen, weil der Berater jetzt sein Produkt verkauft hat und sich deshalb stärker in den Analyse- und Konzeptionsprozess einbringt. Zum anderen steigt seine Bedeutung auch deshalb, weil er oftmals die im Unternehmen zu dieser Themenstellung nicht vorhandene Expertise einbringt und so die weitere Vorgehensweise zu einem Großteil beeinflusst. Wenngleich die Einführungsentscheidung letztlich vom Unternehmen zu treffen ist, so ist der Einfluss des Unternehmensberaters in dieser Phase doch als hoch einzuschätzen.

---

253 Im Gegensatz zu *Brown* wird in dieser Studie die Liste an potenziellen Informationsquellen als Kontrollfrage zur Frage des allgemeinen Wissensstandes über Prozesskostenrechnung verwendet.

254 Vgl. Anderson (1995), S. 42.

255 Vgl. Brown (2000), S. 72 f.

Der Einfluss des gewählten Unternehmensberaters hat indirekt auch Auswirkungen auf die Gestaltungsmerkmale des Dauerbetriebs von prozessorientierten Kostenrechnungssystemen und deren Nutzen, da die im Implementierungsprozess gewählte Vorgangsweise die Merkmalsausprägungen des späteren Dauerbetriebes maßgeblich prägt. Es ist beispielsweise vorstellbar, dass einem österreichischen Industriebetrieb von einem anglo-amerikanisch geprägten Berater ein Activity-Based Costing empfohlen wird oder von einem Berater aus dem deutschen Sprachraum eine europäisch geprägte Prozesskostenrechnung. Im ersten Fall wird das Unternehmen das gesamte Kostenrechnungssystem umstellen, während im zweiten Fall eine Ergänzung zur bestehenden Kostenstellen- und Kostenträgerrechnung vorgenommen wird. Auf den Einfluss von Beratungsunternehmen auf die Gestaltung des Dauerbetriebs wird vor allem im qualitativen Teil der Untersuchung, d.h. in der Phase der teilstrukturierten Interviews mit Anwendern der Prozesskostenrechnung näher eingegangen. Der Grund dafür ist darin zu sehen, dass derartige Fragestellungen bereits relativ komplex sind, da sie stets auf die Besonderheiten im jeweiligen Unternehmen Rücksicht nehmen müssen und sich insofern für eine schriftliche Befragung mit mehr oder weniger starr vorgegebenen Antwortkategorien weniger eignen. Zudem ist zu beachten, dass auch lokale Beratungsunternehmen die Prozesskostenrechnung *Horváth*'scher Prägung unter dem Schlagwort Activity-Based Costing vermarkten.

Über die Rolle des Beraters im Implementierungsprozess wird die Vermutung aufgestellt, dass die intensive Einbindung eines externen Beraters mit einem hohen Umsetzungsgrad der Prozesskostenrechnung positiv korreliert. Die Hypothese in Bezug auf den Einfluss von Unternehmensberatern lautet:

H_{E16}: Je höher der Einfluss von Unternehmensberatern, desto höher die Implementierungsstufe.

Die Messung des Einflusses von Unternehmensberatern auf die Evaluierung, Implementierung und Gestaltung von prozessorientierten Kostenrechnungssystemen erfolgt mittels einer graphischen Skala, auf der die Befragten den Einfluss von Beratern von sehr hoher bis zu überhaupt keiner Bedeutung in ausgewählten Phasen des Implementierungsprozesses (Projektstart und Aufbau des Prozessmodells, gemeinsame Workshops bei Projektmeilensteinen, Analyse der ersten Ergebnisse der Prozesskostenrechnung, Mitarbeiterschulung, EDV-technische Umsetzung) bemessen. Der erreichte Umsetzungsgrad wird mit dem Stufenmodell der Implementierung ermittelt. Gemeinsam mit dem Implementierungsprozess werden die Implementierungsstrategie und der Implementierungsaufwand erhoben.

5.2.2.5 Strategie

Bereits in den Anfängen des Activity-Based Costing wurde für Unternehmen die eine Strategie der **Kostenführerschaft** wählen, die Notwendigkeit von prozessorientierten Kostenrechnungssystemen als Datengrundlage für entsprechende Entscheidungen hervorgehoben.[256] Die Argumentation verläuft dahingehend, dass Unternehmen, die den Wettbewerb hauptsächlich über den Preis bestreiten, Informationen über den Anfall von Komplexitätskosten benötigen und daher prozessorientierte Kostenrechnungssysteme einsetzen sollen. Gemäß *Porter* lassen sich drei Basisstrategien unterscheiden:[257]

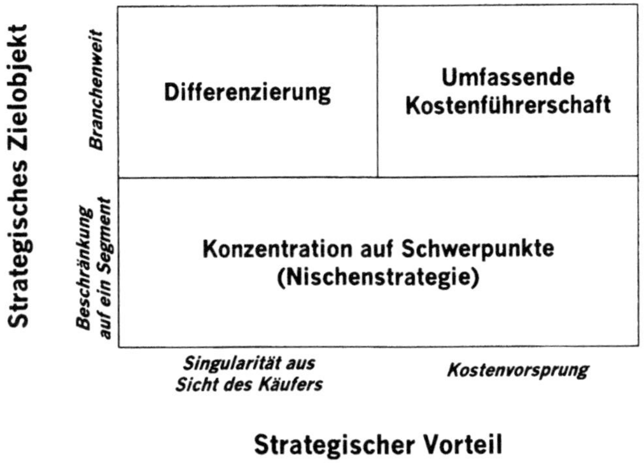

Abbildung 27: Basisstrategien [Porter (1992), S. 67.]

Die umfassende Kostenführerschaft hat das Ziel, einen umfassenden Kostenvorsprung gegenüber den Wettbewerbern zu erreichen. Dieser Strategietyp erfordert gezielten Aufbau von Produktionsanlagen effizienter Größe und Nutzung von Kostendegressionsvorteilen, konsequentes Ausnutzen erfahrungsbedingter Kostensenkungspotenziale, strikte Kontrolle der Einzel- und Gemeinkosten in allen Funktionsbereichen, weitgehende Vermeidung von Komplexitätskosten und Optimierung der Wertkette des Unternehmens. Die Qualität des Produktes darf

256 Cooper / Kaplan (1988), S. 96 ff.

257 Vgl. Porter (1992), S. 67.

bei Kostenführerschaft nicht außer acht gelassen werden, der eigentliche Wettbewerbsvorteil besteht aber in der günstigen Kostenstruktur. Komplexitätskosten durch vielfältige Produktvarianten und aufwändige Nebenleistungen werden bei diesem Strategietyp weitgehend vermieden.

Unter der Prämisse, dass prozessorientierte Kostenrechnungssysteme das Aufzeigen von Komplexitätskosten und den verursachungsgerechten Ausweis von Gemeinkosten ermöglichen, ist anzunehmen, dass Unternehmen die eine Strategie der umfassenden Kostenführerschaft anstreben, der Evaluierung und Implementierung von Prozesskostenrechnung tendenziell eher aufgeschlossen gegenüberstehen. Die Hypothese lautet daher:

H_{E17}: *Wenn Unternehmen eine Strategie der Kostenführerschaft verfolgen, dann erhöht sich die Chance, eine Implementierungsstufe größer A zu erreichen.*

Weiters wird angenommen, dass Unternehmen mit einer Strategie der Kostenführerschaft eher eine vollumfängliche Integration der Prozesskostenrechnung in die laufende Kostenrechnung anstreben, um dauerhaft den Ausweis von Komplexitätskosten sicherzustellen. Die Hypothese lautet daher:

H_{E18}: *Wenn Unternehmen eine Strategie der Kostenführerschaft verfolgen, dann erhöht sich die Chance, Implementierungsstufe J zu erreichen.*

Die Bestimmung der Strategie erfolgt dergestalt, dass die Unternehmen durch Ankreuzen die für sie zutreffende Basisstrategie aus folgenden angegebenen Möglichkeiten bestimmen: Umfassende Kostenführerschaft, Differenzierung, Nischenstrategie Kostenführerschaft, Nischenstrategie Differenzierung, Outpacing (Differenzierung und Kostenführerschaft) sowie keine Basisstrategie. Die hier gewählte Vorgehensweise einer eindimensionalen Messung entspricht dem Vorgehen von *Stoi* in der Stuttgarter Studie.[258] Die Verwendungsrate sowie der erzielte Ausbaugrad des Prozesskostenrechnungssystems wird mit dem Stufenmodell der Implementierung gemessen. Durch die verwendete Skalierung wird ähnlich dem Vorgehen von *Brown* der Grad des Anspruchs an die Kostenrechnung durch die gewählte Strategie gemessen.[259]

---

[258] Vgl. Stoi (1999), S. 230.

[259] Vgl. Brown (2000), S. 99 f.

Gemeinsam mit dem Implementierungsprozess werden die Implementierungsstrategie und der Implementierungsaufwand erhoben.

5.2.3 Funktionale Kontextfaktoren

Die funktionalen Kontextfaktoren beziehen sich hauptsächlich auf jene Probleme in traditionellen Kostenrechnungssystemen, welche die Prozesskostenrechnung vorgibt, zu lösen. Der Bedarf nach prozessorientierten Kostenrechnungssystemen wird üblicherweise mit einem hohen Gemeinkostenanteil, hoher Variantenvielfalt und daraus resultierender Komplexitätskosten argumentiert.[260] Darüber hinaus wird im Rahmen der funktionalen Faktoren auch die Existenz entsprechender EDV-Systeme zur Umsetzung der Prozesskostenrechnung als relevanter Kontextfaktor erachtet. Die untersuchten Faktoren sind also die Dominanz von Gemeinkosten, die Heterogenität der Produkt-, Markt- und Kundenstruktur, die relative Vorteilhaftigkeit von prozessorientierten Kostenrechnungssystemen gegenüber traditionellen Kostenrechnungssystemen und die Existenz entsprechender EDV-Systeme, wobei hier vor allem auf das Modul CO-ABC in *SAP R/3* abgestellt wird.

5.2.3.1 Gemeinkostenanteil

In den Anfängen des Activity-Based Costing wurde die Notwendigkeit von prozessorientierten Kostenrechnungssystemen vor allem mit dem Anstieg der Gemeinkosten begründet.[261] Die Quersubventionierung ausgefallener Produktvarianten durch die Verwendung von wertbasierten Zuschlagssätzen wurde als Problem erkannt und prozessorientierte Kostenrechnungssysteme als mögliche Lösung dieses Problems entwickelt.

Folgt man diesen Überlegungen, so ist anzunehmen, dass Unternehmen mit höherem **Gemeinkostenanteil** an den Gesamtkosten eher geneigt sind, eine Form von prozessorientierter Kostenrechnung zu adaptieren, da der damit erzielbare Nutzen hier vergleichsweise größer ist als bei Unternehmen mit geringen Gemeinkosten. Die Hypothese lautet daher:

---

260 Vgl. Cooper (1990), S. 210 ff.; vgl. auch das Kapitel zu Geschichte und Theorie prozessorientierter Kostenrechnungssysteme zu Beginn dieser Arbeit.

261 Vgl. Miller / Vollmann (1985), S. 142 ff.

H_{E19}: Je höher der Gemeinkostenanteil, desto höher die Chance, eine Implementierungsstufe größer A zu erreichen.

Ausgehend von der Dominanz der Gemeinkosten wird nicht nur ein unterschiedlicher Verbreitungsgrad erwartet, sondern im Hinblick auf die Erkenntnisse aus den dargestellten Anwendungsbeispielen wird auch ein Unterschied in der erreichten Implementierungsstufe erwartet. Das heißt, dass bei Unternehmen mit sehr hohem Gemeinkostenanteil die Integration mit der laufenden Kostenrechnung höher vermutet wird. Die entsprechende Hypothese lautet:

H_{E20}: Je höher der Gemeinkostenanteil, desto höher die Chance, Implementierungsstufe J zu erreichen.

Die Messung des Gemeinkostenanteils erfolgt in Anlehnung an das Vorgehen der Stuttgarter Studie auf einer Skala, in der in vorgegebenen Sprüngen von unter 5 % bis über 75 % der Gemeinkostenanteil in Prozent der Gesamtkosten erhoben wird.[262] Die Verwendungsrate sowie der erzielte Ausbaugrad des Prozesskostenrechnungssystems wird mit dem Stufenmodell der Implementierung gemessen. Gemeinsam mit dem Implementierungsprozess werden die Implementierungsstrategie und der Implementierungsaufwand erhoben.

5.2.3.2 Komplexität der Leistungserstellung

Ähnlich dem Anteil der Gemeinkosten wird auch die mangelnde Berücksichtigung von Vielfalt und Komplexität von Produkten, Märkten und Kunden als einer der zentralen Kritikpunkte an der traditionellen Zuschlagskalkulation genannt, zu dessen Verbesserung die Prozesskostenrechnung entwickelt wurde.[263] Durch Aufdecken von **Komplexitätskosten** mit Hilfe der Prozesskostenrechnung können Produkte, Märkte und Kunden nach ihrem prozessorientierten „Deckungsbeitrag" beurteilt werden. Durch Sortierung der analysierten Objekte nach absteigendem prozessorientiert kalkulierten „Deckungsbeiträgen" ergibt sich die Darstellung eines „Walbuckels", der darstellt, welche Produkte derzeit im Programm sind, obwohl sie nach prozessorientierter Kalkulation einen negativen Ergebnisbeitrag liefern.

---

262 Vgl. Stoi (1999), S. 230.

263 Vgl. Cooper (1990a), S. 271 ff.

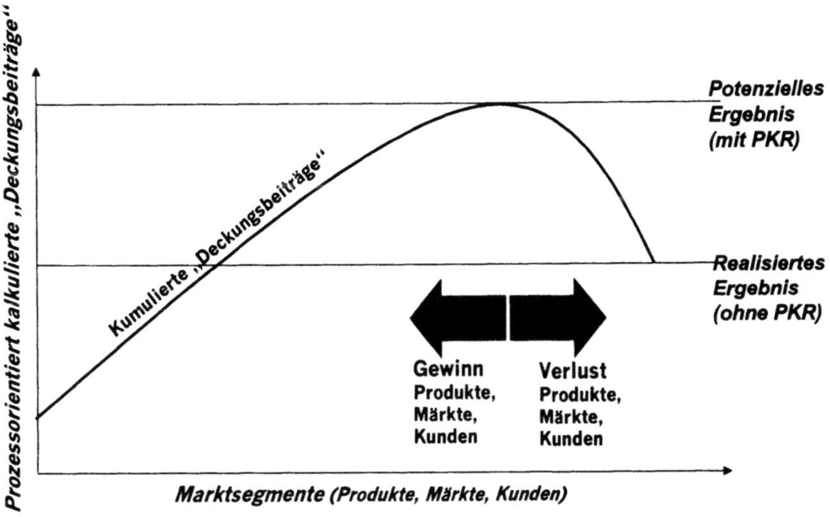

Abbildung 28: Walbuckel [Vgl. SAP: Funktionen im Detail (2000), S. 5/11.]

In obiger Darstellung werden die Deckungsbeiträge der betrachteten Dimension, z.B. Produkte, in absteigender Reihenfolge sortiert und kumuliert. Dabei wird auf das Produkt mit dem höchsten Deckungsbeitrag das Produkt mit dem nächsthöheren Deckungsbeitrag addiert. Produkte, die kaum zum Deckungsbeitrag beisteuern, flachen die Kurve bis zur Spitze des „Walbuckels" zunehmend ab. Produkte, die einen negativen Deckungsbeitrag beisteuern, senken den gesamten Unternehmens-Deckungsbeitrag wieder ab. Durch eine solche Darstellung des Unternehmensergebnisses lassen sich verlustbringende Varianten schnell identifizieren und bieten eine Grundlage für entsprechende Entscheidungen. Die Ergebnisse von *Booth* und *Giacobbe* deuten auf einen leicht positiven Zusammenhang zwischen der Anzahl an Produktlinien und dem Einsatz von Prozesskostenrechnung hin.[264] Demgegenüber konnte in empirischen

264 Vgl. Booth / Giacobbe (1997), S. 14 f.; Booth / Giacobbe (1997a), S. 13.

Studien bislang kein eindeutiger Zusammenhang zwischen der Anzahl an Märkten, Kunden, etc. und der Gestaltung von Kostenrechnungssystemen nachgewiesen werden.[265]

Analog zur Argumentation beim Gemeinkostenanteil und aufgrund bisheriger empirischer Erkenntnisse wird daher unterstellt, dass Unternehmen mit einem komplexen Produktprogramm eine höhere Adaptionsrate von prozessorientierten Kostenrechnungssystemen aufweisen als Unternehmen mit homogener Produktstruktur. Die entsprechende Hypothese lautet daher:

H_{E21}: Je höher die Komplexität der Leistungserstellung, desto höher die Chance, eine Implementierungsstufe größer A zu erreichen.

Weiters ist anzunehmen, dass die Komplexität von Produkten und Produktlinien einen wesentlichen Einfluss auf den Ausbaugrad der Prozesskostenrechnung hat. So wird die Vermutung angestellt, dass Unternehmen mit einer komplexen Produktstruktur tendenziell einen höheren Umsetzungsgrad ihres Prozesskostenrechnungssystems aufweisen:

H_{E22}: Je höher die Komplexität der Leistungserstellung, desto höher die Chance, Implementierungsstufe J zu erreichen.

Die Messung der Produktkomplexität in bisherigen Studien reicht vom Zählen der Produktlinien bis zur allgemeinen Einschätzung des Befragten, ob die Firma eine komplexe Produktstruktur hat.[266] In dieser Studie wird auf die bei Brown bewährte Methode zurückgegriffen, bei der das Konstrukt der Produktkomplexität zuerst mit einer allgemeinen Einschätzung hinsichtlich der Komplexität des Produktprogramms erhoben wird, während in den weiteren Fragen auf das Produktdesign, das Fertigungsvolumen, die durchschnittliche Losgröße und die Kosten von Unterstützungsleistungen je Produktlinie abgestellt wird. Die Produktkomplexität ergibt sich aus dem Durchschnitt dieser Abfragen.[267] Die Verwendungsrate und der erreichte Umsetzungsgrad wird mit dem Stufenmodell der Implementierung gemessen. Gemeinsam mit

[265] Vgl. Aust (1999), S. 177 ff.; demgegenüber befürwortet Frank (2000), S. 123 den Einfluss der externen Komplexität auf die Kostenrechnungskomplexität, allerdings bei einem Erklärungsgehalt des verwendeten Forschungsmodells von nur 12,5%.

[266] Vgl. Brown (2000), S. 96 ff.

[267] Vgl. Brown (2000), S. 97.

dem Implementierungsprozess werden die Implementierungsstrategie und der Implementierungsaufwand erhoben.

5.2.3.3 Relative Vorteilhaftigkeit

Von den Proponenten der Prozesskostenrechnung wird im Regelfall eine „typisch" negative Ausgangssituation dargestellt (z.B. einfache Zuschlagskalkulation) und dann eine Lösung vorgestellt, die dem Verständnis einer „modernen" Unternehmensführung entspricht (z.B. Prozesskostenrechnung). In dieser Studie wird deshalb die Bedeutung der Ausgangssituation im Rahmen der relativen Vorteilhaftigkeit von Prozesskostenrechnungssystemen berücksichtigt. Mit relativer Vorteilhaftigkeit ist das **Ausmaß an erwarteter Verbesserung** einer Innovation im Vergleich zu anderen möglichen Innovationen und dem Status quo gemeint.[268] Mit Verbesserung ist in diesem Zusammenhang nicht eine bloß wirtschaftliche Besserstellung, etwa in Form von möglichen Kosteneinsparungen gemeint, sondern beispielsweise auch eine erwartete Erhöhung des sozialen Prestige wenn man eine bestimmte Innovation implementiert hat.

Bisherige Studien des Adaptionsprozesses von Softwarelösungen[269] sowie die Fallstudie der Einführung von Activity-Based Costing bei General Motors von *Anderson*[270] deuten darauf hin, dass eine erwartete Verbesserung einen wesentlichen Einfluss auf die Evaluation und Implementierung von prozessorientierten Kostenrechnungssystemen hat. Angesichts der Fülle an existierenden Materialien zur Prozesskostenrechnung kann auch in österreichischen Unternehmen eine gewisse Erwartungshaltung seitens der Praktiker in potenziellen Anwendungsunternehmen angenommen werden. Es wird deshalb folgende Hypothese aufgestellt:

H_{E23}: Je höher die relative Vorteilhaftigkeit, desto höher die erreichte Implementierungsstufe.

Die Messung der relativen Vorteilhaftigkeit orientiert sich an der Vorgehensweise von Brown, der die Zufriedenheit mit dem bestehenden bzw. alten Kostenrechnungssystem hinsichtlich Produktkalkulation, Performance Measurement und der Informationsbasis für Kos-

---

268 Vgl. Kwon / Zmud (1987), S. 237.

269 Vgl. Wolfe (1994), S. 405 ff.

270 Vgl. Anderson (1995), S. 1 ff.

tensenkungsmaßnahmen auf einer siebenstufigen Likert-Skala erhebt und in einer zweiten Frage nach erwarteten Verbesserungen durch den Einsatz von Activity-Based Costing fragt.[271] Diese Vorgehensweise wird dahingehend verändert, als einerseits die in dieser Studie durchgängig eingesetzte graphische Skalierung zum Einsatz kommt und andererseits bei der Zufriedenheit mit dem bestehenden bzw. alten Kostenrechnungssystem und den erwarteten Verbesserungen die gleichen Kriterien eingesetzt werden. Die erwarteten Verbesserungen durch den Einsatz prozessorientierter Kostenrechnungssysteme werden bei den Einsatzzielen im Abschnitt über den Dauerbetrieb näher erläutert. Die erreichte Implementierungsstufe wird mit Hilfe des Stufenmodells der Implementierung gemessen. Gemeinsam mit dem Implementierungsprozess werden die Implementierungsstrategie und der Implementierungsaufwand erhoben.

5.2.3.4 Verfügbarkeit von EDV-Systemen

Als letzter funktionaler bzw. technologischer Kontextfaktor zur prozessorientierten Kostenrechnung wird die **Verfügbarkeit** entsprechender **EDV-Systeme** untersucht. Prinzipiell kann die Prozesskostenrechnung mit oder ohne EDV-Unterstützung umgesetzt werden. Im Fall der EDV-gestützten Umsetzung kann zwischen einer reinen PC-Lösung, beispielsweise in einer Tabellenkalkulation, der Umsetzung in der bestehenden eigen- oder fremdentwickelten Rechnungswesensoftware oder der Abbildung in einer Standardsoftwarelösung unterschieden werden.[272]

Wieder et al. stellten in einer im Jahr 2000 unter 800 australischen Unternehmen durchgeführten Studie fest, dass Anwender von ERP-Software tendenziell eine höhere Anwendungsrate von Activity-Based Costing aufweisen (53,3%) als Unternehmen, die keine integrierte ERP-Lösung anwenden (44,6%).[273] Bei der Frage, ob das Vorhandensein eines ERP-Systems mit der entsprechenden Funktionalität die Entscheidung für die Anwendung von modernen betriebswirtschaftlichen Methoden beeinflusst hat, erreichte das Aufstellen von Activity-Based Budgets mit 46,7% der befragten Unternehmen die höchste Zustimmung unter den angeführ-

271 Vgl. Brown (2000), S. 98.

272 Für einen Überblick über aktuelle EDV-Entwicklungen im Controlling siehe Waniczek (2002), S. 245 ff.; zur Darstellung der gängigsten Standardsoftwarelösungen zur Umsetzung von Prozesskostenrechnung vgl. Alvi (2000), S. 9 ff.

ten Methoden, d.h. knapp die Hälfte der befragten australischen Unternehmen wenden Activity-Based Budgets primär deshalb an, weil die vorhandene Software diese Funktionalität aufweist.[274]

Aus der Studie von *Stoi* geht hervor, dass in Deutschland von einem Drittel der befragten Anwender von standardisierter Prozesskostenrechnungssoftware das Modul CO-ABC der betriebswirtschaftlichen Standardsoftwarelösung *SAP R/3* eingesetzt wurde. Als Hauptgrund für den Einsatz von CO-ABC wurde die Integration in das vorhandene *R/3*-System genannt.[275] Für die vorliegende Untersuchung wird angesichts der marktbeherrschenden Stellung von *SAP* im deutschsprachigen Markt für ERP-Systeme und in Anbetracht der Existenz des Moduls CO-ABC, welches explizit zur Umsetzung prozessorientierter Kostenrechnungssysteme geschaffen wurde, die Betrachtung der Auswirkungen von Standardsoftwarelösungen auf prozessorientierte Kostenrechnungssysteme auf das Produkt ***SAP R/3* CO-ABC** fokussiert.

Über ein Drittel der von *Stoi* befragten Unternehmen hat EDV-technisch eine vollständige Integration der Prozesskostenrechnung in den Wertefluss bis zu Ergebnisrechnung und Kalkulation vollzogen. Es zeigte sich, dass der Einsatz der vorhandenen Software des Rechnungswesens für die Integration in die bestehende EDV-Landschaft (d.h. das Eliminieren manueller Schnittstellen) äußerst vorteilhaft ist. Angesichts der Verbreitung von *SAP* als Rechnungswesensoftware (v.a. Module FI und CO) wird die angenommene Bedeutung von CO-ABC noch verstärkt. Die Bedeutung und Häufigkeit einer vollständigen EDV-Integration korreliert darüber hinaus positiv mit der Höhe des von der Prozesskostenrechnung erfassten Kostenanteils.[276] Diese Erkenntnis kann je nach Branche Auswirkungen auf die Gestaltung des Dauerbetriebes der Prozesskostenrechnung haben.

Angesichts der dargestellten Bedeutung von CO-ABC für die Umsetzung der Prozesskostenrechnung in österreichischen Unternehmen ist in der vorliegenden Arbeit der Frage nachzugehen, welchen Einfluss die Verfügbarkeit von CO-ABC auf den Einsatz von prozessorientierter

---

273 Vgl. Wieder et al. (2000), S. 19.

274 Vgl. Wieder et al. (2000), S. 21.

275 Vgl. Stoi (1999), S. 168.

276 Vgl. Stoi (1999), S. 168 ff.

Kostenrechnung hat. Insbesondere ist zu ergründen, ob die Existenz von CO-ABC, und damit die Möglichkeit einer vollständigen Integration der Prozesskostenrechnung, Auswirkungen auf die Nutzung prozessorientierter Kostenrechnungssysteme hat. Konkret ist also zu klären, inwiefern Unternehmen eine prozessorientierte Kostenrechnung nur deshalb implementieren, weil die vorhandene Software (z.B. CO) die Möglichkeit dazu bietet und bei der Gestaltung des Dauerbetriebes die vorgegebenen Möglichkeiten übernehmen. Die entsprechenden Hypothesen lauten:

H_{E24}: *Je höher die Verfügbarkeit von EDV-Systemen, desto höher die Chance, eine Implementierungsstufe größer A zu erreichen.*

H_{E25}: *Wenn SAP R/3 CO vorhanden ist, dann erhöht sich die Chance auf eine Implementierungsstufe größer A.*

In Anbetracht der Ergebnisse von *Wieder et al.*, wonach bei 85,7% aller Unternehmen das ERP-System die Umsetzung von Activity-Based Budgets direkt unterstützt, wird angenommen, dass die Unternehmen dazu tendieren, vorgegebene Möglichkeiten der Software zu übernehmen. Bezüglich des Einsatzes von *SAP* interessiert daher besonders die Frage, inwieweit Unternehmen die Möglichkeit einer vollständigen Integration in die laufende Kostenrechnung auf CO-Basis nützen. Daher lautet die Hypothese:

H_{E26}: *Wenn SAP R/3 CO vorhanden ist, dann erhöht sich die Chance auf Implementierungsstufe J.*

Die Überprüfung dieser Hypothesen erfolgt dergestalt, dass die EDV-Unterstützung des Prozesskostenrechnungssystems bei der Frage nach der Gestaltung des Dauerbetriebes erhoben wird. Durch die Kombination dieser Abfrage mit den Stufen des Implementierungsprozesses[277] können Aussagen hinsichtlich des Einflusses von der Verfügbarkeit entsprechender ERP-Systeme im allgemeinen bzw. von *SAP R/3* im besonderen auf den Umsetzungsgrad von Prozesskostenrechnungssystemen getroffen werden. Gemeinsam mit dem Implementierungsprozess werden die Implementierungsstrategie und der Implementierungsaufwand erhoben.

---

[277] Siehe 5.3 Implementierung, Seite 147 ff.

Zusammenfassend ist zu den Kontextfaktoren zu sagen, dass die organisatorischen Faktoren in der Implementierung prozessorientierter Kostenrechnungssysteme als wichtigster Einflussfaktor vermutet werden, wobei vor allem die Existenz eines Machtpromotors und eines Fachpromotors als bedeutendste Kriterien erwartet werden. Bei der Gestaltung des Dauerbetriebes prozessorientierter Kostenrechnungssysteme stehen hingegen die funktionalen Kontextfaktoren im Vordergrund des Interesses, und hier vor allem die Verfügbarkeit von *SAP* CO-ABC, die Dominanz von Gemeinkosten sowie die Komplexität von Produkten, Märkten und Kunden. Von den umweltbezogenen Faktoren wird vor allem der Branchenzugehörigkeit und dem Einfluss von Unternehmensberatern signifikante Bedeutung für die Gestaltung des Dauerbetriebes und den wahrgenommenen Nutzen prozessorientierter Kostenrechnungssysteme zugetraut.

5.3 Implementierung

Im Rahmen dieser Untersuchung kommt die Theorie von der Diffusion von Innovationen zum Einsatz. Der Vorteil von mehrstufigen Adaptionsmodellen liegt in der Betrachtung der Implementierung einer Innovation als dynamischer Prozess, der in mehreren, klar abgrenzbaren Stufen abläuft. Neben dem Implementierungsprozess haben auch die Implementierungsstrategie und der Implementierungsaufwand einen Einfluss auf Erfolg oder Misserfolg des Einsatzes prozessorientierter Kostenrechnungssysteme. Demnach lautet die Ausgangshypothese zur Implementierung:

H_{A2}: *Der wahrgenommene Nutzen des Einsatzes prozessorientierter Kostenrechnungssysteme ist vom Implementierungsprozess, der Implementierungsstrategie und dem Implementierungsaufwand abhängig.*

Im folgenden werden aufbauend auf dieser Ausgangshypothese die Einzelhypothesen zu den drei betrachteten Aspekten der Implementierung abgeleitet.

5.3.1 Implementierungsstufe

Die Entscheidungsfindung über die Implementierung einer Innovation in Organisationen durchläuft typischerweise mehrere Stufen, wobei die Zustimmung zur Innovation mit jeder Stufe steigt. In jeder Stufe des **Implementierungsprozesses** kommt den Kontextfaktoren eine unterschiedliche Bedeutung zu. In jeder Stufe spielen entsprechend dem situativen Ansatz andere Einflussfaktoren eine dominierende Rolle. Die globale Hypothese zur Implementierung lautet daher:

H_{E27}: *Je höher die Implementierungsstufe, desto höher der Nutzen des prozessorientierten Kostenrechnungssystems.*

Das elfstufige Adaptionsmodell als konzeptioneller Bezugsrahmen zur Untersuchung des Implementierungsprozesses prozessorientierter Kostenrechnungssysteme wurde bereits weiter oben erläutert (vgl. Abbildung 22, S. 111).

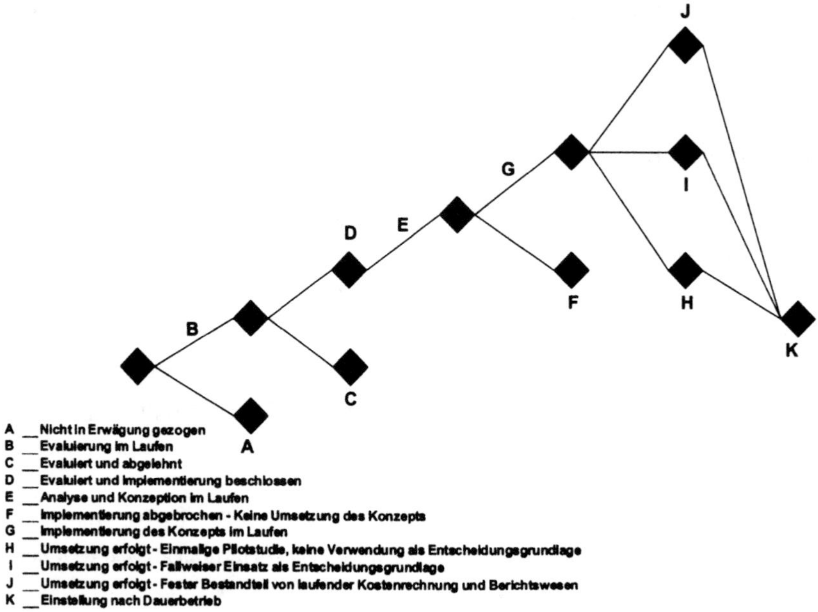

Abbildung 29: Stufenmodell der Implementierung

In nachfolgender Tabelle finden sich die Erläuterungen zu den einzelnen Stufen des verwendeten Modells:

A. Nicht in Erwägung gezogen	*Prozessorientierte Kostenrechnungssysteme werden nicht ernsthaft in Betracht gezogen.*

B. Evaluierung im Laufen	*Es ist eine Evaluierung eines möglichen Einsatzes prozessorientierter Kostenrechnungssysteme erfolgt, die noch zu keinem endgültigen Ergebnis geführt hat.*
C. Evaluiert und abgelehnt	*Der mögliche Einsatz prozessorientierter Kostenrechnungssysteme wurde evaluiert, das Ergebnis der Untersuchung verlief negativ.*
D. Evaluiert und Implementierung beschlossen – Noch keine weiteren Schritte gesetzt	*Der mögliche Einsatz prozessorientierter Kostenrechnungssysteme wurde evaluiert und die Implementierung beschlossen. Es ist noch zu keinen konkreten Implementierungsschritten gekommen.*
E. Analyse und Konzeption im Laufen	*Das Implementierungsprojekt ist im Laufen.*
F. Implementierung abgebrochen – Keine Umsetzung des Konzepts	*Die Analyse- und Konzeptionsphase des Implementierungsprojektes ist abgeschlossen, es kam jedoch nie zur Umsetzung des Konzepts.*
G. Implementierung des Konzepts im Laufen	*Die Umsetzung des Prozesskostenrechnungs-Konzepts ist noch nicht abgeschlossen.*
H. Umsetzung erfolgt – Einmalige Pilotstudie, keine Verwendung als Entscheidungsgrundlage	*Das prozessorientierte Kostenrechnungssystem wird in einer einmaligen Pilotstudie umgesetzt, die gewonnenen Daten werden jedoch nicht als Entscheidungsgrundlage verwendet.*
I. Umsetzung erfolgt – Fallweiser Einsatz als Entscheidungsgrundlage	*Die prozessorientierte Kostenrechnung wird vom Management und anderen Abteilungen fallweise (z.B. vor Strategieklausuren) für Entscheidungen herangezogen. Die Prozesskostenrechnung wird als Parallelrechnung und nicht als integrierter Bestandteil des laufenden Kostenrechnungssystems betrieben.*
J. Umsetzung erfolgt – Fester Bestandteil von laufender Kostenrechnung und Berichtswesen	*Die Prozesskostenrechnung wird als fester Bestandteil des Kostenrechnungssystems gesehen und als reguläre Entscheidungsgrundlage vom Management und anderen Abteilungen verwendet.*
K. Einstellung nach Dauerbetrieb	*Der Einsatz eines prozessorientierten Kostenrechnungssystem wurde wieder eingestellt.*

Tabelle 15: Stufen der Implementierung

Die einzelnen Stufen des Implementierungsprozesses stellen grundsätzlich eine Mischung aus Ereignissen (z.B. Evaluiert und abgelehnt) und Vorgängen (z.B. Analyse und Konzeption im Laufen) dar. Für die vorliegende Fragestellung ist jedoch weniger auf den Aspekt der formalen Geschäftsprozessmodellierung abzustellen, sondern vielmehr auf die logische Konsistenz des Implementierungsprozesses als eine Abfolge von sequentiell zu erreichenden Stufen. So kann ein Unternehmen beispielsweise mit der Implementierung des Konzepts (Stufe G) nur dann beschäftigt sein, wenn es sich vorher für die Einführung der Prozesskostenrechnung entschieden hat (Stufe D) und zumindest ein Grobkonzept erstellt hat (Stufe E).

Statistisch handelt es sich hierbei um eine ordinalskalierte abhängige Variable, genauer gesagt um ein sequentielles Modell aus der Gruppe der geordneten Ordinalskalen.[278] Zur Behandlung der interessierenden Fragestellung ist also eine sequentiell geordnete Ordinalskala im Fragebogen zu verwenden. Im Rahmen der empirischen Datenanalyse geht es in bezug auf den Implementierungsprozess um die Frage, in welchem Ausmaß die unabhängigen Variablen (Kontextfaktoren) die abhängige Variable (**Stufenmodell der Implementierung**) erklärt. Dazu dient grundsätzlich die Regressionsanalyse, wobei es sich in dieser Untersuchung um den Spezialfall handelt, dass die Response-Variable eine kategoriale Variable ist. Daraus resultiert, dass das in der kategorialen Regression für solche Fragestellungen entwickelte Logit-Modell zur Anwendung kommt. Das Logit-Modell oder logistische Modell postuliert einen monotonen Zusammenhang zwischen Einflussgröße und Auftretenswahrscheinlichkeit. Wenn die Einflussgröße eine metrische Größe ist, spricht man auch von logistischer Regression. Diese Art der kategorialen Datenanalyse findet zunehmend Anerkennung und Verwendung in verschiedenen Problemstellungen der Sozial- und Wirtschaftswissenschaften.[279]

Entsprechend der Ausgangshypothese H_{A1} wird in der Untersuchung angenommen, dass die weiter oben angeführten Kontextfaktoren in jeder Stufe des Implementierungsprozesses eine unterschiedliche Bedeutung haben. Die Bestimmung der jeweiligen Stufe des befragten Unternehmens wird dabei so vorgenommen, dass die Befragten im Diagramm aus Abbildung 29 die jeweils zutreffende Phase ihres Unternehmens durch Ankreuzen bestimmen. Dem Implementierungsprozess kommt in dieser Studie insofern entscheidende Bedeutung zu, als das

---

[278] Vgl. Tutz (2000), S. 221 ff.

Stufenmodell der Implementierung als Variable zwischen den Kontextfaktoren und dem Dauerbetrieb zwischengeschaltet ist. Es wird also davon ausgegangen, dass bestimmte Kontextfaktoren eine bestimmte Umsetzungsstufe bedingen und somit indirekt die Merkmalsausprägungen und letztlich den Nutzen des Einsatzes prozessorientierter Kostenrechnungssysteme beeinflussen.

5.3.2 Implementierungsstrategie

Die Einführung eines Prozesskostenrechnungssystems kann prinzipiell entweder simultan im gesamten Unternehmen, in einem Werk oder nur in ausgewählten Funktionsbereichen erfolgen. Gemäß den Untersuchungsergebnissen von *Stoi* führen mehr als drei Viertel der Unternehmen Prozesskostenrechnung nur in ausgewählten Funktionsbereichen ein, wobei hier die Logistik an erster Stelle genannt wurde, gefolgt von Beschaffung und Lagerwesen.[280] Dienstleistungsunternehmen entschieden sich dabei häufiger für die Einführung im Gesamtunternehmen als Industrieunternehmen.

Es ist zu vermuten, dass die gewählte **Implementierungsstrategie** auch Auswirkungen auf die erzielten Ergebnisse des Einsatzes prozessorientierter Kostenrechnungssysteme hat. Die Senkung der Prozesskosten war laut den Ergebnissen von *Stoi* beispielsweise auch davon abhängig, ob das Prozesskostenrechnungssystem nur in einem Bereich oder bereichsübergreifend eingesetzt wurde.[281] An dieser Stelle wird daher folgende Hypothese aufgestellt:

H_{E28}: Es besteht ein Zusammenhang zwischen der Implementierungsstrategie und dem Nutzen von Prozesskostenrechnungssystemen.

Die Messung der Implementierungsstrategie erfolgt derart, dass die Befragten durch Ankreuzen bestimmen, ob die Prozesskostenrechnung in ihrem Unternehmen simultan („Big Bang") oder sukzessive in mehreren Teilschritten eingeführt wurde. Im Fall der sukzessiven Einführung ist die Reihenfolge der einzelnen Bereiche entsprechend der Systematik zur Erhebung

279 Vgl. Lu (1999), S. 270 ff.; Jaggia / Kelly-Hawke (1999), S. 192 ff.; Green / Boze / Choundhury / Power (1998), S. 4 ff.; Peel / Goode / Moutinho (1998), S. 76 ff.; John (1996), S. 320 ff.; Urban (1993), S. 5 ff.

280 Vgl. Stoi (1999), S. 153 ff.

281 Vgl. Stoi (1999), S. 186.

der Einsatzbreite bei den Fragen zum Dauerbetrieb anzugeben.[282] Die Messung des Nutzens erfolgt entsprechend der Operationalisierung in Abschnitt 5.5.

5.3.3 Implementierungsaufwand

Neben dem Implementierungsprozess und der Implementierungsstrategie wird auch der **Implementierungsaufwand** eines Prozesskostenrechnungs-Projektes als bestimmender Einflussfaktor auf den wahrgenommenen Nutzen der Prozesskostenrechnung erachtet. Gemäß den Erkenntnissen der *Stuttgarter Studie* ist der Mangel an notwendigen Ressourcen bei 35% der Unternehmen ein Problem bei der Einführung von Prozesskostenrechnungssystemen. Die Auswirkungen des Implementierungsaufwands auf den Implementierungsprozess sind bereits mit den Hypothesen zu Machtpromotoren, Fachpromotoren, Unternehmensberatern und der durch die Wettbewerbsintensität bedingten Ressourcenknappheit abgedeckt. Die entsprechende Hypothese zum Zusammenhang mit dem wahrgenommenen Nutzen für diese Studie lautet:

H_{E29}: Je geringer der Implementierungsaufwand, desto höher der Nutzen von Prozesskostenrechnungssystemen.

Die Überprüfung dieser Hypothese erfolgt derart, dass der Aufwand des Projektes zur Einführung eines prozessorientierten Kostenrechnungssystems als offene Frage erhoben wird. Hierbei wird eine Unterscheidung getroffen in die benötigten internen und externen Ressourcen in Manntagen, wobei mit externen Ressourcen in erster Linie der Einsatz von Unternehmensberatern gemeint ist. Die Messung des wahrgenommenen Nutzens erfolgt entsprechend der Operationalisierung in Abschnitt 5.5.

5.4 Dauerbetrieb

Hinsichtlich des Dauerbetriebs prozessorientierter Kostenrechnungssysteme interessiert vor allem die Gestaltung von Prozesskostenrechnungssystemen in der österreichischen Unternehmenspraxis. Dabei wird im wesentlichen auf das Modell von *Stoi* abgestellt, das bereits im Rahmen der *Stuttgarter Studie* zur Erhebung der Gestaltung von Prozesskostenrechnungssystemen in Deutschland verwendet wurde. Als Dauerbetrieb prozessorientierter Kostenrech-

---

282 Siehe 5.4.5 Einsatzbreite, S. 157.

nungssysteme wird im Rahmen dieser Arbeit in Abstimmung mit dem weiter oben verwendeten Stufenmodell der Implementierung jede erfolgreiche Umsetzung einer Prozesskostenrechnung in einem Unternehmen betrachtet. Das bedeutet, dass alle Unternehmen, die über die Stufe G (Implementierung des Konzepts im Laufen) hinausgekommen sind, als Anwender von Prozesskostenrechnung betrachtet werden und Zielgruppe der Fragen zum Dauerbetrieb sind. Bezüglich der Frage nach der Gestaltung von prozessorientierten Kostenrechnungssystemen wird folgende Ausgangshypothese getroffen:

H_{A3}: Die Prozesskostenrechnungssysteme der untersuchten Unternehmen unterscheiden sich in ihren wesentlichen Strukturmerkmalen voneinander.

Analog zur Annahme der Kontextabhängigkeit der Implementierung von prozessorientierten Kostenrechnungssystemen wird auch hinsichtlich der Gestaltung des Dauerbetriebes angenommen, dass die Bedeutung der Kontextfaktoren für die unterschiedlichen Merkmale von Prozesskostenrechnungssystemen variiert. Es werden diesbezüglich jedoch keine direkten Hypothesen formuliert, da im Untersuchungsmodell mehrstufige Zusammenhänge unterstellt werden. Das heißt, dass beispielsweise zwischen der Existenz eines Machtpromotors und dem erfassten Kostenanteil kein direkter Zusammenhang unterstellt wird, sondern dass sich der Einfluss des Machtpromotors auf die erreichte Umsetzungsstufe niederschlägt und diese den erfassten Kostenanteil bedingt. Gleiches gilt für die Beziehung zwischen den Kontextfaktoren und dem wahrgenommenen Nutzen des Prozesskostenrechnungssystems. Dennoch werden die Beziehungen zwischen den Kontextfaktoren und den Merkmalen des Dauerbetriebs für deskriptive Analysen statistisch untersucht.

Die betrachteten **Strukturvariablen** prozessorientierter Kostenrechnungssysteme in Österreich sind die Einsatzart, Einsatzfelder, Einsatzfrequenz, Einsatzziele, Einsatzbreite, der erfasste Kostenanteil, die Anzahl der Hauptprozesse, EDV-Unterstützung, Prozessverantwortung und die Pflegeintensität. Die im Untersuchungsmodell dargestellte Beziehung zwischen den Phasen der Implementierung und dem Dauerbetrieb bedeutet, dass die Untersuchung des Dauerbetriebs eine Konkretisierung der Implementierungsstufen H, I und J (bzw. K) darstellt. Im folgenden werden die einzelnen Strukturvariablen erläutert und operationalisiert.

5.4.1 Einsatzart

Der Einsatz von Prozesskostenrechnungssystemen kann als einmalige Pilotstudie, fallweise zur Unterstützung bestimmter Entscheidungen (z.B. vor einer Strategieklausur zur Erhebung der Komplexitätskosten der Produktlinien) oder laufend als Teil von Kalkulation und Ergebnisrechnung erfolgen:

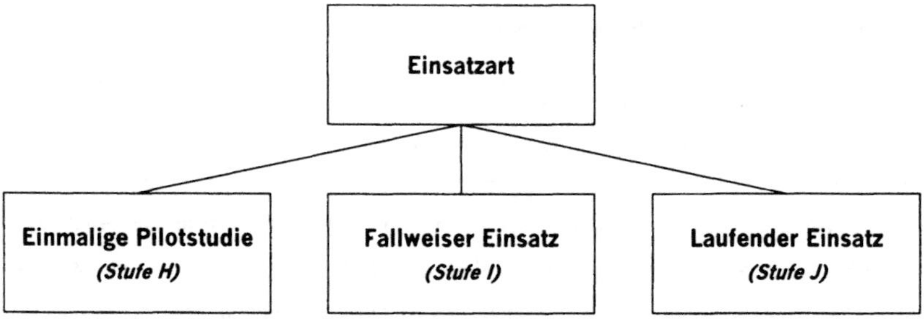

Abbildung 30: Einsatzart prozessorientierter Kostenrechnungssysteme

Ausgehend von den Erkenntnissen der *Stuttgarter Studie*[283] wird angenommen, das der Nutzen der Prozesskostenrechnung umso höher bewertet wird, je stärker sie in die laufende Kostenrechnung integriert ist. Das heißt, der Nutzen einer einmaligen Pilotstudie wird als geringer angenommen als jener, der durch eine weitgehende Integration in das interne Rechnungswesen erzielbar ist.

H_{E30}: Je höher die Einsatzart, desto höher der Nutzen von Prozesskostenrechnungssystemen.

Eine einmalige Durchführung der Prozesskostenrechnung entspricht grundsätzlich der Vorgehensweise einer Gemeinkostenwertanalyse (GWA), deren Ziel es ist, die Effizienz der einzelnen Leistungsbereiche zu steigern, ihre Leistungsabgabe auf das erforderliche Ausmaß zu reduzieren und dieses Leistungsniveau mit den kostengünstigsten Verfahren auf wirtschaftliche Weise zu realisieren.[284] Der Unterschied zur Prozesskostenrechnung ist im wesentlichen

283 Vgl. Stoi (1999), S. 213.

284 Vgl. Seicht (1995), S. 488 ff.

in der zugrundeliegenden Zielsetzung zu sehen, da diese nicht zwingend auf die Reduktion von Kosten abzielt.

Als Unterscheidungsmerkmal zwischen den Stufen H und I (Pilotstudie versus fallweiser Einsatz) wird im Rahmen dieser Studie auf die Entscheidungsrelevanz der aus der Prozesskostenrechnung gewonnenen Daten abgestellt. Der Unterschied zwischen dem fallweisen Einsatz (Stufe I) und dem laufenden Einsatz (Stufe J) ist schließlich darin zu sehen, ob die Prozesskostenrechnung immer wieder für Sonderzwecke eingesetzt wird oder ob sie fester Bestandteil des laufenden internen Rechnungswesens ist. Eine detailliertere Bestandsaufnahme des „laufenden" Einsatzes erfolgt weiter unten bei der Erhebung der Einsatzfrequenz der möglichen Anwendungsfelder von prozessorientierten Kostenrechnungssystemen.

5.4.2 Einsatzfelder

Als Einsatzfelder werden die möglichen **Anwendungsbereiche** prozessorientierter Kostenrechnungssysteme bezeichnet. Folgende Antwortmöglichkeiten sind vorgesehen: Produktkalkulation, Ermittlung von Kostensenkungspotenzialen, Ergebnisrechnung, Innerbetriebliche Leistungsverrechnung, Benchmarking, Performance Measurement, Budgetierung, Produktentwicklung, Operative Entscheidungsunterstützung, Strategische Entscheidungsunterstützung und Analyse der Kundenrentabilität. Weiters wird die Möglichkeit gegeben, zusätzliche oben nicht genannte Einsatzfelder anzugeben.

Es wird angenommen, dass in Anlehnung an die Vermutung hinsichtlich der Einsatzart auch für die Einsatzfelder prozessorientierter Kostenrechnungssysteme gilt, dass der Nutzen des dauerhaften Einsatzes umso höher ist, je mehr potenzielle Einsatzfelder tatsächlich vom Prozesskostenrechnungssystem abgebildet werden:

H_{E31}: Je mehr Einsatzfelder, desto höher der Nutzen von Prozesskostenrechnungssystemen.

Die angeführten Antwortmöglichkeiten entsprechen in dieser Reihenfolge den Ergebnissen der *Stuttgarter Studie.*[285] Für jede Antwortmöglichkeit wird mittels einer graphischen Rating-Skala deren Bedeutung im befragten Unternehmen abgefragt, wobei bei den sonstigen Einsatzfeldern zusätzlich eine Erläuterung gewünscht wird.

5.4.3 Einsatzfrequenz

Der Einsatz von Prozesskostenrechnungssystemen bzw. einzelner Teile des Prozesskostenrechnungssystems kann prinzipiell entweder laufend oder fallweise erfolgen. In Erweiterung zur Frage nach der Einsatzart geht es hier um die konkrete Dauer der **Einsatzintervalle** einzelner Elemente der Prozesskostenrechnung, also ob beispielsweise eine prozessorientierte Ergebnisrechnung jährlich, halbjährlich, quartalsweise oder monatlich durchgeführt wird.

Aus den bisherigen empirischen Studien geht hervor, dass ein laufender Einsatz von Prozesskostenrechnungssystemen im Durchschnitt bessere Ergebnisse erzielt, als eine fallweise Anwendung.[286] Demnach wird die Hypothese formuliert, dass mit steigender Einsatzfrequenz der Nutzen aus der Anwendung prozessorientierter Kostenrechnungssysteme steigt.

H_{E32}: *Je höher die Einsatzfrequenz, desto höher der Nutzen von Prozesskostenrechnungssystemen.*

Die Messung der Einsatzfrequenz erfolgt dergestalt, dass die Anwendungsintervalle der Einsatzfelder[287] prozessorientierter Kostenrechnungssysteme auf einer Ordinalskala von monatlich (und öfter), quartalsweise bis zu jährlich anzukreuzen sind.

5.4.4 Einsatzziele

Die **Ziele** des Einsatzes prozessorientierter Kostenrechnungssysteme sind maßgeblich für die Gestaltung des Systems. Analog zur Erhebung der relativen Vorteilhaftigkeit von Prozesskostenrechnungssystemen gegenüber den bisher verwendeten Systemen im Rahmen der Kontextfaktoren wird hinsichtlich der Einsatzziele die Vermutung aufgestellt, dass die Einsatzziele einen Einfluss auf den Nutzen des Einsatzes von Prozesskostenrechnung haben:

H_{E33}: *Je höher die Einsatzziele, desto höher der Nutzen von Prozesskostenrechnungssystemen.*

Die Messung der Einsatzziele erfolgt als Messung der Bedeutung möglicher Einsatzziele auf einer graphischen Skala, wobei die Antwortmöglichkeiten den nach Bedeutung gereihten Er-

---

285 Vgl. Stoi (1999), S. 177.

286 Vgl. Stoi (1999), S. 213.

287 Siehe 5.4.2 Einsatzfelder, S. 155.

gebnissen der Untersuchung von *Stoi* entsprechen.[288] Konkret geht es also um die Erhöhung der Transparenz von Kosten und Leistungen, die Verbesserung der Produktkalkulation, die Optimierung der Unternehmensprozesse, die Verbesserung der Ergebnisrechnung, die Erhöhung der Produktrentabilität, die Senkung des Gemeinkostenanteils an den Gesamtkosten, die bessere Plan- und Steuerbarkeit der indirekten Bereiche, die Verringerung der Produktkomplexität, die Erhöhung der Kundenrentabilität, die Verringerung der Produktionskomplexität, die Verringerung der Beschaffungskomplexität, die Verringerung der Vertriebskomplexität und die Motivation von Mitarbeitern. Bei Angabe von sonstigen Gründen sind diese zusätzlich anzuführen.

5.4.5 Einsatzbreite

Unter **Einsatzbreite** wird verstanden, ob das prozessorientierte Kostenrechnungssystem im gesamten Unternehmen bzw. Konzern, in einem Werk, einer Division oder nur in ausgewählten Funktionsbereichen eingesetzt wird. Bei Einsatz in ausgewählten Funktionsbereichen wird zudem die Anzahl und Art der Funktion (Beschaffung, Arbeitsvorbereitung, Fertigung, Logistik, Vertrieb, etc.) erhoben, wobei zum Großteil wieder die Ergebnisse der *Stuttgarter Studie* als Ausgangsbasis herangezogen werden.[289] Mit zunehmender Einsatzbreite erhöhen sich gemäß den Ergebnissen der *Stuttgarter Studie* die erzielbaren Gemeinkostensenkungen.[290] In dieser Untersuchung wird daher davon ausgegangen, dass mit zunehmender Einsatzbreite ein höherer Nutzen aus dem Einsatz von Prozesskostenrechnung erzielt werden kann.

H_{E34}: Je höher die Einsatzbreite, desto höher der Nutzen von Prozesskostenrechnungssystemen.

Die Messung der Einsatzbreite erfolgt derart, dass die Unternehmen den Umfang des Einsatzes von Prozesskostenrechnung durch Ankreuzen der zutreffenden Möglichkeiten angeben, wobei bei Einsatz in ausgewählten Funktionsbereichen diese taxativ angeführt sind.

---

288 Vgl. Stoi (1999), S. 152.

289 Vgl. Stoi (1999), S. 155; vgl. Währisch (1998), S. 148.

290 Vgl. Stoi (1999), S. 214.

5.4.6 Erfasster Kostenanteil

Stoi konnte 1999 in Deutschland empirisch nachweisen, dass das Ausmaß der erzielbaren Senkungen der Gemeinkosten und des Gemeinkostenanteils von der Höhe der durch die Prozesskostenrechnung erfassten **Gemein- und Gesamtkosten** abhängt.[291] Demnach wird in dieser Studie davon ausgegangen, dass ein höherer Kostenanteil einen höheren Nutzen des Prozesskostenrechnungssystems bewirkt.

H_{E35}: *Je höher der erfasste Kostenanteil, desto höher der Nutzen von Prozesskostenrechnungssystemen.*

Beim erfassten Kostenanteil geht es um den Anteil der mit Hilfe der Prozesskostenrechnung erfassten Gesamt- und Gemeinkosten. Der erfasste Kostenanteil wird als wichtige Größe zur Beschreibung der Gestaltung des Dauerbetriebes gesehen. Hier ist beispielsweise auch zu erwarten, dass im Sinne der Hypothese H_{E10} Unterschiede zwischen den Branchentypen Industrie und Dienstleistung festgestellt werden, d.h. dass sowohl der Anteil der durch die Prozesskostenrechnung erfassten Gesamtkosten als auch jener der erfassten Gemeinkosten in Dienstleistungsunternehmen signifikant höher ist als in Industrieunternehmen. Zur Messung des erfassten Kostenanteils kreuzen die Befragten den durch das Prozesskostenrechnungssystem in ihrem Unternehmen erfassten Anteil der Gesamtkosten und Gemeinkosten in vorgegebenen Intervallen von unter 5% bis über 75% an.

5.4.7 Umfang des Prozessmodells

Die Anzahl der Haupt- und Subprozesse wird als wichtiges Beschreibungsmerkmal prozessorientierter Kostenrechnungssysteme betrachtet. Im Anwendungsbeispiel der Bank Austria stellte es sich als Erfolgskriterium heraus, auf Ebene der Subprozesse die Vorgänge im Unternehmen nicht zu tief und detailliert abzubilden, sondern auf Praktikabilität bei der Pflege der Prozessinformationen zu achten. Für diese Untersuchung wird daher die Vermutung angestellt, dass die **Komplexität des Prozessmodells** negativ mit dem Nutzen des Prozesskostenrechnungssystems korreliert:

---

[291] Vgl. Stoi (1999), S. 214.

H_{E36}: Je geringer der Umfang des Prozessmodells, desto höher der Nutzen von Prozesskostenrechnungssystemen.

Die Messung des Umfangs des Prozessmodells erfolgt durch eine offene Frage nach der Anzahl der Hauptprozesse, der Anzahl der Subprozesse und der Aktivitäten sowie allfälliger weiterer Detaillierungsstufen.

5.4.8 EDV-Unterstützung

Analog zur Argumentation für Einsatzart, Einsatzfrequenz und Einsatzbreite wird für die EDV-Unterstützung angenommen, das mit zunehmender Integration und dem Einsatz von Standardsoftware der erzielbare Nutzen aus der Anwendung prozessorientierter Kostenrechnungssysteme steigt.

H_{E37}: Je höher die EDV-Unterstützung, desto höher der Nutzen von Prozesskostenrechnungssystemen.

Hinsichtlich der Messung der EDV-technischen Umsetzung prozessorientierter Kostenrechnungssysteme sind grundsätzlich mehrere Fragen von Interesse. Zum einen ist zu klären, ob die Prozesskostenrechnung überhaupt in der EDV umgesetzt wird (**EDV-Umsetzung**). Im Falle der EDV-Umsetzung kann dies mit der bestehenden Rechnungswesen-Software oder mit einem neuen System erfolgen, wobei jeweils eine Eigenentwicklung, eine Fremdentwicklung sowie eine Standardsoftwarelösung denkbar ist (**EDV-Systeme**). In jeder dieser Varianten ist schließlich eine PC-gestützte Insellösung, beispielsweise in Form einer Tabellenkalkulation mit manueller Dateneingabe, eine Parallelrechnung mit partieller Integration, d.h. mit automatisierten Schnittstellen zur Dateneingabe, oder eine vollständig integrierte Softwarelösung mit voller Integration der Produktivdaten möglich (**EDV-Integration**). Schließlich ist im Fall der Standardsoftwarelösung noch die Sonderstellung von *SAP* in Österreich zu beachten, d.h. es ist hier eine weitere Unterscheidung zu treffen, welche Standardsoftwarelösung angewendet wird. Die möglichen Antwortkategorien für den Fall der EDV-Umsetzung finden sich in folgender Tabelle:

EDV-Integration	Insellösung	Partielle Integration	Völlige Integration
EDV-Systeme	Bestehende Software		Neue Software
	Eigenentwicklung	Fremdentwicklung	Standardsoftware

Tabelle 16: Merkmale der EDV-Unterstützung

Aus Gründen der praktischen Relevanz wird für die Kategorie der Standardsoftwarelösungen weiter untergliedert, nämlich in eine Antwortmöglichkeit für *SAP R/3* sowie sonstige Standardlösungen, also beispielsweise *OROS*, *PROZESSMANAGER*, etc., wobei für die sonstigen Lösungen eine offene Antwortmöglichkeit zur Angabe der verwendeten Software vorgesehen ist.

5.4.9 Prozessverantwortung

Gemäß den Erkenntnissen der *Stuttgarter Studie* verbessert die Einrichtung von **Prozessverantwortung** die Möglichkeiten der Senkung des Gemeinkostenanteils und des erfassten Gemeinkostenblocks.[292] Im Rahmen dieser Untersuchung wird daher von der Hypothese ausgegangen, dass mit zunehmender Prozessverantwortung der Nutzen aus der Prozesskostenrechnung steigt.

H_{E38}: *Wenn Prozessverantwortung eingerichtet ist, dann erhöht sich der Nutzen von Prozesskostenrechnungssystemen.*

Das Ausmaß der Einrichtung von Prozessverantwortung reicht von keiner Prozessverantwortung über die Einrichtung nur für besonders bedeutende Teil- oder Hauptprozesse bis zur generellen Prozessverantwortung für alle Hauptprozesse. Die Frage nach Verantwortlichen für alle Teilprozesse wird im Hinblick auf ihre geringe praktische Relevanz nicht gestellt.[293] Die Messung der Prozessverantwortung erfolgt durch Ankreuzen der zutreffenden Möglichkeit.

---

292 Vgl. Stoi (1999), S. 214.

293 Vgl. Stoi (1999), S. 96.

5.4.10 Pflegeintensität

Die **Wartung** stellt einen wesentlichen Erfolgsfaktor für die erfolgreiche Umsetzung von Prozesskostenrechnungssystemen dar.[294] Daher wird angenommen, dass der erzielbare Nutzen der Prozesskostenrechnung bei regelmäßiger Pflege höher ist als bei keiner oder unregelmäßiger Pflege.

H_{E39}: Je höher die Pflegeintensität, desto höher der Nutzen von Prozesskostenrechnungssystemen.

Um Aussagen über den Dauerbetrieb prozessorientierter Kostenrechnungssysteme zu treffen, wird die Pflegeintensität als wichtiges Strukturmerkmal untersucht. Grundsätzlich besteht die Möglichkeit, dass ein Prozesskostenrechnungssystem nie, bei Bedarf oder regelmäßig gewartet wird. Der Rhythmus der regelmäßigen Pflege kann monatlich, quartalsweise, halbjährlich, jährlich, alle zwei Jahre oder alle drei Jahre sein. Die Messung der Pflegeintensität erfolgt derart, dass die Befragten hinsichtlich des Pflegeintervalls aus den angeführten Möglichkeiten die zutreffende durch Ankreuzen bestimmen und den jährlichen Zeitaufwand der Pflege in Manntagen in einer offenen Frage angeben.

5.5 Nutzen

Bezüglich des Nutzens wurde bereits im Kapitel über den konzeptionellen Bezugsrahmen die grundsätzliche Problematik erläutert, dass ein direkter Zusammenhang zwischen dem Einsatz prozessorientierter Kostenrechnungssysteme und dem Unternehmenserfolg nur eingeschränkt herstellbar ist. Bei Darstellung der bisherigen Studien wurde etwa zur Untersuchung von *Kennedy*[295] angemerkt, dass bei den festgestellten Korrelationen die Gefahr von Scheinkorrelationen besteht, da möglicherweise beeinflussende Faktoren im verwendeten Modell außer acht gelassen wurden. Aus diesem Grund wird in dieser Studie die Vorgehensweise gewählt, dass zusätzlich zur quantitativen Erhebung mittels schriftlichem Fragebogen eine eher qualitativ orientierte zweite Untersuchungsphase mittels teilstrukturierter Interviews durchgeführt wird, in der unternehmensindividuelle Besonderheiten berücksichtigt werden, um zu validen

---

294 Vgl. Stoi (1999), S. 213.

295 Vgl. Kennedy (1998), S. 5 ff.

Aussagen über Implementierung, Dauerbetrieb und insbesondere zum Nutzen prozessorientierter Kostenrechnungssysteme zu gelangen.

Der Nutzen von Prozesskostenrechnungssystemen ist gemäß dem Untersuchungsmodell vor allem von der Gestaltung des Dauerbetriebes des Kostenrechnungssystems abhängig. Die entsprechenden Hypothesen zu den vermuteten Zusammenhängen finden sich weiter oben bei den Merkmalen des Dauerbetriebs. Da die Einschätzung des Nutzens des Einsatzes prozessorientierter Kostenrechnungssysteme in erster Linie auf die Adressaten des Systems abzielt, ist neben den Kontextfaktoren und den Gestaltungsvariablen des Dauerbetriebs auch die Häufigkeit und Intensität der **Kommunikation und Koordination zwischen Management und Controlling** bei Erklärung des wahrgenommenen Nutzens des eingesetzten Prozesskostenrechnungssystems zu betrachten.

H_{E40}: Je höher die Kommunikation und Koordination, desto höher der Nutzen von Prozesskostenrechnungssystemen.

Die Koordination zwischen Management und Controlling als Beziehungsvariable zwischen den internen Kunden der Prozesskostenrechnung und den Kostenrechnern wird als wesentlicher Einflussfaktor bei Erklärung der Zufriedenheit mit dem Prozesskostenrechnungssystem gesehen. Dieses Konstrukt wird dabei in Anlehnung an *Aust* durch **Kontakthäufigkeit**, **Konfliktausmaß** und **User Involvement** definiert.[296] Generell zielt die Vermutung darauf ab, dass eine verstärkte Auseinandersetzung mit Kostenrechnungsergebnissen (z.B. Berichten) und den Kostenrechnern als Person (z.B. in monatlichen Meetings), eine sachliche Diskussionsbasis, sowie die frühzeitige Einbindung der Anforderungen der Empfänger in die Konzeptionalisierung und Anpassung des Systems den wahrgenommenen Nutzen des Prozesskostenrechnungssystem fördert.

Die Messung derartiger komplexer Beziehungsmerkmale wird wie die Beurteilung des Nutzens aufgrund der vielschichtigen individuellen Antwortmöglichkeiten nicht im Rahmen der standardisierten Fragebogenuntersuchung, sondern im Rahmen der teilstrukturierten Interviews in der qualitativen zweiten Untersuchungsphase durchgeführt (vgl. Fragen C.3 in Abschnitt C).

---

296 Vgl. Aust (1999), S. 157 ff.

Zur Messung des Nutzens von Prozesskostenrechnungssystemen wird folgende Ausgangshypothese formuliert:

H_{A4}: *Der Nutzen prozessorientierter Kostenrechnungssysteme manifestiert sich in der internen Koordination und Steuerung sowie in indirekt und direkt erfolgswirksamen Variablen.*

Ausgehend von dieser Ausgangshypothese sind die Maßgrößen zur Bestimmung des Nutzens von Prozesskostenrechnung zu bilden. Die weiter oben formulierten Hypothesen zum Zusammenhang des Dauerbetriebs mit dem Nutzen der Prozesskostenrechnung sind bewusst global formuliert, um das Problem der Messung derart komplexer Zusammenhänge von der schriftlichen Befragung in die Phase der teilstrukturierten Interviews zu verlagern.

In diesem Kapitel erfolgt in erster Linie die Definition und Operationalisierung des Nutzens von Prozesskostenrechnungssystemen. Der wahrgenommene Nutzen des Einsatzes prozessorientierter Kostenrechnungssysteme wird in Anlehnung an das Modell der *Stuttgarter Studie* nach folgenden Dimensionen gemessen:[297]

- Variablen der internen Koordination und Steuerung,
- Indirekt erfolgswirksame Variablen,
- Direkt erfolgswirksame Variablen.

Es wurde bereits darauf hingewiesen, dass die direkte Messung des Nutzens von bestimmten Kostenrechnungssystemen für eine Querschnittsbefragung mittels Fragebogenmethode als zu komplex anzusehen ist. Daher basiert das Herunterbrechen des Nutzenbegriffes auf drei Dimensionen und die weitere Verfeinerung in Kategorien im Grunde auf der Erhebung von subjektiven Einschätzungen im Rahmen der teilstrukturierten Interviews. Durch die Abfrage möglichst detaillierter Aspekte des Nutzens wird versucht, diese Einschätzungen weitgehend zu objektivieren und mit einer vierstufigen Rating-Skala zu beurteilen. Bei Betrachtung der Ergebnisse zum Nutzen von Prozesskostenrechnungssystemen ist diese Einschränkung jedoch stets zu beachten.

297 Vgl. Stoi (1999), S. 94 ff.

5.5.1 Interne Koordination und Steuerung

Die Variablen der internen Koordination und Steuerung haben keinen unmittelbaren Bezug zum Unternehmenserfolg und beziehen sich vor allem auf die Verbesserung der internen Koordination, Planung, Steuerung und Kontrolle in den indirekten Bereichen. Als Variablen der internen Koordination und Steuerung werden die **Transparenz, Plan- und Steuerbarkeit und Leistungsmessung der indirekten Bereiche** betrachtet.

Die Messung der Variablen der internen Koordination und Steuerung erfolgt durch die Frage nach den Auswirkungen des Einsatzes von Prozesskostenrechnung in den jeweiligen Bereichen, wobei die wahrgenommene Veränderung in Form einer Verbesserung bzw. Verschlechterung der Variablen auf einer vierstufigen Rating-Skala gemessen wird (vgl. Fragen D.1 in Anhang C).

5.5.2 Indirekt erfolgswirksame Variablen

Die indirekt erfolgswirksamen Variablen beeinflussen die direkt erfolgswirksamen Variablen und haben dadurch mittelbaren Einfluss auf das Unternehmensergebnis. Als indirekt erfolgswirksame Variablen werden **Prozessoptimierung, Mitarbeitermotivation, Produktkomplexität, Beschaffungskomplexität, Produktionskomplexität und Vertriebskomplexität** untersucht. Auswirkungen des Einsatzes von Prozesskostenrechnung äußern sich hier beispielsweise durch das Transparentmachen von Komplexitätskosten, was möglicherweise zu Kostensenkungen führt, die als direkt erfolgswirksame Variablen gemessen werden können.

Die Messung der indirekt erfolgswirksamen Variablen erfolgt mittels Einschätzung der wahrgenommenen Verbesserung bzw. Verschlechterung der jeweiligen Variablen seit dem Einsatz prozessorientierter Kostenrechnungssysteme auf einer vierstufigen Rating-Skala (vgl. Fragen D.2 in Anhang C).

5.5.3 Direkt erfolgswirksame Variablen

Die im Rahmen der Untersuchung verwendeten direkt erfolgswirksamen Variablen haben unmittelbaren Einfluss auf den Unternehmenserfolg. Hierzu werden die **Kostenstruktur**, d.h. Höhe und Anteil der Gemeinkosten an den Gesamtkosten sowie **Kostensenkungen** gezählt. Die Messung des Nutzens von Prozesskostenrechnung mittels der direkt erfolgswirksamen Variablen beruht zum einen auf der Messung von zahlenmäßigen Veränderungen seit Einführung der Prozesskostenrechnung und zum anderen auf der Einschätzung der Befragten welchen Beitrag die Prozesskostenrechnung dazu geleistet hat.

Die Messung der Kostenstruktur erfolgt auf einer vierstufigen Rating-Skala, wobei die relative Erhöhung bzw. Verringerung der Höhe der Gemeinkosten gemessen an den Gesamtkosten seit Einführung der Prozesskostenrechnung zugrunde liegt. Durch die Relativierung an den Gesamtkosten werden mögliche Verzerrungen durch ein erfolgtes Unternehmenswachstum korrigiert. Als weitere direkt erfolgswirksame Variable wird der Beitrag der Prozesskostenrechnung an erzielten Kostensenkungen seit Einführung des Prozesskostenrechnungssystems erhoben. Hierzu wird die diesbezügliche Einschätzung des Befragten im Rahmen der Interviews erhoben, die ebenfalls auf einer vierstufigen Rating-Skala gemessen wird (vgl. Fragen D.3 in Anhang C).

Nochmals sei darauf hingewiesen, das Fragen hinsichtlich des Nutzens von prozessorientierten Kostenrechnungssystemen schwerpunktmäßig in der qualitativen Phase der Studie, im Rahmen der teilstrukturierten Interviews mit Prozesskostenrechnungsanwendern, nachgegangen wird. Aufgrund der geringeren Fallzahl und der weniger standardisierbaren Antworten fällt die Auswertung im Gegensatz zur schriftlichen Befragung mittels Fragebogen schwerpunktmäßig qualitativ aus.

5.6 Zusammenfassung der Hypothesenformulierung

Auf Basis des konzeptionellen Bezugsrahmens wurden in diesem Kapitel die Hypothesen für die empirische Untersuchung abgeleitet und operationalisiert. Auf Basis der vier Ausgangshypothesen H_{A1} bis H_{A4} zum Kontext, der Implementierung, dem Dauerbetrieb und dem Nutzen prozessorientierter Kostenrechnungssysteme wurden vierzig Einzelhypothesen $H_{E1\text{-}40}$ zu vermuteten Zusammenhängen einzelner Variablen der vier wesentlichen Untersuchungsblöcke gebildet. Nachfolgende Graphik gibt eine abschließende Zusammenfassung der formulierten Hypothesen:

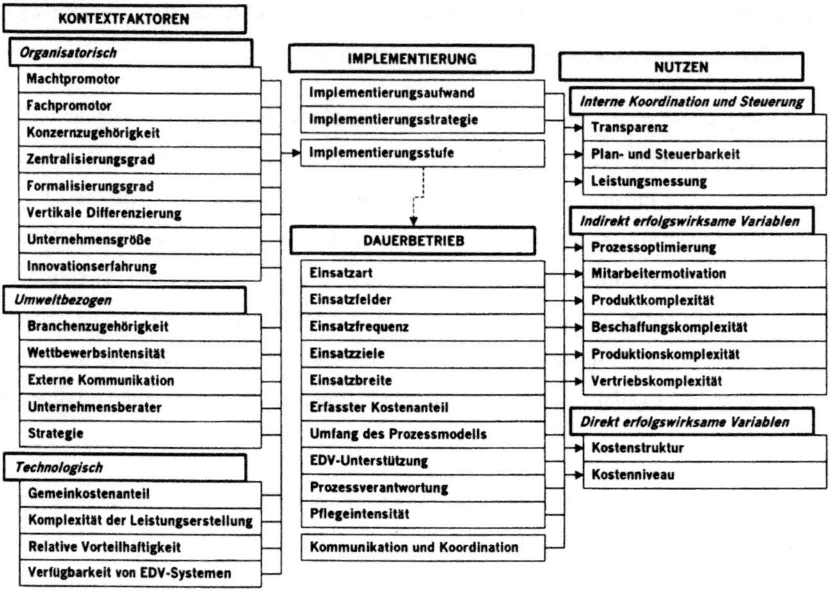

Abbildung 31: Konzeptionalisierung des Untersuchungsmodells

Die organisatorischen, umweltbezogenen und funktionalen Kontextfaktoren beeinflussen den erreichten Umsetzungsgrad im Implementierungsprozess sowie die gewählte Implementierungsstrategie und den Implementierungsaufwand. Die Merkmale des Dauerbetriebes stellen auf den Abschnitt H bis J (bzw. K) aus dem Stufenmodell der Implementierung ab und beschreiben die eingesetzten Prozesskostenrechnungssysteme im Detail (strichlierte Linie). Sowohl die Merkmale des Dauerbetriebs als auch die Implementierungsstrategie und der Implementierungsaufwand haben also einen Einfluss auf den wahrgenommenen Nutzen prozessorientierter Kostenrechnungssysteme.

Auf dieser Basis erfolgt die Erstellung des Fragebogens, des Interviewleitfadens und die Durchführung der zweistufigen empirischen Untersuchung. Nachfolgende Tabelle zeigt die Zusammenhänge zwischen Hypthesen und Fragebogen bzw. Interviewleitfaden; eine vollständige Darstellung der Hypothesenoperationalisierung in tabellarischer Form findet sich im Anhang.

HYPOTHESE		EXPLANANS	EXPLANANDUM	FRAGE-BOGEN
H_{A1}	**KONTEXTFAKTOREN**			
H_{E1}		Machtpromotor	Implementierungsstufe	B1
H_{E2}		Fachpromotor	Implementierungsstufe	B2
H_{E3}		Konzernzugehörigkeit	Implementierungsstufe	A1
H_{E4}		Konzerneinbindung	Implementierungsstufe	B3 - B4
H_{E5}		Zentralisierungsgrad	Implementierungsstufe	B5 - B10
H_{E6}		Zentralisierungsgrad	Implementierungsstufe	
H_{E7}		Formalisierungsgrad	Implementierungsstufe	B11 - B14
H_{E8}		Formalisierungsgrad	Implementierungsstufe	
H_{E9}		Vertikale Differenzierung	Implementierungsstufe	B15, A3
H_{E10}		Vertikale Differenzierung	Implementierungsstufe	
H_{E11}		Unternehmensgröße	Implementierungsstufe	A3, A4
H_{E12}		Innovationserfahrung	Implementierungsstufe	B16
H_{E13}		Branchenzugehörigkeit	Implementierungsstufe	A2
H_{E14}		Wettbewerbsintensität	Implementierungsstufe	B17 - B21
H_{E15}		Externe Kommunikation	Implementierungsstufe	B22 - B23
H_{E16}		Unternehmensberater	Implementierungsstufe	D5
H_{E17}		Strategie	Implementierungsstufe	A5
H_{E18}		Strategie	Implementierungsstufe	
H_{E19}		Gemeinkostenanteil	Implementierungsstufe	B24
H_{E20}		Gemeinkostenanteil	Implementierungsstufe	
H_{E21}		Komplexität der Leistungserstellung	Implementierungsstufe	B25 - B28
H_{E22}		Komplexität der Leistungserstellung	Implementierungsstufe	
H_{E23}		Relative Vorteilhaftigkeit	Implementierungsstufe	B29
H_{E24}		Verfügbarkeit von EDV-Systemen	Implementierungsstufe	
H_{E25}		Verfügbarkeit von EDV-Systemen	Implementierungsstufe	B30
H_{E26}		Verfügbarkeit von EDV-Systemen	Implementierungsstufe	
H_{A2}	**IMPLEMENTIERUNG**			
H_{E27}		Implementierungsstufe	Nutzen	C2
H_{E28}		Implementierungsstrategie	Nutzen	D3
H_{E29}		Implementierungsaufwand	Nutzen	D4
H_{A3}	**DAUERBETRIEB**			
H_{E30}		Einsatzart	Nutzen	C2
H_{E31}		Einsatzfelder	Nutzen	D1
H_{E32}		Einsatzfrequenz	Nutzen	
H_{E33}		Einsatzziele	Nutzen	B29
H_{E34}		Einsatzbreite	Nutzen	D2
H_{E35}		Erfasster Kostenanteil	Nutzen	D6 - D7
H_{E36}		Umfang des Prozessmodells	Nutzen	D8 - D10
H_{E37}		EDV-Unterstützung	Nutzen	D11 - D13
H_{E38}		Prozessverantwortung	Nutzen	D14
H_{E39}		Pflegeintensität	Nutzen	D15 - D16
H_{A4}	**NUTZEN**			
H_{E40}		Kommunikation und Koordination	Nutzen	C.3

Tabelle 17: Hypothesen und Fragen

6 Empirische Untersuchung

6.1 Überblick

Nach der Herleitung und Erläuterung des Bezugsrahmens und der Generierung und Operationalisierung der Hypothesen erfolgt in diesem Abschnitt der Arbeit die empirische Überprüfung an der österreichischen Unternehmenspraxis.

Abbildung 32: Zweistufige empirische Untersuchung

Zunächst wird die grundsätzliche Vorgehensweise der empirischen Erhebung erläutert. Danach werden Untersuchungsdesign und Ergebnisse der eingesetzten Erhebungsmethoden dargestellt. Die empirische Untersuchung wird in zwei Stufen durchgeführt.

In der ersten Phase werden die Hypothesen zu Kontext und Implementierung von Prozesskostenrechnungssystemen in einer schriftlichen Befragung mittels Fragebogen überprüft. Die Auswertung der Fragebögen erfolgt mittels quantitativ-statistischer Methoden.

In der zweiten Phase der Untersuchung kommen qualitative Methoden zum Einsatz. Hierbei werden in der qualitativen Nachphase auf Grundlage der statistischen Analyseergebnisse stichprobengeleitete **Interviews** mit Anwendern bzw. ehemaligen Anwendern prozessorientierter Kostenrechnungssysteme durchgeführt. Dabei sollen tiefergehende Erkenntnisse hinsichtlich Einführung, Dauerbetrieb und Nutzen von Prozesskostenrechnungssystemen erzielt werden, wobei definitorische Unklarheiten und unternehmensindividuelle Problemstellungen berücksichtigt werden. Ziel dieser Befragung ist die Untermauerung und Erweiterung der Ergebnisse der statistischen Analyse. Die Ergebnisse dieser Expertenbefragungen werden in der Interpretation der Ergebnisse und bei der Ableitung von praktischen Handlungsempfehlungen im Sinne von Erfolgsfaktoren der Einführung und Gestaltung prozessorientierter Kostenrechnungssysteme berücksichtigt.

6.2 Fragebogenerhebung

6.2.1 Untersuchungsdesign

6.2.1.1 Auswahl der untersuchten Unternehmen

Die Administration von Adressen und Ansprechpersonen wird auf Grundlage von Daten der **Firmendatenbank** *Hoppenstedt* durchgeführt. Dazu wurden die Daten aller in der Datenbank enthaltenen österreichischen Unternehmen (mit Ausnahme land- und forstwirtschaftlicher Betriebe sowie öffentlicher Einrichtungen) mit mehr als 50 Millionen EUR Umsatz (bzw. 50 Millionen EUR Prämieneinnahmen bei Versicherungen sowie 250 Millionen EUR Bilanzsumme bei Banken) abgefragt.

Neben Firmennamen und Adressen wurden soweit wie möglich auch die zuständigen Ansprechpartner für Controlling bzw. Finanz- und Rechnungswesen der 1.288 Unternehmen eruiert, um durch eine möglichst persönliche Ansprache der zuständigen Führungskräfte die Bereitschaft, auf den Fragebogen zu antworten, zu erhöhen.

6.2.1.2 Design des Fragebogens

Auf Grundlage der formulierten Hypothesen erfolgt die Erstellung des Fragebogens. Die Wahl des Fragebogens als Instrument zur Erhebung der Daten zu Kontext, Implementierung und Dauerbetrieb prozessorientierter Kostenrechnungssysteme wurde maßgeblich durch die Möglichkeit, große Datenmengen zu verhältnismäßig geringen Kosten und in relativ kurzer Zeit zu erheben, bestimmt. Als weiterer Vorteil der Fragebogenmethode ist im Gegensatz zur Interviewtechnik die Vermeidung der Beeinflussung der Befragten durch den Interviewer zu nennen. Als Kritikpunkte am Einsatz von Fragebogen ist vor allem der Response-Bias zu nennen, d.h. die Verzerrung der Ergebnisse durch die Tatsache, dass tendenziell eher jene Unternehmen antworten, die bereits Erfahrung mit Prozesskostenrechnung haben, dass also eine **Positivauslese** stattfindet.[298] Weiters ist zu beachten, dass durch die fehlende Interaktion und Nachfragemöglichkeit Mißverständnisse und Auffassungsunterschiede zu bestimmten Terminologien auftreten können. Dieses Problem wurde im Rahmen dieser Studie durch ausführliche Pre-Tests weitestgehend entschärft.

Die Erstellung des Fragebogens orientiert sich an dem von *Stoi* 1999 in Deutschland eingesetzen Fragebogen[299] und adaptiert bzw. erweitert ihn hinsichtlich der inhaltlichen Unterschiede der vorliegenden Untersuchung. Da es für die Gestaltung eines Fragebogens nur ziemlich allgemeine und relativ vage Regeln gibt[300], wurde dieser Weg gewählt, da dabei auf ein bereits erprobtes Instrument zurückgegriffen werden konnte. Einen ähnlichen Ansatz beschritt *Brown* bei seiner Erhebung in Australien, als er einen bestehenden Fragebogen weiterentwickelte.[301] Der Fragebogen (vgl. Anhang B) gliedert sich entsprechend den weiter oben entwickelten Hypothesen in vier Abschnitte, wobei zuerst ein unternehmensallgemeiner Teil (A) steht, der im Sinne von Einleitungsfragen die Bereitschaft zur weiteren Bearbeitung des Fragebogens sicherstellen soll. Die nächsten drei Abschnitte beschäftigen sich mit den zentralen Fragen der Untersuchung, i.e. Kontext (B), Einführung (C) und Gestaltung des Dauerbetriebs (D) prozessorientierter Kostenrechnungssysteme.

---

298 Vgl. Oppenheim (2000), S. 102.

299 Vgl. Stoi (1999), S. 229 ff.

300 Vgl. Stier (1999), S. 181 ff.

301 Vgl Brown (2000), S. 86 ff.

Als Zielgruppe des Fragebogens werden Controller bzw. Leiter des Finanz- und Rechnungswesens gesehen. Um eine möglichst hohe Rücklaufquote zu gewährleisten, ist der Fragebogen auf 12½ DIN-A4-Seiten beschränkt, um den Zeitaufwand für das Ausfüllen unter der als kritisch beurteilten Höhe von 15-20 Minuten zu halten. Zur effizienten Abwicklung der Erhebung wurden neben den schriftlichen Fragebogen mit Ausfüllhilfe auch Disketten mit den Fragebogen im ***Excel*-Format** mitgesendet sowie der Download der Datei von der Institutsseite im Internet ermöglicht. Die Antwort konnte dabei entweder mit dem frankierten Rückkuvert oder per e-mail erfolgen. Weiters boten das beigefügte personalisierte Anschreiben mit einer Erläuterung von Zielsetzung und Nutzen der Studie sowie der Zusage, den teilnehmenden Unternehmen unentgeltlich einen Ergebnisbericht zukommen zu lassen, einen Anreiz zur Teilnahme an der Studie.

Der indirekte Kontakt der Fragebogenmethode stellt erhöhte Anforderungen an Aufbau, Länge und Selbsterklärungsfähigkeit des Fragebogens. Die Anforderung der Vergleichbarkeit und Verständlichkeit auf Ebene der Zielpersonen ist daher für eine zielgruppengerechte Ansprache als kritisch zu betrachten. Die sprachliche Gestaltung des Fragebogens ist für die Akzeptanz und insbesondere für die inhaltliche Validität der Ergebnisse von besonderer Bedeutung. Deswegen wurden nach der Erarbeitung des Fragebogens ausführliche **Pre-Tests** mit Lektoren des Instituts für Betriebswirtschaftslehre der Industrie, mit Unternehmensberatern sowie mit Praktikern aus dem Umfeld des Österreichischen Controller-Instituts durchgeführt, die in ähnlichen Positionen tätig sind wie die Zielgruppe der Befragung. Zielsetzung dieser inhaltlich geprägten Pre-Tests war die Überarbeitung des Fragebogens auf etwaige Verständnisschwierigkeiten, Vollständigkeit und Eindeutigkeit der verwendeten Indikatoren. Darüber hinaus wurden Statistik-Professoren der Wirtschaftsuniversität Wien sowie Statistiker des Instituts für Berufs- und Erwachsenenbildungsforschung an der Universität Linz für die methodische Überprüfung des Fragebogens zu Rate gezogen.

6.2.1.3 Eingesetzte statistische Methoden

Im folgenden soll ein kurzer Überblick über die im Rahmen dieser Arbeit eingesetzten statistischen Methoden gewährt werden. Grundsätzlich erfolgt die Durchführung der statistischen

Methoden im Rahmen dieser Arbeit durch Einsatz des Softwarepaketes ***SPSS***[302], einem Programmpaket, welches Mitte der 60er Jahre in den USA an der Stanford University und später an der University of Chicago zur Auswertung statistischer Daten vor allem in den Wirtschafts- und Sozialwissenschaften entwickelt wurde.[303] Die Fragebogendaten wurden mit der Version 9.0 von *SPSS* für Windows ausgewertet.

Prinzipiell basieren alle in der Studie verwendeten statistischen Regressionsmethoden auf dem Grundgedanken der Varianzanalyse. Die Varianzanalyse untersucht, welchen Beitrag eine oder mehrere unabhängige Variablen zur Erklärung einer oder mehrerer abhängiger Variablen leisten. Die Varianzanalyse zerlegt die Gesamtmittelwertabweichung einer abhängigen Variablen in einen durch unabhängige Variablen erklärten Anteil und einen nicht erklärten Anteil. Je größer das Verhältnis von erklärter zu unerkärter Varianz ist, desto höher ist die Güte eines untersuchten Modells. Das wesentliche Kriterium für die Beurteilung der Güte der Schätzung eines Zusammenhangs in der einfachen Varianzanalyse ist das Bestimmtheitsmaß. Es gibt an, welcher Prozentsatz der Summe der quadrierten Gesamtabweichungen auf die Summe der Abweichungsquadrate des zugrundeliegenden Modells entfällt. Je nachdem ob eine oder mehrere exogene Variablen einbezogen werden, spricht man von einer univariaten oder einer multiplen Varianzanalyse. Hinsichtlich des Skalenniveaus erlaubt die Varianzanalyse Tests bei exogenen Variablen mit lediglich nominalem Skalenniveau.[304]

Die wichtigsten in dieser Studie verwendeten und im folgenden erläuterten statistischen Methoden sind die Faktorenanalyse und die logistische Regression als spezielle Ausprägung der Regressionsanalyse. Die Anwendung dieser Methoden wird mit Hilfe des verwendeten Statistikprogramms *SPSS* durchgeführt. Im folgenden findet sich nur eine kurze inhaltliche Beschreibung der wichtigsten verwendeten statistischen Verfahren, für eine detailliertere Auseinandersetzung sei auf die entsprechende Spezialliteratur verwiesen.[305]

In dieser Studie wird zur Gütebeurteilung der Kontextvariablen die **Faktorenanalyse** herangezogen. Die Faktorenanalyse ist ein Verfahren, das eine größere Anzahl von Variablen an-

---

302 SPSS steht für STATISTICAL PACKAGE FOR SOCIAL SCIENCES.

303 Vgl. Eckstein (1999), S. 2 ff.

304 Vgl Backhaus et al. (2000), S. 70 ff.

305 Vgl. Backhaus et al. (2000), Tutz (2000), Stier (1999), Bleymüller et al. (1994), Urban (1993)

hand der gegebenen Fälle auf eine kleinere Anzahl unabhängiger Einflussgrößen, Faktoren, zurückführt. Die Faktorenanalyse versucht also, aus einer Vielzahl von Variablen voneinander unabhängige Faktoren herauszukristallisieren, die anschließend weiteren Analysen zugrunde gelegt werden können. Konkret verfolgt die Faktorenanalyse das Ziel, einen oder mehrere Faktoren zu entdecken, die hinter einem **Bündel von Variablen** stehen. Es wird die Vermutung aufgestellt, dass mehrere Variablen mehr oder weniger gut einen gemeinsamen Sachverhalt bzw. wenige zugrundeliegende Dimensionen erklären.

Die Faktorenanalyse kann als eine statistische Prozedur angesehen werden, die versucht, Variablen so zu gruppieren, dass Variablen, die untereinander stark korrelieren, je in der selben Gruppe sind, während sich Variablen, die nur schwach oder gar nicht miteinander korrelieren, in verschiedenen Klassen befinden. Gelingt es, die Vielzahl möglicher Variablen auf wenige wichtige Beschreibungsvariablen zu reduzieren, lassen sich für die empirische Untersuchung erhebliche Vorteile realisieren. Ziel der Faktorenanalyse in der vorliegenden Untersuchung ist die Überprüfung einer möglichen Reduktion der betrachteten Variablen des Untersuchungsmodells.

Die Vorgehensweise bei der Faktorenanalyse besteht grundsätzlich aus folgenden Schritten:[306]

- Variablenauswahl und Errechnung der Korrelationsmatrix,
- Extraktion der Faktoren,
- Bestimmung der Kommunalitäten,
- Festlegen der Zahl der Faktoren,
- Faktorinterpretation,
- Bestimmung der Faktorwerte.

Bei Anwendung der Faktoranalyse im Rahmen dieser Studie steht eindeutig der inhaltliche Aspekt im Vordergrund, d.h. die Variablenauswahl erfolgt primär auf Grundlage inhaltlicher Überlegungen und nicht rein rechnerisch. Vor Durchführung der eigentlichen Faktoranalyse

---

306 Vgl. Backhaus et al. (2000), S. 262 ff.; Bühl / Zöfel (2000), S. 414 ff.

wird die Eignung der Korrelationsmatrix mit dem Kaiser-Meyer-Olkin-Kriterium überprüft, das anzeigt in welchem Umfang die Ausgangsvariablen zusammengehören.

Bei Wahl des Extraktionsverfahrens unterscheidet man zwischen Hauptkomponentenanalyse und Hauptachsenanalyse. Obwohl manche Autoren nur im Fall der Hauptachsenanalyse von Faktoranalyse[307] sprechen, unterscheiden sich die beiden Verfahren in ihrer Rechentechnik nicht[308] und werden in *SPSS* beide über den Menüpunkt Faktoranalyse angesteuert. Der Unterschied ist in den unterschiedlichen theoretischen Modellen hinter den beiden Verfahren zu sehen. Das Ziel der **Hauptkomponentenanalyse** liegt in der möglichst umfassenden Reproduktion der Datenstruktur durch möglichst wenige Faktoren. Demgegenüber liegt das Ziel der **Hauptachsenanalyse** in der Erklärung der Varianz der Variablen durch hypothetische Größen, den Faktoren. Bei der Hauptkomponente geht es also darum, die auf einen Faktor hoch ladenden Variablen durch einen Sammelbegriff (Komponente) zusammenzufassen, während es bei der Hauptachsenanalyse um die Ursache geht, die für die hohen Ladungen der Variablen auf diesen Faktor verantwortlich ist. Für die praktische Anwendung ist der wesentliche Unterschied darin zu sehen, dass die Hauptkomponentenanalyse davon ausgeht, dass die Varianz einer Ausgangsvariablen vollständig durch die Extraktion von Faktoren erklärt werden kann, d.h. es wird als „Startwert" bei der Kommunalitätenschätzung immer der Wert 1 vorgegeben. Bei der Hauptachsenanalyse hingegen wird immer eine Restvarianz unterstellt und der „Startwert" bei der Kommunalitätenschätzung liegt immer unter 1. Dieser „Startwert" entspricht einer Start-Kommunalität für den iterativen Prozess der Bestimmung der Kommunalitäten und ist de facto ein subjektives Vorab-Urteil über die Erklärung der Gesamtvarianz durch die gemeinsamen Faktoren. Das Festlegen auf einen „Startwert" ist deshalb nötig, weil die tatsächlichen Kommunalitäten (d.h. jener Teil der Gesamtvarianz einer Variablen, der durch die gemeinsamen Faktoren erklärt werden soll) erst nach Durchführung der Faktorenanalyse bestimmt sind.[309] *SPSS* verwendet wie die meisten Softwarepakete das multiple Bestimmtheitsmaß als „Startwert", das den gemeinsamen Varianzanteil einer Variablen mit allen übrigen Variablen angibt. Die Entscheidung für eines der beiden Verfahren wird in dieser Studie für jeden Anwendungsfall vor dem Hintergrund inhaltlicher Überlegungen bestimmt.

---

307 Vgl. Stier (1999), S. 282.

308 Vgl. Backhaus et al. (2000), S. 285.

309 Vgl. Stier (1999), S. 290 f.

Die Korrelations- und **Regressionsanalyse** untersucht allgemein die Richtung und Intensität von Zusammenhängen zwischen zwei Variablen. Es geht dabei um die Erklärung der Abhängigkeit einer Variablen von einer oder mehreren unabhängigen Variablen. Dabei wird allgemein davon ausgegangen, dass die abhängige Variable nicht vollständig durch die unabhängigen Variablen erklärt werden kann, sondern dass vielmehr ein „unerklärter Rest" verbleibt, der durch eine Zufallsvariable beeinflusst wird. In wirtschaftswissenschaftlichen Untersuchungen kommt häufig die Methode der linearen Regressionsanalyse zur Anwendung. Man unterstellt dabei implizit einen linearen Zusammenhang zwischen der zu erklärenden und der erklärenden Variable. Die Annahme eines linearen Zusammenhangs ist insofern plausibel, als sich gezeigt hat, dass viele Zusammenhänge zwischen ökonomischen Variablen zumindest näherungsweise recht gut durch lineare Funktionen dargestellt werden können.[310]

Für die vorliegende Untersuchung ist die lineare Regressionsanalyse jedoch nicht geeignet, da das klassische lineare Regressionsmodell von **metrisch skalierten** abhängigen Variablen ausgeht.[311] Bei der im Rahmen dieser Studie verwendeten Response-Variable des stufenweisen Implementierungsprozesses prozessorientierter Kostenrechnungssysteme handelt es sich jedoch um eine **ordinalskalierte** abhängige Variable. Im Rahmen der empirischen Datenanalyse geht es in bezug auf den Implementierungsprozess um die Frage, in welchem Ausmaß die unabhängigen Variablen (Kontextfaktoren) die abhängige Variable (Stufenmodell der Implementierung) erklären. Daraus resultiert, dass die in der kategorialen Regression für solche Fragestellungen entwickelte **Logit-Analyse** zur Anwendung kommt. Das Ziel der Anwendung der Logit-Analyse in dieser Studie ist die Modellierung des Wahrscheinlichkeitsübergangs der kategorial ausgeprägten Variable (Implementierungsstufe von Prozesskostenrechnung) in Abhängigkeit von der Ausprägung der unabhängigen Variablen (Kontextfaktoren).

Grundsätzlich ist dabei zwischen **binären** und **multinomialen** Modellen zu unterscheiden. Der Unterschied ist darin zu sehen, dass die Anwendung binärer Modelle auf den Fall einer Response-Variable mit nur zwei Alternativen beschränkt ist, während multinomiale Modelle für Response-Variablen mit mehr als zwei Alternativen Verwendung finden.

---

310 Vgl. Bleymüller et al. (1994), S. 140.

311 Vgl. Stier (1999), S. 239 ff.

Das **Logit-Modell** oder logistische Modell postuliert einen monotonen Zusammenhang zwischen Einflussgröße und Auftretenswahrscheinlichkeit. Wenn die Einflussgröße eine metrische Größe ist, spricht man auch von logistischer Regression. Log-lineare- und Logit-Modelle sind spezielle Werkzeuge der Datenanalyse, die für nominalskalierte Daten entwickelt wurden. Dabei werden alle für eine Untersuchung relevanten Variablen simultan untersucht. Ziel dieser Modelle ist es, Assoziationsstrukturen zwischen Variablen, wie z.B. Alterseffekte, zu berücksichtigen.[312] Während log-lineare Modelle bei symmetrischen Fragestellungen zur Anwendung kommen, d.h. wenn alle Variablen sozusagen als gleich betrachtet werden, gehen die für diese Untersuchung relevanten Logit-Modelle von **asymmetrischen Fragestellungen** aus, d.h. es wird eine Variable als abhängig von anderen Variablen behandelt.[313]

Allgemein wird mit Hilfe des Logit-Modells der **Wahrscheinlichkeitsübergang** von einer kategorialen Response-Variable in die nächste Kategorie in Abhängigkeit von den unabhängigen Variablen geschätzt, wobei ein logistischer Funktionsverlauf der Wahrscheinlichkeit unterstellt wird. Dies ist notwendig, weil die abhängige Variable kategorial skaliert ist und somit der klassische lineare Regressionsansatz $y_i = \beta_0 + \beta_1 x_{i1} + \ldots + \beta_k x_{ik} + e_i$ nicht anwendbar ist. Das Problem besteht darin, dass die lineare Regressionsanalyse eine metrisch skalierte abhängige Variable voraussetzt. Dieses Problem wird in der Logit-Analyse dadurch behoben, dass nicht die Gruppenzugehörigkeit, sondern die - nicht beobachtbare - Wahrscheinlichkeit der Gruppenzugehörigkeit $p(y_i = 1)$ als abhängige Größe betrachtet wird. Um zu verhindern, dass unzulässige Wahrscheinlichkeitswerte $p > 1$ oder $p < 0$ vorkommen, wird anstatt der Eintrittswahrscheinlichkeit das Chancenverhältnis, **odd ratio,** der Wahrscheinlichkeit dividiert durch seine Gegenwahrscheinlichkeit betrachtet:[314]

$$\frac{p(y_i = 1)}{1 - p(y_i = 1)}$$

---

312 Vgl. Stier (1999), S. 351 f.

313 Für weitere Anwendungsgebiete von Logit-Modellen in den Sozial- und Wirtschaftswissenschaften siehe Headd (2000), S. 6 ff.; Lu (1999), S. 270 ff.; Jaggia / Kelly-Hawke (1999), S. 190 ff.; Green et al. (1998), S. 6 ff.; Peel et al. (1998), S. 78 ff.; Somers (1996), S. 315 ff.

314 Vgl. Urban (1993), S. 24 ff.

Damit liegt der Wertebereich der modifizierten abhängigen Variable zwischen 0 und $+\infty$. Um auch Werte unter Null zuzulassen, wird das Chancenverhältnis logarithmiert:

$$\ln\left(\frac{p(y_i = 1)}{1 - p(y_i = 1)}\right)$$

Das Ergebnis dieser doppelten Transformation wird als **Logit** bezeichnet. Als Logit wird mithin der natürliche Logarithmus der Gewinnchancen bezeichnet. Abbildung 33 zeigt einen solchen Verlauf der logistischen Funktionskurve grafisch, wobei die Wahrscheinlichkeit der Zugehörigkeit zu einer bestimmten Implementierungsstufe in Abhängigkeit von der Ausprägung eines Kontextfaktors idealtypisch gezeigt wird.

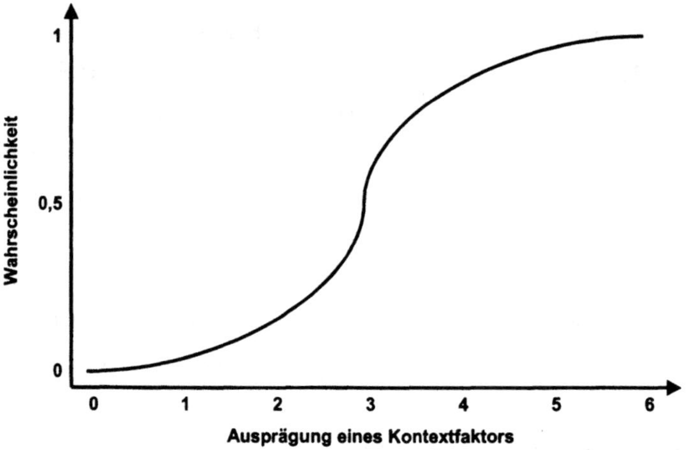

Abbildung 33: Logistische Verteilungsfunktion [Backhaus et al. (2000), S. 111.]

Inhaltlich ist dies so zu interpretieren, dass die Wahrscheinlichkeit, eine bestimmte Implementierungsstufe zu erreichen umso höher ist, je höher die Ausprägung dieses Kontextfaktors ist. Das heißt, wenn dieser Kontextfaktor bei fünf liegt, ist die Zugehörigkeit zur nächsthöheren Stufe wahrscheinlicher als wenn dieser Kontextfaktor nur einen Wert von zwei auf der Skala aufweist. Im Rahmen der Logit-Analyse wird in dieser Studie also der **Wahrscheinlichkeitsübergang** von einer Implementierungsstufe in die nächsthöhere in Abhängigkeit von der Ausprägung der Kontextfaktoren untersucht.

Es geht darum, die Wahrscheinlichkeit für das Erreichen einer bestimmten **Implementierungsstufe** (*Y*) in Abhängigkeit von der Ausprägung der Kontextfaktoren (*x*) zu ermitteln, wobei die Implementierungsstufe als zu erklärende Variable elf mögliche Ausprägungen hat. Die Implementierungsstufen sind dabei als Kategorien zu verstehen, wobei die Abstände zwischen zwei Ausprägungen nicht sinnvoll interpretierbar sind. Das bedeutet die Implementierungsstufe entspricht einem **ordinalen Skalenniveau**, womit der Spezialfall eines **geordneten Logit-Modells** für die Auswertung der Daten vorliegt.[315]

Die elf Implementierungsstufen sind als logische Abfolge von möglichen Schritten im Diffusionsprozess zu verstehen, die nur sukzessive erreichbar sind. Ein Unternehmen muss die Prozesskostenrechnung zuerst in Erwägung gezogen haben, um sie zu analysieren, die Analyse muss vor einer Einführungsentscheidung stehen, die Konzeption muss vor der Umsetzung stehen, etc.. Die Kategorien sind prinzipiell nur in dieser Reihenfolge erreichbar, wobei im Fragebogen nur der Endzustand (i.e. die gegenwärtig erreichte Implementierungsstufe) beobachtet wird, nicht aber die vorhergehenden Zustandsübergänge. Damit ist das **sequentielle Modell** als Spezialfall der geordneten Logit-Modelle anzuwenden.[316]

Es geht um den Übergang von Kategorie r nach Kategorie $r+1$, wenn $Y \geq r$ vorliegt. Für die Auftretenswahrscheinlichkeit (*P*) des Erreichens einer Implementierungsstufe (*Y*) in Abhängigkeit von der Ausprägung eines Kontextfaktors (*x*), $P(Y = r|x)$, ergibt sich allgemein:[317]

$$P(Y = r|X) = P(Y = r|Y \geq r,X, \prod_{i=1}^{r-1} P(Y > i|Y \geq i,X, .$$

Das sequentielle Modell lässt sich als binäres Regressionsmodell für den Übergang von r nach $r+1$, wenn $Y \geq r$ vorliegt, verstehen. Für die Ereignisse $Y = r|Y \geq r$ bzw. $Y > r|Y \geq r$ wird damit ein binäres Regressionsmodell postuliert.

Das Modell geht davon aus, dass die Kontextvariablen über alle Kategorien (i.e. Stufen des Implementierungsprozesses) konstant bleiben. In den Hypothesen werden jedoch Vermutun-

---

315 Vgl. Urban (1993), S. 151 ff.

316 Vgl. Tutz (2000), S. 221.

317 Vgl. Tutz (2000), S. 223.

gen über unterschiedliche Bedeutungen einzelner Kontextvariablen in unterschiedlichen Stufen des Implementierungsprozesses aufgestellt (z.B. wird angenommen, dass der Gemeinkostenanteil in späteren Phasen der Implementierung eine geringere Rolle spielt als bei der grundsätzlichen Entscheidung über den Einsatz von Prozesskostenrechnung). Daher ist dieses Modell für die vorliegende Untersuchung als nicht flexibel genug einzustufen.

Der Übergang von Kategorie r nach Kategorie $r+1$ kann im sequentiellen Modell auch durch die Existenz metrisch latenter Variablen vermittelt werden:

$$U_r = -X'B + \varepsilon_r,\ r = 1,\dots,k\ ,$$

wobei ε_r für eine unabhängige Störvariable mit einer Verteilungsfunktion F steht. Prinzipiell entspricht dies dem klassischen metrischen Regressionsmodell $y = \beta_0 + x_1\beta_1 + \dots + x_p\beta_p + \varepsilon$, dem die Annahme zugrunde liegt, dass y_i eine quantitative auf Intervall- oder Verhältnisskalenniveau gemessene Variable ist. Der Gewichtsparameter B im Logit-Modell entspricht dem Parametervektor $B = (\beta_1,\dots,\beta_p)$ in der metrischen Regression, der die Steigung der Regressionsgerade anzeigt. Somit kann das sequentielle Logit-Modell auch folgendermaßen ausgedrückt werden:

$$P(Y = r|X) = F(\beta_{0r} + X'B)\prod_{i=1}^{r-1}(1 - F(\beta_{0r} + X'B))$$

Um die Erfolgs- bzw. Misserfolgsfaktoren der Diffusion prozessorientierter Kostenrechnungssysteme in Österreich herauszuarbeiten, ist die sukzessive Erreichbarkeit der Kategorien explizit in die Modellierung des Regressionsmodells einzubauen. Dies lässt sich erreichen, indem explizit der Übergang bzw. Nichtübergang von Kategorie r zur nächsthöheren Kategorie $r+1$ modelliert wird. Damit wird das Problem auf eine dichotome Fragestellung (Übergang oder kein Übergang) zurückgeführt, und prinzipiell lassen sich damit **binäre Regressionsmodelle** anwenden.

Eine Verallgemeinerung des Modells ergibt sich, wenn die latenten Variablen anstatt durch $U_r = \beta_0 - X'B + \varepsilon_r$ durch $U_r = \beta_0 - X'B_r + \varepsilon_r$ spezifiziert werden. Daraus ergibt sich unmittelbar die kategorienspezifische Form des Modells:[318]

$$P(Y = r|Y \geq r, X, = F(\beta_{0r} + X'B_r).$$

Alle Ableitungen bleiben identisch, indem B durch den kategorienspezifischen Parameter B_r ersetzt wird. Die Interpretation ist jetzt jedoch lokal. Das sequentielle Modell ist einfach zu schätzen, wenn man den zugrundeliegenden sequentiellen Mechanismus berücksichtigt. Modelliert wird jeweils das Verbleiben in einer Kategorie, gegeben diese Kategorie wird erreicht. Dies aber entspricht einer binären Entscheidung und damit einem binären Modell.

6.2.2 Ergebnisse

6.2.2.1 Deskriptive Bestandsaufnahme

Eine exakte Abgrenzung der Grundgesamtheit, aus der die Elemente der Stichprobe gezogen werden sollen und auf die sich die Erkenntnisse der Untersuchung beziehen sollen, ist für die Aussagefähigkeit der Untersuchung und die Übertragbarkeit ihrer Ergebnisse von erheblicher Bedeutung. Dem Untersuchungsziel entsprechend, handelt es sich bei den Untersuchungsobjekten um Unternehmen, die zum Zeitpunkt der Untersuchung über einen ordentlichen Geschäftssitz in Österreich verfügen. Aus untersuchungstechnischen Gründen ist diese Grundgesamtheit an Unternehmen einzuschränken.

Wie bereits weiter oben beschrieben, wurden aus der Firmendatenbank *Hoppenstedt* die Daten von 1.288 österreichischen Unternehmen (mit Ausnahme land- und forstwirtschaftlicher Betriebe sowie öffentlicher Einrichtungen) mit mehr als 50 Millionen EUR Umsatz (bzw. 50 Millionen EUR Prämieneinnahmen bei Versicherungen sowie 250 Millionen EUR Bilanzsumme bei Banken) gefiltert und als Zielgruppe für den Fragebogen identifiziert. Der Grund für die bewusste Adressierung von größeren Unternehmen ist in den Ergebnissen bisheriger Untersuchungen zu sehen, wonach Großunternehmen ein deutlich größeres Interesse an mo-

---

[318] Vgl. Tutz (2000), S. 225.

dernen Controllingansätzen aufweisen als Kleinunternehmen.[319] Neben der größenspezifischen Filterung der Unternehmen wurde keine weitere Beschränkung vorgenommen.

Diesen Unternehmen wurde im Juni 2001 ein vom Institutsvorstand des Instituts für Betriebswirtschaftslehre der Industrie der Wirtschaftsuniversität Wien unterzeichneter Begleitbrief und eine Diskette mit dem Fragebogen und Ausfüllhilfe zugesendet. Zusätzlich bestand die Möglichkeit, über die Homepage des Instituts den Fragebogen herunterzuladen und per E-Mail an das Institut zu senden, worauf im Begleitschreiben ebenfalls hingewiesen wurde. Nach etwas mehr als sechs Wochen wurde an die 794 größten Unternehmen, die bis zu diesem Zeitpunkt noch nicht geantwortet hatten, ein **Erinnerungsschreiben** zur Teilnahme an der Studie versendet.

Insgesamt bestand für einen Zeitraum von vier Monaten die Möglichkeit an der Studie teilzunehmen. Der Grund für die vergleichsweise lange **Rücklaufperiode** ist darin zu sehen, dass der Fragebogen im Juni versendet wurde und somit in die Phase der Halbjahresabschlüsse und den Beginn der Urlaubszeit fiel. Um möglichst vielen Unternehmen die Möglichkeit zu geben an der Studie teilzunehmen, wurde die Antwortmöglichkeit deshalb bewusst für die gesamte Dauer der Ferienzeit offengehalten.

Von den 1.288 ausgesendeten Fragebögen kamen in den ersten beiden Wochen 70 Briefe wegen Unzustellbarkeit (Häufigste Gründe: Unternehmen existiert nicht mehr, Ansprechpartner aus Unternehmen ausgeschieden, kein Interesse an Thematik, Firmenpolitik verbietet Teilnahme an Fragebogen-Aktionen) zurück. Von den beantworteten Fragebögen konnten 246 vollständig ausgefüllte Exemplare in der weiteren Untersuchung verwendet werden. Dies entspricht einer **Rücklaufquote** von 19%. Die Rücklaufquote kann angesichts des Umfangs des Fragebogens (12½ Seiten) und der zeitlichen Überschneidung mit der Urlaubszeit im Vergleich mit empirischen Studien im Bereich der Kostenrechnung in den letzten fünf Jahren als befriedigend eingestuft werden:

---

319 Vgl. Stoi (1999), S. 139; Niedermayr (1994), S. 171 ff.; Witt (1991), S. 32.

Name	Jahr	Land	Antworten	Rücklauf-quote
Diese Studie	2001	A	246	19%
Wall / Hirsch / Attorps	2000	D	92	20%
Brown	1999	AUS	160	13%
Frank	1999	D	501	17%
Malmi	1999	FIN	490	40%
Risak / Exner	1998	A	65	13%
Stoi	1998	D	86	32%
Foster / Swenson	1997	USA	166	22%
Franz / Kajüter	1997	D	89	18%
Gosselin	1997	CAN	161	39%
Kennedy	1996	UK	234	27%
Kropfberger	1996	A	354	22%
Brede	1994	CH	55	17%
Innes / Mitchell	1994	UK	251	25%
Weber	1993	D	31	65%
Niedermayr	1992	A	292	33%
Innes / Mitchell	1990	UK	187	26%

Tabelle 18: Rücklaufquote

Auffällig ist, dass von den 246 retournierten Fragebögen 213 **elektronisch** ausgefüllt und per E-Mail retourniert wurden. Die restlichen Fragebögen kamen zum Großteil mit der beiliegenden Diskette als *Excel*-File zurück. Nur ein geringer Bruchteil der Teilnehmer machte von der Möglichkeit Gebrauch, den Fragebogen auszudrucken und manuell ausgefüllt per Briefpost oder per Fax zurückzusenden. Diese hohe Bereitschaft, an Befragungen mittels PC und Internet (gleichsam „in der Mittagspause") teilzunehmen, weist den Weg für künftige empirische Arbeiten in Forschung und Praxis. Wesentlicher Vorteil ist neben der Kostengünstigkeit und der Schnelligkeit des Mediums vor allem die Tatsache, dass bei elektronischen Fragebögen der Befragte selbst die Datenerfassung vornimmt und keine zusätzliche Fehlerquelle bei der manuellen Dateneingabe auf Grundlage von schriftlichen Fragebögen besteht.

Im folgenden werden die an der Untersuchung teilnehmenden Unternehmen kurz beschrieben, bevor die eigentliche statistische Untersuchung des Datenmaterials folgt. Die Kurzcharakteristik der Unternehmen dient rein informatorischen Zwecken und darf nicht mit der Untersuchung der Kontextabhängigkeit von Prozesskostenrechnung vor dem Hintergrund der aufgestellten Hypothesen verwechselt werden.

Der größte Anteil der an der Untersuchung teilehmenden Unternehmen stammt mit 42% aus Sachgütererzeugung (i.e. verarbeitendes Gewerbe und Industrie), gefolgt vom Handel und Kredit- und Versicherungswesen mit jeweils 18%. Die Branchenverteilung der antwortenden Unternehmen entspricht der Branchenverteilung der Grundgesamtheit der aus der *Hoppenstedt*-Datenbank mit Hilfe der Größenkriterien selektierten Unternehmen.

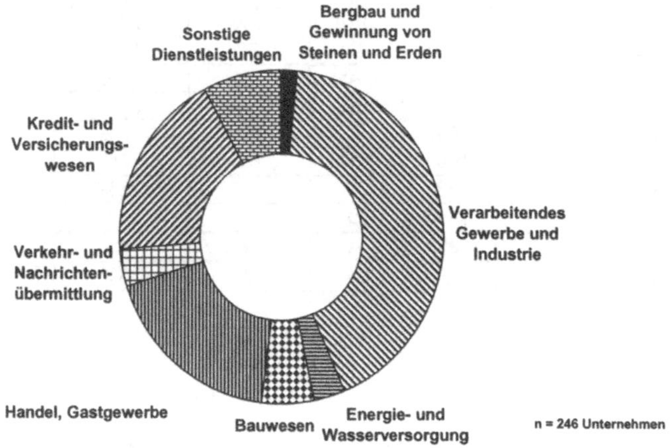

Abbildung 34: Unternehmen nach Branchenzugehörigkeit

Aufgrund der geringen Fallzahl in einzelnen Kategorien werden für die weitere Analyse Branchengruppierungen entsprechend den üblichen wirtschaftsstatistischen sektoralen Gliederung in Industrie, Handel und Verkehr sowie Dienstleistungen durchgeführt.[320]

320 Vgl. Heinrichsmeyer et al. (1991), S. 47 ff.

Industrie	52%
Handel und Verkehr	22%
Dienstleistung	26%

Tabelle 19: Sektorale Gliederung

Fasst man die Branchengliederung grob zum sekundären und tertiären Sektor zusammen, so zeigt sich eine ungefähre Verteilung der teilnehmenden Unternehmen von circa drei Viertel im sekundären Sektor (74%) und etwa einem Viertel im tertiären Sektor (26%).[321] Für die weitere Untersuchung von Implementierung, Dauerbetrieb und Nutzen von Prozesskostenrechnungssystemen in Österreich wird im Rahmen der Hypothesentests auf die ursprüngliche Gliederungstiefe und auf die Gruppierung in Tabelle 19 zurückgegriffen.

Hinsichtlich der Unternehmensgröße wurde sowohl der Umsatz des letzten Geschäftsjahres als auch die durchschnittliche Beschäftigtenzahl erhoben. Abbildung 35 zeigt die Zusammensetzung der teilnehmenden Unternehmen nach dem Umsatzkriterium in Millionen EUR, Abbildung 36 die Darstellung der Unternehmen nach dem Kriterium der Beschäftigtenzahl.

321 Die Transportbranche mit Unternehmen wie z.B. den Österreichischen Bundesbahnen und den Austrian Airlines wurde hier dem sekundären Sektor zugeordnet. Die Begründung liegt zum einen in der hohen Anlagenintensität und zum anderen in der Tatsache, dass der Großteil der teilnehmenden Unternehmen in der Dienstleistungsbranche aus Banken und Versicherungen besteht und somit keine Vergleichbarkeit gegeben wäre.

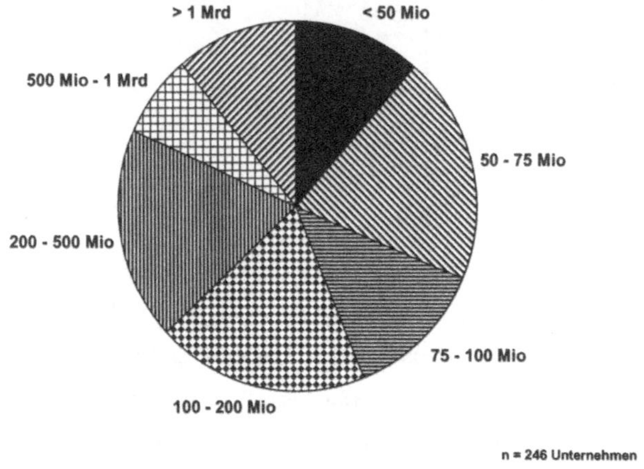

Abbildung 35: Unternehmen nach Umsatz (EUR)

Auffällig ist, dass auch Unternehmen an der Studie teilgenommen haben, die aufgrund des Größenkriteriums von 50 Millionen EUR Mindestumsatz eigentlich nicht als Zielgruppe definiert waren. Der Grund für dieses Phänomen ist darin zu sehen, dass als Basis für die Selektion die aktuellste verfügbare Version der Firmendatenbank *Hoppenstedt* aus dem Jahr 2000 herangezogen wurde, die auf Jahresabschlüssen aus dem Jahr 1999 basiert. Einige der auf dieser Grundlage selektierten Unternehmen haben seither eine rückläufige Entwicklung genommen bzw. sind durch Spaltungen, Umgründungen, Ausgliederungen, etc. unter die Marke von 50 Millionen EUR Jahresumsatz gesunken. Eine genauere Betrachtung dieser Unternehmen offenbarte keine Auffälligkeiten gegenüber den größeren Unternehmen. Die Analyse bezüglich der erreichten Umsetzungsstufe zeigt jedoch, dass der Großteil dieser kleineren Unternehmen eine Evaluierung der Prozesskostenrechnung nie in Erwägung gezogen hat und die maximal erreichte Umsetzungsstufe die Ablehnung nach erfolgter Evaluierung (Stufe C) war. In der weiteren Untersuchung werden diese kleineren Unternehmen mitberücksichtigt. Da sie bereits im ersten Modell der Analyse der Implementierung von Prozesskostenrechnung ausscheiden, kann es dadurch aber zu keiner Verzerrung der Untersuchungsergebnisse kommen.

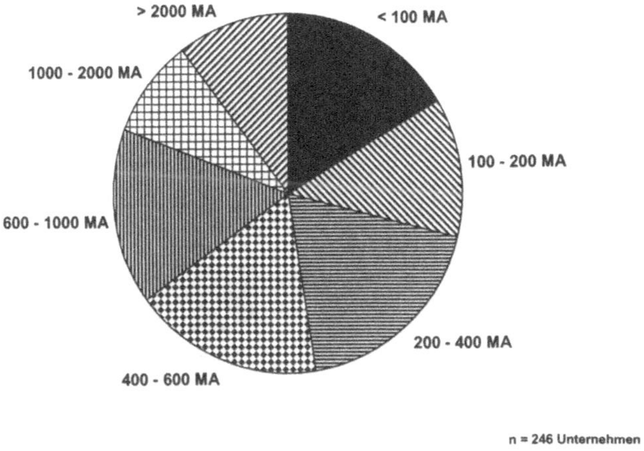

Abbildung 36: Unternehmen nach Mitarbeiterzahl

Aus den beiden Größenkriterien ist ersichtlich, dass in erster Linie **mittelständische Unternehmen** und **Großunternehmen** an der Studie teilgenommen haben. Weiters ist festzustellen, dass die Mehrzahl der an der Untersuchung teilnehmenden Unternehmen entweder als Tochter oder als Mutter in einen Konzern eingebunden.

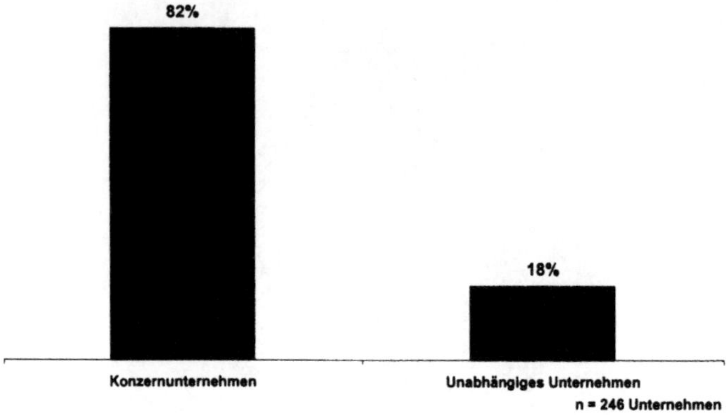

Abbildung 37: Unternehmen nach Konzernzugehörigkeit

Man kann vorweg also festhalten, dass die an der Studie teilnehmenden Unternehmen repräsentativ für große Mittelstandsunternehmen und Großunternehmen aller Branchen in Österreich sind.

Folgende Darstellung zeigt den Stand der Anwendung prozessorientierter Kostenrechnungssysteme im Bezugsrahmen des weiter oben vorgestellten Stufenmodells der Implementierung.

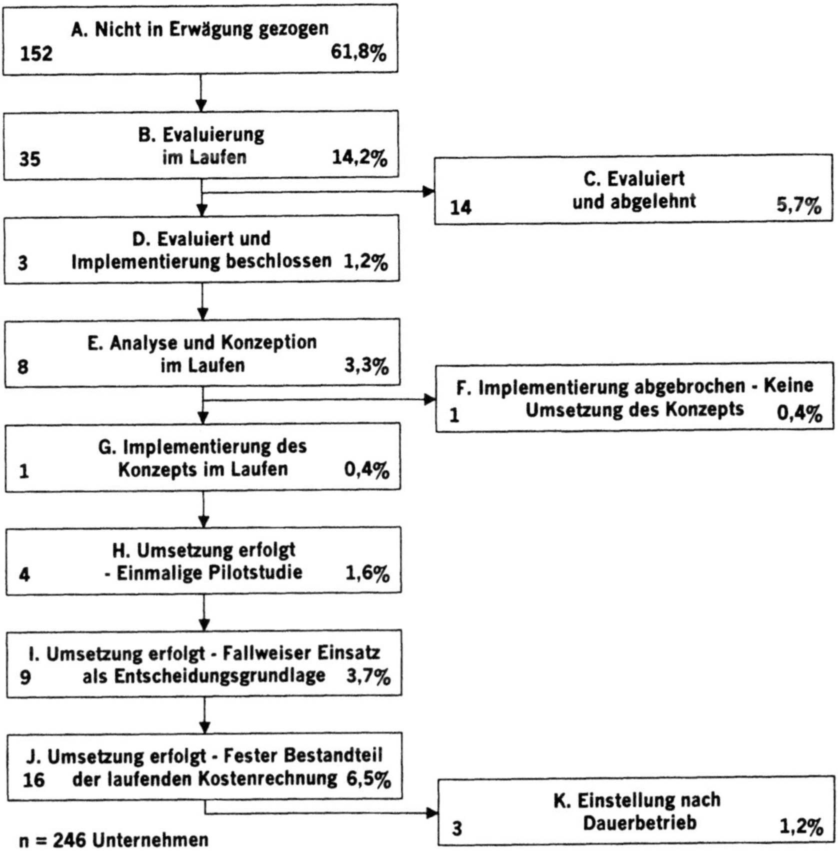

Abbildung 38: Implementierungsstand - Fallzahlen

Wie Abbildung 38 entnommen werden kann, hat die Mehrheit der Unternehmen (62%) die Einführung der Prozesskostenrechnung nie in Erwägung gezogen. 12% der Unternehmen deklarieren sich in unterschiedlicher Intensität als Anwender prozessorientierter Kostenrechnungssysteme. Damit liegt die **Verbreitung** in Österreich unter den Vergleichswerten aus internationalen Studien, die je nach Studie auf eine Verbreitung von über 50% kommen:

Name	Veröffentlichung	Land	Verbreitung
Diese Studie	2002	A	12%
Brown	2000	AUS	17%
Malmi	1999	FIN	23%
Stoi	1999	D	10%
Risak / Exner	1998	A	21%
Bjørnenak	1997	N	40%
Brede	1997	CH	33%
Franz / Kajüter	1997	D	52%
Gosselin	1997	CAN	36%
Kennedy	1996	UK	20%
Kropfberger	1996	A	23%
Innes / Mitchell	1995	UK	20%
Weber	1993	D	26%

Tabelle 20: Verbreitung der Prozesskostenrechnung im Vergleich

Grundsätzlich entspricht dieses Ergebnis der erwarteten Diffusion prozessorientierter Kostenrechnungssysteme in Österreich. Der relativ steile Anstieg der Kurve ab dem Jahr 1999 sowie die Tatsache, dass 14% der Unternehmen angeben, gerade in der Evaluierungsphase zu sein, lassen auf eine zunehmende Verbreitung der Prozesskostenrechnung in den nächsten Jahren und somit auf ein Aufschließen auf einen international vergleichbaren Diffusionsgrad schließen. Bestätigung findet diese Vermutung auch im Ergebnis einer Einsatzuntersuchung von Controllinginstrumenten in mittelständischen österreichischen Unternehmen, die bei der Prozesskostenrechnung einen mittelfristigen Handlungsbedarf ortet.[322]

Sowohl *Kropfberger* als auch *Risak/Exner* fanden in früheren Untersuchungen bereits höhere Verbreitungsgrade von Prozesskostenrechnung in Österreich vor. Insbesondere bei *Kropfberger* waren im Jahr 1996 schon insgesamt 23% und sogar 32% der österreichischen Großunternehmen Anwender von Prozesskostenrechnung. Angesichts der wenig differenzierten Erhebungsmethoden (in beiden Fällen wurde in einem breiteren Untersuchungskontext neben anderen Fragen auch nach der Anwendung sogenannter moderner Methoden mit einer einzigen Frage die Prozesskostenrechnung abgedeckt) sind die Ergebnisse dieser Studien als weniger aussagekräftig im Hinblick auf die Verbreitung von Prozesskostenrechnung zu betrachten wie die vorliegende Untersuchung.

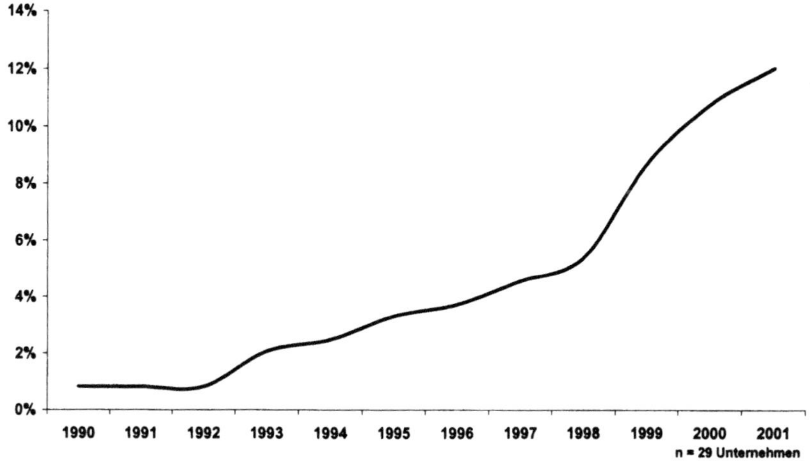

Abbildung 39: Diffusionsverlauf der Prozesskostenrechnung in Österreich

Es ist auf den ersten Blick erkennbar, dass die Zunahme der Einsatzhäufigkeit von Prozesskostenrechnung mit der Markteinführung von CO-ABC des Softwareanbieters ***SAP*** zusammenfällt. Inwieweit hier tatsächlich ein Zusammenhang besteht bzw. ob hier dahinterliegende Faktoren eine Rolle spielen ist Gegenstand der nachfolgenden Ausführungen. Der Fokus ist dabei entsprechend der Problemstellung auf Grundlage der empirischen Daten die Prüfung der aufgestellten Hypothesen. Zuerst ist zu klären welche Faktoren in welchen Phasen den Einführungsprozess prozessorientierter Kostenrechnungssysteme bestimmen und welche Merkmale und Betriebsbedingungen für Prozesskostenrechnungssysteme in Österreich kennzeichnend sind.

6.2.2.2 Implementierung

Bei Analyse der Implementierung von Prozesskostenrechnung geht es um die Klärung der Zusammenhänge zwischen den Kontextfaktoren und dem erreichten Stadium der Implementierung, d.h. es geht grundsätzlich um die Überprüfung der beiden **Ausgangshypothesen** H_{A1} und H_{A2} zu Kontext und Implementierung prozessorientierter Kostenrechnungssysteme.

---

[322] Vgl. Tschandl / Baumann (2002), S. 103.

H_{A1}: *Die Implementierung, der Dauerbetrieb sowie der wahrgenommene Nutzen von prozessorientierten Kostenrechnungssystemen sind von unternehmensinternen und unternehmensexternen Kontextfaktoren abhängig.*

H_{A2}: *Der wahrgenommene Nutzen des Einsatzes prozessorientierter Kostenrechnungssysteme ist vom Implementierungsprozess, der Implementierungsstrategie und dem Implementierungsaufwand abhängig.*

Hinter der Generalhypothese der Kontextabhängigkeit stehen diverse Einzelhypothesen zu organisationalen, umweltbezogenen und funktionalen Kontextfaktoren. Zur Prüfung der Einzelhypothesen sind grundsätzlich alle im Rahmen der Fragebogenuntersuchung erhobenen Variablen nötig.

6.2.2.2.1 Variablenreduktion bei Kontextvariablen

Vor Modellierung und Schätzung der logistischen Regressionsmodelle werden die erhobenen Variablen (vgl. Anhang A) rekodiert und im Rahmen einer Faktorenanalyse auf Unabhängigkeit überprüft und gegebenenfalls zusammengefasst. Auf der einen Seite ist dazu anzumerken, dass durch dieses Vorgehen ein Informationsverlust eintritt, da in der Regel nicht die gesamte Ausgangsvarianz der Variablen durch den Faktor erklärt wird.[323] Auf der anderen Seite können durch die erzielbare **Datenreduktion** mehrere Kontextfaktoren auf wenige wichtige Beschreibungsvariablen zurückgeführt werden, wodurch sich in der weiteren Arbeit erhebliche Vorteile erzielen lassen. Der Verlust an erklärter Varianz wird im Rahmen der Faktorenanalyse zugunsten der Variablenverdichtung bewusst in Kauf genommen.

[323] In der Praxis bedeutet das, dass die Kommunalität so gut wie nie gleich eins ist. Bei der Kommunalität handelt es sich um den Anteil der durch den Faktor zu erklärenden Ausgangsvarianz. Ist die Kommunalität gleich eins, wird die gesamte Ausgangsvarianz der einzelnen Variablen durch den gebildeten Faktor erklärt.

Im Rahmen der **Rekodierung** erfolgt wo sinnvoll eine Reduktion der Skalenniveaus. Dazu werden zuerst die nicht einheitlich skalierten Variablen (v.a. Umsatz, Mitarbeiterzahl) um den Mittelwert **standardisiert**. Dabei wird die Differenz zwischen dem Mittelwert und dem jeweiligen Beobachtungswert einer Variablen gebildet und durch die Standardabweichung dividiert. Dadurch wird sichergestellt, dass der neue Mittelwert gleich null und die Standardabweichung einer Variablen gleich eins ist, wodurch die Vergleichbarkeit der Variablen ermöglicht wird. Weitere Berechnungsschritte (z.B. die Faktoranalyse) werden dadurch erleichtert und dennoch die Identität mit den Ausgangsdaten sichergestellt. Der Großteil der graphisch skalierten Ratingvariablen wurde anfänglich auf einer sechsstufigen Skala erhoben, wobei für Zwecke der statistischen Auswertung die Umkodierung auf andere Skalen (z.B. wo sinnvoll auf eine binäre Skala) erfolgte.

LABEL	VARIABLE	SKALIERUNG	REKODIERT
	KONTEXTFAKTOREN		
MACH	Machtpromotor	Skalierung 0 - 5	Skalierung 1 - 4
FACH	Fachpromotor	Skalierung 0 - 5	Skalierung 1 - 4
KON_1	Konzernzugehörigkeit	Skalierung 0 - 2	Skalierung 1 - 2
KON_2	Konzerneinbindung	Skalierung 0 - 5	Skalierung 1 - 2
SIZE	Unternehmensgröße	Offene Frage ⇨ Standardisierung	Skalierung 1 - 2
ZENT	Zentralisierungsgrad	Skalierung 0 - 5	Skalierung 1 - 4
FORM	Formalisierungsgrad	Skalierung 0 - 5	Skalierung 1 - 4
DIFF	Vertikale Differenzierung	Skalierung 0 - 5	Skalierung 1 - 4
INNO	Innovationserfahrung	Skalierung 0 - 5	Skalierung 1 - 4
WETT	Wettbewerbsintensität	Skalierung 0 - 5	Skalierung 1 - 4
KOMM	Externe Kommunikation	Skalierung 0 - 5	Skalierung 1 - 4
CONS	Unternehmensberater	Skalierung 0 - 5	Skalierung 1 - 4
STRA	Strategie	Skalierung 1 - 6	Skalierung 1 - 6
GKAN	Gemeinkostenanteil	Skalierung 0 - 5	Skalierung 1 - 4
KOMP	Komplexität der Leistungserstellung	Skalierung 0 - 5	Skalierung 1 - 4
RELV	Relative Vorteilhaftigkeit	Skalierung 0 - 5	Skalierung 1 - 4
EDV_1	Verfügbarkeit von EDV-Systemen	Ja/Nein	Skalierung 1 - 2
BRAN	Branchenzugehörigkeit	Skalierung 1 - 8	Skalierung 1 - 3

Tabelle 21: Rekodierung der Kontextvariablen

Nach erfolgter Standardisierung und Rekodierung erfolgte die Datenreduktion mit Hilfe der Faktorenanalyse. Als Beurteilungskriterium für die Datenreduktion durch Faktorenanalyse wird die Faktorladung herangezogen. Die **Faktorladung** gibt an, wieviel ein Faktor mit einer Ausgangsvariablen zu tun hat. Im statistischen Sinne sind Faktorladungen nichts anderes als eine Maßgröße für den Zusammenhang zwischen Variablen und Faktor, d.h. die Faktorladung ist der Korrelationskoeffizient zwischen Faktor und Variablen.

Wie weiter oben erwähnt ist der Zugang zur Faktorenanalyse im Rahmen dieser Studie primär inhaltlich geprägt. Das bedeutet, dass auf Basis des Bezugsrahmens Vermutungen über die Zusammenhänge von Variablenbündel aufgestellt werden und diese mit Hilfe des Instrumentariums der Faktoranalyse geschätzt werden. Generell existieren zur Bestimmung der Faktorenzahl keine eindeutigen Vorschriften, so dass hier der subjektive Eingriff des Anwenders erforderlich ist.[324] Dennoch wurde im ersten Schritt der Faktoranalyse ein rein rechnerischer Zugang gewählt bei dem alle Kontextvariablen mittels einer Hauptkomponentenanalyse verdichtet wurden. Dabei wurden ingesamt sieben Faktoren ermittelt, die jedoch aufgrund inhaltlicher Überlegungen wieder verworfen wurden. Der am stärksten geladene Faktor verdichtete beispielsweise Macht- und Fachpromotoren mit vier weiteren Kontextvariablen, sodass insgesamt ein geringerer Zusammenhang zwischen den Variablen bestand wie in der inhaltlich geprägten Variablenreduktion, die nachfolgend dargestellt ist.

Im ersten Schritt werden die Variablen Machtpromotor und Fachpromotor zur neuen Variable **Champion** (CHAMP) verdichtet. Folgende Abbildung zeigt die Faktormatrix der neuen Variable:

Komponentenmatrix[a]

	Komponente
	1
MACH	,920
FACH	,920

Extraktionsmethode: Hauptkomponentenanalyse.
a. 1 Komponenten extrahiert

Tabelle 22: Faktorladungsmatrix CHAMP

Die sehr hohe Faktorladung in Verbindung mit hohen Kommunalitäten beider Variablen nach der Extraktion (> 0,8) deuten darauf hin, dass der Informationsverlust durch Einführung der Variablen CHAMP relativ gering ist.

324 Vgl. Backhaus et al. (2000), S. 288.

Als weitere Variable wird aus der Kombination von Zentralisierungsgrad, Formalisierungsgrad und vertikaler Differenzierung die Variable **Organisationsgrad** (ORG) eingeführt. Für die weiteren Untersuchungen wird also unterstellt, dass mit dem Kontextfaktor ORG die wesentliche Information zur Beurteilung der Hypothesen berücksichtigt wird.

Komponentenmatrix[a]

	Komponente
	1
FORM	,654
DIFF	,652
ZENT	,542

Extraktionsmethode: Hauptkomponentenanalyse.
a. 1 Komponenten extrahiert

Tabelle 23: Faktorladungsmatrix ORG

Obwohl die Faktorladungen hier vergleichsweise gering sind, kann aus inhaltlichen Überlegungen eine hinreichende Erklärung der Gesamtvarianz durch den Faktor ORG angenommen werden. Darüber hinaus deutet auch das Kaiser-Meyer-Olkin-Kriterium mit > 0,6 auf eine für eine Faktoranalyse geeignete Korrelation zwischen den Variablen hin.

Bei Untersuchung der Korrelation des Ausmaßes an externer Kommunikation und der Beeinflussung durch Unternehmensberater stellte sich ebenfalls ein sehr hoher Zusammenhang heraus, weshalb die Variable **Außenorientierung** (AUSSEN) eingeführt wurde.

Komponentenmatrix[a]

	Komponente
	1
KOMM	,802
CONS	,802

Extraktionsmethode: Hauptkomponentenanalyse.
a. 1 Komponenten extrahiert

Tabelle 24: Faktorladungsmatrix AUSSEN

Weiters stellte sich heraus, dass die Konzernzugehörigkeit und die Stärke der Integration in einen Konzernverbund stark mit der Unternehmensgröße korrelierten. Bei Durchführung der Faktoranalyse konnten diese Kontextfaktoren auf den neuen Faktor **Größe** (KONSIZE) verdichtet werden.

Komponentenmatrix[a]

	Komponente
	1
KON_1	,803
KON_2	,732
SIZE	,511

Extraktionsmethode: Hauptkomponentenanalyse.
a. 1 Komponenten extrahiert

Tabelle 25: Faktorladungsmatrix KONSIZE

Damit findet sich im Faktor KONSIZE die verdichtete Information aus Umsatz, Mitarbeiterzahl, Konzernzugehörigkeit und Konzerneinbindung in einer einzelnen Variable wider. Diese rechnerische Verdichtung auf eine Komponente kann auch aus inhaltlichen Überlegungen nachvollzogen werden, da es plausibel scheint, dass größere Unternehmen eher verbundene Unternehmen haben als Kleinunternehmen. Insgesamt kann aus dem Schritt des Umkodierens und der Faktoranalyse eine Verdichtung und Optimierung der Basisdaten erzielt werden, die als saubere Basis für die folgende Modellierung der logistischen Regression zur Beurteilung der Hypothesen dient.

Die Kodierung der Variable Branchenzugehörigkeit (BRAN) folgt einer Nominalskala, d.h. aus der Reihenfolge der Antwortmöglichkeiten kann nicht auf eine Rangordnung der Branchen im Hinblick auf einen Erklärungsbeitrag zur erreichten Implementierungsstufe der Prozesskostenrechnung geschlossen werden. In den folgenden Logit-Modellen wird ein allfälliger Einfluss von BRAN daher immer separat untersucht.

Nachfolgende Tabelle zeigt eine Zusammenfassung der in der weiteren Untersuchung des Diffusionsprozesses verwendeten Kontextvariablen:

<table>
<tr><th>LABEL</th><th>VARIABLE</th><th>LABEL</th><th>VARIABLE</th></tr>
<tr><td></td><td>KONTEXTFAKTOREN</td><td></td><td></td></tr>
<tr><td>MACH</td><td>Machtpromotor</td><td rowspan="2">CHAMP</td><td rowspan="2">Champion</td></tr>
<tr><td>FACH</td><td>Fachpromotor</td></tr>
<tr><td>KON_1</td><td>Konzernzugehörigkeit</td><td rowspan="3">KONSIZE</td><td rowspan="3">Größe</td></tr>
<tr><td>KON_2</td><td>Konzerneinbindung</td></tr>
<tr><td>SIZE</td><td>Unternehmensgröße</td></tr>
<tr><td>ZENT</td><td>Zentralisierungsgrad</td><td rowspan="3">ORG</td><td rowspan="3">Organisationsgrad</td></tr>
<tr><td>FORM</td><td>Formalisierungsgrad</td></tr>
<tr><td>DIFF</td><td>Vertikale Differenzierung</td></tr>
<tr><td>INNO</td><td>Innovationserfahrung</td><td>INNO</td><td>Innovationserfahrung</td></tr>
<tr><td>WETT</td><td>Wettbewerbsintensität</td><td>WETT</td><td>Wettbewerbsintensität</td></tr>
<tr><td>KOMM</td><td>Externe Kommunikation</td><td rowspan="2">AUSSEN</td><td rowspan="2">Außenorientierung</td></tr>
<tr><td>CONS</td><td>Unternehmensberater</td></tr>
<tr><td>STRA</td><td>Strategie</td><td>STRA</td><td>Strategie</td></tr>
<tr><td>GKAN</td><td>Gemeinkostenanteil</td><td>GKAN</td><td>Gemeinkostenanteil</td></tr>
<tr><td>KOMP</td><td>Komplexität der Leistungserstellung</td><td>KOMP</td><td>Komplexität der Leistungserstellung</td></tr>
<tr><td>RELV</td><td>Relative Vorteilhaftigkeit</td><td>RELV</td><td>Relative Vorteilhaftigkeit</td></tr>
<tr><td>EDV_1</td><td>Verfügbarkeit von EDV-Systemen</td><td>EDV_1</td><td>Verfügbarkeit von EDV-Systemen</td></tr>
<tr><td>BRAN</td><td>Branchenzugehörigkeit</td><td>BRAN</td><td>Branchenzugehörigkeit</td></tr>
</table>

Tabelle 26: Verwendete Kontextvariablen

6.2.2.2.2 Interesse

Wie erwähnt erfolgt die Untersuchung des Diffusionsprozesses prozessorientierter Kostenrechnungssysteme in Österreich mittels einer sequentiellen logistischen Regression. Die theoretisch optimale Überprüfung der Hypothesen wäre demnach die stufenweise Untersuchung des Beitrags der einzelnen Kontextfaktoren zur Erreichung der einzelnen Stadien im Implementierungsprozess mittels einem multinomialen Logit-Modell. Dies ist aufgrund der geringen Fallzahl (siehe Tabelle 27) in den einzelnen Stufen jedoch mit dem vorliegenden Datenmaterial nicht vertretbar. Grundsätzlich kann man bei empirischen Erhebungen nicht vom optimalen Stichprobenumfang sprechen, vielmehr kann dieser je nach Zielsetzung der Untersuchung variieren. So hängt er unter anderem von der angewendeten statistischen Methode, dem gewünschten Signifikanzniveau, der Größe der Grundgesamtheit und der Spannweite der Merkmalsausprägung des zu untersuchenden Merkmals ab.[325]

---

325 Vgl. Stier (1999), S. 153 ff.

Für den Fall der binären logistischen Regression (d.h. wenn die abhängige Variable dichotom skaliert ist) wird in der Literatur eine benötigte **Fallzahl** von zumindest 50 Beobachtungen genannt.[326] Grundsätzlich gilt: Je größer die Zahl der betrachteten Kategorien auf Seiten der abhängigen Variable, desto größer sollte auch die Zahl der Beobachtungen werden. Das bedeutet, dass je Kategorie zumindest 25 Beobachtungen vorliegen müssen. Sind die Fälle zwischen den Kategorien nicht gleichverteilt, erhöht sich die Zahl der benötigten Beobachtungen, bis die kleinste Gruppe die 25 erreicht. Weiters hängt die Zahl der benötigten Beobachtungen auch von der Zahl der unabhängigen Variablen ab, weil bei zunehmender Variablenanzahl die Zahl der möglichen Kombinationen explodiert. Daher hat die im Vorfeld durchgeführte Faktoranalyse auch in diesem Zusammenhang entscheidende Vorteile.

Im ersten Schritt wurde daher die abhängige Variable der erreichten Implementierungsstufe auf zwei binäre Modelle reduziert (siehe Tabelle 27). Einerseits wurde das grundsätzliche **Interesse (PROZ_1)** an der Thematik Prozesskostenrechnung getestet (Stufe A versus Stufen B–K). Zusätzlich wurde der Einfluss der Kontextfaktoren auf die **Umsetzungsentscheidung (PROZ_2)** des Konzepts der Prozesskostenrechnung untersucht (Stufen A–C versus Stufen D–K).[327]

---

326 Vgl. Backhaus et al. (2000), S. 107.; Urban (1993), S. 13.

327 Siehe Kapitel 6.2.2.2.3 Umsetzungsentscheidung, S. 204 ff.

<table>
<tr><th>Implementierungsstufe</th><th>Anzahl</th><th>PROZ_1</th><th>PROZ_2</th></tr>
<tr><td>A. Nicht in Erwägung gezogen</td><td>152</td><td>152</td><td rowspan="3">201</td></tr>
<tr><td>B. Evaluierung im Laufen</td><td>35</td><td rowspan="10">94</td></tr>
<tr><td>C. Evaluiert und abgelehnt</td><td>14</td></tr>
<tr><td>D. Evaluiert und Implementierung beschlossen</td><td>3</td><td rowspan="8">45</td></tr>
<tr><td>E. Analyse und Konzeption im Laufen</td><td>8</td></tr>
<tr><td>F. Implementierung abgebrochen - Keine Umsetzung des Konzepts</td><td>1</td></tr>
<tr><td>G. Implementierung des Konzepts im Laufen</td><td>1</td></tr>
<tr><td>H. Umsetzung erfolgt - Einmalige Pilotstudie</td><td>4</td></tr>
<tr><td>I. Umsetzung erfolgt - Fallweiser Einsatz als Entscheidungsgrundlage</td><td>9</td></tr>
<tr><td>J. Umsetzung erfolgt - Fester Bestandteil der laufenden Kostenrechnung</td><td>16</td></tr>
<tr><td>K. Einstellung nach Dauerbetrieb</td><td>3</td></tr>
<tr><td>Gesamt</td><td>246</td><td>246</td><td>246</td></tr>
</table>

Tabelle 27: Fallzahlen in binären Logit-Modellen

Die Schätzung der beiden Modelle erfolgt mit einem binären Logit-Modell, wobei jeweils die Abhängigkeit der (dichotomen) Variablen PROZ_1 und PROZ_2 in Abhängigkeit von den unabhängigen Kontextfaktoren untersucht wird. Die Modelle berechnen die Wahrscheinlichkeit des Auftretens von PROZ_1 bzw. PROZ_2 in Abhängigkeit von den Werten der Kontextfaktoren und sind wie folgt definiert:

$$\begin{aligned} L(PROZ\_1|?\ ) = {} & \beta_0 + \beta_1 CHAMP + \beta_2 KONSIZE + \beta_3 ORG + \beta_4 INNO \\ & + \beta_5 WETT + \beta_6 AUSSEN + \beta_7 STRA + \beta_8 GKAN \\ & + \beta_9 KOMP + \beta_{10} RELV + \beta_{11} EDV\_1 \end{aligned}$$

$$\begin{aligned} L(PROZ\_2|?\ ) = {} & \beta_0 + \beta_1 CHAMP + \beta_2 KONSIZE + \beta_3 ORG + \beta_4 INNO \\ & + \beta_5 WETT + \beta_6 AUSSEN + \beta_7 STRA + \beta_8 GKAN \\ & + \beta_9 KOMP + \beta_{10} RELV + \beta_{11} EDV\_1 \end{aligned}$$

Die Berechnung der Modelle in *SPSS* erfolgt mit der Methode **Einschluss**, bei der alle Kontextfaktoren gleichzeitig in die Analyse eingebracht werden. Die Alternativen hierzu sind Vorwärts- und Rückwärts-Selektionen. Sowohl für die binären, als auch für die multinomialen Logit-Modelle hat jedoch die Methode Einschluss die am besten an die Daten angepassten Modelle ergeben. Die Prozeduren für binäre und multinomiale Logit-Analysen sind in *SPSS* in verschiedenen Programmpaketen mit unterschiedlichem Layout enthalten. Zur besseren Vergleichbarkeit wurden die Ergebnistabellen der binären Analysen an das Layout der multinomialen Analysen adaptiert. Tabelle 28: enthält die Daten zur **Güte der Modellanpassung** von PROZ_1.

Informationen zur Modellanpassung

Modell	-2 log Likelihood	Goodness of Fit	Cox und Snell	Nagelkerke
	39,311	40,482	,690	,938

Tabelle 28: Modellanpassung PROZ_1

-2 Log Likelihood ist ein Maß für die Güte der Anpassung des Modells an die Daten der Grundgesamtheit. Ziel des binären Logit-Modells ist es, die Koeffizienten β_j derart zu schätzen, dass eine optimale Trennung der zwei Ausprägungen der abhängigen Variablen erreicht wird. Dies wird durch Maximierung der **LogLikelihood-Funktion** (LL) erreicht. Dabei wird das Produkt der Wahrscheinlichkeiten der Zuordnung zur jeweils korrekten Gruppe (Interesse oder Nicht in Erwägung gezogen) aller Beobachtungen maximiert. Zur Beurteilung des Beitrags der unabhängigen Variablen zur Trennung der Ausprägungen der abhängigen Variablen wird der LL-Wert des geschätzten Modells mit -2 multipliziert. Je kleiner der -2LL-Wert ist, desto besser ist die Anpassung des Modells zu beurteilen. Der Grund für die Multiplikation mit –2 ist, dass diese Größe asymptotisch χ^2-verteilt ist und damit ein Anpassungstest ermöglicht wird.[328] Der -2LL-Wert lag am Beginn der Iteration bei 327,224 und verringerte sich bei Hinzunahme der Kontextfaktoren auf 39,311. Eine Abnahme dieses Wertes bedeutet eine Verbesserung der Anpassung, d.h. dies deutet auf einen hohen Erklärungswert des Modells hin.

328 Vgl. Backhaus et al. (2000), S. 115.

Der *Goodness of Fit*, auch *Pearson*-Statistik, dient als Maß für die Güte der Anpassung. Der Goodness of Fit basiert auf der Vorstellung eines Schätzfehlers zwischen der beobachteten und der geschätzten abhängigen Variable. Der Goodness of Fit folgt einer χ^2-Verteilung und ist so konstruiert, dass er umso größer wird, je geringer die Varianz der abhängigen Variable ist. Die Interpretation des Goodness of Fit ist eher problematisch, da er sich nicht auf Basis der einzelnen Beobachtungen, sondern auf Basis der beobachteten Kovariatenmuster berechnet. Das setzt jedoch voraus, dass die Zahl der Kovariatenmuster deutlich geringer ist als die Zahl der Beobachtungen, dass also viele Unternehmen das gleiche Muster an Kontextfaktoren aufweisen.[329] Die hier angeführten 40,482 im Modell PROZ_1 können also nur mit dem Modell PROZ_2 (vgl. Tabelle 30) verglichen werden und lassen eine im Vergleich geringere Anpassung vermuten.

Sowohl der *Cox and Snell*-Wert als auch die Maßzahl nach *Nagelkerke* liefern Aussagen über die Güte des Gesamtmodells. Während der Cox and Snell-Wert jedoch so konstruiert ist, dass er auch im optimalen Fall (d.h. wenn die abhängige Variable vollständig durch die unabhängigen Variablen im Modell erklärt wird) nicht Eins erreichen kann, ist dieses Problem in der Maßzahl nach Nagelkerke behoben.[330] Daher kann das Nagelkerke-Maß auch exakt gleich interpretiert werden wie das Bestimmtheitsmaß bei der linearen Regression. Das Bestimmtheitsmaß nach Nagelkerke liegt mit 0,938 auf einem äußerst hohen Wert. 93,8% der gesamten Varianz des Interesses an Prozesskostenrechnungssystemen können durch die Kontextfaktoren erklärt werden. Bei Vorliegen einer bestimmten Kombination von Kontextfaktoren kann mit hoher Wahrscheinlichkeit vorhergesagt werden, ob dieses Unternehmen Interesse an Prozesskostenrechnung hat.

Da es in der vorliegenden Studie jedoch weniger um die Modellierung eines robusten Modells zur Vorhersage von Prozesskostenrechnungsimplementierungen in Österreich, als um die Analyse des Beitrags einzelner Kontextfaktoren zum Erreichen bestimmter Stadien der Implementierung geht, stehen in der Untersuchung vor allem die β-Werte der unabhängigen Variablen im Mittelpunkt des Interesses. Tabelle 29 enthält den Erklärungswert der einzelnen Kontextvariablen an PROZ_1.

---

[329] Vgl. Backhaus et al. (2000), S. 132.

[330] Vgl. Backhaus et al. (2000), S. 133.

Parameterschätzer

PROZ_1		B	Standard-fehler	Wald	Freiheits-grade	Signifikanz	Exp(B)
1	Konstanter Term	-10,235	4,165	6,040	1	,140	
	CHAMP	,144	,245	,347	1	,556	1,155
	KONSIZE	,059	,269	,048	1	,826	1,061
	ORG	-,180	,397	,205	1	,651	,836
	INNO	-,243	,341	,508	1	,476	,784
	WETT	-,352	,360	,955	1	,329	,704
	AUSSEN	,285	,361	,620	1	,431	1,329
	STRA	-,439	,307	2,043	1	,153	,644
	GKAN	,145	,388	,139	1	,709	1,155
	KOMP	-,221	,287	,595	1	,440	,802
	RELV	**3,164**	,938	11,376	1	**,001**	23,660
	EDV_1	,545	1,028	,281	1	,596	1,724

Tabelle 29: Parameterschätzer PROZ_1

B steht die β-Werte, die zur Beurteilung der Trennkraft der unabhängigen Variable herangezogen werden. Hohe β-Werte bedeuten eine große Steigung der logistischen Funktion und begrenzen damit den Wahrscheinlichkeitsübergang auf einen engen Wertebereich. Je größer der β-Wert, desto größer der Beitrag des Kontextfaktors zur Erklärung der erreichten Implementierungsstufe.

Der *Standardfehler* gibt an, welcher mittlere Fehler bei Verwendung der Regressionsfunktion zur Schätzung der abhängigen Variable gemacht wird. Die *Wald*-Statistik ist der quadrierte Quotient aus dem jeweiligen Koeffizienten und seinem Standardfehler und dient mit der *Signifikanz* und der Anzahl der *Freiheitsgrade* der Überprüfung, ob sich die Koeffizienten signifikant von null unterscheiden. Je größer die Wald-Statistik, desto geringer der Wert für die Signifikanz. Das Funktionsprinzip des Wald-Tests ist eng angelehnt an die Überprüfung der Signifikanz einzelner Koeffizienten innerhalb der linearen Regressionsanalyse. Im binären Modell ist die Anzahl der Freiheitsgrade immer eins, weil nur ein einziger Wahrscheinlichkeitsübergang von einer Ausprägung auf die andere berechnet wird.

Exp(B) steht für den Wert der Exponentialfunktion der Parameterschätzer. Dies ist der Faktor, um den sich die Chance für das Ereignis ändert, wenn eine unabhängige Variable um eine Einheit ansteigt. Wenn der Wert größer als 1 ist, steigt die Chance für das Ereignis, wenn er kleiner als 1 ist, sinkt sie. Ein Wert von 1 lässt die Chance unverändert. Bei gleich skalierten Kontextvariablen kann also beispielsweise gesagt werden, dass bei Anstieg von RELV um eine Einheit, die Chance PROZ_1 zu erreichen (Interesse an Prozesskostenrechnung), um 23,660 ansteigt, während sie einem Anstieg von AUSSEN um eine Einheit nur um 1,329 zunimmt.

Wie Tabelle 29 zu entnehmen ist, bestimmt die Erwartung an die **relative Vorteilhaftigkeit** der Prozesskostenrechnung im Vergleich zum bestehenden Kostenrechnungssystem im Unternehmen am stärksten ein allfälliges Interesse an Prozesskostenrechnungssystemen, gefolgt vom Bestehen einer leistungsfähigen **Software** im Controlling und der **Außenorientierung** des Unternehmens im Sinne des Kontakts mit Beratern, Seminaranbietern und anderen Konzerngesellschaften. Interessanterweise haben Macht- und Fachpromotoren in diesem Stadium nur sehr geringen Einfluss auf das Interesse an der Prozesskostenrechnung. Dies wird jedoch durch die Interviews mit Anwendern von Prozesskostenrechnung relativiert, die eine hohe Bedeutung von Machtpromotoren betonen. Als signifikant hat sich überhaupt nur der Einfluss der relativen Vorteilhaftigkeit herausgestellt (< 0,05). Der Organisationsgrad, die Wettbewerbsintensität, die gewählte Strategie, die Innovationserfahrung sowie die Komplexität in der Leistungserstellung wirken auf das Aufkommen von Interesse an der Prozesskostenrechnung tendenziell negativ, jedoch ohne nachweisbare Signifikanz. Eine mögliche Erklärung ist, dass in eher dezentral geführten Einheiten mit vergleichsweise geringem Marktdruck am ehesten ein Klima herrscht, das ein Aufkommen von neuen Ideen für Innovationen im Controlling und im Management begünstigt, ohne dies jedoch auf signifikantem Niveau empirisch bestätigen zu können.

Neben den Koeffizienten für die Kontextvariablen besteht das Modell auch aus einem konstanten Koeffizienten β_0, der hier mit -10,235 im Vergleich zu den anderen Koeffizienten relativ hoch ist. Dies indiziert Einflüsse auf PROZ_1, die von anderen als den im Modell enthaltenen Variablen ausgehen, und kann deshalb auf vorhandene Spezifikationsfehler des Modells hindeuten.[331]

Ein Einfluss der Branchenzugehörigkeit auf das Interesse an Prozesskostenrechnung konnte nicht nachgewiesen werden. Die Maßzahl nach Nagelkerke war so gering (0,021), dass das

331 Vgl. Urban (1993), S. 36.

Modell keinen Erklärungswert hinsichtlich PROZ_1 hat und hier auch nicht weiter verfolgt wird.

6.2.2.2.3 Umsetzungsentscheidung

Betrachtet man den Einfluss der Kontextfaktoren auf die Umsetzungsentscheidung von Prozesskostenrechnungssystemen im Sinne einer positiven Evaluierung, zeigt sich ein etwas differenzierteres Bild. Beim Modell der Umsetzungsentscheidung von Prozesskostenrechnungssystemen werden im Rahmen einer binären logistischen Regression jene Unternehmen, die nach einem Evaluierungsprozess ein formales Committment zur Einführung der Prozesskostenrechnung abgeben, mit jenen verglichen, die entweder nie ein Interesse gezeigt haben oder in der Evaluierungsphase stecken oder nach der Evaluierung von der Implementierung eines Prozesskostenrechnungssystems wieder Abstand genommen haben. Bei der Gruppe der Unternehmen, die ein formales Committment zur Prozesskostenrechnung abgegeben haben, wird in diesem Modell keine weitere Differenzierung vorgenommen zwischen jenen, die noch in der Konzeptions- und Implementierungsphase stecken und den unterschiedlichen Formen der erfolgreichen Umsetzung.

Informationen zur Modellanpassung

Modell	-2 log Likelihood	Goodness of Fit	Cox und Snell	Nagelkerke
	88,957	152,233	,446	,726

Tabelle 30: Modellanpassung PROZ_2

Der -2 Log Likelihood reduzierte sich von 234,0,5 auf 88,957. Der Goodness of Fit des Modells PROZ_2 ist höher als jener von PROZ_1, was auf eine bessere Anpassung schließen lässt. Das Bestimmtheitsmaß nach Nagelkerke (0,726) ist als hoch einzustufen. In Tabelle 31 finden sich die Parameterschätzer des Modells PROZ_2.

Parameterschätzer

PROZ_2		B	Standard-fehler	Wald	Freiheits-grade	Signifikanz	Exp(B)
1	Konstanter Term	-9,455	2,349	16,209	1	,000	
	CHAMP	,007	,168	,002	1	,967	1,007
	KONSIZE	,004	,178	,005	1	,982	1,004
	ORG	-,079	,186	,179	1	,672	,924
	INNO	-,187	,233	,643	1	,423	,829
	WETT	,139	,163	,728	1	,394	1,149
	AUSSEN	**1,152**	,238	23,529	1	**,000**	3,164
	STRA	-,193	,158	1,492	1	,222	,825
	GKAN	**,397**	,173	5,288	1	**,022**	1,487
	KOMP	-,294	,168	3,072	1	,080	,745
	RELV	**,885**	,245	13,033	1	**,000**	2,424
	EDV_1	,068	,814	,007	1	,934	1,070

Tabelle 31: Parameterschätzer PROZ_2

Als bedeutendster Faktor für die Umsetzungsentscheidung der Prozesskostenrechnung zeigt sich die **Außenorientierung** mit einem β von 1,152. Insgesamt stellen sich die Außenorientierung, die **relative Vorteilhaftigkeit** und der **Gemeinkostenanteil** als signifikante Faktoren zur Erklärung der Umsetzungsentscheidung von Prozesskostenrechnung dar (< 0,05). Interessanterweise ist auch auf dieser Stufe kein signifikanter Einfluss der Bedeutung von Promotoren nachweisbar, wiewohl die Interviews nahe legen, dass der im Rahmen der schriftlichen Erhebung statistisch bloß tendenzielle Beitrag von Promotoren in der Praxis durchaus von hoher Bedeutung ist, insbesondere in Kombination mit dem Einfluss von Unternehmensberatern. Es zeigt sich in der Untersuchung der Umsetzungsentscheidung von Prozesskostenrechnungssystemen mittels der binären logistischen Regression, dass entgegen den ursprünglichen Vermutungen auch funktionale Kontextfaktoren signifikant bedeutsam sind und weniger die organisatorischen Variablen. Während sich etwa bei *Brown* vor allem Promotoren und die Unternehmensgröße als signifikant erweisen, haben diese Faktoren in dieser Untersuchung geringere Bedeutung.[332] Dies kann induzieren, dass das Interesse an der Prozesskostenrechnung in Österreich vor allem aus einer fachlich-kostenrechnerischen Perspektive resultiert und weniger ein organisatorisches Phänomen ist.

332 Vgl. Brown (2000), S. 112 ff.

Zusätzlich zu obigem Modell wurde ein möglicher Brancheneinfluss untersucht, wobei das Modell aufgrund der geringen Signifikanz (Nagelkerke 0,034) wieder verworfen wurde. Wie beim Interesse war auch bei der Umsetzungsentscheidung von Prozesskostenrechnung das branchenbezogene Modell von äußerst geringer Güte, da es nur einen geringen Bruchteil der gesamten Varianz zu erklären vermochte.

Insgesamt kann nach der Beurteilung der Kontextabhängigkeit prozessorientierter Kostenrechnungssysteme mittels der binären Modelle also festgehalten werden, dass sich nur wenige der untersuchten Variablen als signifikant herausgestellt haben. Während das Interesse an Prozesskostenrechnung von der relativen erwarteten Vorteilhaftigkeit gegenüber dem bestehenden Kostenrechnungssystem abhängt, steht bei der Umsetzungsentscheidung der Prozesskostenrechnung stärker der Kontakt mit Unternehmensberatern, die externe Kommunikation über das Thema, die Höhe des Gemeinkostenanteils im Unternehmen und ebenfalls die Annahme der relativen Vorteilhaftigkeit gegenüber der bestehenden Kostenrechnung im Vordergrund. Der wesentliche Unterschied zwischen den beiden Stadien ist die steigende Bedeutung von **Beratungs- und Schulungsleistungen,** um vom Interesse an der Prozesskostenrechnung über einen Evaluierungsprozess zum Stadium eines formalen Committment zu gelangen.

6.2.2.2.4 Ablehnung

Wie weiter oben erwähnt wäre die theoretisch optimale Auswertungsform eine multinomiale Logit-Analyse zur Identifikation der relevanten Faktoren, die ein Durchlaufen der einzelnen Implementierungsstufen auf die jeweils nächsthöhere beeinflussen. Da dies aufgrund der geringen Fallzahl in einzelnen Stufen nicht möglich ist, wurden die Implementierungsstufen im Rahmen der binären Modelle zur Untersuchung von Interesse an und Umsetzungsentscheidung von Prozesskostenrechnungssystemen zu jeweils zwei Kategorien zusammengefasst. Eine explizite Modellierung der einzelnen Umsetzungsschritte wurde zwar versucht, die Berechnung in *SPSS* scheiterte aber an der zu geringen Fallzahl in den Kategorien (Hauptproblem war, dass sich bei der Ermittlung der Likelihood-Ratios einige Parameterschätzer der Unendlichkeit annäherten).

Um zu weiterführenden Erkenntnissen zum Diffusionsprozess von Prozesskostenrechnungssystemen zu gelangen werden für die folgenden Untersuchungsschritte die erreichten Implementierungsstufen zusammengefasst, wobei mehr als zwei Kategorien gebildet werden, weshalb auf die multinomiale Logit-Analyse zurückgegriffen wird. Konkret wird zuerst die **Ab-**

lehnung (PROZ_3) der Prozesskostenrechnung nach erfolgter Evaluierung untersucht (Stufen A versus B versus C). Danach werden die Stufen bis zur erfolgten **Umsetzung (PROZ_4)**, gleich welcher Intensität, untersucht (Stufen A versus B versus D–E–F–G versus H–I–J–K). Schließlich wird noch ein Modell untersucht, in dem die **Einstellung des Dauerbetriebs (PROZ_5)** nach erfolgter Umsetzung explizit ausgewiesen wird (Stufen A versus B versus D–E–F–G versus H–I–J versus K).

Die Schätzung der drei Modelle erfolgt wie erwähnt mit dem Verfahren der multinomialen Logit-Analyse, wobei jeweils die Abhängigkeit der Variablen PROZ_3, PROZ_4 und PROZ_5 in Abhängigkeit von den unabhängigen Kontextfaktoren untersucht wird. Dabei werden bei der Modelldefinition nur die Haupteffekte berücksichtigt, da mögliche Wechselwirkungen zwischen den Kontextfaktoren bereits in der Faktorenanalyse behandelt wurden. Bei der Untersuchung gilt es jene Kontextfaktoren zu finden, die signifikant dazu beitragen, dass Unternehmen von Stufe A in Stufe B bzw. von Stufe B in Stufe C des Implementierungsprozesses gelangen.

Folgende Tabelle enthält die Fallzahlen zu den drei untersuchten multinomialen Modellen:

<table>
<tr><th>Implementierungsstufe</th><th>Anzahl</th><th>PROZ_3</th><th>PROZ_4</th><th>PROZ_5</th></tr>
<tr><td>A. Nicht in Erwägung gezogen</td><td>152</td><td>152</td><td>152</td><td>152</td></tr>
<tr><td>B. Evaluierung im Laufen</td><td>35</td><td>35</td><td>35</td><td>35</td></tr>
<tr><td>C. Evaluiert und abgelehnt</td><td>14</td><td>14</td><td>n/a</td><td>n/a</td></tr>
<tr><td>D. Evaluiert und Implementierung beschlossen</td><td>3</td><td rowspan="8">n/a</td><td rowspan="4">13</td><td rowspan="4">13</td></tr>
<tr><td>E. Analyse und Konzeption im Laufen</td><td>8</td></tr>
<tr><td>F. Implementierung abgebrochen - Keine Umsetzung des Konzepts</td><td>1</td></tr>
<tr><td>G. Implementierung des Konzepts im Laufen</td><td>1</td></tr>
<tr><td>H. Umsetzung erfolgt - Einmalige Pilotstudie</td><td>4</td><td rowspan="4">32</td><td rowspan="3">29</td></tr>
<tr><td>I. Umsetzung erfolgt - Fallweiser Einsatz als Entscheidungsgrundlage</td><td>9</td></tr>
<tr><td>J. Umsetzung erfolgt - Fester Bestandteil der laufenden Kostenrechnung</td><td>16</td></tr>
<tr><td>K. Einstellung nach Dauerbetrieb</td><td>3</td><td>3</td></tr>
<tr><td>Gesamt</td><td>246</td><td>201</td><td>232</td><td>232</td></tr>
</table>

Tabelle 32: Fallzahlen in multinomialen Logit-Modellen

Problematisch an allen drei mehrstufigen Modellen ist die geringe Fallzahl in einzelnen Kategorien, weshalb die Ergebnisse in erster Linie als Tendenzaussagen und nicht als statistisch signifikante Erkenntnisse zu bewerten sind. Formal stellen sich die Modelle wie folgt dar:

$$L(PROZ\_3|?) = \beta_0 + \beta_1 CHAMP + \beta_2 KONSIZE + \beta_3 ORG + \beta_4 INNO \\ + \beta_5 WETT + \beta_6 AUSSEN + \beta_7 STRA + \beta_8 GKAN \\ + \beta_9 KOMP + \beta_{10} RELV + \beta_{11} EDV\_1$$

$$L(PROZ\_4|?) = \beta_0 + \beta_1 CHAMP + \beta_2 KONSIZE + \beta_3 ORG + \beta_4 INNO \\ + \beta_5 WETT + \beta_6 AUSSEN + \beta_7 STRA + \beta_8 GKAN \\ + \beta_9 KOMP + \beta_{10} RELV + \beta_{11} EDV\_1$$

$$L(PROZ\_5|?) = \beta_0 + \beta_1 CHAMP + \beta_2 KONSIZE + \beta_3 ORG + \beta_4 INNO \\ + \beta_5 WETT + \beta_6 AUSSEN + \beta_7 STRA + \beta_8 GKAN \\ + \beta_9 KOMP + \beta_{10} RELV + \beta_{11} EDV\_1$$

Bei Untersuchung der Ablehnung der Prozesskostenrechnung nach erfolgter Evaluierung werden folgende Ausprägungen für die abhängige Variable (PROZ_3) verwendet:

1	**A. Nicht in Erwägung gezogen**
2	**B. Evaluierung im Laufen**
3	**C. Evaluiert und abgelehnt**

Tabelle 33: Responsevariable PROZ_3

Aus den Informationen zur Modellanpassung in Tabelle 34 ist zu entnehmen, dass das Modell insgesamt eine gute Trennkraft aufweist für die Unterscheidung der Gruppen. Die auf den ersten Blick hohe Zahl an Freiheitsgraden ergibt sich daraus, dass alle möglichen Varianten zwischen den unabhängigen Variablen und jeder Kategorie der abhängigen Variable geschätzt werden müssen. Das Bestimmtheitsmaß nach Nagelkerke weist mit 0,881 auf einen hohen Erklärungswert des Modells hin.

Informationen zur Modellanpassung

Modell	-2 log Likelihood	Chi-Quadrat	Freiheits-grade	Signifikanz
Nur konstanter Term	515,996			
Endgültig	151,134	364,861	33	,000

Tabelle 34: Modellanpassung PROZ_3

Tabelle 34 liefert den -2LL-Wert des Ausgangsmodells (515,996), den -2LL-Wert des vollständigen Modells (151,134) und die Differenz (Devianz) der zwei Werte (364,861), die als *Chi-Quadrat* angeführt ist. Da der -2LL-Wert einer χ^2-Verteilung gehorcht, wird die Differenz als Prüfgröße eines χ^2-Anpassungstests (*Likelihood-Ratio-Test*) verwendet, der bei 33 Freiheitsgraden und einem Signifikanzniveau von 0,000 auf eine Übertragbarkeit der Ergebnisse auf die Grundgesamtheit hinweist.

Pseudo-R-Quadrat

Cox und Snell	,773
Nagelkerke	,881
McFadden	,707

Tabelle 35: Pseudo-R-Quadrat PROZ_3

Tabelle 35 enthält neben den schon bekannten Maßzahlen Cox und Snell und Nagelkerke das *McFadden-R^2*. *Pseudo-R^2* ist allgemein eine Maßzahl, die das Ausmaß der Schätzungsverbesserung durch das vollständige Modell im Vergleich zum Ausgangsmodell (*Null-Modell)* angibt. Der Wertebereich von *Pseudo-R^2* liegt zwischen 0 und 1, wobei 1 bedeutet, dass die abhängige Variable vollständig voraussagbar ist.[333] Der dem McFadden-Maß zugrundeliegende Test beruht auf der Gegenüberstellung der LL-Werte des vollständigen und des Ausgangsmodells. Bei einem geringen Unterschied zwischen den beiden Modellen ist das McFadden-R^2 nahe Null, bei einem großen Unterschied ist es genau umgekehrt. Aufgrund der Konstruktion

[333] Vgl. Tutz (2000), S. 102; Urban (1993), S. 62.

der Statistik ist das Erreichen von Eins jedoch nahezu unmöglich, weshalb bereits bei Werten von 0,2 bis 0,4 von einer guten Modellanpassung gesprochen wird.[334].

Tabelle 36 enthält die Likelihood Ratio-Tests für die einzelnen Variablen. Grundsätzlich gilt: Je höher der Chi-Quadrat-Wert und je näher die Signifikanz null ist, umso höher ist der Erklärungsanteil der Variablen in bezug auf deren Einfluss auf die Kategorienzugehörigkeit der abhängigen Variable. Die Zahl der Freiheitsgrade ergibt sich dabei als Differenz der Anzahl der geschätzten Parameter zwischen dem vollständigen und dem reduzierten Modell.

Likelihood-Quotienten-Tests

Effekt	-2 log Likelihood für reduziertes Modell	Chi-Quadrat	Freiheitsgrade	Signifikanz
Konstanter Term	170,916	19,781	3	,000
CHAMP	157,805	6,671	3	,083
KONSIZE	151,718	,584	3	,900
ORG	151,853	,719	3	,869
INNO	156,099	4,965	3	,174
WETT	153,284	2,150	3	,542
AUSSEN	**191,863**	**40,729**	3	**,000**
STRA	156,218	5,084	3	,166
GKAN	155,580	4,445	3	,217
KOMP	154,538	3,403	3	,334
RELV	**343,925**	**192,790**	3	**,000**
EDV_1	152,354	1,220	3	,748

Die Chi-Quadrat-Statistik stellt die Differenz der -2 log Likelihoods zwischen dem endgültigen Modell und einem reduziertem Modell dar. Das reduzierte Modell wird berechnet, indem ein Effekt aus dem endgültigen Modell weggelassen wird. Hierbei liegt die Nullhypothese zugrunde, nach der alle Parameter dieses Effekts 0 betragen.

Tabelle 36: Likelihood-Quotienten PROZ_3

Bereits hier ist ersichtlich, dass nur die **relative Vorteilhaftigkeit** und die **Außenorientierung** des Unternehmens einen signifikanten Erklärungsbeitrag zur Ablehnung von Prozesskostenrechnung haben (< 0,05). Promotoren, Innovationserfahrung und die strategische Ausrichtung haben zwar ebenfalls einen Einfluss, jedoch nicht auf signifikantem Niveau. Was aus

334 Vgl. Urban (1993), S. 62 f.

den Likelihood-Quotienten nicht ersichtlich ist, ist die Wirkungsrichtung und -stärke der Variablen je Implementierungsstufe.

Tabelle 37 enthält die Parameterschätzer für Richtung und Stärke des Beitrags der einzelnen Kontextfaktoren je Implementierungskategorie im Modell der Ablehnung von Prozesskostenrechnung. Analog zur Interpretation der entsprechenden Tabellen in der binären logistischen Regression dienen in erster Linie die β-Werte mit den entsprechenden Signifikanzniveaus als Maßzahlen für die Interpretation der Ergebnisse. Zusätzlich zu den schon aus den binären Modellen bekannten Ergebnissen liefert *SPSS* bei der multinomialen Logit-Analyse auch das 95%-Konfidenzintervall für Exp(B).

Ein Vergleich der Werte für die Kontextfaktoren in Antwortkategorie 1 (Stufe A) mit den Werten im binären Modell PROZ_1 ist nicht direkt möglich. Dies resultiert daraus, dass die Modelle unabhängig voneinander gerechnet wurden. Dabei wird jeweils in iterativen Schritten das Ziel verfolgt, die Koeffizienten β_j derart zu schätzen, dass eine optimale Trennung der Ausprägungen der abhängigen Variablen erreicht wird, wobei sich die Ergebnisse der multinomialen Logit-Analyse jeweils auf eine Referenz-Alternative (i.e. jene Implementierungsstufen, die in Tabelle 28 mit n/a bezeichnet sind) beziehen.[335] Da sowohl die Zahl der betrachteten Fälle, als auch die Anzahl der möglichen Antwortkategorien verschieden sind, resultieren unterschiedliche Erklärungsbeiträge der Kontextfaktoren auf das Erreichen einer bestimmten Implementierungsstufe in den Modellen.

335 Vgl. Urban (1993), S. 14.

Parameterschätzer

PROZ_3		B	Standardfehler	Wald	Freiheitsgrade	Signifikanz	Exp(B)	95% Konfidenzintervall für Exp(B)	
								Untergrenze	Obergrenze
1	Konstanter Term	16,040	5,006	10,264	1	,001			
	CHAMP	-,250	,291	,736	1	,391	,779	,440	1,378
	KONSIZE	-,055	,326	,028	1	,867	,947	,499	1,795
	ORG	,341	,439	,604	1	,437	1,406	,595	3,322
	INNO	,630	,416	2,295	1	,130	1,877	,831	4,239
	WETT	,242	,394	,376	1	,540	1,273	,588	2,758
	AUSSEN	**-1,059**	,437	5,887	1	**,015**	,347	,147	,816
	STRA	,595	,346	2,955	1	,086	1,814	,920	3,576
	GKAN	-,543	,434	1,570	1	,210	,581	,248	1,359
	KOMP	,487	,329	2,198	1	,138	1,628	,855	3,099
	RELV	**-3,619**	1,033	12,266	1	**,000**	,027	,004	,203
	EDV_1	-,999	1,237	,653	1	,419	,368	,033	4,158
2	Konstanter Term	1,725	3,254	,281	1	,596			
	CHAMP	,121	,211	,329	1	,566	1,129	,746	1,708
	KONSIZE	,101	,196	,267	1	,605	1,107	,753	1,626
	ORG	,011	,208	,003	1	,959	1,011	,673	1,519
	INNO	,085	,255	,112	1	,738	1,089	,660	1,796
	WETT	-,203	,184	1,226	1	,268	,816	,569	1,169
	AUSSEN	**-1,215**	,270	20,301	1	**,000**	,297	,175	,503
	STRA	,239	,182	1,719	1	,190	1,269	,889	1,813
	GKAN	-,274	,186	2,165	1	,141	,760	,528	1,095
	KOMP	,239	,187	1,631	1	,202	1,270	,880	1,833
	RELV	,390	,507	,590	1	,442	1,476	,547	3,988
	EDV_1	,145	1,043	,019	1	,890	1,156	,150	8,928
3	Konstanter Term	8,692	4,142	4,404	1	,036			
	CHAMP	-,397	,234	2,877	1	,090	,672	,425	1,064
	KONSIZE	-,063	,276	,051	1	,821	,939	,547	1,614
	ORG	,138	,326	,179	1	,672	1,148	,606	2,176
	INNO	,639	,354	3,261	1	,071	1,894	,947	3,788
	WETT	-,100	,273	,134	1	,714	,905	,530	1,545
	AUSSEN	**-1,141**	,333	11,767	1	**,001**	,320	,166	,613
	STRA	,044	,258	,030	1	,863	1,045	,630	1,734
	GKAN	-,518	,302	2,945	1	,086	,595	,329	1,076
	KOMP	,372	,271	1,885	1	,170	1,451	,853	2,468
	RELV	-,938	,729	1,655	1	,198	,391	,094	1,634
	EDV_1	-,854	1,130	,571	1	,450	,426	,046	3,902

Tabelle 37: Parameterschätzer PROZ_3

Die Interpretation der β-Werte erfolgt analog zu den binären Modellen, wobei in den multinomialen Modellen die β-Werte den Beitrag des Kontextfaktors zur Erklärung der einzelnen Implementierungsstufen anzeigen. Negative β-Werte sind dabei so zu interpretieren, dass ein hoher Skalenwert eines Kontextfaktors bei einem negativen β-Wert darauf hindeutet, dass dieser Faktor nicht zur Erklärung der jeweiligen Gruppe beiträgt.[336] In diesen Fällen ist der

336 Vgl. Backhaus et al. (2000), S. 134.

entsprechende Faktor bei jenen Unternehmen relevant, die nicht in der Ergebnistabelle abgebildet sind, d.s. jene Unternehmen, die in einen Implementierungsprozess gegangen sind bzw. die Prozesskostenrechnung umgesetzt haben.[337] Mit anderen Worten, die negativen β-Werte implizieren eine geringe Wahrscheinlichkeit in der abgebildeten Kategorie im Implementierungsprozess und dementsprechend eine hohe Gegenwahrscheinlichkeit für positive β-Werte bei den nicht abgebildeten Kategorien.

Eine geringe Außenorientierung ist für alle Stufen bis zur Ablehnung von Prozesskostenrechnung nach erfolgter Evaluierung signifikant feststellbar. Das heißt, diese Unternehmen haben keinen Kontakt mit Unternehmensberatern, die sie über neue Entwicklungen und Trends auf dem Gebiet von Controllinginstrumenten informieren. Auch die Information im Rahmen von Seminaren, Kongressen, Fachmagazinen, etc. ist hier signifikant geringer als bei jenen Unternehmen, die eine höhere Stufe im Diffusionsprozess erreichen.

Die Erwartung, dass sich mit der Prozesskostenrechnung keine Verbesserung im Kostenrechnungssystem im Unternehmen einstellt ist nur für Stufe A signifikant, nicht jedoch in den Stufen B und C bei jenen Unternehmen, die sich für eine Evaluierung entschlossen haben. In der Phase der Evaluierung ist die Erwartung sogar positiv (0,390), bei jenen Unternehmen, die nach der Evaluierung die Prozesskostenrechnung ablehnen ist sie wieder negativ (-0,938), jedoch nicht auf signifikantem Niveau.

Annähernd signifikant ist der Beitrag der **Innovationserfahrung** im Unternehmen zur Ablehnung von Prozesskostenrechnung. Dies überrascht und kann nur dahingehend interpretiert werden, dass die teilnehmenden Unternehmen bereits negative Erfahrungen mit prozessorientierten Instrumenten (wie z.B. der Gemeinkostenwertanalyse) gemacht haben. Ebenfalls auffällig sind die negativen β-Werte von CHAMP in den Stufen A (-0,250) und C (-0,397), was auf ein Nichtvorhandensein von Promotoren hindeuten kann, wobei keine Signifikanz feststellbar ist.

Brancheneinflüsse konnten auch im Modell PROZ_3 nicht in hinreichender Güte festgestellt werden. Insgesamt bestätigt das Modell PROZ_3 die Eindrücke aus den binären Modellen PROZ_1 und PROZ_2. Allerdings sei nochmals auf die Problematik der geringen Fallzahl in

---

[337] Gemeint sind jene Stufen im Implementierungsprozess, die in Tabelle 32 mit n/a bezeichnet sind.

Stufe C hingewiesen (14 < 25), die bei der Interpretation der Ergebnisse zu berücksichtigen ist.

6.2.2.2.5 Umsetzung

Im zweiten multinomialen Modell werden die Stufen bis zur Umsetzung von Prozesskostenrechnungssystemen analysiert, um jene Kontextfaktoren herauszufinden, die für den Wahrscheinlichkeitsübergang in die nächsthöhere Stufe verantwortlich zeichnen.

1	**A. Nicht in Erwägung gezogen**
2	**B. Evaluierung im Laufen**
3	**D. Evaluiert und Implementierung beschlossen** **E. Analyse und Konzeption im Laufen** **F. Implementierung abgebrochen – Keine Umsetzung des Konzepts** **G. Implementierung des Konzepts im Laufen**
4	**H. Umsetzung erfolgt – Einmalige Pilotstudie** **I. Umsetzung erfolgt – Fallweiser Einsatz als Entscheidungsgrundlage** **J. Umsetzung erfolgt – Fester Bestandteil der laufenden Kostenrechnung** **K. Einstellung nach Dauerbetrieb**

Tabelle 38: Responsevariable PROZ_4

Das Gesamtmodell für die Umsetzung von Prozesskostenrechnungssystemen ist sowohl hinsichtlich der Modellanpassung stimmig (siehe Tabelle 39) und hat auch in bezug auf die Güte des Modells einen hohen Erklärungswert der Gesamtvarianz (siehe Tabelle 40).

Informationen zur Modellanpassung

Modell	-2 log Likelihood	Chi-Quadrat	Freiheitsgrade	Signifikanz
Nur konstanter Term	570,100			
Endgültig	175,813	394,286	44	,000

Tabelle 39: Modellanpassung PROZ_4

Pseudo-R-Quadrat

Cox und Snell	,799
Nagelkerke	,886
McFadden	,692

Tabelle 40: Pseudo-R-Quadrat PROZ_4

Die Likelihood-Quotienten in Tabelle 41 geben Auskunft über den Erklärungsbeitrag der Kontextfaktoren zur Gruppentrennung. Ähnlich den bisherigen Modellen zeigt sich auch hier ein signifikanter Einfluss der Außenorientierung und der Erwartung einer relativen Vorteilhaftigkeit der Prozesskostenrechnung. Die strategische Grundausrichtung, die Komplexität der Leistungserstellung sowie die Existenz von Macht- und Fachpromotoren haben auf das Erreichen von höheren Implementierungsstufen bei Umsetzung der Prozesskostenrechnung ebenfalls einen Einfluss, der allerdings nicht auf signifikantem Niveau nachgewiesen werden kann.

Likelihood-Quotienten-Tests

Effekt	-2 log Likelihood für reduziertes Modell	Chi-Quadrat	Freiheitsgrade	Signifikanz
Konstanter Term	201,072	25,258	4	,000
CHAMP	182,316	6,503	4	,165
KONSIZE	180,692	4,879	4	,300
ORG	176,792	,979	4	,913
INNO	180,056	4,243	4	,374
WETT	178,081	2,267	4	,687
AUSSEN	230,714	**54,901**	4	**,000**
STRA	184,862	9,049	4	,060
GKAN	179,764	3,951	4	,413
KOMP	182,620	6,807	4	,146
RELV	365,107	**189,293**	4	**,000**
EDV_1	177,147	1,333	4	,856

Die Chi-Quadrat-Statistik stellt die Differenz der -2 log Likelihoods zwischen dem endgültigen Modell und einem reduziertem Modell dar. Das reduzierte Modell wird berechnet, indem ein Effekt aus dem endgültigen Modell weggelassen wird. Hierbei liegt die Nullhypothese zugrunde, nach der alle Parameter dieses Effekts 0 betragen.

Tabelle 41: Likelihood-Quotienten PROZ_4

Parameterschätzer

PROZ_4		B	Standardfehler	Wald	Freiheitsgrade	Signifikanz	Exp(B)	95% Konfidenzintervall für Exp(B) Untergrenze	Obergrenze
1	Konstanter Term	7,308	4,326	2,854	1	,091			
	CHAMP	,150	,288	,272	1	,602	1,162	,661	2,043
	KONSIZE	,024	,316	,006	1	,938	1,025	,552	1,904
	ORG	,223	,483	,213	1	,644	1,250	,485	3,218
	INNO	-,011	,406	,001	1	,978	,989	,446	2,191
	WETT	,392	,431	,825	1	,364	1,480	,635	3,448
	AUSSEN	,110	,431	,065	1	,798	1,116	,480	2,598
	STRA	,586	,380	2,376	1	,123	1,798	,853	3,789
	GKAN	-,043	,464	,009	1	,926	,958	,386	2,378
	KOMP	,120	,342	,122	1	,726	1,127	,577	2,203
	RELV	**-2,760**	,982	7,899	1	**,005**	,063	,009	,434
	EDV_1	-,223	1,159	,037	1	,847	,800	,083	7,757
2	Konstanter Term	-7,216	3,664	3,878	1	,049			
	CHAMP	**,527**	,223	5,564	1	**,018**	1,694	1,093	2,624
	KONSIZE	,183	,260	,497	1	,481	1,201	,722	1,999
	ORG	-,092	,316	,085	1	,771	,912	,491	1,695
	INNO	-,538	,320	2,823	1	,093	,584	,312	1,094
	WETT	-,111	,276	,161	1	,688	,895	,521	1,537
	AUSSEN	-,082	,280	,087	1	,769	,921	,532	1,593
	STRA	,184	,250	,542	1	,462	1,202	,737	1,961
	GKAN	,252	,289	,761	1	,383	1,286	,731	2,265
	KOMP	-,117	,247	,222	1	,638	,890	,548	1,446
	RELV	1,314	,704	3,489	1	,062	3,723	,937	14,786
	EDV_1	1,034	1,123	,848	1	,357	2,812	,311	25,415
3	Konstanter Term	-6,969	4,606	2,290	1	,130			
	CHAMP	,373	,290	1,646	1	,200	1,452	,821	2,565
	KONSIZE	-,207	,330	,393	1	,531	,813	,426	1,552
	ORG	-,187	,377	,246	1	,620	,829	,396	1,736
	INNO	-,549	,413	1,773	1	,183	,577	,257	1,296
	WETT	,115	,310	,138	1	,710	1,122	,611	2,058
	AUSSEN	,647	,381	2,882	1	,090	1,910	,905	4,031
	STRA	-,377	,322	1,369	1	,242	,686	,365	1,290
	GKAN	,562	,349	2,592	1	,107	1,754	,885	3,477
	KOMP	-,201	,314	,409	1	,522	,818	,442	1,514
	RELV	,905	,812	1,242	1	,265	2,472	,503	12,135
	EDV_1	,953	1,423	,448	1	,503	2,594	,159	42,201
4	Konstanter Term	-14,378	5,171	7,731	1	,005			
	CHAMP	,326	,275	1,406	1	,236	1,386	,808	2,377
	KONSIZE	,415	,334	1,550	1	,213	1,515	,788	2,914
	ORG	,045	,368	,015	1	,902	1,047	,509	2,153
	INNO	-,587	,405	2,106	1	,147	,556	,252	1,229
	WETT	,042	,300	,019	1	,889	1,043	,579	1,878
	AUSSEN	**1,929**	,492	15,366	1	**,000**	6,881	2,623	18,050
	STRA	,144	,285	,253	1	,615	1,154	,660	2,019
	GKAN	,476	,323	2,179	1	,140	1,610	,856	3,029
	KOMP	**-,644**	,317	4,130	1	**,042**	,525	,282	,977
	RELV	1,012	,804	1,583	1	,208	2,750	,569	13,299
	EDV_1	,506	1,236	,167	1	,683	1,658	,147	18,710

Tabelle 42: Parameterschätzer PROZ_4

Richtung und Stärke der Kontextfaktoren auf PROZ_4 sind Tabelle 42 zu entnehmen. Die unterschiedlichen Werte für die Kontextfaktoren in den Antwortkategorien 1 (Stufe A) und 2

(Stufe B) im Vergleich zu den Werten in Modell PROZ_3 (siehe Tabelle 37) resultieren aus Unterschieden in der Zahl der betrachteten Fälle und der unterschiedlichen Anzahl der möglichen Antwortkategorien.

In der Evaluierungsphase hat sich insbesondere die Existenz von Macht- und Fachpromotoren als signifikanter Einflussfaktor auf das positive Absolvieren der Evaluierung herausgestellt. Auch die Erwartung an Verbesserungen im Vergleich zum bestehenden Kostenrechnungssystem ist hier von Bedeutung, jedoch nicht signifikant. In der Konzeptions- und Einführungsphase sind die Existenz von Promotoren, der Einfluss von Unternehmensberatern, die Höhe des Gemeinkostenanteils, die Innovationserfahrung des Unternehmens sowie die Erwartung an eine relative Verbesserung mitbestimmend, jedoch konnte für keinen Faktor ein signifikanter Erklärungsbeitrag nachgewiesen werden.

Bei jenen Unternehmen, die eine Beschäftigung mit der Prozesskostenrechnung nie in Betracht gezogen haben, dominiert eine negative Erwartungshaltung in bezug auf mögliche Verbesserungen bzw. Verschlechterungen im Vergleich zum gegenwärtigen Kostenrechnungssystem.

Für das Erreichen der Stufe der Umsetzung von Prozesskostenrechnung ist auf signifikantem Niveau der Einfluss von **Unternehmensberatern** sowie eine **geringe Komplexität der Leistungserstellung** bedeutsam. Insbesondere der negative Zusammenhang mit einer komplex strukturierten Wertschöpfungskette ist auf den ersten Blick überraschend. Bei genauerer Untersuchung ist jedoch festzustellen, dass in der Phase der ersten Beschäftigung mit der Prozesskostenrechnung eine hohe Komplexität der Leistungserstellung einen durchaus positiven Beitrag zum Beginn einer Evaluierung hat. Ähnlich der erwarteten relativen Vorteilhaftigkeit gegenüber dem bisherigen Kostenrechnungssystem nimmt dies bei Durchlaufen des Implementierungsprozesses jedoch schrittweise ab. Eine zu hohe Komplexität ist also offenbar für einen schnellen Umsetzungserfolg hinderlich, weswegen die Erwartungen an substantielle Verbesserungen im Laufe der Implementierung abnehmen. Einen positiven Einfluss auf das Erreichen der Stufe der Umsetzung von Prozesskostenrechnungssystemen haben des weiteren Macht- und Fachpromotoren, die Unternehmensgröße und die Höhe der Gemeinkosten, jedoch nicht auf signifikantem Niveau.

Im Rahmen der Interviews hat sich herausgestellt, dass bei der Bedeutung der Machtpromotoren oftmals von einer zweiseitigen Wirkung auszugehen ist. Das heißt, die Existenz eines

Machtpromotors, oftmals auch Ansprechpartner und Promotor des Unternehmensberaters, ist nicht nur für den Umsetzungserfolg der Prozesskostenrechnung wichtig, sondern es ist auch umgekehrt von einer Bedeutung des Erfolgs des Prozesskostenrechnungsprojektes für den Status des Machtpromotors im Unternehmen auszugehen. Das bedeutet, dass die erfolgreiche Einführung der Prozesskostenrechnung offenbar auch als Mittel in internen Machtkämpfen eingesetzt wird. Für die Bedeutung der Rolle des Machtpromotors für den Einführungserfolg der Prozesskostenrechnung hat dies jedoch nicht unbedingt negative Folgen.

Der im Gegensatz zu den vorigen Stufen nicht mehr signifikante Beitrag der relativen Vorteilhaftigkeit lässt darauf schließen, dass in der Umsetzung von Prozesskostenrechnungssystemen eine zu große Differenz zwischen dem vorhandenen Ist-Zustand und dem angestrebten Soll-Zustand einen negativen Beitrag zum Umsetzungserfolg leistet. Wiewohl auch in diesem Stadium noch ein tendenziell positiver Beitrag feststellbar ist, deutet der geringe Erklärungsbeitrag (0,905) und die fehlende Signifikanz darauf hin, dass zum Erreichen des Stadiums der Umsetzung eine zu große Diskrepanz eher hinderlich ist.

Branchenspezifische Aussagen zum Erreichen einer Umsetzungsstufe sind mit dem vorhandenen Datenmaterial in der Logit-Analyse aufgrund der geringen Güte des Modells problematisch, weshalb nur eine qualitative Beurteilung auf Basis der deskriptiven Daten erfolgen kann. 24% der Kredit- und Versicherungsunternehmen haben Prozesskostenrechnung umgesetzt, gefolgt von 22% der Unternehmen aus Verkehr und Nachrichtenübermittelung und 13% der Unternehmen aus Energie- und Wasserversorgung. Dies legt die Vermutung nahe, dass ein gewisser Brancheneinfluss vorhanden ist und die Chance der Realisierung einer Prozesskostenrechnung in diesen Branchen tendenziell höher ist.

Die Tatsache, dass statistisch signifikante branchenbezogene Aussagen mit den vorhandenen Daten nicht möglich waren, kann auf ein Problem in der Konfiguration der Logit-Modelle sowie auf Probleme in der Operationalisierung der Messung von BRAN hindeuten. Da nur ein geringer Teil der Unternehmen in die Stufen der Umsetzung gekommen ist, verbleibt bei der verwendeten Detaillierung der Branchenkodierung nur jeweils eine sehr geringe Fallzahl von Branchen je Implementierungsstufe. Auch bei Anwendung der sektoralen Gliederung verbleiben im Modell PROZ_4 in Antwortkategorie vier (Stufen H–K) nur 13 (Industrie), 7 (Handel und Verkehr) und 12 (Dienstleistung) Unternehmen.

Die Bedeutung der vorhandenen EDV-Möglichkeiten hat sich nicht als signifikanter Faktor zur Umsetzung von Prozesskostenrechnungssystemen herausgestellt. Insgesamt bestätigt das Modell PROZ_4 die Eindrücke aus den bisherigen Modellen, wobei die Problematik der geringen Fallzahl in Stufen C und D zu beachten ist.

6.2.2.2.6 Ausstieg

Das dritte multinomiale Modell analysiert die Stufen über die Umsetzung bis zum Ausstieg aus der Prozesskostenrechnung nach einer gewissen Periode des Dauerbetriebs. Der einzige Unterschied zum Modell der Umsetzung der Prozesskostenrechnung ist die separate Modellierung der Stufe K (Einstellung nach Dauerbetrieb). Dadurch treten jedoch erhebliche auswertungstechnische Probleme auf, da die Ergebnisse dieses Modells aufgrund der geringen Zahl von nur drei Fällen in Stufe K als statistisch nicht verwertbar zu betrachten sind. Die Erkenntnisse aus dem Modell des Ausstiegs aus der Prozesskostenrechnung dienen daher nur als **Tendenzaussagen** und Ausgangsbasis für die teilstrukturierten Interviews zur Untersuchung von Dauerbetrieb und Nutzen prozessorientierter Kostenrechnungssysteme in der österreichischen Unternehmenspraxis.

1	**A. Nicht in Erwägung gezogen**
2	**B. Evaluierung im Laufen**
3	**D. Evaluiert und Implementierung beschlossen** **E. Analyse und Konzeption im Laufen** **F. Implementierung abgebrochen – Keine Umsetzung des Konzepts** **G. Implementierung des Konzepts im Laufen**
4	**H. Umsetzung erfolgt – Einmalige Pilotstudie** **I. Umsetzung erfolgt – Fallweiser Einsatz als Entscheidungsgrundlage** **J. Umsetzung erfolgt – Fester Bestandteil der laufenden Kostenrechnung**
5	**K. Einstellung nach Dauerbetrieb**

Tabelle 43: Responsevariable PROZ_5

Rein formal hat zwar auch das Modell zum Ausstieg aus der Prozesskostenrechnung eine hohe Güte der Modellanpassung (siehe Tabelle 44) und überdurchschnittlich hohe Pseudo-R-Quadrat-Werte (siehe Tabelle 45). Allerdings ist wie erwähnt das Modell aufgrund der geringen Fallzahl in Stufe K (3 < 25) statistisch nicht aussagekräftig. Dies lassen auch die durchwegs sehr hohen Konstanten bei den Parameterschätzern vermuten (siehe Tabelle 47).

Informationen zur Modellanpassung

Modell	-2 log Likelihood	Chi-Quadrat	Freiheits-grade	Signifikanz
Nur konstanter Term	590,012			
Endgültig	169,978	420,034	55	,000

Tabelle 44: Modellanpassung PROZ_5

Pseudo-R-Quadrat

Cox und Snell	,819
Nagelkerke	,900
McFadden	,712

Tabelle 45: Pseudo-R-Quadrat PROZ_5

Die Likelihood-Quotienten im Modell zum Ausstieg aus Prozesskostenrechnung zeigen, dass zur Erreichung der Stufe des Ausstiegs neben der relativen Vorteilhaftigkeit und der Außenorientierung die Unternehmensgröße, die Wettbewerbsintensität, die strategische Positionierung und die Komplexität der Leistungserstellung einen signifikanten Beitrag zur Gruppentrennung leisten.

Likelihood-Quotienten-Tests

Effekt	-2 log Likelihood für reduziertes Modell	Chi-Quadrat	Freiheitsgrade	Signifikanz
Konstanter Term	208,361	38,383	5	,000
CHAMP	176,798	6,820	5	,234
KONSIZE	186,020	**16,042**	5	**,007**
ORG	174,564	4,586	5	,468
INNO	174,361	4,383	5	,496
WETT	185,618	**15,640**	5	**,008**
AUSSEN	233,123	**63,145**	5	**,000**
STRA	182,701	**12,723**	5	**,026**
GKAN	174,014	4,036	5	,544
KOMP	183,511	**13,533**	5	**,019**
RELV	365,343	**195,365**	5	**,000**
EDV_1	171,427	1,448	5	,919

Die Chi-Quadrat-Statistik stellt die Differenz der -2 log Likelihoods zwischen dem endgültigen Modell und einem reduziertem Modell dar. Das reduzierte Modell wird berechnet, indem ein Effekt aus dem endgültigen Modell weggelassen wird. Hierbei liegt die Nullhypothese zugrunde, nach der alle Parameter dieses Effekts 0 betragen.

Tabelle 46: Likelihood-Quotienten PROZ_5

Tabelle 47 zeigt Richtung und Stärke der Kontextfaktoren auf PROZ_5. Die Unterschiede der β-Werte und Signifikanzen für die Kontextfaktoren in den Antwortkategorien 1 (Stufe A), 2 (Stufe B) und 3 (Stufen D–G) im Vergleich zu den Werten in Modell PROZ_4 (siehe Tabelle 42) resultieren daraus, dass die Modelle unabhängig voneinander gerechnet wurden. Aus der unterschiedlichen Anzahl der möglichen Antwortkategorien resultieren unterschiedliche Erklärungsbeiträge der Kontextfaktoren auf das Erreichen einer bestimmten Implementierungsstufe in den beiden Modellen.

Es konnte kein einziger Kontextfaktor als signifikant zur Erreichung der Stufe des Ausstiegs aus der Prozesskostenrechnung nachgewiesen werden. Als annähernd signifikant erwies sich eine **geringe Unternehmensgröße**, **fehlende Außenorientierung** und eine **geringe Komplexität in der Leistungserstellung**. Während eine sehr hohe Komplexität in der Leistungserstellung für die Erreichung eines schnellen Umsetzungserfolges also eher hinderlich ist, ist diese für die Beibehaltung der erreichten Umsetzungsstufe offensichtlich eine Grundvoraussetzung, was darauf hindeutet, dass erst bei einer gewissen Komplexität ein Zusatznutzen aus der Prozesskostenrechnung im Vergleich zur herkömmlichen Kostenrechnung gewonnen werden kann.

Darauf deutet auch der Ausstieg aus der bereits eingeführten Prozesskostenrechnung bei eher kleineren Unternehmen hin. Das Nichtvorhandensein von Macht- und Fachpromotoren begünstigt zwar auch den Ausstieg aus der Prozesskostenrechnung, allerdings ist der Erklärungsbeitrag dieses Faktors zu gering, als dass er in die Interpretation aufgenommen werden könnte.

Branchenspezifische Aussagen zum Ausstieg aus der Prozesskostenrechnung können mit dem Datenmaterial dieser Untersuchung nicht getroffen werden, nicht zuletzt aufgrund der geringen Zahl von nur drei Unternehmen, die sich in diesem Stadium befinden.

Parameterschätzer

PROZ_5		B	Standardfehler	Wald	Freiheitsgrade	Signifikanz	Exp(B)	95% Konfidenzintervall für Exp(B)	
								Untergrenze	Obergrenze
1	Konstanter Term	8,476	5,042	2,826	1	,093			
	CHAMP	,095	,306	,096	1	,756	1,100	,604	2,003
	KONSIZE	-,019	,334	,003	1	,954	,981	,510	1,886
	ORG	,292	,530	,303	1	,582	1,339	,474	3,784
	INNO	,023	,433	,003	1	,958	1,023	,438	2,390
	WETT	,571	,497	1,319	1	,251	1,769	,668	4,685
	AUSSEN	,057	,459	,015	1	,901	1,059	,430	2,605
	STRA	,715	,439	2,649	1	,104	2,044	,864	4,836
	GKAN	-,051	,508	,010	1	,920	,950	,351	2,573
	KOMP	,187	,382	,241	1	,623	1,206	,571	2,548
	RELV	**-3,289**	1,233	7,114	1	**,008**	,037	,003	,418
	EDV_1	-,221	1,231	,032	1	,858	,802	,072	8,947
2	Konstanter Term	-8,016	3,860	4,312	1	,038			
	CHAMP	**,535**	,226	5,604	1	**,018**	1,708	1,096	2,661
	KONSIZE	,212	,262	,654	1	,419	1,236	,740	2,065
	ORG	-,092	,318	,084	1	,773	,912	,489	1,701
	INNO	-,530	,322	2,718	1	,099	,589	,313	1,105
	WETT	-,144	,283	,257	1	,612	,866	,497	1,509
	AUSSEN	-,061	,282	,047	1	,828	,941	,541	1,635
	STRA	,188	,250	,569	1	,451	1,207	,740	1,969
	GKAN	,259	,290	,800	1	,371	1,296	,735	2,285
	KOMP	-,125	,251	,249	1	,618	,882	,540	1,443
	RELV	**1,435**	,728	3,881	1	**,049**	4,198	1,007	17,491
	EDV_1	1,110	1,144	,942	1	,332	3,035	,323	28,543
3	Konstanter Term	-6,767	4,892	1,914	1	,167			
	CHAMP	,369	,290	1,620	1	,203	1,447	,819	2,555
	KONSIZE	-,189	,333	,322	1	,570	,828	,431	1,590
	ORG	-,201	,377	,285	1	,593	,818	,390	1,712
	INNO	-,544	,417	1,703	1	,192	,581	,257	1,314
	WETT	,104	,315	,110	1	,740	1,110	,599	2,057
	AUSSEN	,625	,381	2,695	1	,101	1,869	,886	3,942
	STRA	-,373	,321	1,355	1	,244	,689	,367	1,291
	GKAN	,595	,355	2,804	1	,094	1,813	,904	3,636
	KOMP	-,252	,318	,628	1	,428	,777	,416	1,450
	RELV	,931	,839	1,231	1	,267	2,537	,490	13,148
	EDV_1	,770	1,431	,290	1	,590	2,160	,131	35,669
4	Konstanter Term	-20,550	6,225	10,898	1	,001			
	CHAMP	,310	,307	1,020	1	,313	1,363	,747	2,488
	KONSIZE	,654	,375	3,042	1	,081	1,923	,922	4,009
	ORG	,057	,392	,021	1	,885	1,059	,491	2,282
	INNO	-,451	,442	1,039	1	,308	,637	,268	1,516
	WETT	-,101	,323	,099	1	,753	,904	,480	1,702
	AUSSEN	**2,298**	,611	14,150	1	**,000**	9,951	3,006	32,947
	STRA	,183	,303	,367	1	,545	1,201	,664	2,174
	GKAN	,468	,338	1,918	1	,166	1,597	,823	3,098
	KOMP	**-,715**	,343	4,329	1	**,037**	,489	,250	,959
	RELV	1,586	,867	3,345	1	,067	4,886	,893	26,743
	EDV_1	,906	1,326	,466	1	,495	2,473	,184	33,283
5	Konstanter Term	-290,838	219,449	1,756	1	,185			
	CHAMP	-,067	1,864	,001	1	,971	1,070	,028	41,274
	KONSIZE	-22,091	15,263	2,095	1	,148	,000	,000	2501,057
	ORG	24,578	18,841	1,702	1	,192	4720,353	,000	5,143
	INNO	-1,395	1,344	1,077	1	,299	,248	,018	3,455
	WETT	22,301	17,000	1,721	1	,190	4842,246	,000	1,430
	AUSSEN	-21,302	13,727	2,408	1	,121	1784,388	,004	8,636
	STRA	14,466	11,128	1,690	1	,194	1916760	,001	5,689
	GKAN	-,709	2,869	,061	1	,805	,492	,002	136,154
	KOMP	-21,649	15,210	2,026	1	,155	,000	,000	3504,941
	RELV	5,071	5,326	,906	1	,341	159,277	,005	5443936,6
	EDV_1	2,379	5,768	,170	1	,680	10,794	,000	876991,622

Tabelle 47: Parameterschätzer PROZ_5

Insgesamt ist zur statistischen Untersuchung des Implementierungsprozesses festzuhalten, dass sich in allen Modellen nur wenige Kontextfaktoren als signifikant herausgestellt haben. Zwar hatten die Modelle insgesamt durchwegs einen hohen Erklärungswert in Bezug auf die erreichte Implementierungsstufe, in bezug auf einzelne Einflussfaktoren konnten bis auf wenige Ausnahmen jedoch nur tendenzielle Aussagen getroffen werden. Tabelle 48 enthält eine Zusammenfassung der Ergebnisse der logistischen Regressionsanalyse zur Implementierung von Prozesskostenrechnungssystemen, wobei sowohl die statistisch signifikanten (++) als auch die bloß tendenziellen (+) Beiträge der einzelnen Kontextfaktoren zur Erklärung der Wahrscheinlichkeit der Erreichung der jeweiligen Stufe im Diffusionsprozess angeführt sind.

++ ... signifikanter Beitrag + ... tendenzieller Beitrag	PROZ_1	PROZ_2	PROZ_3	PROZ_4	PROZ_5
Promotoren	+	+		+	
Unternehmensgröße	+	+		+	
Organisationsgrad			+	+	+
Innovationserfahrung			+		
Wettbewerbsintensität		+		+	+
Aussenorientierung	+	++		++	
Strategie			+	+	+
Dominanz von Gemeinkosten	+	++		+	
Komplexität der Leistungserstellung			+		
Relative Vorteilhaftigkeit	++	++		+	+
Verfügbarkeit von EDV-Systemen	+	+		+	+
Branchenzugehörigkeit	+	+	+	+	

Tabelle 48: Beiträge der Kontextfaktoren zur Implementierung

6.2.2.3 Dauerbetrieb

Hinsichtlich des Dauerbetriebs prozessorientierter Kostenrechnungssysteme interessiert vor allem die **Gestaltung** von Prozesskostenrechnungssystemen in der österreichischen Unternehmenspraxis. Als Dauerbetrieb prozessorientierter Kostenrechnungssysteme wird in Übereinstimmung mit dem verwendeten Stufenmodell der Implementierung jede erfolgreiche Umsetzung einer Prozesskostenrechnung in einem Unternehmen betrachtet (d.h. die Stufen H, I und J).[338] Wie weiter oben beschrieben wird hinsichtlich der Gestaltung des Dauerbetriebes angenommen, dass ein Zusammenhang zwischen den Kontextfaktoren und den unterschiedlichen Merkmalen von Prozesskostenrechnungssystemen indirekt über die erreichte Umsetzungsstufe besteht. Dazu wurde die Ausgangshypothese H_{A3} aufgestellt:

H_{A3}: Die Prozesskostenrechnungssysteme der untersuchten Unternehmen unterscheiden sich in ihren wesentlichen Strukturmerkmalen voneinander.

Hinter Hypothese H_{A3} stehen eine Reihe von Einzelhypothesen, die explizit auf die einzelnen Strukturmerkmale Bezug nehmen. Im verwendeten Forschungsmodell kommt diesen Strukturmerkmalen eine doppelte Bedeutung zu: Auf der einen Seite wird unterstellt, dass ihre Ausprägung entscheidend von einer bestimmten Kombination der Kontextfaktoren abhängt und auf der anderen Seite beeinflusst diese Ausprägung der Strukturmerkmale maßgeblich den mit der Prozesskostenrechnung erzielbaren Nutzen. Im folgenden werden daher diese Merkmale von Prozesskostenrechnungssystemen in der österreichischen Unternehmenspraxis dargestellt. Aufgrund der eher geringen Zahl an Unternehmen, die eine vollständige Umsetzung der Prozesskostenrechnung erreicht haben, wird im Rahmen der Analyse der Gestaltungsmerkmale des Dauerbetriebes auf die Bildung von Gruppen, beispielsweise mittels einer Clusteranalyse, verzichtet.

[338] Die folgenden Ausführungen beziehen sich also auf jene 29 Unternehmen der Stichprobe (12%), welche die Prozesskostenrechnung einsetzen, vgl. Abbildung 38, S. 189.

6.2.2.3.1 Implementierungsstrategie

Über zwei Drittel (72%) der Befragten führten die Prozesskostenrechnung gleichzeitig im gesamten Unternehmen bzw. in allen betroffenen Bereichen (siehe Kapitel Einsatzfelder, S. 229) in Form eines **„Big Bang“** ein. Weitere 7% der Unternehmen entschieden sich dafür, die Prozesskostenrechnung zuerst in einem Werk bzw. einer Division des Unternehmens einzuführen, wobei hier wieder die Strategie einer gleichzeitigen Einführung in allen betroffenen Bereichen in diesem Werk gewählt wurde.

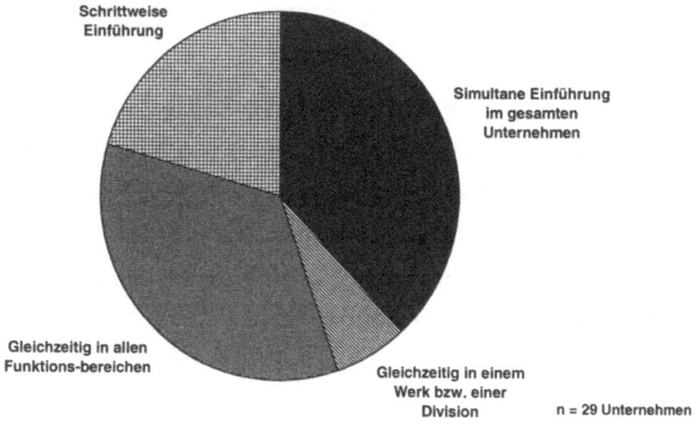

Abbildung 40: Implementierungsstrategie der Prozesskostenrechnung in Österreich

Bei jenen 21% der Unternehmen, die sich für eine schrittweise Einführung entschieden haben, wurde untersucht, ob sich bei der Einführung in einzelnen Funktionsbereichen eine Reihenfolge ermitteln lässt. Dazu wird auf die bei *Stoi* verwendete Methode der Ermittlung der Einführungspriorität mittels Punktwertmethode zurückgegriffen.[339] Um Prioritäten feststellen zu können, werden den einzelnen Funktionsbereichen entsprechend ihrer Platzierung in der Einführungsreihenfolge Punktewerte zugeteilt. Bei Nennung des Bereichs an erster Stelle erhält dieser sechs Punkte, an zweiter Stelle fünf Punkte, usw. Bei Nennung ab der sechsten Stelle erhält der Bereich jeweils einen Punkt. Die in Abbildung 41 dargestellte Reihenfolge der Punktesummen lässt Tendenzen in der Einführungsreihenfolge erkennen, ist jedoch von der absoluten Häufigkeit des Einsatzes beeinflusst.

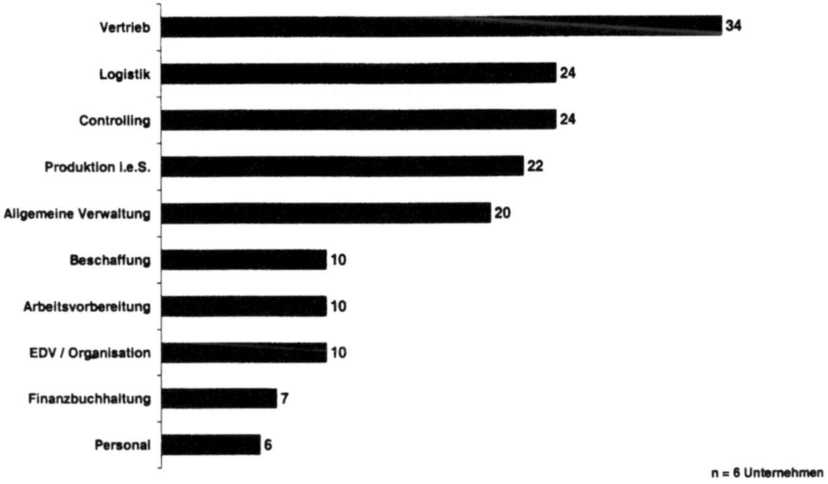

Abbildung 41: Funktionsbereiche mit hoher Einführungspriorität

Danach ist der **Vertrieb** der erste Bereich, in dem prozessorientierte Kostenrechnungssysteme eingeführt werden, gefolgt von Produktion und allgemeiner Verwaltung. Auffällig ist, dass in den Bereichen Qualitätssicherung, Forschung und Entwicklung und Konstruktion nie mit der Einführung von Prozesskostenrechnungssystemen begonnen wird. Dies ist insofern bemerkenswert, als in Deutschland der Bereich Forschung und Entwicklung als einer der ersten und bedeutendsten Bereiche bei Einführung der Prozesskostenrechnung genannt wird.[340]

[339] Vgl. Stoi (1999), S. 158 f.

[340] Vgl. Stoi (1999), S. 159.

6.2.2.3.2 Implementierungsaufwand

Beim Implementierungsaufwand zeigt sich eine sehr hohe Spannweite der eingesetzten Ressourcen. Im Durchschnitt werden in Österreich insgesamt 65 Mitarbeitertage bei Implementierung einer Prozesskostenrechnung eingesetzt. Aufgrund der hohen Standardabweichung von 444 Mitarbeitertagen kann jedoch davon ausgegangen werden, dass dieser Durchschnittswert wenig repräsentativ ist. Ermittelt man den Durchschnitt ohne Berücksichtigung der beiden größten Werte halbiert sich dieser auf 32 Mitarbeitertage. Abbildung 42 zeigt die Verteilung des Implementierungsaufwands nach Kategorien.

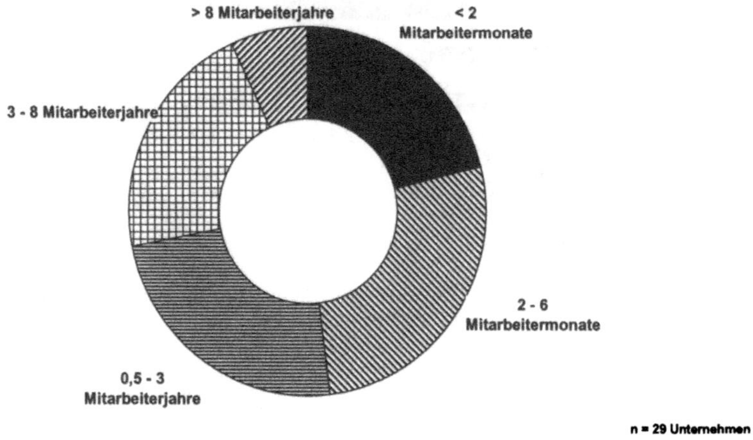

Abbildung 42: Implementierungsaufwand

Demnach investieren die meisten österreichischen Unternehmen **zwischen zwei und sechs Mitarbeitermonate** in die Einführung einer Prozesskostenrechnung. Die hohe Spannweite beim Implementierungsaufwand kann nicht allein durch die Größenunterschiede der Unternehmen in der Stichprobe erklärt werden. Betrachtet man den Implementierungsaufwand in Zusammenhang mit der Unternehmensgröße und dem Umfang des Prozessmodells, so spiegelt sich zum einen in dieser Betrachtung die mittelständische Struktur der österreichischen Unternehmenspraxis wider. Zum anderen kann aus der Tatsache, dass knapp die Hälfte der Implementierungen unter sechs Mitarbeitermonate in Anspruch nehmen, auf einen pragmatischen Zugang vieler Unternehmen bei der Detaillierung der Prozessdefinition geschlossen werden.

6.2.2.3.3 Implementierungsdauer

Durchschnittlich benötigen österreichische Unternehmen zur Einführung ihres Prozesskostenrechnungssystems vierzehn Monate. Aufgrund der starken Streuung liegt der **Median** jedoch bei **sieben Monaten**. Bei genauerer Betrachtung zeigt sich eine positive Korrelation zwischen der Implementierungsdauer und der Unternehmensgröße. Darüber hinaus zeigt sich ein Zusammenhang zwischen der gewählten Implementierungsstrategie und der Implementierungsdauer dahingehend, dass die Variante einer simultanen Umsetzung im gesamten Unternehmen die längste Implementierungsdauer aufweist.

6.2.2.3.4 Einsatzfelder

Am häufigsten kommt die Prozesskostenrechnung in der **Produktkalkulation** zum Einsatz, wobei hier in erster Linie die Transparentmachung von Komplexitätskosten im Vordergrund steht. Über drei Viertel der befragten Anwender von Prozesskostenrechnungssystemen setzen diese zur Identifikation von Kostensenkungspotenzialen ein. Nur ein Drittel der Befragten setzt prozessorientierte Kostenrechnungssysteme in der Produktentwicklung ein.

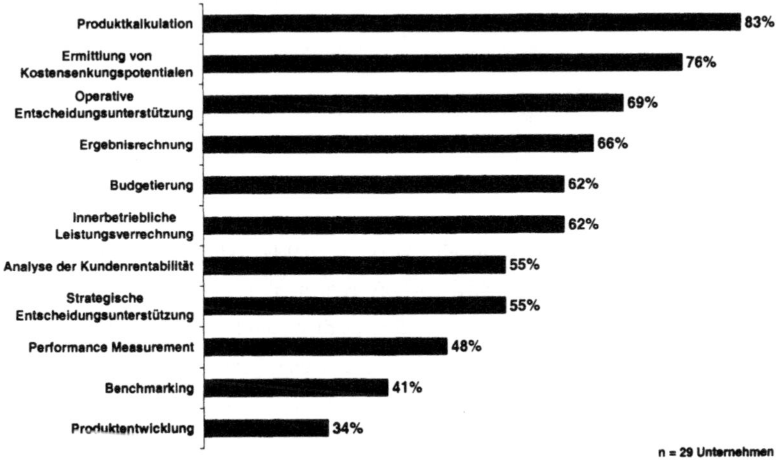

Abbildung 43: Einsatzfelder prozessorientierter Kostenrechnung

Es fällt auf, dass der Einsatz zur operativen Entscheidungsunterstützung häufiger genannt wird als zur strategischen Entscheidungsunterstützung. Dies ist insofern interessant, als die Prozesskostenrechnung eher als Instrument des strategischen Kostenmanagements bezeichnet wird.

6.2.2.3.5 Einsatzfrequenz

Die Frage nach der Einsatzfrequenz der Prozesskostenrechnung bestätigt den bei den Einsatzfeldern festgestellten operativen Charakter der prozessorientierten Kostenrechnungssysteme in der österreichischen Unternehmenspraxis.

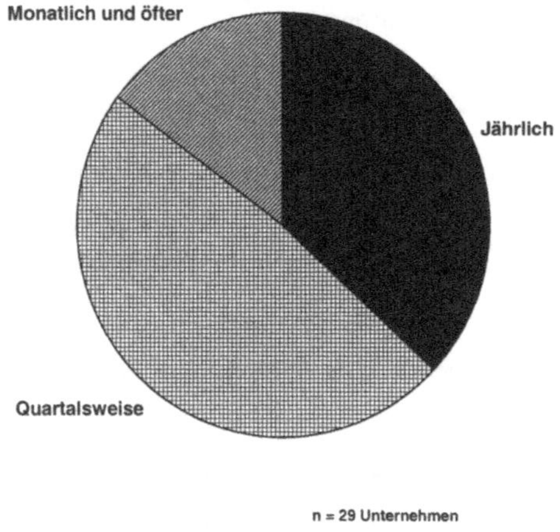

Abbildung 44: Einsatzfrequenz

Knapp zwei Drittel der Unternehmen wenden ihr Prozesskostenrechnungssystem zumindest einmal im Quartal an, 15% sogar monatlich. Bei etwas mehr als einem Drittel der Anwender von Prozesskostenrechnung kommt diese zumindest jährlich zum Einsatz. Der überwiegende Teil der Unternehmen setzt prozessorientierte Kostenrechnungssysteme also **unterjährig** ein, was angesichts der eher operativen Einsatzfelder ein durchaus plausibles Bild abgibt. Bei Aufgliederung der Einsatzfrequenz nach Branchen zeigt sich, dass Banken und Versicherungen ihr Prozesskostenrechnungssystem tendenziell häufiger einsetzen als andere Branchen.

Eine darüber hinausgehende signifikante Aufschlüsselung nach Branchen ähnlich den Ergebnissen von *Stoi*[341] ist mit dem vorliegenden Datenmaterial für Österreich nicht feststellbar.

6.2.2.3.6 Einsatzziele

Bei den Einsatzzielen von Prozesskostenrechnungssystemen wurden jene Unternehmen nach ihrer Erwartungshaltung befragt, die den Einsatz der Prozesskostenrechnung zumindest evaluiert haben. Hier zeigt sich, dass die **Transparenz von Kosten und Leistungen** an erster Stelle liegt. An zweiter Stelle wird die verursachungsgerechte Produktkalkulation genannt, gefolgt von Informationsgrundlagen zur Prozessoptimierung und der Plan- und Steuerbarkeit der indirekten Bereiche.

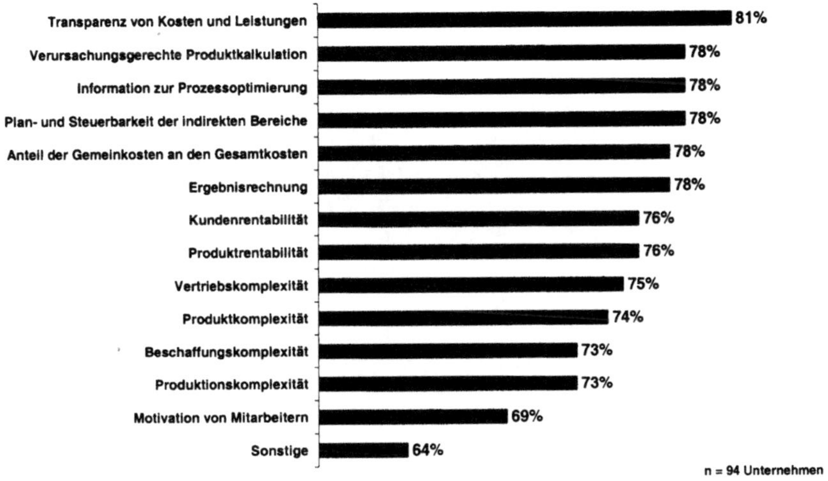

Abbildung 45: Einsatzziele

Was auffällt ist, dass die meisten Anwender von Prozesskostenrechnung diese in einem sehr umfassenden Sinne sehen und sehr ambitionierte Ziele mit deren Einführung verfolgen. Es dominiert hier im wesentlichen der Wunsch nach mehr Information in Bezug auf die Transpa-

341 Vgl. Stoi (1999), S. 179.

renz von Gemeinkosten mit der Absicht, diese im Lichte der neuen Daten auch beeinflussen und somit senken zu können.

6.2.2.3.7 Einsatzbreite

Mehr als die Hälfte der Unternehmen setzt die Prozesskostenrechnung nicht als umfassendes Kostenrechnungssystem im gesamten Unternehmen ein, sondern in **ausgewählten Funktionsbereichen**.

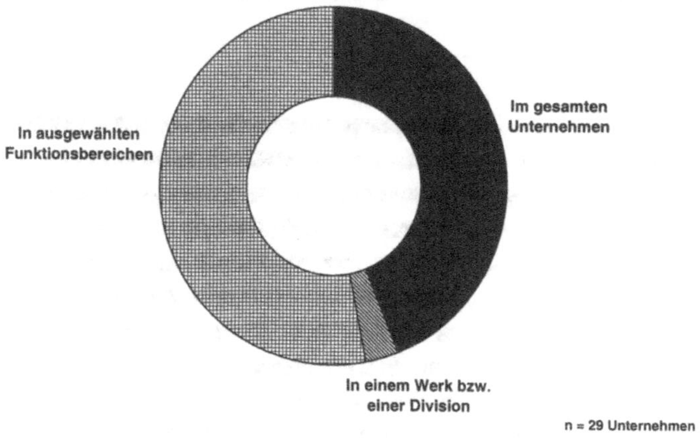

Abbildung 46: Einsatzbreite

Bei genauerer Betrachtung der ausgewählten Funktionsbereiche zeigt sich, dass in erster Linie die **Logistik**, gefolgt von Produktion, Beschaffung und Vertrieb das Einsatzgebiet der Prozesskostenrechnung ist.

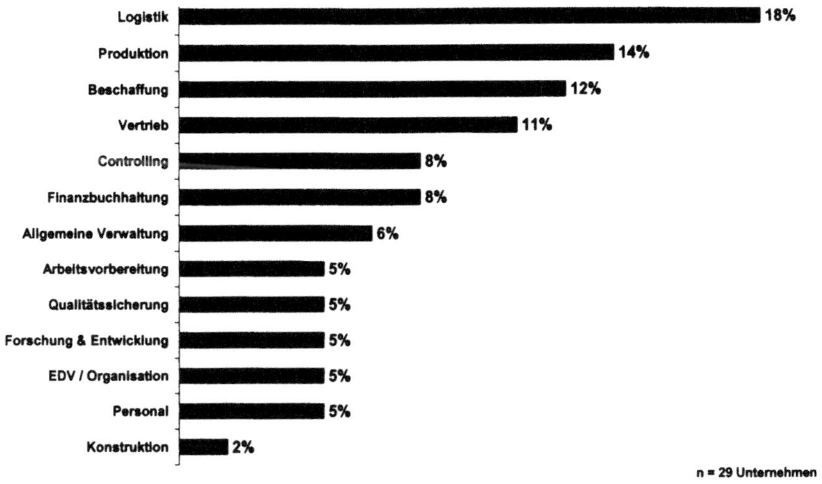

Abbildung 47: Einsatz in ausgewählten Funktionsbereichen

Auch angesichts des hohen Anteils an Industriebetrieben in der Stichprobe kann aus den Erkenntnissen bei der Einsatzbreite geschlossen werden, dass die Prozesskostenrechnung in erster Linie in den primären Prozessen der **Wertschöpfungskette** zum Einsatz kommt. Der Einsatz in Logistik, Beschaffung und Vertrieb ist angesichts der genannten Einsatzziele der Transparentmachung von Komplexitätskosten logisch konsistent und nachvollziehbar. Da man heute in diesen Bereichen in der Regel Fixkosten vorfindet, ist diese empirische Erkenntnis auch Zeichen dafür, dass in Österreich in erster Linie die Prozesskostenrechnung *Horváth*'scher Prägung dominiert. Relativiert wird dies jedoch durch die Tatsache, dass als zweithäufigster Einsatzbereich die Produktion genannt wird. Da die Fertigung im engeren Sinne in der flexiblen Grenzplankostenrechnung durch Arbeitspläne und Stücklisten sehr detailliert abgebildet ist, liegt die Vermutung nahe, dass jene Unternehmen die angeben, die Prozesskostenrechnung in der Produktion einzusetzen, damit vor allem die fertigungsnahen Prozesse wie Arbeitstechnik, überwachende Meistertätigkeiten, etc. meinen. Dies deckt sich auch mit den Erkenntnissen aus den Interviews mit Anwendern von Prozesskostenrechnung sowie mit der praktischen Erfahrung des Verfassers als Unternehmensberater.

6.2.2.3.8 Erfasster Kostenanteil

In den eingesetzten Prozesskostenrechnungssystemen werden durchschnittlich 57% der **Gesamtkosten** bzw. 65% der **Gemeinkosten** erfasst. Ein Viertel der Unternehmen mit Prozesskostenrechnung erfasst 100% der Gesamtkosten mit dem Prozesskostenrechnungssystem, ein knappes Drittel der Unternehmen erfasst 100% der Gemeinkosten mit der Prozesskostenrechnung.

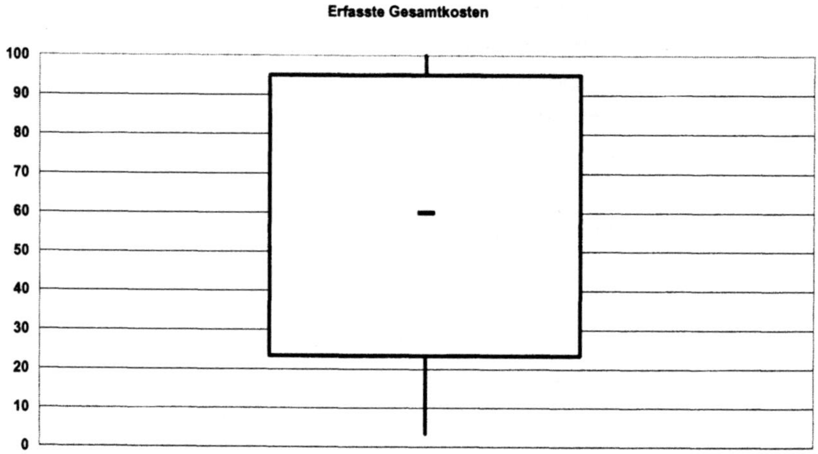

Abbildung 48: Erfasste Gesamtkosten

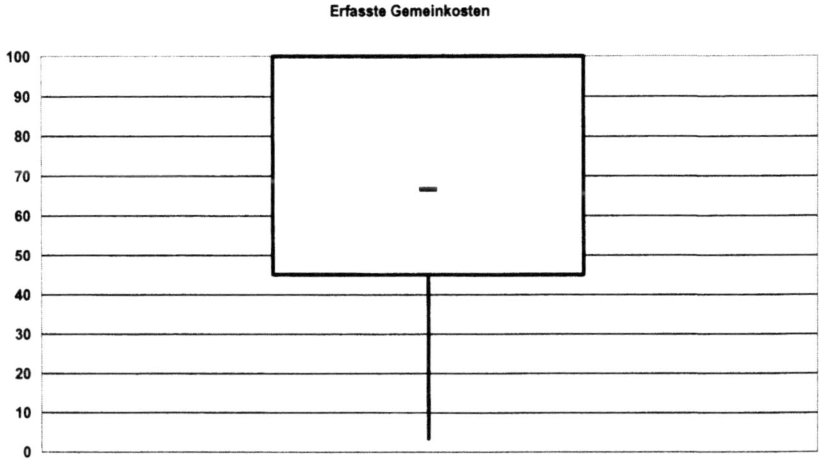

Abbildung 49: Erfasste Gemeinkosten

Aus den Boxplot-Darstellungen kann geschlossen werden, dass die Unternehmen einen Großteil ihrer Gesamtkosten und vor allem den überwiegenden Teil der Gemeinkosten mit den Prozesskostenrechnungssystemen abrechnen. Dies passt auch in das Bild der Einsatzziele von Prozesskostenrechnung, wo es in erster Linie um die Transparentmachung von Kosten und Leistungen geht: Erst durch die Einbeziehung möglichst aller Kosten können qualifizierte Aussagen über die Inanspruchnahme von Prozesskosten durch aufwändige Produktvarianten bzw. betreuungsintensive Kunden getroffen werden.

6.2.2.3.9 Umfang des Prozessmodells

Durchschnittlich werden in österreichischen Unternehmen 88 Hauptprozesse und 259 Teilprozesse bzw. Aktivitäten bei Einführung einer Prozesskostenrechnung gebildet. Dies erscheint extrem hoch, jedoch ist eine sehr hohe Standardabweichung feststellbar. Eliminiert man die Ausreisser, so zeigt sich, dass im Durchschnitt 20 Hauptprozesse und 92 Teilprozesse bzw. Aktivitäten eingerichtet werden. Als Zusammenfassung der Hauptprozesse werden darüber hinaus regelmäßig Aggregationen von fünf bis sieben Geschäftsprozessen gebildet.

Es ist feststellbar, dass die in Österreich umgesetzten Prozesskostenrechnungssysteme **tendenziell** auf ein **umfangreiches** Prozessmodell aufbauen und versuchen, die komplexen Abläufe in den indirekten Bereichen möglichst detailliert aufzuschlüsseln und abzurechnen. Vor dem Hintergrund der Zielsetzungen und Einsatzfelder in österreichischen Prozesskostenrechnungssystemen ist dies nicht weiter überraschend.

6.2.2.3.10 EDV-Unterstützung

Bei 80% der Unternehmen ist zum Zeitpunkt der Entscheidung über die Prozesskostenrechnung eine **betriebswirtschaftliche Softwarelösung** im Einsatz, bei den Anwendern von Prozesskostenrechnung liegt dieser Wert bei 90%. Bei den größeren Unternehmen ist quer durch alle Branchen praktisch überall eine ERP-Software im Einsatz. Davon entfallen gut 70% auf Standardprodukte und etwas weniger als 30% auf Eigenentwicklungen. Von den verwendeten Standardsoftwarelösungen werden in 45% der Fälle die Programme von ***SAP*** genannt, gefolgt von *Baan* und *Oracle*.

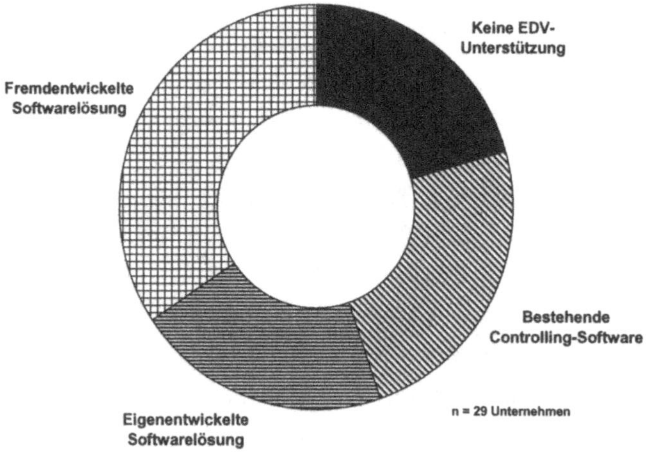

Abbildung 50: EDV-Umsetzung

21% der Unternehmen setzen die Prozesskostenrechnung ohne spezielle EDV-Unterstützung um, 24% nutzen die bestehende Softwarelösung zur Unterstützung der Prozesskostenrechnung. Das bedeutet, dass fast die Hälfte der österreichischen Unternehmen keine spezielle

Softwarelösung zur Umsetzung prozessorientierter Kostenrechnungssysteme benötigt. Dies stützt die weiter oben geäußerte Vermutung, dass die Prozesskostenrechnung grundsätzlich kein EDV-technisches Problem ist und auch mit der Abrechnungslogik bestehender Rechnungswesensysteme umsetzbar ist. Bei den Anwendern von *SAP* ist der Anteil jener, die Prozesskostenrechnung mit der bestehenden Controlling-Software umsetzen, mit knapp einem Fünftel am höchsten.

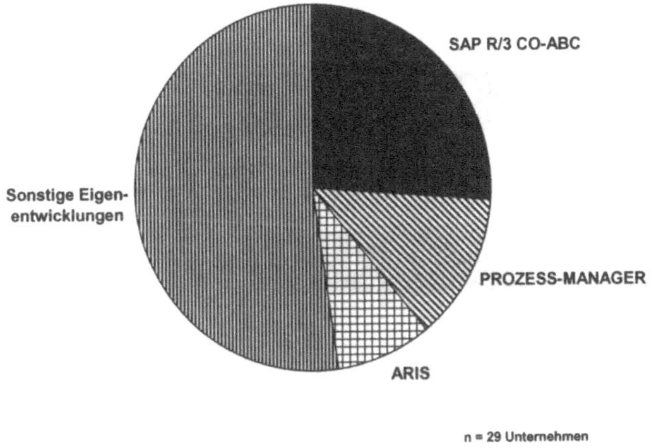

Abbildung 51: EDV-Systeme

Bei den Anwendern von speziellen Softwarelösungen zur Umsetzung der Prozesskostenrechnung dominiert bei den Standardprodukten die Lösung CO-ABC von *SAP*: Über ein Viertel der Anwender von Prozesskostenrechnungssystemen in Österreich verwendet die entsprechende Softwarelösung von *SAP*. Am zweithäufigsten wird in Österreichs Betrieben der ***PROZESSMANAGER*** eingesetzt, gefolgt von ***ARIS***.

Mit Abstand am häufigsten als Softwarelösung zur Unterstützung der Prozesskostenrechnung werden mit 52% diverse **Inhouse-Entwicklungen** genannt, die zum überwiegenden Teil auf der bestehenden Softwarelösung aufbauen. Darüber hinaus setzen die befragten Unternehmen hier selbstentwickelte Lösungen auf der Basis von Standard-Datenbanksystemen (v.a. *Access*) und Tabellenkalkulationen (v.a. *Excel*) auf PC-Basis ein. Der überwiegende Teil der Anwender prozessorientierter Kostenrechnungssysteme in Österreich ist also von den Anbietern standardisierter Lösungen zur Umsetzung der Prozesskostenrechnung nicht abgedeckt. Ein Grund dafür mag in den vergleichsweise geringen Kosten von Eigenentwicklungen liegen.

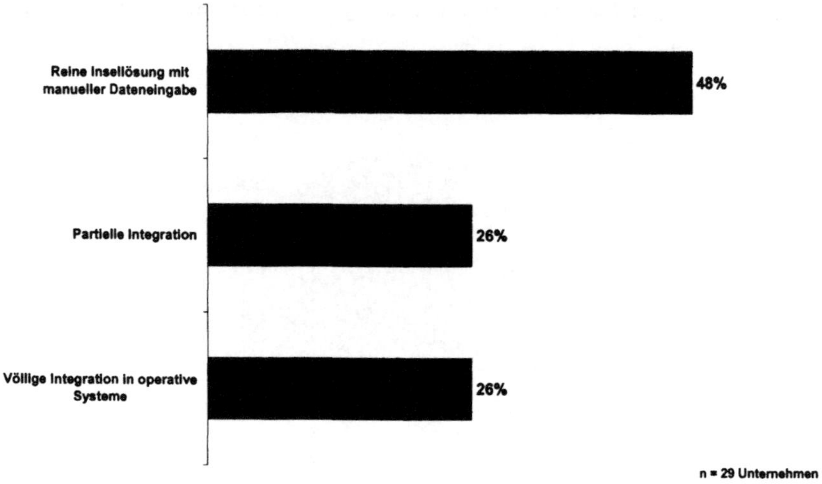

Abbildung 52: EDV-Integration

Hinsichtlich der Integration in die bestehende Systemlandschaft wird die Dominanz eigenentwickelter Lösungen auf PC-Basis durch das Vorherrschen von Insellösungen bestätigt. Fast die Hälfte aller Softwarelösungen zur Umsetzung der Prozesskostenrechnung in Österreich existiert als reine **Insellösung** mit manueller Dateneingabe und quasi statistischer Auswertungsfunktion neben den bestehenden EDV-Systemen in der Kostenrechnung. Jeweils etwas mehr als ein Viertel hat zumindest eine partielle Integration (d.h. zumindest standardisierte Schnittstellen zur automatisierten Datenübernahme) bzw. eine vollständige Integration mit den bestehenden operativen Transaktionssystemen umgesetzt. Auch hier zeigt sich, dass die bereits bestehenden Anwender von *SAP* den größten Anteil an den völlig integrierten Prozesskostenrechnungssystemen ausmachen.

Vor diesem Hintergrund ist auch die eher geringe Einsatzfrequenz von Prozesskostenrechnungssystemen in Österreich zu beurteilen. Angesichts der ambitionierten Einsatzziele ist hier durch eine Erhöhung der Integration mit den betrieblichen Transaktionssystemen ein Potenzial zur effizienteren Nutzung der Prozesskostenrechnung in Österreich zu vermuten.

6.2.2.3.11 Prozessverantwortung

Der Großteil der Anwender von Prozesskostenrechnung in Österreich hat keine Prozessverantwortung etabliert. Das heißt, dass die Prozesskosteninformation nicht unmittelbar an einen Verantwortungsbereich gekoppelt ist. Ein gutes Fünftel der Unternehmen hat Prozessverantwortung nur für besonders bedeutende Prozesse eingerichtet, ein knappes Viertel der Anwender von Prozesskostenrechnung hat auch umfassende Prozessverantwortung für alle Prozesse eingerichtet.

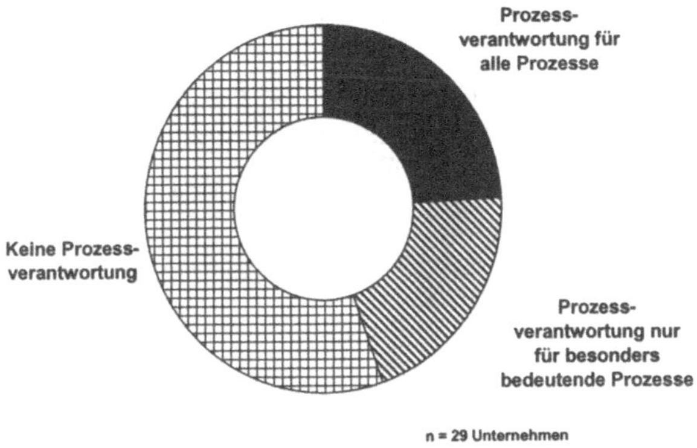

Abbildung 53: Prozessverantwortung

Die Korrelation zwischen der Einrichtung der Prozessverantwortung, der Einsatzfrequenz und der EDV-technischen Integration des Prozesskostenrechnungssystems deutet darauf hin, dass nur jene Unternehmen eine umfassende Prozessverantwortung einrichten können, die ein entsprechend mit den Basissystemen integriertes EDV-System haben und so auch in der Lage sind, monatliche Berichte auf Basis der Prozesskosten zu generieren.

6.2.2.3.12 Pflegeintensität

Der überwiegende Teil (38%) der Anwender von Prozesskostenrechnung in Österreich pflegt das System einmal **jährlich**, 10% pflegen ihr System quartalsweise und 14% gaben an, ihr System sogar monatlich zu pflegen und zu aktualisieren. Immerhin ein gutes Drittel der Anwender von Prozesskostenrechnung pflegt ihr System nur unregelmäßig bzw. nie.

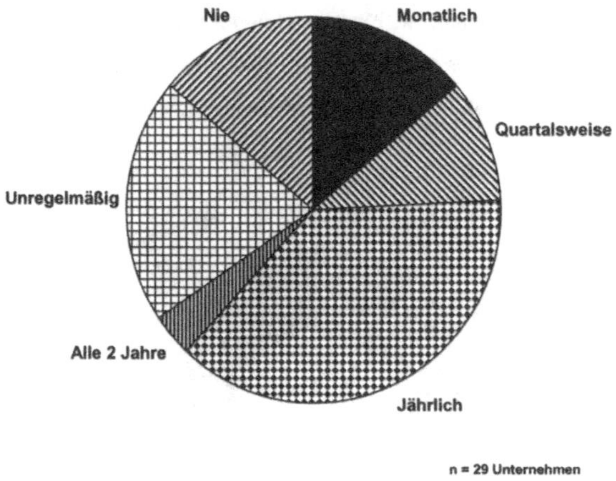

Abbildung 54: Pflegehäufigkeit

Der mittlere Wert der zur Betreuung des Prozesskostenrechnungssystems aufgewendeten Ressourcen beträgt bei österreichischen Anwendern von Prozesskostenrechnung 10 Mitarbeitertage. Als Extremwert wurde ein jährlicher Aufwand von 1.500 Mitarbeitertagen zur Pflege des Prozesskostenrechnungssystems in einem Unternehmen angegeben.

6.3 Interviews

6.3.1 Untersuchungsdesign

6.3.1.1 Auswahl der untersuchten Unternehmen

Die Auswahl der interviewten Unternehmen beschränkt sich auf die 29 Anwender von Prozesskostenrechnung aus der schriftlichen Befragung. Davon wurden aus forschungsökonomischen Gründen jene zwölf Unternehmen kontaktiert, die ihren Firmensitz in Wien bzw. Wien-Umgebung haben.

6.3.1.2 Design des Interviewleitfadens

Ausgehend von den Hypothesen zu Dauerbetrieb und Nutzen prozessorientierter Kostenrechnungssysteme sowie den Ergebnissen der Fragebogenerhebung wurde für die Phase der teilstrukturierten Interviews mit Anwendern prozessorientierter Kostenrechnungssysteme ein Interviewleitfaden erarbeitet. Zielsetzung der leitfadengestützten **teilstrukturierten Interviews** ist die Validierung der Erkenntnisse aus der Fragebogenuntersuchung sowie eine qualitative Einschätzung des Nutzens von Prozesskostenrechnungssystemen vor dem Hintergrund des weiter oben aufgestellten Modells zur Nutzenbewertung. Dabei ist es von besonderer Bedeutung, dass die Interviews nicht ausschließlich mit den Betreibern der Prozesskostenrechnungssysteme in Form der Controller zu führen sind (Accounting view), sondern vor allem mit den **Empfängern der Prozesskostenrechnung**, d.h. den Geschäftsführern oder Abteilungsleitern der betreffenden Unternehmen (**Management view**).

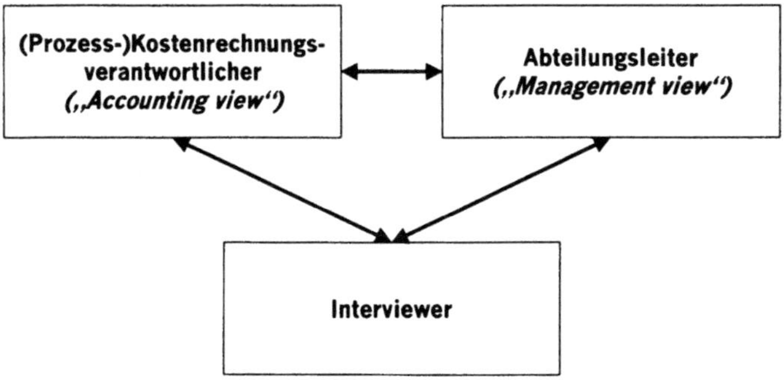

Abbildung 55: Dyadische Struktur der Interviews

Durch diese dyadische Untersuchungsform können auch vertiefende qualitative Informationen zum Dauerbetrieb der Prozesskostenrechnungssysteme zur Validierung der Ergebnisse der Fragebogenerhebung gewonnen werden. Als Vorteile des teilstrukturierten Interviews sind zu nennen:[342]

- Aussagen über die Zufriedenheit mit neuen Controllinginstrumenten sind vor dem Hintergrund der investierten Zeit und Kosten in der Organisation sowie der möglichen Existenz von Fachpromotoren insbesondere im Fall der Kritik an bestimmten Entwicklungen als sensibel einzustufen. Hier bietet das persönliche Interview die Möglichkeit, eine vertrauensvolle Atmosphäre zu schaffen und alle Aspekte offen zu diskutieren.

- Wie gezeigt wurde, gibt es zwischen dem Activity-Based Costing anglo-amerikanischer Prägung und der Prozesskostenrechnung deutscher Prägung sowohl inhaltliche als auch begriffliche Unterschiede. Vor diesem Hintergrund bieten persönliche Befragungen den Vorteil, dass Begriffsinhalte im Zuge des Gesprächs geklärt und Verständnisschwierigkeiten beseitigt werden können. Dadurch kann die Validität der Erhebung erhöht werden.

- Darüber hinaus ist hervorzuheben, dass leitfadengestützte Interviews eine flexible Gesprächsführung und die tiefere Nutzung des Erfahrungswissens der Gesprächspartner ermöglichen. Der Interviewer kann stärker auf den Befragten eingehen und hat einen höheren Spielraum zur Reihung, Formulierung und Vertiefung seiner Fragen. Der Befragte hat die Möglichkeit zur eigenständigen Formulierung und Vertiefung seiner Antworten und zum Hinweis auf zusätzliche, vom Interviewer nicht explizit angesprochene Aspekte.

Als Nachteil der teilstrukturierten Befragung ist anzuführen, dass im Gegensatz zur Fragebogenmethode oder zum standardisierten Interview stärkere **Interviewereinflüsse** gegeben sind, ein höherer Zeitaufwand nötig ist und die Anforderungen an die Bereitschaft des Befragten zur Mitarbeit wesentlich höher sind. Darüber hinaus ist die Vergleichbarkeit der Ergebnisse geringer und damit die Auswertbarkeit schwieriger.[343] In der vorliegenden Untersuchung werden die teilstrukturierten Interviews als Ergänzung der Fragebogenerhebung eingesetzt, weil bei der Einschätzung des Nutzens von Prozesskostenrechnungssysteme aufgrund des

---

342 Vgl. Atteslander (1995), S. 174 ff.

343 Vgl. Oppenheim (2000), S. 65 ff.

komplexen Untersuchungsgegenstandes und der geringen Stichprobengröße die Vorteile der teilstrukturierten Befragung überwiegen.

Bei Erstellung des Interviewleitfadens wurde ebenso sorgfältig vorgegangen wie bei der Gestaltung des Fragebogens. Da im Gegensatz zum Fragebogen keine Antwortvorgaben existieren, sondern offene Fragen dominieren, gestaltet sich die Dokumentation der Antworten ungleich schwieriger und aufwändiger. Für diese Studie wurde daher der Weg gewählt, die Interviews mit Zustimmung des Interviewpartners auf Tonband aufzuzeichnen und sofort nach Beendigung des Interviews zu dokumentieren. Dies kann sich theoretisch auch als problematisch erweisen, da sich der Interviewpartner bei einer Gesprächsaufzeichnung möglicherweise anders ausdrückt oder verhält als sonst.[344] In den Interviews wurde daher auch die Möglichkeit gegeben, bestimmte Sachverhalte ohne **Tonbandaufzeichnung** darzustellen. Der Gesprächsleitfaden orientierte sich an den Dimensionen des theoretischen Bezugsrahmens zum Dauerbetrieb und Nutzen prozessorientierter Kostenrechnungssysteme und gliedert sich in folgende Themenkomplexe:

- Vorstellung des Projektes (A).
- Implementierungsprozess der Prozesskostenrechnung im Unternehmen (B).
- Gestaltung des Dauerbetriebes der Prozesskostenrechnung im Unternehmen, Stellung der Prozesskostenrechnung im Controlling-System, Beziehung zu anderen Instrumenten und Nutzung der Ergebnisse im Sinne der Koordination zwischen Management und Controlling (C).
- Erfolgsbeurteilung des Einsatzes der Prozesskostenrechnung hinsichtlich der Variablen der internen Koordination und Steuerung (D.1), indirekt erfolgswirksamer Variablen (D.2) und direkt erfolgswirksamer Variablen (D.3).
- Erfahrungen, Probleme und Einsichten beim Dauerbetrieb der Prozesskostenrechnung sowie geplante weitere Schritte (E).

---

344 Vgl. Stier (1999), S. 188 f.

Nach Absolvierung mehrerer Pre-Tests erwies sich diese relativ offene Gestaltung des Leitfadens als die der Untersuchung angemessenste Form der Erhebung. Der komplette Interviewleitfaden umfasst elf Seiten und findet sich in Anhang C.

6.3.2 Ergebnisse

6.3.2.1 Deskriptive Bestandsaufnahme

Im Anschluss an die Auswertung der schriftlichen Fragebögen wurden mit Anwendern von Prozesskostenrechnungssystemen in einer qualitativen Nachphase leitfadengestützte Interviews zur Validierung der empirischen Ergebnisse und zur Beurteilung des Nutzens bzw. der Zufriedenheit mit der Prozesskostenrechnung geführt. Die Auswahl der interviewten Unternehmen aus den Anwendern von Prozesskostenrechnung unter den Teilnehmern an der schriftlichen Befragung beschränkte sich aus forschungsökonomischen Überlegungen auf jene mit einem Firmensitz in Wien und Umgebung. Weiters wurden Unternehmen nicht berücksichtigt, die im Rahmen der explorativen Literaturanalyse als Fallstudie zur Generierung des Bezugsrahmens beigetragen haben.

Bei der **Validierung** der Ergebnisse der schriftlichen Befragung geht es insbesondere um die inhaltliche Klärung von Begrifflichkeiten und das Aufdecken von möglichen Missverständnissen in der Fragebogenbeantwortung. Beispielsweise wurde in den Interviews erfragt wie die Unternehmen „Prozessorientierung" in der Kostenrechnung definieren, oder was man konkret unter „relativer Vorteilhaftigkeit gegenüber dem bestehenden Kostenrechnungssystem" versteht. Auch ein Verständnis für den Ist-Zustand des Kostenrechnungssystems vor Evaluierung der Prozesskostenrechnung kann nur individuell erhoben werden. Um all diese Aspekte in der Interviewphase abzudecken wurde ein möglichst heterogenes Spektrum an Teilnehmern ausgewählt. Die Auswahl der interviewten Unternehmen setzt sich zu gleichen Teilen aus Industriebetrieben und (Finanz-)Dienstleistungsunternehmen zusammen. Die Unternehmensgröße reicht von 150 Millionen EUR Jahresumsatz bis zu Unternehmen mit mehr als 5 Milliarden EUR Jahresumsatz. Es wurden Unternehmen mit Stammsitz in Österreich ebenso befragt wie österreichische Tochterunternehmen internationaler Konzerne.

Der Interviewzeitraum war Dezember 2001 bis Januar 2002. Von den 29 Anwendern prozessorientierter Kostenrechnungssysteme haben zwölf ihren Firmensitz in Wien bzw. Wien-Umgebung. Mit vier dieser Unternehmen wurde kein Interview geführt, da sie bereits im

Rahmen der Fallstudien behandelt wurden, der Kostenrechnungsverantwortliche seit dem Ausfüllen des Fragebogens das Unternehmen verlassen hat oder aus terminlichen Gründen seitens der Unternehmen kein Termin im betreffenden Zeitraum vereinbart werden konnte. Im Rahmen der qualitativen Nachphase der Untersuchung wurden daher acht leitfadengestützte Interviews mit Unternehmen geführt, die Anwender der Prozesskostenrechnung sind.

Bei Auswahl der Interviewpartner wurde zuerst der für das Prozesskostenrechnungssystem zuständige Controller kontaktiert, der im Regelfall auch den Fragebogen ausgefüllt hatte. Neben dem Kostenrechnungsverantwortlichen, der vor allem zur Validierung der Ergebnisse zu Implementierung und Dauerbetrieb befragt war, wurden insbesondere zur Einschätzung des Nutzens die Empfänger der Prozesskostenrechnungsinformation befragt. Dies war in sieben Fällen ein Abteilungs- bzw. Bereichsleiter aus dem operativen Tagesgeschäft, in einem Fall wurde mit einem Vorstandsmitglied gesprochen.

Zielsetzung dieser **dyadischen Erhebungsform** war vor allem, den Nutzen vom Adressaten des Systems und nicht von dessen Ersteller beurteilen zu lassen. Praktisch verliefen diese Termine derart, dass in der ersten Phase der Interviews die Zusammenarbeit zwischen Controlling und Management und die Einschätzung des Nutzens (Abschnitt 3.3 und 4 des Interviewleitfadens) durch die Empfänger behandelt wurde und in der zweiten Phase die Controller zu Einführung, Dauerbetrieb und Ausblick (Abschnitt 1, 2, 3.1, 3.2 und 5 des Interviewleitfadens) befragt wurden. In der ersten Interviewphase waren regelmäßig auch die Controller anwesend, da sie diesen Termin auch als persönliches Feedback nutzen wollten. Nach Behandlung der die Manager betreffenden Themen wurde der zweite Teil der Interviews mit den Controllern durchgeführt.

6.3.2.2 Nutzen

Der Nutzen von Prozesskostenrechnungssystemen ist gemäß dem Untersuchungsmodell vor allem von der Gestaltung des Dauerbetriebes des Kostenrechnungssystems abhängig.

> *H_{A4}: Der Nutzen prozessorientierter Kostenrechnungssysteme manifestiert sich in der internen Koordination und Steuerung sowie in indirekt und direkt erfolgswirksamen Variablen.*

Hinter dieser Ausgangshypothese stehen Einzelhypothesen zu den vermuteten Zusammenhängen zwischen den Gestaltungsmerkmalen des Dauerbetriebs und dem wahrgenommenen Nutzen von Prozesskostenrechnungssystemen. Wie bereits bei der Operationalisierung der Hypothesen erwähnt, wurde die Messung des Nutzens der Prozesskostenrechnung im Sinne der Zufriedenheit des Managements mit dem System aufgrund der Komplexität des Gegenstandes nicht im Rahmen der schriftlichen Erhebung, sondern im Rahmen der leitfadengestützten Interviews durchgeführt. Aufgrund der geringen Fallzahl von nur acht interviewten Unternehmen wird das Datenmaterial primär als Ausgangsbasis für eine **qualitative Beurteilung** herangezogen und auf Grundlage der Informationen aus den leitfadengestützten Interviews vor dem Hintergrund des konzeptionellen Bezugsrahmens interpretiert.

6.3.2.2.1 Variablen der internen Koordination und Steuerung

Als Variablen der internen Koordination und Steuerung werden die

- Transparenz,
- Plan- und Steuerbarkeit und
- Leistungsmessung

in den indirekten Bereichen verstanden. Dabei geht es um die Frage, ob in diesen Punkten durch den Einsatz von Prozesskostenrechnungssystemen nach Meinung der Führungskräfte der betroffenen Unternehmen eine Verbesserung eingetreten ist. Abbildung 56 zeigt die diesbezügliche Einschätzung der befragten Führungskräfte.

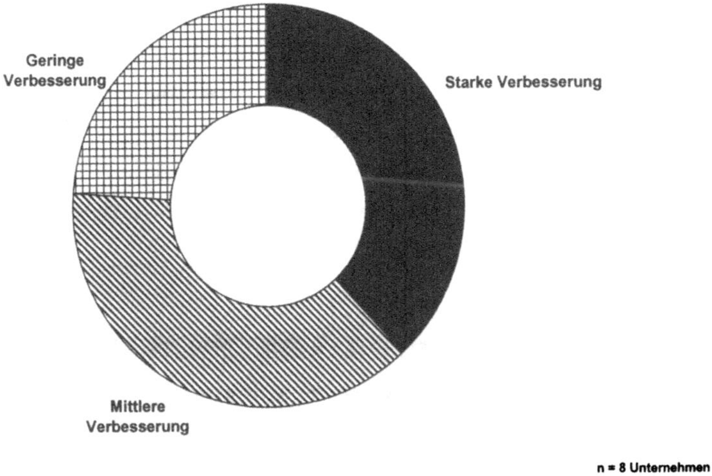

Abbildung 56: Variablen der internen Koordination und Steuerung

38% der interviewten Unternehmen sind davon überzeugt, dass seit dem Einsatz der Prozesskostenrechnung eine starke Verbesserung der internen Koordination und Steuerung eingetreten ist, weitere 38% schätzen die Verbesserung als mittelmäßig ein. Nur ein knappes Viertel der Unternehmen geht von einer geringen Verbesserung aus. Auffallend ist, dass alle Unternehmen eine Verbesserung hinsichtlich der Transparenz, Plan- und Steuerbarkeit und Leistungsmessung der indirekten Bereiche konstatieren und nirgends eine Verschlechterung bzw. ein Gleichbleiben festgestellt wurde.

6.3.2.2.2 Indirekt erfolgswirksame Variablen

Im Rahmen der Analyse der indirekt erfolgswirksamen Variablen geht es um eine Konkretisierung der Anwendungsfelder der konstatierten Verbesserung der Variablen der internen Koordination und Steuerung. Hier steht also die Frage im Mittelpunkt, in welchen Bereichen die gesteigerte Transparenz durch den Einsatz der Prozesskostenrechnung in den Unternehmen eingesetzt und von der Unternehmensführung als merkbare Verbesserung wahrgenommen wird.

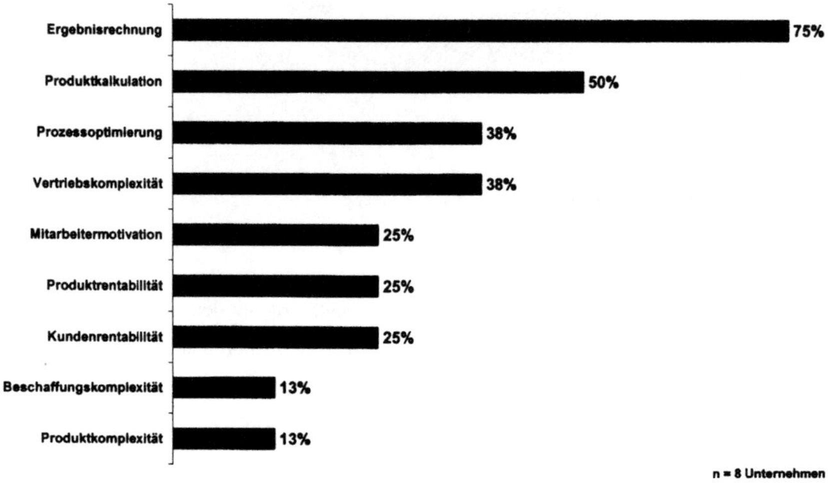

Abbildung 57: Indirekt erfolgswirksame Variablen

Wie Abbildung 57 zu entnehmen ist, stiftet die Prozesskostenrechnung vor allem in der **Ergebnisrechnung** einen wesentlichen Beitrag. Bei drei Viertel der befragten Unternehmen manifestiert sich der Einsatz der Prozesskostenrechnung vor allem in einer Qualitätssteigerung der internen Ergebnisrechnung. Der Zusatznutzen wird hier vor allem in der Transparenz der internen Leistungsbeziehungen und der sauberen Darstellung der Geschäftsbereiche gesehen. Neben dem Einsatz in der Ergebnisrechnung wird der Nutzen des Einsatzes prozessorientierter Kostenrechnungssysteme vor allem in einer verbesserten Produktkalkulation, der Bereitstellung von Daten zur bereichsübergreifenden Prozessoptimierung und dem Aufzeigen von Optimierungsmöglichkeiten bei Vertriebskanälen gesehen.

Insbesondere die Nutzung der Informationen der Prozesskostenrechnung zur Optimierung von Geschäftsprozessen und somit in weiterer Folge der Realisierung von Einsparungspotenzialen wird am häufigsten als geplante Weiterentwicklung des Prozesskostenrechnungssystems genannt.

6.3.2.2.3 Direkt erfolgswirksame Variablen

Im Rahmen der Untersuchung der direkt erfolgswirksamen Variablen geht es darum, festzustellen, ob die Unternehmen durch den Einsatz der Prozesskostenrechnung messbare Ertragssteigerungen festgestellt haben, die sie eindeutig der Prozesskostenrechnung zuschreiben. Konkret wurde hier eine Veränderung der Kostenstruktur im Sinne einer Reduktion des Gemeinkostenanteils an den Gesamtkosten sowie eine Reduktion des Kostenniveaus der Gesamtkosten untersucht.

Die zugrundeliegende Hypothese geht davon aus, dass die gesteigerte Koordinations- und Steuerungsfähigkeit in den indirekten Bereichen (z.B. Transparenz), die sich in den indirekt erfolgswirksamen Variablen äußert (z.B. verbesserte Produktkalkulation), zu Maßnahmen führt, die zu einem messbaren Erfolg im Sinne des Unternehmenserfolgs führen (z.B. Eliminierung nicht rentabler Produktvarianten). Entgegen den Erwartungen hat jedoch kein Unternehmen eine direkt auf den Einsatz der Prozesskostenrechnung rückführbare Veränderung von Kostenstruktur und Kostenniveau realisieren können.

Als Hauptgrund dafür wurde in den Interviews zumeist genannt, dass das System noch zu kurz im Einsatz ist und noch keine nachhaltigen Maßnahmen auf Basis der neuen Transparenz getroffen wurden. Doch auch in Unternehmen, die bereits seit zehn Jahren mit prozessorientierten Kostenrechnungssystemen arbeiten kann man Änderungen in Kostenstruktur und Kostenniveau nicht eindeutig auf den Einsatz des Prozesskostenrechnungssystem zurückführen. Von jenen Unternehmen, die bereits seit mehr als drei Jahren mit einer Prozesskostenrechnung arbeiten, wird jedoch der **permanente Druck** durch die transparente Gegenüberstellung von Kosten und Leistungen in den indirekten Bereichen als wichtiges Instrument zum laufenden Kostenmanagement genannt. Das heißt, obwohl kein Unternehmen einen direkten Zusammenhang zwischen dem Einsatz der Prozesskostenrechnung und realisierten Gemeinkostensenkungen nachweisen kann, wird dennoch die Bedeutung der Prozesskostenrechnung für ein permanentes **Gemeinkostenmanagement** betont.

Wesentlich ist hier die Beachtung der Ziele des Einsatzes von Prozesskostenrechnungssystemen. Jene Unternehmen, die eine Senkung der Gemeinkosten an den Gesamtkosten als Einsatzziel bei Einführung der Prozesskostenrechnung definiert haben schätzen den Beitrag des Prozesskostenrechnungssystems deutlich höher ein, wobei auch bei diesen Unternehmen keine eindeutige Zuordnung möglich ist. Die befragten Führungskräfte sehen dies aber durchaus nicht als Schwäche der Prozesskostenrechnung an, sondern sind sich bewusst, dass eine Beeinflussung von Kostenstrukturen und Kostenverläufen letztlich immer von Entscheidungen der Führungskräfte abhängt. Den Beitrag der Prozesskostenrechnung im Sinne einer Bereitstellung von entscheidungsrelevanten Daten schätzen die befragten Manager dabei durchaus als wesentlich ein. Die Tatsache, dass kein direkt erfolgswirksamer Nutzen aus dem Einsatz der Prozesskostenrechnung nachgewiesen werden kann, ist aber insofern zu relativieren, als die Entscheidung für ein bestimmtes Kostenrechnungssystem per se grundsätzlich keinen unmittelbaren Einfluss auf die Ergebnisstruktur eines Unternehmens hat. Wesentlicher scheint hier, dass die befragten Führungskräfte den Beitrag der durch die Prozesskostenrechnung zusätzlich vorhandenen Informationen zu einem laufenden Kostenbewusstsein und somit zu einer laufenden Kostengestaltung betonen.

6.3.2.2.4 Einflussfaktoren auf Nutzen von Prozesskostenrechnungssystemen

Entsprechend dem konzeptionellen Bezugsrahmen wurden die Einflussfaktoren analysiert, die zum Erfolg bzw. Misserfolg von Prozesskostenrechnungssystemen beitragen. Die entsprechenden Hypothesen zielen dabei hauptsächlich auf eine Abhängigkeit von der Gestaltung des Dauerbetriebes ab. Daneben wurde auch der Zusammenhang zwischen dem Nutzen und den Kontextfaktoren untersucht, wiewohl die Kontextfaktoren entsprechend dem Bezugsrahmen vor allem indirekt über die erreichte Umsetzungsstufe den Nutzen beeinflussen.

Ausgangspunkt für die Beurteilung der Hypothesen zur Erklärung des wahrgenommenen Nutzens prozessorientierter Kostenrechnungssysteme ist dabei in Anlehnung an die Vorgehensweise von *Stoi* die Darstellung der Zusammenhänge zwischen dem Nutzen und den Kontextfaktoren sowie den Variablen des Dauerbetriebs.[345] Die Werte der Kontextfaktoren entstammen der schriftlichen Befragung. Die Messung des Nutzens erfolgte mittels der Variab-

345 Vgl. Stoi (1999), S. 196 f.

len der internen Koordination und Steuerung (INTK), der indirekt erfolgswirksamen Variablen (INDV) und der direkt erfolgswirksamen Variablen (DIRV), die ungewichtet zu einem Nutzen-Index verdichtet wurden.

Da nur mit insgesamt acht Unternehmen Interviews geführt wurden, wird auf eine statistisch fundierte Analyse der Ergebnisse verzichtet. Vielmehr wird auf Basis einfacher Korrelationskoeffizienten eine qualitative Beurteilung vorgenommen. Die folgenden Tabellen zeigen den Zusammenhang der einzelnen Kontextfaktoren und den Variablen des Dauerbetriebs zum wahrgenommenen Nutzen prozessorientierter Kostenrechnungssysteme. Es sei nochmals betont, dass die Zahlen keinesfalls als statistischer Beweis von Zusammenhängen zu verstehen sind, sondern nur Anhaltspunkte für die qualitative Beurteilung liefern.

KONTEXTFAKTOREN	KORR.
Gemeinkostenanteil	0,60
Aussenorientierung	0,49
Innovationserfahrung	0,35
Verfügbarkeit von EDV-Systemen	0,30
Relative Vorteilhaftigkeit	0,29
Organisationsgrad	0,26
Strategie	0,26
Branchenzugehörigkeit	0,17
Wettbewerbsintensität	0,07
Macht- und Fachpromotoren	0,07
Unternehmensgröße	-0,07
Komplexität der Leistungserstellung	-0,27

Tabelle 49: Korrelation zwischen Kontextfaktoren und Nutzen

Bei Betrachtung der Zusammenhänge zwischen den Kontextfaktoren und der Nutzeneinschätzung der befragten Manager weist ein hoher **Gemeinkostenanteil** den höchsten Erklärungsanteil zur Zufriedenheit mit dem verwendeten Prozesskostenrechnungssystem auf. Dies scheint auf den ersten Blick überraschend, da sich die Höhe des Gemeinkostenanteils bei Untersuchung der erreichten Umsetzungsstufe nur im Stadium der Umsetzungsentscheidung als signifikant erwies und für die Umsetzung nur einen tendenziellen Beitrag leistete. Es zeigte sich jedoch im Rahmen der Interviews, dass Unternehmen mit einem hohen Gemeinkostenanteil die Daten des Prozesskostenrechnungssystems im Dauerbetrieb zur permanenten Kontrolle und Plausibilisierung der Kosten in den indirekten Bereichen verwenden und so einen ständigen Druck auf die Kostenverantwortlichen ausüben. Dabei ist es unerheblich, ob die Prozesskostenrechnung ursprünglich wegen dieses hohen Gemeinkostenanteils evaluiert und eingeführt wurde. Die befragten Manager argumentierten dahingehend, dass das vorhandene Prozesskostenrechnungssystem zum laufenden Kostenmanagement beiträgt, da jeder Kostenstellenverantwortliche die seinen Kosten entsprechenden Kostentreiber und somit eine Art Leistungsäquivalent ausgewiesen bekommt und dadurch ständig in Rechtfertigungsnotstand gerät. Dabei erwies sich die Zufriedenheit mit einem prozessorientierten Kostenrechnungssystem in Unternehmen mit hohen Gemeinkosten am größten, da hier offenbar ein stärkerer Nutzen gestiftet werden kann.

Als weiterer wichtiger Einflussfaktor auf den wahrgenommenen Nutzen prozessorientierter Kostenrechnungssysteme erwies sich auch die **Außenorientierung** der Unternehmen. Hier spielt vor allem der Einfluss von Unternehmensberatern eine wesentliche Rolle, der auch die erreichte Umsetzungsstufe maßgeblich beeinflusst. Dies wurde auch in den Interviews bestätigt, wobei die Bedeutung der Berater für das Konzept und die Umsetzung vor allem vom Controlling als interne Marketingstrategie und Argumentationshilfe bei Einführung des Systems verwendet wurde. Bei erstmaliger Definition von Prozessen oder der Festlegung von Verrechnungssätzen wird dabei oftmals vom Controlling mit der Notwendigkeit bestimmter Ansätze zur Erreichung der Ziele des Beraterkonzepts argumentiert. Auch dient der Name eines bekannten Beratungsunternehmens als (konzern-)internes Verkaufsargument, das durchaus wesentlichen Einfluss auf Akzeptanz des Systems und die Zufriedenheit der betroffenen Abteilungs- und Geschäftsbereichsleiter hat. So wurde in den Interviews von den Managern oftmals die Zufriedenheit mit dem System und der wahrgenommene Nutzen mit dem exzellenten Beraterteam sowie der guten Zusammenarbeit zwischen Controlling und Berater begründet. Dies ist insofern interessant, als keiner der befragten Abteilungsleiter direkt im Projektteam involviert war und auch nicht direkt mit den Beratern zusammenarbeitete. Darin manifestiert sich die Beobachtung, dass die Kostenrechnungsverantwortlichen den Namen des Beraters bewusst als interne Verkaufsunterstützung verwenden und in Diskussionen auf die fachliche Expertise und den reichhaltigen Erfahrungsschatz des Beratungshauses verweisen.

Als dritter relevanter Kontextfaktor zur Erklärung der Zufriedenheit mit dem Prozesskostenrechnungssystem erwies sich die **Innovationserfahrung** der Unternehmen. Dies ist interessant, da sich die Innovationserfahrung nicht als begünstigender Faktor der Einführung von Prozesskostenrechnung erwiesen hat. Wenn Unternehmen diese Hürde jedoch überwunden haben und an die Evaluierung und Einführung einer Prozesskostenrechnung gehen, scheint die Erfahrung mit ähnlichen Projekten eine positive Wirkung auf die Zufriedenheit zu haben, da die Erwartungen realistischer sind. In den Interviews zeigte sich, dass ein starker Zusammenhang zwischen Außenorientierung und Innovationserfahrung dahingehend besteht, dass die Unternehmen andere prozessorientierte Instrumente, wie beispielsweise die Gemeinkostenanalyse, meist ebenfalls in Zusammenarbeit mit Unternehmensberatern durchgeführt haben. Doch auch bei jenen Unternehmen, die ihr Prozesskostenrechnungssystem ohne Beratungsunterstützung eingeführt haben, erwies sich die Erfahrung mit anderen prozessorientierten Methoden als wichtig für die Zufriedenheit der Manager mit dem neuen System. Insbesondere dort wo bereits der Gedanke der Prozessorientierung in früheren Projekten erfolgreich eingeführt und vertreten wurde (v.a. Gemeinkostenwertanalyse und Rationalisierungsmaßnahmen, die unter dem Schlagwort Business Process Reengineering durchgeführt wurden), waren die Führungskräfte vergleichsweise schnell von der Sinnhaftigkeit einer derart ausgestalteten Kostenrechnung überzeugt und auch mit den Ergebnissen zufriedener. Ob ein Unternehmen jedoch überhaupt in dieses Stadium des Dauerbetriebs kommt, hängt zu einem großen Teil vom Erfolg früherer Projekte ab. Der Schlüssel zur Bedeutung des Faktors Innovationserfahrung ist also der **Erfolg** der früheren Projekte. Dort wo bereits schlechte Erfahrungen mit neuen Methoden gemacht wurden, stellt die Innovationserfahrung eher eine Einführungshürde dar, in Unternehmen mit positiven Erfahrungen trägt sie zu einer realitätsnahen Erwartungshaltung und somit zum Nutzen des Systems bei.

Zwischen der Unternehmensgröße sowie der Komplexität der Leistungserstellung und dem wahrgenommenen Nutzen mit dem Prozesskostenrechnungssystem war tendenziell ein negativer Zusammenhang feststellbar. Insbesondere der Einfluss einer komplex strukturierten Wertschöpfungskette auf den Erfolg des Einsatzes von Prozesskostenrechnung ist näher zu betrachten. Bereits bei Auswertung der Fragebögen zeigte sich, dass eine hohe Komplexität in der Leistungserstellung entgegen der aufgestellten Hypothese einen tendenziell negativen Beitrag zur Erreichung einer hohen Umsetzungsstufe leistet. Diesem Effekt wurde auch in den Interviews nachgegangen und es stellte sich heraus, dass die Führungskräfte bei vergleichsweise komplex strukturierten Wertschöpfungsprozessen eher unzufrieden mit der Abbildung von Prozessen im Kostenrechnungssystem sind und die vom Controlling bereitgestellten Ergebnisse eher anzweifeln. Ursache für diesen Effekt könnte sein, dass die Abteilungs- und Geschäftsbereichsleiter in Betrieben mit hoher Komplexität in der Leistungserstellung stark operativ orientiert sind und darin auch die Begründung für die auffallend komplizierte und variantenreiche Prozesskette liegt. Diese auf sehr hohem Detaillierungsniveau agierenden, oftmals technisch ausgebildeten, Führungskräfte hinterfragen offenbar stärker die Zahlen des Controlling und nehmen hier eine kritischere Haltung ein.

Auch die Verfügbarkeit von betriebswirtschaftlichen EDV-Systemen vor Einführung der Prozesskostenrechnung, die relative Vorteilhaftigkeit gegenüber dem bestehenden Kostenrechnungssystem, der Organisationsgrad, die strategische Grundausrichtung, die Branchenzugehörigkeit, die Existenz von Macht- und Fachpromotoren sowie die Wettbewerbsintensität zeigen einen positiven Beitrag zum wahrgenommenen Nutzen des Prozesskostenrechnungssystems. Hier ist jedoch anzumerken, dass diese Faktoren in erster Linie auf die erreichte Umsetzungsstufe wirken und entsprechend dem konzeptionellen Bezugsrahmen nur indirekt über die Konkretisierung der Umsetzungsstufe in Form der Gestaltungsvariablen des Dauerbetriebs auf den tatsächlichen Nutzen des Systems Einfluss nehmen. Insofern dient die Ermittlung der direkten Zusammenhänge vor allem einer **Plausibilisierung** der Ergebnisse der Analyse der Daten der schriftlichen Befragung. Tabelle 50 enthält die Korrelationskoeffizienten zwischen den Variablen des Dauerbetriebs und dem Nutzen von Prozesskostenrechnungssystemen.

VARIABLEN DES DAUERBETRIEBS	KORR.
Koordination mit Management	0,77
Einsatzfrequenz	0,47
EDV-Umsetzung	0,44
EDV-Integration	0,41
Prozessverantwortung	0,37
Pflegeintensität	0,33
Einsatzziele	0,29
Einsatzfelder	0,26
Implementierungsstrategie	0,23
Einsatzbreite	0,21
Erfasster Kostenanteil	0,18
Implementierungsaufwand	0,16
Umfang des Prozessmodells	0,09
Einsatzart	0,07

Tabelle 50: Korrelation zwischen Dauerbetrieb und Nutzen

Neben den Variablen des Dauerbetriebs wurde auch der Beitrag der erreichten Implementierungsstufe und der Koordination zwischen Controlling und Management zur Erklärung des wahrgenommenen Nutzens untersucht. Es zeigte sich, dass ein direkter Einfluss der Einsatzart, i.e. der erreichten Implementierungsstufe, auf den Nutzen des Prozesskostenrechnungssystem vergleichsweise gering ist und es vielmehr auf die konkrete Ausgestaltung der Merkmale des Betriebs in der jeweiligen Stufe ankommt als auf das bloße Erreichen einer bestimmten Stufe.

Als stärkster Einflussfaktor auf den Nutzen der Prozesskostenrechnung erwies sich die **Koordination und Kommunikation zwischen Management und Controlling**. Entsprechend der ursprünglichen Vermutung zeigte sich auch in den Interviews deutlich, dass eine intensive Auseinandersetzung der Manager mit den Ergebnissen und den dahinterliegenden Methoden des Controlling wesentlich zur Akzeptanz des Systems und zur Zufriedenheit mit den Ergebnissen beiträgt. So war die laufende Nutzung und Diskussion der Kostenberichte (im Regelfall im Rahmen monatlicher Controlling-Meetings) ein wesentlicher Bestandteil der Zufriedenheit der Manager mit den Ergebnissen der Prozesskostenrechnung. Als wesentlich erwies sich dabei die Vermeidung offener Konflikte und die Konzentration auf sachliche Diskussionen. Dies zeigte sich insbesondere bei jenen Unternehmen, die gerade im ersten Betriebsjahr sind und noch laufend Erklärungs- und auch Anpassungsbedarf im Prozessmodell haben. Hier ist die Gefahr besonders groß, dass das Controlling die Akzeptanz der Empfänger verliert, was letztlich zur Unzufriedenheit mit dem System führt. Weiters zeigte sich in diesem Zusammenhang die Bedeutung der frühzeitigen Einbindung der Empfänger des Systems in der Konzeptionsphase. So war die Einschätzung der Nützlichkeit der Prozesskostenrechnung in jenen Unternehmen deutlich höher, welche die betroffenen Abteilungsleiter sehr frühzeitig in das Projekt einbanden und sich bei der Erarbeitung des Prozessmodells jeweils mit allen betroffenen Organisationseinheiten laufend abstimmten. Dadurch wird auch Verständnis für notwendige Kompromisse geschaffen, was für die Akzeptanz und Nutzung der Ergebnisse zur Entscheidungsfundierung und somit für die Nützlichkeit des Systems außerordentlich wichtig ist.

Von den Gestaltungsmerkmalen des Dauerbetriebs erwies sich die **laufende** Bereitstellung und Nutzung der Prozesskostenrechnung als besonders wichtig für die Zufriedenheit der Empfänger mit dem System. Auch die **integrierte** Umsetzung in einer betriebswirtschaftlichen **Softwarelösung** wurde als wesentlich für den Nutzen des Systems genannt. Die befragten Abteilungs- und Geschäftsbereichsleiter argumentierten dabei dahingehend, dass eine vollständige Abbildung in einem integrierten System und die laufende Bereitstellung der Daten ein gewisses Vertrauen in die Richtigkeit der Daten suggeriert und die Zahlen der Prozesskostenrechnung damit eher zur Fundierung von Entscheidungen herangezogen werden. Als problematisch ist dazu anzumerken, dass hier offenbar das Vertrauen in die Richtigkeit von mächtigen Softwarelösungen die Auseinandersetzung mit den konzeptionellen Hintergründen des Kostenrechnungssystems ersetzt. So wird die prozentmäßige Verteilung einer gegebenen Kostenstellenkapazität auf mehrere Teilprozesse und anschließende Verdichtung zu Hauptprozessen und Verrechnung auf Kostenträger offenbar durch die laufende automatisierte Wiederholung vom Management als richtiger angesehen als bei jährlicher Durchführung zu Orientierungszwecken in der Budgetierung.

Die laufende **Pflege** des Systems (zumindest jährlich) und Anpassung an geänderte Abläufe sowie die Etablierung von Prozessverantwortung wurden ebenfalls als wichtig für den Nutzen des Prozesskostenrechnungssystems genannt. Es zeigte sich weiters, dass jene Unternehmen die Prozesskostenrechnung als nützlicher einstuften, die sich vergleichsweise hohe und konkrete Ziele setzten und diese im Rahmen der Einführung und der Nutzung konsequent verfolgten. Offenbar trägt also die vorherige intensive Auseinandersetzung mit den Möglichkeiten der Prozesskostenrechnung und das Setzen anspruchsvoller Ziele zur Zufriedenheit mit den Ergebnissen maßgeblich bei. Dies kann auch als Bestätigung der hohen Bedeutung der Koordination und Kommunikation mit dem Management gewertet werden, denn die Vorgabe ehrgeiziger und konkreter Ziele erfordert die frühzeitige und relativ detaillierte Einbindung der Unternehmensführung.

Hinsichtlich der Einsatzbreite und der Einsatzfelder der Prozesskostenrechnung zeigte sich, dass die Nützlichkeit umso höher bewertet wird, je breiter und umfassender das System eingesetzt und genutzt wird. Bei der Implementierungsstrategie zeigte sich die Einführung in allen ausgewählten Bereichen im Sinne eines „Big Bang“ als die effektivste Methode zur Erreichung hoher Zufriedenheitswerte mit dem Prozesskostenrechnungssystem. Ähnlich den Aussagen zur Einsatzfrequenz und der EDV-Umsetzung steht hinter dieser eindeutigen Bevorzugung möglichst breiter und umfassender Systeme, die nach Möglichkeit ab einem Stichtag zur Verfügung stehen, möglicherweise die Vorstellung des Managements, dass ein völlig neues und besseres System das alte ablöst und man dem neuen System umso mehr trauen kann, je eher es „aus einem Guss“ erscheint. Dies ist möglicherweise auch auf den Vormarsch von *SAP* in den letzten Jahren und die dabei immer wieder kommunizierte Überlegenheit von integrierten und standardisierten System zurückzuführen.

Die Höhe des vom Prozesskostenrechnungssystem im Dauerbetrieb erfassten Gemeinkosten- und Gesamtkostenanteils war für die Einschätzung des Nutzens der Prozesskostenrechnung geringer als erwartet. Da die interviewten Führungskräfte im Regelfall Abteilungs- oder Geschäftsbereichsleiter waren, deren beeinflussbare Kosten im wesentlichen zur Gänze durch die Prozesskostenrechnung abgedeckt waren, spielte dieser Aspekt bei ihrer Beurteilung möglicherweise keine so entscheidende Rolle. Auch der notwendige Implementierungsaufwand war weniger bedeutsam für die Beurteilung der Nützlichkeit des Systems als angenommen. Dies mag daran liegen, dass die Adressaten mit der Einführung nicht unmittelbar befasst waren. Auch der Beitrag des Umfangs des Prozessmodells zur Nutzeneinschätzung des Systems ist relativ gering. Auch hier scheint die Begründung darin zu liegen, dass die Empfänger nicht alle Details des Prozesskostenrechnungssystems kennen und dieser Faktor somit nicht ausschlaggebend für die Beurteilung der Nützlichkeit des Systems für das Management ist.

7 Zusammenfassung und Interpretation

7.1 Überblick

Im Rahmen dieser Studie wurde vor dem Hintergrund der Literatur zur Prozesskostenrechnung, publizierten Fallstudien und früheren empirischen Studien ein Bezugsrahmen zur Beurteilung der Implementierung, des Dauerbetriebs und des erzielbaren Nutzens prozessorientierter Kostenrechnungssysteme in der österreichischen Unternehmenspraxis aufgestellt. Darauf aufbauend erfolgte die empirische Überprüfung mittels Fragebogen und teilstrukturierter Interviews. In diesem Kapitel werden nun die Ergebnisse der empirischen Untersuchung zusammengefasst, die Ausgangshypothesen beurteilt und daraus Handlungsempfehlungen für Praktiker sowie künftige Forschungsfragen abgeleitet.

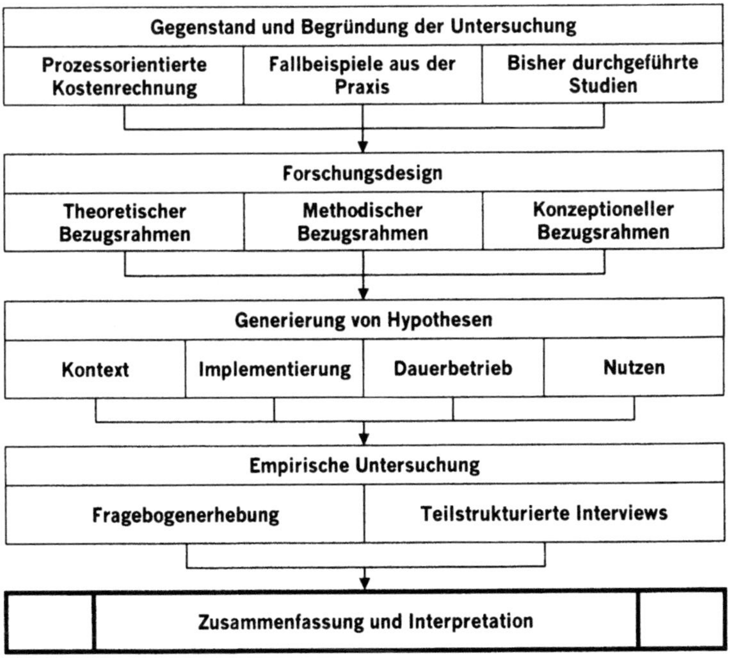

Abbildung 58: Zusammenfassung und Interpretation

7.2 Beurteilung der Hypothesen

Tabelle 51 enthält die Ergebnisse der Hypothesenprüfung auf Grundlage der weiter oben durchgeführten empirischen Untersuchung. Wie der Tabelle zu entnehmen ist, konnten alle vier Ausgangshypothesen bestätigt werden. Bis auf drei Hypothesen (H_{E12}: Innovationserfahrung, H_{E21} und H_{E22}: Komplexität der Leistungserstellung) konnten auch die meisten Einzelhypothesen beibehalten werden. Allerdings ist dies nur bei Anwendung eines geringen Anspruchsniveaus an die statistische Signifikanz gültig. In einem strengen statistischen Sinne sind auf Grundlage der schriftlichen Befragung nämlich nur vier Einzelhypothesen (H_{E15}: Externe Kommunikation, H_{E16}: Einfluss von Unternehmensberatern, H_{E19}: Gemeinkostenanteil, H_{E23}: Relative Vorteilhaftigkeit) bei einem Signifikanzniveau von 0,05 aufrechtzuerhalten. Vor dem Hintergrund der erhobenen Daten erfolgt die Beurteilung der vermuteten Zusammenhänge zu Dauerbetrieb und Nutzen primär qualitativ auf einem statistisch weit geringerem Anspruchsniveau.

Bei der Interpretation der Ergebnisse der Hypothesenprüfung kann von einer weitgehenden **Bestätigung des Untersuchungsmodells** ausgegangen werden. Die vermuteten Zusammenhänge werden von vorhandenen Daten gestützt. Für künftige Studien zeigt sich jedoch deutlicher Handlungsbedarf bei einer Verbreiterung der Datenbasis zur statistisch fundierten Erklärung der Zusammenhänge zwischen den Gestaltungsvariablen der Prozesskostenrechnungssysteme und dem erzielbaren Nutzen aus deren Anwendung. Auch eine tiefergehende Untersuchung der Zusammenhänge zwischen den unterschiedlichen Variablen des Nutzens der prozessorientierten Kostenrechnungssysteme und dem Unternehmenserfolg als letztlich entscheidender Maßstab kann auf statistisch signifikantem Niveau nur bei einer breiteren Datenbasis durchgeführt werden.

HYPOTHESE		EXPLANANS	EXPLANANDUM	PRÜFUNG	RESULTAT
H_{A1}	**KONTEXTFAKTOREN**				
H_{E1}		Machtpromotor	Implementierungsstufe	Quantitativ	beibehalten
H_{E2}		Fachpromotor	Implementierungsstufe	Quantitativ	beibehalten
H_{E3}		Konzernzugehörigkeit	Implementierungsstufe	Quantitativ	beibehalten
H_{E4}		Konzerneinbindung	Implementierungsstufe	Quantitativ	beibehalten
H_{E5}		Zentralisierungsgrad	Implementierungsstufe	Quantitativ	beibehalten
H_{E6}		Zentralisierungsgrad	Implementierungsstufe	Quantitativ	beibehalten
H_{E7}		Formalisierungsgrad	Implementierungsstufe	Quantitativ	beibehalten
H_{E8}		Formalisierungsgrad	Implementierungsstufe	Quantitativ	beibehalten
H_{E9}		Vertikale Differenzierung	Implementierungsstufe	Quantitativ	beibehalten
H_{E10}		Vertikale Differenzierung	Implementierungsstufe	Quantitativ	beibehalten
H_{E11}		Unternehmensgröße	Implementierungsstufe	Quantitativ	beibehalten
H_{E12}		Innovationserfahrung	Implementierungsstufe	Quantitativ	verworfen
H_{E13}		Branchenzugehörigkeit	Implementierungsstufe	Qualitativ	beibehalten
H_{E14}		Wettbewerbsintensität	Implementierungsstufe	Quantitativ	beibehalten
H_{E15}		Externe Kommunikation	Implementierungsstufe	Quantitativ	beibehalten *
H_{E16}		Unternehmensberater	Implementierungsstufe	Quantitativ	beibehalten *
H_{E17}		Strategie	Implementierungsstufe	Quantitativ	beibehalten
H_{E18}		Strategie	Implementierungsstufe	Quantitativ	beibehalten
H_{E19}		Gemeinkostenanteil	Implementierungsstufe	Quantitativ	beibehalten *
H_{E20}		Gemeinkostenanteil	Implementierungsstufe	Quantitativ	beibehalten
H_{E21}		Komplexität der Leistungserstellung	Implementierungsstufe	Quantitativ	verworfen
H_{E22}		Komplexität der Leistungserstellung	Implementierungsstufe	Quantitativ	verworfen
H_{E23}		Relative Vorteilhaftigkeit	Implementierungsstufe	Quantitativ	beibehalten *
H_{E24}		Verfügbarkeit von EDV-Systemen	Implementierungsstufe	Quantitativ	beibehalten
H_{E25}		Verfügbarkeit von EDV-Systemen	Implementierungsstufe	Qualitativ	beibehalten
H_{E26}		Verfügbarkeit von EDV-Systemen	Implementierungsstufe	Qualitativ	beibehalten
H_{A2}	**IMPLEMENTIERUNG**				
H_{E27}		Implementierungsstufe	Nutzen	Quantitativ	beibehalten
H_{E28}		Implementierungsstrategie	Nutzen	Qualitativ	beibehalten
H_{E29}		Implementierungsaufwand	Nutzen	Qualitativ	beibehalten
H_{A3}	**DAUERBETRIEB**				
H_{E30}		Einsatzart	Nutzen	Qualitativ	beibehalten
H_{E31}		Einsatzfelder	Nutzen	Qualitativ	beibehalten
H_{E32}		Einsatzfrequenz	Nutzen	Qualitativ	beibehalten
H_{E33}		Einsatzziele	Nutzen	Qualitativ	beibehalten
H_{E34}		Einsatzbreite	Nutzen	Qualitativ	beibehalten
H_{E35}		Erfasster Kostenanteil	Nutzen	Qualitativ	beibehalten
H_{E36}		Umfang des Prozessmodells	Nutzen	Qualitativ	beibehalten
H_{E37}		EDV-Unterstützung	Nutzen	Qualitativ	beibehalten
H_{E38}		Prozessverantwortung	Nutzen	Qualitativ	beibehalten
H_{E39}		Pflegeintensität	Nutzen	Qualitativ	beibehalten
H_{A4}	**NUTZEN**				
H_{E40}		Kommunikation und Koordination	Nutzen	Qualitativ	beibehalten

* ... Signifikant ($p < 0{,}05$)

Tabelle 51: Ergebnisse der Hypothesenprüfung

Neben dem hohen Einfluss von Unternehmensberatern, im Regelfall in enger Zusammenarbeit mit einem **Machtpromotor**, hat sich in dieser Studie vor allem auch die von den Anwendern vermutete relative Vorteilhaftigkeit der Prozesskostenrechnung im Vergleich zum bisherigen Kostenrechnungssystem als in allen Phasen des Implementierungsprozesses und der Einschätzung des Nutzens aus dem Dauerbetrieb als signifikant erwiesen. Das impliziert für einen potenziellen Anwender der Prozesskostenrechnung, dass insbesondere die vorhandene **Ausgangssituation** in der Kostenrechnung zu beachten ist. Mit anderen Worten, eine fundierte **Ist-Analyse** des gegenwärtigen Zustandes des Kostenrechnungssystems ist entscheidend bei der Beurteilung der Erfolgswahrscheinlichkeit einer Einführung von Prozesskostenrechnung. Je geringer der Ausbaugrad des bisherigen Kostenrechnungssystems ist, desto höher ist offenbar die Erwartung an die Wirkungsweise einer Prozesskostenrechnung.

Dies mag auch erklären, warum in Österreich primär Dienstleistungsbetriebe eine hohe Umsetzungsstufe erreicht haben. Während Industriebetriebe schon seit jeher eine ausgebaute Kostenrechnung im Sinne der flexiblen Grenzplankostenrechnung haben, ist für viele Dienstleistungsbetriebe die Beschäftigung mit der Prozesskostenrechnung oft der erste Kontakt mit der Kostenrechnung. Die hohe Bedeutung der erwarteten relativen Vorteilhaftigkeit der Prozesskostenrechnung, die sich als wesentlicher Erfolgsfaktor der Implementierung erwiesen hat, ist daher zu einem guten Teil vermutlich auch eine allgemeine Erwartungshaltung an die positive Wirkung einer Kostenrechnung.

Die frühen Vertreter der Prozesskostenrechnung haben im Regelfall eine einfache Zuschlagskalkulation als typische Ausgangssituation dargestellt und dann ihre Lösung der Prozesskostenrechnung vorgestellt, die dem Verständnis einer modernen Unternehmensführung entspricht. Damit wird der Eindruck erweckt, dass diese „modernen" Lösungen generell machbar und effizient sind. Im Bereich der Personalplanung haben bereits frühere empirische Untersuchungen die Bedeutung der Ausgangssituation als eine Voraussetzung zur realistischen Beurteilung der Entwicklungsmöglichkeiten bei Einführung der Personalplanung aufgezeigt.[346] In dieser Studie hat sich die Bedeutung der Ausgangssituation in der Kostenrechnung bei Einführung einer Prozesskostenrechnung als entscheidend für den Erfolg des weiteren Vorgehens erwiesen. Auch die Erfahrung mit ähnlichen Projekten hat sich als wichtig für eine realistische Erwartungshaltung und damit für den wahrgenommenen Nutzen des Systems beim Management erwiesen. Aufgrund der geringen Zahl der beobachteten Unternehmen im Stadium

346 Vgl. Risak (1981).

des Dauerbetriebs ist die Bildung von typischen Entwicklungspfaden nicht seriös möglich. Diese Studie bietet jedoch eine gute Ausgangsposition für diesbezügliche Untersuchungen.

Als weiterer interessanter Aspekt hat sich auch die Tatsache herausgestellt, dass die erfolgreiche Einführung eines Prozesskostenrechnungssystems offenbar auch in internen Machtkämpfen instrumentalisiert wird, um dem Machtpromotor des Projektes eine verbesserte Position zukommen zu lassen. Das bedeutet, dass der nicht durch diese Studie erklärte Anteil des Implementierungsprozesses von Prozesskostenrechnungssystemen offenbar darin begründet liegt, dass die Entscheidung für die Einführung einer Prozesskostenrechnung in einem gewissen Ausmaß eine Entscheidungssituation unter Mehrdeutigkeit im Sinne der verhaltenswissenschaftlichen Entscheidungstheorie ist. Zur Erklärung derart kontext- und zeitabhängiger Entscheidungsprozesse wurde das sogenannte **Mülleimer-Modell** entwickelt, dass darauf abzielt, dass derartige Entscheidungen oftmals nicht durch rationale Modelle allein erklärt werden können.[347] Man stelle sich zum Beispiel vor, dass ein mit der Entscheidung über die Evaluierung der Prozesskostenrechnung befasster Finanzvorstand zur gleichen Zeit über eine Werksschließung zu entscheiden hat und zudem in einen internen Machtkampf mit dem Technikvorstand verstrickt ist. Die Entscheidung über die Einführung der Prozesskostenrechnung hängt hier auch wesentlich von der subjektiv wahrgenommenen Dringlichkeit der Probleme ab und nicht ausschließlich von objektiven Kriterien. Zum Aufdecken derartiger Zusammenhänge wäre in künftigen Forschungsarbeiten etwa die Durchführung von Intensivfallstudien geeignet. Auf Basis des Datenmaterials der vorliegenden Untersuchung ist jedoch davon auszugehen, dass die Zusammenhänge zwischen Kontextfaktoren, Implementierung, Dauerbetrieb und Nutzen prozessorientierter Kostenrechnungssysteme zum überwiegenden Teil durch das Untersuchungsmodell erklärt sind.

Abbildung 59 zeigt das empirisch bestätigte Untersuchungsmodell zur Erklärung der Kontextabhängigkeit von Prozesskostenrechnungssystemen, wobei sowohl die signifikanten als auch die tendenziell bestätigten Zusammenhänge abgebildet sind. Die Gestaltungsvariablen des Dauerbetriebes sind dabei Konkretisierungen der erreichten Umsetzungsstufe und spielen wie weiter oben gezeigt wurde eine bedeutsame Rolle bei der Erklärung des Nutzens des Einsatzes der Prozesskostenrechnung.

---

[347] Vgl. Berger / Bernhard-Mehlich (1999), S. 148 ff.; Witte (1973).

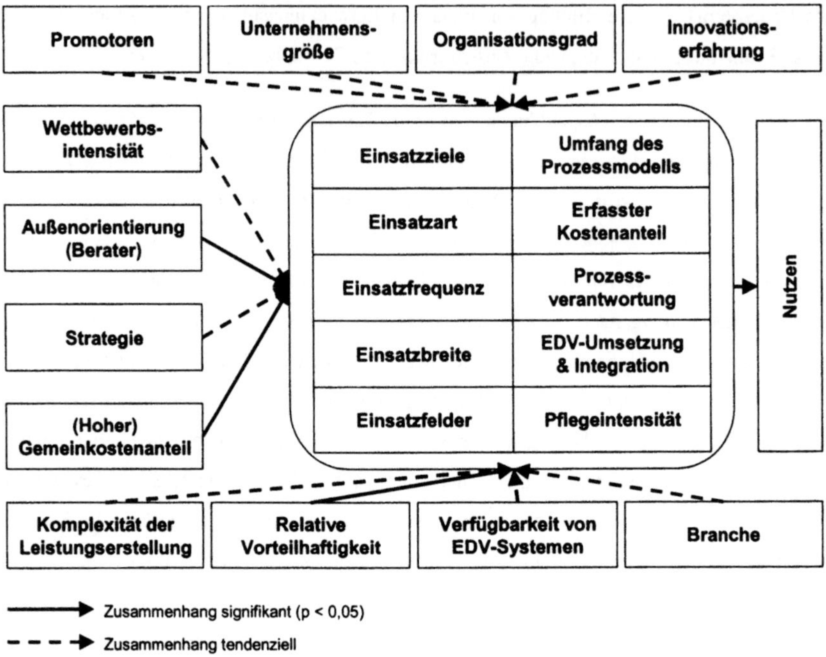

Abbildung 59: Empirisch bestätigte Zusammenhänge des Untersuchungsmodells

Hinsichtlich des Nutzens des Einsatzes von Prozesskostenrechnungssystemen wurde in den leitfadengestützten Interviews das aufgestellte Untersuchungsmodell mit der Konzeptionalisierung von Variablen der internen Koordination und Steuerung, indirekt erfolgswirksamen und direkt erfolgswirksamen Variablen weitestgehend bestätigt. Abbildung 60 zeigt die auf Basis der durchgeführten Untersuchung erfolgte Strukturierung des Nutzens der Prozesskostenrechnung.

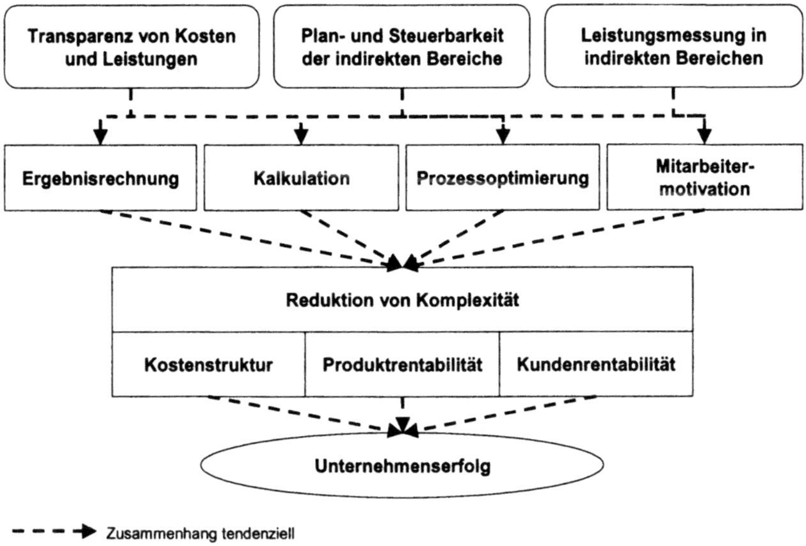

Abbildung 60: Empirische Zusammenhänge zum Nutzen der Prozesskostenrechnung

Eindeutig bestätigt wurde von allen Anwendern der Prozesskostenrechnung die **Verbesserung der Variablen der internen Koordination und Steuerung**, d.h. der Transparenz von Kosten und Leistungen, der Plan- und Steuerbarkeit der internen Bereiche und der Leistungsmessung in den indirekten Bereichen. Durch diese Verbesserungen sind vor allem in der Ergebnisrechnung und der Produktkalkulation qualitative Steigerungen durch Einsatz der Prozesskostenrechnung möglich. Auch dient diese verbesserte interne Koordinations- und Steuerungsfähigkeit der Bereitstellung von Informationen zur Prozessoptimierung und zur Hebung der Mitarbeitermotivation durch Wegfall von nicht verursachungsgerechten Umlagen. Dies wiederum wirkt auf eine Reduktion der Komplexität in Produktion, des Sortiments und der Vertriebs- und Kundenstruktur.

Letztlich wirken diese auf Basis der Informationen der Prozesskostenrechnung getroffenen Maßnahmen positiv auf die Rentabilität von Produkten und Kunden sowie auf Kostenstruktur und Kostenniveau, was schließlich eine Verbesserung des Unternehmenserfolges bewirkt. Für künftige Studien ist die Aufmerksamkeit verstärkt auf den Zusammenhang des Einsatzes der Prozesskostenrechnung mit den direkt erfolgswirksamen Variablen zu legen, um hier ein noch deutlicheres Bild zu bekommen. Die in dieser Studie festgestellten Zusammenhänge haben aufgrund des qualitativen Zugangs der zweiten Untersuchungsphase eher explorativen Charakter und bedürfen noch einer statistisch signifikanten Fundierung.

7.3 Künftige Forschungsfragen

Aus der Beurteilung der Hypothesen ist ersichtlich, dass die vorliegende Untersuchung neben Antworten auf die Ausgangsfragen zu Kontext, Implementierung, Dauerbetrieb und Nutzen von Prozesskostenrechnungssystemen auch zahlreiche Fragestellungen für künftige Studien aufwirft.

- Ein Feld künftiger Forschungsarbeiten liegt in der Fokussierung auf der Operationalisierung und breiten standardisierten Erhebung des **Nutzens von Prozesskostenrechnungssystemen**, um zu statistisch signifikanten Aussagen zum Zusammenhang zwischen Gestaltungsparametern des Dauerbetriebs und dem Nutzen zu gelangen.

- Auch die Untersuchung des Beitrags von Prozesskostenrechnungssystemen zum **Unternehmenserfolg** als finaler Nutzenmaßstab scheint ein lohnenswertes Betätigungsfeld künftiger Studien.

- Während sich diese Studie primär auf eine schriftliche Querschnittsbefragung stützt, ist die Identifikation von **Entwicklungspfaden** bei der Einführung von Prozesskostenrechnung in Abhängigkeit von der Ausgangssituation des Unternehmens mittels Intensivfallstudie eine bis dato in der Literatur nicht befriedigend abgedeckte Fragestellung, die Platz für künftige Arbeiten lässt.

- Die aus den Interviews gewonnene Einsicht, dass die internen **Entscheidungsprozesse** bei Implementierung einer Prozesskostenrechnung in der Praxis offenbar nicht ausschließlich rational begründet sind, eröffnet ein weites Feld zur empirischen Fundierung dieses Phänomens.

7.4 Handlungsempfehlungen

Auf Basis der empirischen Untersuchung sind Handlungsempfehlungen zur optimalen Gestaltung bei Einführung eines Systems bzw. zur Optimierung bestehender Systeme im Sinne der Steigerung des Nutzens für das Management möglich.

- **Gestaltung der Einführung**

Entscheidend vor Einführung einer Prozesskostenrechnung ist die fundierte Analyse des Ist-Zustandes des bestehenden Kostenrechnungssystems. Dabei ist eine offene kritische Bestandsaufnahme der Ausgangssituation und eine möglichst klare und detaillierte Festlegung der Zielsetzungen durchzuführen. Erst aus der Betrachtung der Differenz zwischen der Ist-Situation und dem angestrebten Soll-Zustand kann die Einführung zielgerichtet und effizient geplant werden.

Wichtig ist vor allem die frühzeitige Festlegung der Einsatzbereiche und die Formulierung der diesbezüglichen Implementierungsstrategie. Als erfolgreich hat sich vor allem die umfassende Einführung im Sinne einer Big Bang-Strategie erwiesen. Dabei ist jedoch auf ein straff strukturiertes Projektmanagement zu achten, um die Implementierungsdauer und den damit verbundenen Aufwand in Grenzen zu halten (Die Projektdurchlaufzeit sollte möglichst sechst Monate nicht überschreiten).

Auch die frühzeitige Einbindung der betroffenen Mitarbeiter auf allen Ebenen, insbesondere der Führungskräfte, ist für den Erfolg der Einführung maßgeblich. Bei geringer Erfahrung mit ähnlichen Projekten ist eine Schulung in prozessorientierter Unternehmensführung zur Steigerung der Qualität der Workshops zur Erstellung des Prozessmodells ratsam.

- **Einsatzart und Einsatzfelder**

Hinsichtlich der Einsatzart hat sich in Abhängigkeit von den Zielsetzungen die vollständige Integration mit dem Controllingsystem als die effektivste erwiesen. Insbesondere wenn auf Basis der Daten der Prozesskostenrechnung ein permanentes Kostenmanagement durch laufendes Aufzeigen von Kosten- und Leistungsbeziehungen in den indirekten Bereichen erzielt werden soll, ist die laufende Bereitstellung der Informationen erfolgsentscheidend. Als erfolgreiche Einsatzfelder haben sich insbesondere die Ergebnisrechnung, die Produktkalkulation und die Ermittlung von Optimierungspotenzialen (v.a. im Rahmen der Budgetierung) erwiesen. Auch im Rahmen der innerbetrieblichen Leistungsverrechnung kommt prozessorientierten Verrechnungssätzen in den indirekten Bereichen hohe Bedeutung zu.

- **Einsatzfrequenz**

Am erfolgreichsten hat sich die jährliche Ermittlung von Plan-Verrechnungssätzen im Rahmen der Budgetierung und die monatliche Abrechnung mit den entsprechenden Ist-Mengen erwiesen. Dabei ist es entscheidend, dass die Empfänger monatlich die Daten der Prozesskostenrechnung als integrierten Bestandteil des laufenden Berichtswesens bekommen und nach Möglichkeit auch in monatlichen Controlling-Gesprächen über die Ergebnisse diskutiert wird.

- **Einsatzbreite und erfasster Kostenanteil**

Der Nutzen eines Prozesskostenrechnungssystems steigt mit zunehmender Einsatzbreite und mit zunehmender Höhe des erfassten Gemeinkostenanteils. Wird die Prozesskostenrechnung nur in wenigen Teilbereichen eingesetzt, wird sie nicht als integrierter Bestandteil des internen Rechnungswesens wahrgenommen und nicht entsprechend bei Entscheidungen berücksichtigt. Sobald eine Organisationseinheit vom Prozesskostenrechnungssystem erfasst wird, ist nach Möglichkeit die gesamte Kostenstellenkapazität durch das Prozessmodell zu erklären, da ansonsten bei Optimierungsmaßnahmen mit dem nicht erfassten Anteil argumentiert wird. Als erfolgsversprechende Einsatzbereiche haben sich Logistik, Vertrieb, Beschaffung und produktionsnahe Tätigkeiten (Qualitätssicherung, etc.) erwiesen.

Der im Prozesskostenrechnungssystem erfasste Kostenanteil ist insbesondere bei der Zielsetzung der prozessorientierten Kostenoptimierung von entscheidender Bedeutung, da erst durch die Berücksichtigung möglichst aller prozessverursachter Kosten eine entsprechende Manövriermasse vorhanden ist.

- **Umfang und Pflege des Prozessmodells**

Der Umfang des Prozessmodells sollte sich an pragmatischen Gesichtspunkten orientieren und ist besonders bei Nicht-Verfügbarkeit einer entsprechenden EDV-Unterstützung eher gering zu halten. Eine zumindest einmal jährliche Überarbeitung und laufende Verfolgung von Prozessänderungen ist für einen erfolgreichen Dauerbetrieb unumgänglich. Dabei sind nach Möglichkeit die Adressaten der Prozesskostenrechnungsinformationen frühzeitig und umfassend einzubinden. Bereits bei Einführung der Prozesskostenrechnung ist daher der Zeitpunkt und Umfang der Pflege des Systems gemeinsam mit den wichtigsten Zielgruppen festzulegen.

- **Prozessverantwortung**

Die Etablierung von Prozessverantwortung hat besonders bei der Zielsetzung des prozessorientierten Kostenmanagements sehr hohe Bedeutung für die Nützlichkeit des Systems. Erst durch die bereichsübergreifende Analyse von Prozessen sind nachhaltige Kosteneinsparungen realisierbar und das Prozesskostenrechnungssystem erfolgreich einsetzbar.

Dabei ist nach Möglichkeit eine dauernde matrixartige Parallelverantwortung jedoch zu vermeiden. Vielmehr hat sich eine Orientierung der Organisation am Prozessmodell als erfolgsversprechend erwiesen. Bereits von Beginn an sollten jedoch zumindest für bedeutende Hauptprozesse Prozessverantwortliche definiert werden.

- **EDV-Umsetzung**

Die EDV-technische Umsetzung der Prozesskostenrechnung ist bei österreichischen Unternehmen derzeit noch als problematisch zu beurteilen. Die Verwendung von Tabellenkalkulationen oder reinen Insellösungen zur Ermittlung von Prozesskostensätzen ohne Integration in die bestehende Software des Rechnungswesens hat sich als Quelle von Unzufriedenheit bei den Anwendern des Systems erwiesen.

Es ist daher bei Einführung einer Prozesskostenrechnung frühzeitig die Integration mit der bestehenden Softwarelandschaft zu klären. Auch die laufende Pflege und Ermittlung von Mengengrößen sollte bereits in der Konzeptionsphase berücksichtigt werden, um nicht spätere Kritik bzw. Zweifel an der Richtigkeit der Daten zu riskieren. Allein die Verwendung von Standardprodukten entbindet dabei noch nicht von der Prüfung der Integrationsmöglichkeiten mit der bestehenden Software, da auch nicht optimal angebundene Standardsoftwarelösungen keinen zufriedenstellenden Dauerbetrieb ermöglichen, wenn beispielsweise die monatliche Übernahme von Mengendaten aus einem Vorsystem nur über vorherige manuelle Datenaufbereitung in *Excel* möglich ist.

7.5 Conclusio

Im Rahmen dieser Untersuchung wurde der in der Einleitung festgestellte Mangel an **empirisch gesicherter Erkenntnis** über den Einsatz prozessorientierter Kostenrechnungssysteme in der österreichischen Unternehmenspraxis behoben. Auf Basis internationaler Literatur zu

Prozesskostenrechnungssystemen, Fallbeispielen des dokumentierten Einsatzes dieser Systeme und empirischen Studien zu verwandten Thematiken wurde ein Bezugsrahmen zur Durchführung dieser Studie entwickelt. Dabei wurde in einem ersten Schritt die theoretische Grundlage zur Durchführung dieser Untersuchung in Form der Kontingenztheorie und der Diffusionsmodelle aus der Innovationsforschung aufbereitet. Darauf aufbauend wurde die Methodik der zweistufigen empirischen Untersuchung dargelegt und als geeignet für die Durchführung dieser Studie begründet. Als dritte Säule des Forschungsdesigns wurde schließlich der konzeptionelle Bezugsrahmen vor dem Hintergrund der kostenrechnungsspezifischen Literatur entworfen. Dieser Bezugsrahmen diente als Basis für die Ableitung von vier Ausgangshypothesen und vierzig Einzelhypothesen zu **Kontext, Einführung, Dauerbetrieb** und **Nutzen** prozessorientierter Kostenrechnungssysteme. Aus den operationalisierten Hypothesen wurde schließlich ein schriftlicher Fragebogen entwickelt, der in der ersten Stufe der Erhebung mittels Diskette bzw. über Internet an die Kostenrechnungsverantwortlichen von großen österreichischen Unternehmen versandt wurde. Auf Basis der Ergebnisse der schriftlichen Erhebung wurde schließlich ein Interviewleitfaden zur Validierung und Erweiterung der Untersuchungsergebnisse entwickelt, der sowohl bei Kostenrechnungsverantwortlichen als auch Empfängern der Ergebnisse von Prozesskostenrechnungssystemen eingesetzt wurde und das Bild über prozessorientierte Kostenrechnungssysteme in der österreichischen Unternehmenspraxis abrundete.

Als Erkenntnis aus dieser Untersuchung liegt nun ein empirisch bestätigtes Modell der Bedeutung von organisationalen, umweltbezogenen und funktionalen Kontextfaktoren in den verschiedenen Phasen des Einführungsprozesses von Prozesskostenrechnungssystemen vor. Darüber hinaus ergibt sich ein Bild über die Gestaltungsmerkmale der in der österreichischen Unternehmenspraxis eingesetzten prozessorientierten Kostenrechnungssysteme und den damit realisierbaren Nutzen aus der Sicht der Unternehmensführung. Daraus konnten auch entsprechende **praxisrelevante Handlungsempfehlungen** zu Einführung, Gestaltung und Anwendung von Prozesskostenrechnung abgeleitet werden.

Neben der Ableitung von praktischen Handlungsempfehlungen für kostenrechnungsverantwortliche Praktiker in österreichischen Unternehmen, die vor der Entscheidung der Einführung eines Prozesskostenrechnungssystems oder der Verbesserung eines bestehenden Systems stehen, können aus den Ergebnissen dieser Untersuchung auch generelle Rückschlüsse auf den Verlauf und die Einflussfaktoren der **Diffusion von neuen Instrumenten** im Controlling gezogen werden. Aus der für eine erfolgreiche Einführung der Prozesskostenrechnung hohen Bedeutung der Erwartung einer Verbesserung des bestehenden Kostenrechnungssystems kann die Schlussfolgerung gezogen werden, dass eine fundierte Ist-Analyse Grundvoraussetzung für die erfolgreiche Einführung von neuen Systemen ist. Als Schlüssel hat sich hier vor allem die realistische Einschätzung des Verbesserungspotenzials erwiesen. Ist die Differenz zwischen Ist und Soll zu groß, wird zwar eine Einführung mit hoher Wahrscheinlichkeit begonnen, doch wird der Nutzen deutlich geringer eingeschätzt, da die Organisation mit der Veränderung überfordert ist. Diese hohe Bedeutung einer realistischen Selbsteinschätzung und der frühzeitigen Konkretisierung der Zielsetzungen ist für jede Einführung von neuen Controlling-Instrumenten relevant.

Abschließend kann aus der intensiven Auseinandersetzung mit der empirischen Verbreitung von Prozesskostenrechnungssystemen in der österreichischen Unternehmenspraxis durchaus ein moderat positives Resumé gezogen werden. Auch wenn die von frühen Vertretern der Prozesskostenrechnung prophezeite Revolution der Kostenrechnung nicht eingetreten ist, so hat die verstärkte Auseinandersetzung mit den Gemeinkostenbereichen durch die Einführung der Prozessorientierung in bestehenden Kostenrechnungssystemen doch zu einer deutlichen Verbesserung der kostenrechnerischen Transparenz in vormals von der Kostenrechnung eher vernachlässigten Unternehmensbereichen geführt. Man kann in der österreichischen Unternehmenspraxis also durchaus eine **evolutorische Weiterentwicklung** der Kostenrechnungssysteme feststellen, die sicherlich auch durch das in den frühen achtziger und neunziger Jahren diskutierte Schlagwort der Prozesskostenrechnung induziert wurde. Insofern hat diese angekündigte Revolution also ihre Spuren in der Unternehmenspraxis hinterlassen, wenngleich der **ergänzende Charakter** im Sinne einer Weiterentwicklung der bestehenden Systeme dominiert.

Literaturverzeichnis

Albach, H.: Kosten, Transaktionen und externe Effekte, in: Zeitschrift für Betriebswirtschaft, Heft 11/1988, S. 1143 – 1170

Altenburger, O. / Müller, H. / Janschek, O. (Hrsg.): Fortschritte im Rechnungswesen: Vorschläge für Weiterentwicklungen im Dienste der Unternehmens- und Konzernsteuerung durch Unternehmensorgane und Eigentümer; *Gerhard Seicht* zum 60. Geburtstag, 2. Auflage, Wiesbaden 2000

Alvi, S.: Darstellung und Abgrenzung von unterschiedlichen DV-Tools im Bereich der Prozesskostenrechnung, Euroforum Fachseminar, Stuttgart 2000

Anderson, S.W.: A Framework for Assessing Cost Management System Changes: The Case of Activity-Based Costing Implementation at General Motors, 1986-1993, in: Journal of Management Accounting Research, 1995, S. 1 – 51

Anderson, S.W. / Young, S.M.: The Impact of Contextual and Process Factors on the Evaluation of Activity-Based Costing Systems, in: Accounting, Organizations and Society, 1999, S. 525 – 559

Armbrecht, W.: Innerbetriebliche Public Relations: Grundlagen eines situativen Gestaltungskonzepts, Opladen 1992

Atteslander, P.: Methoden der empirischen Sozialforschung, Berlin/New York 1995

Attewell, P.: Technology Diffusion and Organizational Learning: The Case of Business Computing, in: Organization Science, Heft 1/1992, S. 1 – 19

Aust, R.: Kostenrechnung als unternehmensinterne Dienstleistung, zugl. Diss. WHU Koblenz, Wiesbaden 1999

Backhaus, K. / Erichson, B. / Plinke, W. / Weiber, R.: Multivariate Analysemethoden: Eine anwendungsorientierte Einführung, 9. Auflage, Berlin/Heidelberg/New York 2000

Berger, U. / Bernhard-Mehlich, I.: Die verhaltenswissenschaftliche Entscheidungstheorie, in: *Kieser, A. (Hrsg.):* Organisationstheorien, 3. Auflage, Stuttgart/Berlin/Köln, 1999, S. 133 – 168

Berlant, C. / Browning, R. / Forster G.: How Hewlett-Packard Gets Numbers it Can Trust, in: Harvard Business Review, Heft 1/1990, S. 178 – 183

Bjørnenak, T.: Diffusion and Accounting: The Case of ABC in Norway, in: Management Accounting Research, 1997, S. 3 – 17

Bleymüller, J. / Gehlert, G. / Gülicher, H.: Statistik für Wirtschaftswissenschaftler, 9. Auflage, München 1994

Blohm, H. / Lüder, K.: Investition – Schwachstellen im Investitionsbereich des Industriebetriebes und Wege zu Ihrer Beseitigung, 7. Auflage, München 1991

Böhler, W.: Prozesskostenrechnung als Instrument zur Optimierung von Geschäftsprozessen, in: *Männel, W. (Hrsg.):* Fachtagung Kostenrechnung und Controlling für mittelständische Unternehmen 1998, Nürnberg 1998, S. 151 – 162

Boland, R. / Hirscheim, R.: Critical Issues in Information Systems Research, New York 1987

Bölscher, A.: Dienstleistungsvereinbarungen zur Steuerung der innerbetrieblichen Leistungserstellung und -verrechnung, Konzeption, Einführung und Erfahrungen, in: Controlling, Heft 7/2000, S. 355 – 359

Booth, P.: Simple Quantification in Qualitative Accounting Field Research: Method Issues with an Illustration, Accounting Research Seminar Series, School of Accounting, University of Technology, Sydney 1991

Booth, P. / Giacobbe, F.: Predicting the Adoption of Activity-Based Costing in Australian Manufacturing Firms, Working Paper Nr. 17, School of Accounting, University of Technology, Sydney 1997

Booth, P. / Giacobbe, F.: Is Activity-Based Costing still the answer?, Working Paper Nr. 18, School of Accounting, University of Technology, Sydney 1997a

Brede, H.: Verbreitung des Kostenmanagements in schweizerischen Großunternehmen, in: Die Unternehmung, Heft 5/1994, S. 335 – 350

Brede, H.: Prozessorientiertes Controlling wandelbarer Strukturen, in: Controlling, Heft 5/1997, S. 326 – 333

Brown, D.A.: The Diffusion of an Accounting innovation: Activity-Based Costing in Australian firms, Master of Business Thesis, School of Accounting, University of Technology, Sydney 2000

Brynjolfsson, E. / Hitt, L.M.: Beyond Computation: Information Technology, Organizational Transformation and Business Performance, Stanford and Wharton 2000, http://ebusiness.mit.edu/erik, Stand 25.08.2000

Brynjolfsson, E. / Hitt, L.M.: Computing Productivity: Firm-Level Evidence, Stanford and Wharton 2000a, http://ebusiness.mit.edu/erik, Stand 25.08.2000

Bühl, A. / Zöfel, P.: SPSS Version 9: Einführung in die moderne Datenanalyse unter Windows, 6. Auflage, München 2000

Chenhall, R.H. / Langfield-Smith, K.: The Relationship between Strategic Priorities, Management Techniques and Management Accounting: An Empirical Investigation Using a Systems Approach, in: Accounting, Organizations and Society, 1998, S. 243 – 264

Child, J.: Organizational Structure, Environment and Performance: The Role of Strategic Choice, in: *Donaldson, L. (Hrsg):* Contingency Theory, Sydney 1995, S. 399 – 420

Coenenberg, A.G. / Fischer, T.-M.: Prozesskostenrechnung – Strategische Neuorientierung in der Kostenrechnung, in: Die Betriebswirtschaft, Heft 1/1991, S. 21 – 38

Coenenberg, A.G.: Kostenrechnung und Kostenanalyse, Landsberg am Lech 1992

Cokins, G.: Measuring Supply Chain Costs Using ABC/M, in: ABC Technologies White Paper, Beaverton 1999

Cooper, R. / Kaplan, R.S.: Measure Costs Right: Make the Right Decisions, in: Harvard Business Review, Heft 3/1988, S. 96 – 103

Cooper, R.: Activity-Based Costing: Was ist ein Activity-Based Cost-System?, in: Kostenrechnungspraxis, Heft 4/1990, S. 210 – 220

Cooper, R.: Activity-Based Costing: Wann brauche ich ein Activity-Based Cost-System und welche Kostentreiber sind notwendig?, in: Kostenrechnungspraxis, Heft 5/1990a, S. 271 – 279

Cooper, R.: Activity-Based Costing: Einführung von Systemen des Activity-Based Costing, in: Kostenrechnungspraxis, Heft 6/1990b, S. 345 – 351

Cooper, R.B. / Zmud, R.W.: Information Technology Implementation Research: A Technological Diffusion Approach, in: Management Science, Heft 2/1990, S. 123 – 139

Dangelmaier, W. / Felser, W.: Logistikorientierte Betriebswirtschaft im E-Business-Zeitalter: Eine Chance für die Region und die Fraunhofer-Gesellschaft, Paderborn 1999, http://www.competence-site.de/logistik.nsf/ArtikelView, Stand 25.10.2001

Darby, M.R. / Zucker, L.G.: Local Academic Science Driving Organizational Change: The Adoption of Biotechnology by Japanese Firms, Working Paper 7248, National Bureau of Economic Research, Cambridge 1999, http://www.nber.org/papers/w7248, Stand 04.11.2000

Donaldson, L.: Strategy and Structural Adjustment to Regain Fit and Performance: In Defence of Contingency Theorie, in: *Donaldson, L. (Hrsg):* Contingency Theory, Sydney 1995, S. 273 – 296

Donaldson, L. (Hrsg): Contingency Theory, Sydney 1995

Donaldson, L.: Performance Driven Organizational Change: The Organizational Portfolio, 1999

Drucker, P.: Managing for Business Effectiveness, in: Harvard Business Review, Heft 3/1963, S. 53 – 60

Ebbeken, K. / Ebbeken, M.: Prozessorientierte Centerkostenrechnung, in: Kostenrechnungspraxis, Heft 3/2001, S. 173 – 181

Eckstein, P.P.: Angewandte Statistik mit SPSS: praktische Einführung für Wirtschaftswissenschaftler, Berlin 1999

Eschenbach, R. (Hrsg.): Controlling, 2. Auflage, Wien 1996

Eschenbach, R. / Niedermayr, R.: Die Konzeption des Controlling, in: *Eschenbach, R. (Hrsg.):* Controlling, 2. Auflage, Wien 1996, S. 65 – 93

Ewert, R. / Wagenhofer, A.: Interne Unternehmensrechnung, Berlin/Heidelberg/New York/Tokyo 1993

Fichman, R.G. / Kemerer C.F.: Adoption of Software Engineering Process Innovations: The Case of Object Orientation, in: Sloan Management Review, Heft 2/1993, S. 7 – 22

Fichman, R.G. / Kemerer C.F.: The Illusory Diffusion of Innovation: An Examination of Assimilation Gaps, Research Paper, Pittsburgh 1995, http://www.pitt.edu/~ckemerer/illusory.htm, Stand 24.07.2000

Fischer, T.M. (Hrsg.): Kosten-Controlling, Neue Methoden und Inhalte, Stuttgart 2000

Foster, G. / Swenson, D.: Measuring the Success of Activity-Based Cost Management and its Determinants, in: Journal of Management Accounting Research, 1997, S. 109 – 141

Frank, S.: Erfolgreiche Gestaltung der Kostenrechnung, Determinanten und Wirkungen am Beispiel mittelständischer Unternehmen, zugl. Diss. WHU Koblenz, Wiesbaden 2000

Frank, S. / Reitmeyer, T.: Gestaltung und Erfolgsfaktoren der Kostenrechnung im Mittelstand, in: Kostenrechnungspraxis, Sonderheft 2/1999, S. 15 – 25

Franz, K.-P.: Die Prozesskostenrechnung – Entstehungsgründe, Aufbau und Abgrenzung von anderen Kostenrechnungssystemen, in: Wirtschaftswissenschaftliches Studium, Heft 12/1992, S. 605 – 610

Franz, K.-P. / Kajüter, P.: Kostenmanagement, Wettbewerbsvorteile durch systematische Kostensteuerung, Stuttgart 1997,

Franz, K.-P. / Kajüter, P.: Kostenmanagement in Deutschland – Ergebnisse einer empirischen Untersuchung in deutschen Großunternehmen, in: *Franz*, K.-P. / *Kajüter*, P.: Kostenmanagement, Wettbewerbsvorteile durch systematische Kostensteuerung, Stuttgart 1997, S. 481 – 502

Fröhling, O.: Prozesskostenrechnung – System mit Zukunft?, in: io Management Zeitschrift, Heft 4/1989, S. 67 – 69

Gemünden, H.G. / Högl, M. (Hrsg.): Management von Teams, Theoretische Konzepte und empirische Befunde, Wiesbaden 2000

Gemünden, H.G. / Högl, M.: Determinanten und Wirkungen der Teamarbeit in innovativen Projekten, eine theoretische und empirische Analyse, in: *Gemünden, H.G. / Högl, M. (Hrsg.):* Management von Teams, Theoretische Konzepte und empirische Befunde, Wiesbaden 2000, S. 33 –66

Gemünden, H.G. / Keim, G.: Projektleiter als Prozesspromotoren, in: *Hauschildt, J. / Gemünden, H.G. (Hrsg.):* Promotoren, Champtions der Innovation, Wiesbaden 1998, S. 211 – 231

Geskes, S.: Methoden der deckungsbeitragsorientierten Abweichungsanalyse, Information, Anreiz und Kontrolle in Unternehmungen, zugl. Diss. Uni Kassel, Frankfurt am Main 2000

Glaser, H.: Prozesskostenrechnung – Darstellung und Kritik, in: Schmalenbachs Zeitschrift für betriebswirtschaftliche Forschung, Heft 3/1992, S. 275 – 288

Gosselin, M.: The Effect of Strategy and Organizational Structure on the Adoption and Implementation of Activity-Based Costing, in: Accounting, Organizations and Society, 1997, S. 105 – 122

Granof, M.H. / Platt, D.E. / Vaysman, I.: Using Activity-Based Costing to Manage More Effectively, Austin 2000, http://endowment.pwcglobal.com/pdfs/GranofReport.pdf, Stand 30.10.2000

Green, G.H. / Boze, B.V. / Choundhury, A.H. / Power, S.: Using logistic regression in classification, in: Marketing Research, Heft 3/1998, S. 4 – 11

Grotheer, M.: Grenzkosten – historisch und perspektivisch, Grenzkosten – Noch „State of the Art" im 21. Jahrhundert?, in: Zeit des Controlling, Dr. Albrecht Deyhle zum 60. Geburtstag, München 1994, S. 1 – 24

Großmann, T.: Umsetzung des Activity-Based Costing im System SAP R/3 an einem Beispielunternehmen, Dipl. FH Ludwigshafen/Rhein, Walldorf 1998

Gutenberg, E.: Grundlagen der Betriebswirtschaftslehre, Erster Band: Die Produktion, 24. Auflage, Berlin/Heidelberg/New York 1983

Hartmann, T.: Konzept einer integrierten Stellen- und Prozessrechnung, in: Kostenrechnungspraxis, Heft 3/2001, S. 157 – 164

Hauschildt, J.: Promotoren – Antriebskräfte der Innovation, Reihe „BWL aktuell" des Instituts für Wirtschaftswissenschaften der Universität Klagenfurt, Nr. 1, Klagenfurt 1998

Hauschildt, J. / Gemünden, H.G. (Hrsg.): Promotoren, Champions der Innovation, Wiesbaden 1998

Hauschildt, J. / Grün, O. (Hsrg.): Ergebnisse empirischer betriebswirtschaftlicher Forschung, Zu einer Realtheorie der Unternehmung, Festschrift für Eberhard Witte, Stuttgart 1993

Hauschildt, J. / Schewe, G.: Gatekeeper und Promotoren – Schlüsselpersonen in Innovationsprozessen in statischer und dynamischer Perspektive, in: Die Betriebswirtschaft, Heft 3/1997, S. 506 – 616

Headd, B.: Business Success: Factors leading to surviving and closing successfully, Center for Economic Studies, Washington 2000

Heinen, E.: Reformbedürftige Zuschlagskalkulation, in: Zeitschrift für betriebswirtschaftliche Forschung, Heft 1/1958, S. 1 – 27

Heinrichsmeyer, W. / Gans, O. / Evers, I.: Einführung in die Volkswirtschaftslehre, 9. Auflage, Stuttgart 1991

Herzog E. / Vikas, K.: Die Einführung des CO-ABC bei Anheuser Busch, Vortragsunterlagen des Österreichischen Controller-Instituts, Wien 2000

Herzog, E.: Stand und Entwicklungstendenzen des innerbetrieblichen Rechnungswesens in den USA, in: *Scheer, A.W. (Hrsg.):* Rechnungswesen und EDV, 10. Saarbrücker Arbeitstagung, Heidelberg 1989

Hildebrandt, L. / Homburg, Ch. (Hrsg.): Die Kausalanalyse, Stuttgart 1998

Hill, N.T.: Adoption of Costing Systems in US hospitals: An Event History Analysis 1980 – 1990, in: Journal of Accounting and Public Policy, Heft 1/2000, S. 41 – 71

Hirschmann, P. / Lubiewski, A. / Scheer, A.-W.: Management von Konzernprozessen: Eine Fallstudie, in: IWi-Heft 128, Saarbrücken 1996, http://www.iwi.uni-sb.de/iwi-hefte/heft128.html, Stand 04.10.2000

Hoffmann, W. / Niedermayr, R. / Risak, J.: Führungsergänzung durch Controlling, in: *Eschenbach, R. (Hrsg.):* Controlling, 2. Auflage, Wien 1996, S. 3 – 48

Holzwarth, J.: Strategische Kostenrechnung? Zum Bedarf einer modifizierten Kostenrechnung für die Bewertung der Alternativen strategischer Entscheidungen, Stuttgart 1993

Holzwarth, J.: Differenzrechnungen als Verfahren einer strategischen Kostenrechnung, in: Kostenrechnungspraxis, Heft 2/1993a, S. 95 – 100

Homburg, C. / Giering, A.: Konzeptualisierung und Operationalisierung komplexer Konstrukte – Ein Leitfaden für die Marketingforschung, in: *Hildebrandt, L. / Homburg, Ch. (Hrsg.):* Die Kausalanalyse, Stuttgart 1998, S. 111 – 146

Homburg, C. / Karlshaus, J.T.: Kostenrechnung in mittelständischen und großen Unternehmen – ein Vergleich, in: Kostenrechnungspraxis, Sonderheft 2/1999, S. 73 – 80

Horngren, C.T. / Foster, G. / Datar, S.M.: Cost Accounting – A Managerial Emphasis, 9. Auflage, Stanford 1996

Horváth, P. / Kieninger, M. / Mayer, R. / Schimanek, C.: Prozesskostenrechnung – oder wie die Praxis die Theorie überholt, in: Die Betriebswirtschaft, Heft 5/1993, S. 609 – 628

Horváth, P. / Mayer, R.: Prozesskostenrechnung – Der neue Weg zu mehr Kostentransparenz und wirkungsvolleren Unternehmensstrategien, in: Controlling, Heft 4/1989, S. 214 – 219

Horváth, P. / Mayer, R.: Prozesskostenrechnung: Stand der Entwicklung, in: Kostenrechnungspraxis, Sonderheft 2/1993, S. 15 – 28

Horváth, P. / Mayer, R.: Konzeption und Entwicklungen der Prozesskostenrechnung, in: *Männel, W. (Hrsg.):* Prozesskostenrechnung – Bedeutung, Methoden, Branchenerfahrungen, Softwarelösungen, Wiesbaden 1995, S. 59 – 86

Hungenberg, H.: Komplexitätskosten, in: *Fischer, T.M. (Hrsg.):* Kosten-Controlling, Neue Methoden und Inhalte, Stuttgart 2000, S. 539 – 553

Innes, J. / Mitchell, F.: ABC – A survey of CIMA members, in: Management Accounting (London), 1991, S. 28 – 30

Innes, J. / Mitchell, F.: A Survey of Activity-Based Costing in the UK's largest companies, in: Management Accounting Research, 1995, S. 137 – 153

Innes, J. / Mitchell, F.: ABC: A Follow-Up Survey of CIMA Members, in : Management Accounting (London), 1995a, S. 50 – 54

Innes, J. / Mitchell, F.: The Application of Activity-Based Costing in the United Kingdom's Largest Financial Institutions, in: The Service Industries Journal, Heft 1/1997, S. 190 – 203

Jaggia, S. / Kelly-Hawke, A.: An analysis of the factors that influence student performance: A fresh approach to an old debate, in: Contemporary Economic Policy, in: Heft 4/1999, S. 189 – 198

Jammernegg, W. / Kischka, P. (Hrsg.): Kundenorientierte Prozessverbesserungen, Konzepte und Fallstudien, Wien/Jena 2001

Jammernegg, W. / Kischka, P.: Regelkreis zur Bestimmung kundenorientierter Innovationen, in: *Jammernegg, W. / Kischka, P. (Hrsg.):* Kundenorientierte Prozessverbesserungen, Konzepte und Fallstudien, Wien/Jena 2001, S. 7 – 31

Jenner, T.: Zur Verwendung des Kontingenzansatzes in der betriebswirtschaftlichen Forschung, in: WISU, Heft 1/2001, S. 79 - 84

Johnson, H.T.: It's Time to stop Overselling Activity Based Concepts. Start focussing on total customer satisfaction instead, in: Management Accounting (New York), 1992, S. 26 – 35

Johnson, H.T. / Kaplan, R.S.: Relevance Lost: The Rise and Fall of Management Accounting, in: Harvard Business Review, Boston 1987

Kaplan, R.S.: Integrating Shareholder Value and Activity-Based Costing with the Balanced Scorecard, in: Balanced Scorecard Report, Heft 3/2001, S. 1 – 6

Kaplan, R.S. / Atkinson, A.A.: Advanced Management Accounting, 3. Auflage, Boston 1998

Kaplan, R.S. / Norton, D.P.: The Balanced Scorecard: Translating Strategy into Action, Boston 1996

Kee, R. / Schmidt, C.: A Comparative Analysis of Utilizing Activity-Based Costing and the Theory of Constraints for Making Product-Mix Decisions, in: International Journal of Production Economics, Heft 1/2000, S. 1 – 17

Kennedy, T.: The Adoption Rate of ABC Techniques in UK Firms: An Update, Working Paper Series, Henley Management College 1997

Kennedy, T.: The Impact of Activity-Based Costing Techniques on Firm Performance, Working Paper Series, Henley Management College 1998

Kieser, A. (Hrsg.): Organisationstheorien, 3. Auflage, Stuttgart/Berlin/Köln, 1999

Kieser, A. (Hrsg.): Organisationstheoretische Ansätze, München 1981

Kieser, A. / Kubicek, H.: Organisation, 2. Auflage, Berlin 1983

Kilger, W.: Flexible Plankostenrechnung und Deckungsbeitragsrechnung, Wiesbaden 1961

Kilger, W.: Kostentheoretische Grundlagen in der Grenzplankostenrechnung, in: Schmalenbachs Zeitschrift für betriebswirtschaftliche Forschung, Heft 28/1976, S. 679 – 693

Klein, A. / Vikas, K.: Überblick über das prozessorientierte Controlling, in: Kostenrechnungspraxis, Heft 2/1999, S. 83 – 90

Kloock, J.: Prozesskostenrechnung als Rückschritt und Fortschritt der Kostenrechnung (Teil 1), in: Kostenrechnungspraxis, Heft 4/1992, S. 183 – 191

Kloock, J.: Prozesskostenrechnung als Rückschritt und Fortschritt der Kostenrechnung (Teil 2), in: Kostenrechnungspraxis, Heft 5/1992a, S. 237 – 245

Kreuter, A.: Verrechnungspreise in Profit-Center-Organisationen, Mannheim 1997

Kromrey, H.: Empirische Sozialforschung, 6. Auflage, Opladen 1994

Kropfberger, D. / Mödritscher, G. / Schneider, F.: Herausforderung für Klein- und Mittelbetriebe in Österreich, Empirische Ergebnisse zum Einsatz von Controllinginstrumenten in der Praxis, in: Schriftenreihe des Österreichischen Forschungsinstitutes für Sparkassenwesen, Heft 1-1996/97

Kropfberger, D.: Einsatz von Controlling- und Planungsinstrumenten in der Praxis – Ein Vergleich zwischen Österreich und Großbritannien, Klagenfurt 1996

Kropfberger, D.: Erfolgsmanagement statt Krisenmanagement, Strategisches Management in Mittelbetrieben, Linz 1986

Krumwiede, K.R. /Roth, H.P.: Implementing Information Technology Innovations: The Activity-Based Costing Example, in: Society for Advanced Management Journal, Heft 4/1997, S. 4 – 12

Krumwiede K.R.: The Implementation Stages of Activity-Based Costing and the Impact of Contextual and Organisational Factors, in: Journal of Management Accounting Research, 1998, S. 239 – 277

Krumwiede, K.R.: ABC: Why It's Tried and How it Succeeds, in: Management Accounting (New York), 1998a, S. 32 – 38

Kubicek, H.: Empirische Organisationsforschung, Stuttgart 1975

Kuhn, A. / Bandow, G.: Prozessorientiertes Kostenmanagement in der Instandhaltung, in: Kostenrechnung-Sonderheft 1/1999, S. 21 – 27

Küpper, H.-U.: Internes Rechnungswesen, in: *Hauschildt, J. / Grün, O. (Hsrg.):* Ergebnisse empirischer betriebswirtschaftlicher Forschung, Zu einer Realtheorie der Unternehmung, Festschrift für Eberhard Witte, Stuttgart 1993, S. 601 – 631

Küpper, H.-U.: Prozesskostenrechnung – ein strategisch neuer Ansatz?, in: Die Betriebswirtschaft, Heft 3/1991, S. 388 – 391

Küting, K. / Lorson, P.: Grenzplankostenrechnung versus Prozesskostenrechnung – Quo vadis Kostenrechnung?, in: Der Betriebs-Berater, Heft 21/1991, S. 1421 – 1433

Kwon, T. / Zmud, R.: Unifying the Fragmented Models of Information Systems Implementation, in: *Boland, R. / Hirscheim, R.:* Critical Issues in Information Systems Research, New York 1987, S. 227 – 251

Lal, M. / Hassel, L.: The Joint Impact of Environmental Uncertainty and Tolerance of Ambiguity on Top Managers' Perceptions of the Usefulness of Non-Conventional Management Accounting Information, in: Scandinavian Journal of Management, 1998, S. 259 – 271

Laßmann, G.: Aktuelle Probleme der Kosten- und Erlösrechnung sowie des Jahresabschlusses bei weitgehend automatisierter Serienfertigung, in: Schmalenbachs Zeitschrift für betriebswirtschaftliche Forschung, Heft 11/1984, S. 959 – 978

Leahy, T.: Success x 2: ABC/M With and Without the Scorecard, in: Business Finance, Heft 3/2000, S. 75 – 78

Leidig, G.: Prozesskosten-Informationen und prozessorientierte Kalkulation in der Druckindustrie, in: *Männel, W. (Hrsg.):* Fachtagung Kostenrechnung und Controlling für mittelständische Unternehmen 1998, Nürnberg 1998, S. 129 – 150

Lu, M.: Determinants of Residential Satisfaction: Ordered Logit vs. Regression Models, in: Growth and Change, Heft 30/1999, S. 264 – 287

Lukka, K. / Granlund, M.: The fragmented communication structure within the accounting academia: the case of Activity-Based Costing research genres, in: Accounting, Organizations and Society, 2002, S. 165 – 190

Lücke, W.: Die kalkulatorischen Zinsen im betrieblichen Rechnungswesen, in: ZfB, Ergänzungsheft, 1965, S. 3 – 28

Maher, M.W.: The Evolution of Management Accounting Research, in: Management Accounting (New York), 1995, S. 72 – 74

Maher, M.W. / Marais, M.L.: A Field Study on the Limitations of Activity-Based Costing when Resources are provided on a Joint and Indivisible Basis, in: Journal of Accounting Research, 1998, S. 129 – 142

Malmi, T.: Activity-Based Costing Diffusion Across Organizations: An Exploratory Empirical Analysis of Finnish Firms, in: Accounting, Organizations and Society, 1999, S. 649 – 672

Männel, W. (Hrsg.): Fachtagung Kostenrechnung und Controlling für mittelständische Unternehmen 1998, Nürnberg 1998

Männel, W. (Hrsg.): Prozesskostenrechnung – Bedeutung, Methoden, Branchenerfahrungen, Softwarelösungen, Wiesbaden 1995

Matje, A.: Kostenorientiertes Transaktionscontrolling, Konzeptioneller Rahmen und Grundlagen für die Umsetzung, zugl. Diss. WU Wien, Wiesbaden 1996

Mayer, R.: Kapazitätskostenrechnung, Neukonzeption einer kapazitäts- und prozessorientierten Kostenrechnung, München 1998

Mayer, R. / Kaufmann, L.: Prozesskostenrechnung II - Einordnung, Aufbau, Anwendungen, in: *Fischer, T.M. (Hrsg.):* Kosten-Controlling, Neue Methoden und Inhalte, Stuttgart 2000, S. 291 – 322

Mayer, R. / Zinkernagel, J.: Prozesscontrolling im Entwicklungsbereich eines Automobilzulieferers, in: Kostenrechnungspraxis, Heft 4/1999, S. 214 – 221

Meyer, A.D. / Goes, J.B.: Organizational Assimilation of Innovations: A Multilevel Contextual Analysis, in: Academy of Management Review, Heft 4/1988, S. 897 – 923

Miles, R.E. / Snow, C.C.: Organizational Strategies, Structure and Process, New York 1978

Miller, J.-G. / Vollmann, T.-E.: The hidden factory, in: Harvard Business Review, Heft 5/1985, S. 142 – 150

Mitchell, F.: Cost Management in the UK, in: *Franz*, K.-P. / *Kajüter*, P.: Kostenmanagement, Wettbewerbsvorteile durch systematische Kostensteuerung, Stuttgart 1997, S. 467 – 479

Mülhaupt, E.: Einbindung der Prozeßkostenrechnung in eine kostenrechnerische Gesamtlösung für den Mittelstand, in: Kostenrechnungspraxis, Sonderheft 2/1999, S. 65 – 71

Müller, H.: Moderne Controllinginstrumente für Dienstleistungsbetriebe am Beispiel der Deutschen Bahn AG, in: Kostenrechnungspraxis, Heft 4/2001, S. 223 – 234

Müller, H.: Prozesskonforme Grenzplankostenrechnung, Stand, Nutzanwendungen, Tendenzen, zugl. Habil. WU Wien, Wiesbaden 1994

Müller, H.: Prozesskostenrechnung, in: *Seicht, G. (Hrsg.):* Aktuelle Entwicklungen in der Kostenrechnung, Band VI der Reihe Moderne Betriebswirtschaft, Wien 1992a, S. 49 – 72

Mummendey, H.D.: Die Fragebogen-Methode, 2. Auflage, Bielefeld 1995

Needy, K.L.-S. / Bidanda, B. / Gulsen, M.: A Model to Develop, Assess, and Validate an Activity-Based Costing System for Small Manufacturers, in: Engineering Management Journal, Heft 3/2000, S. 31 – 38

Niedermayr, R.: Entwicklungsstand des Controlling, Wiesbaden 1994

Niedermayr, R.: Die Realität des Controlling, in: *Eschenbach, R. (Hrsg.):* Controlling, 2. Auflage, Wien 1996, S. 127 – 174

Noreen, E.: Conditions Under Which Activity-Based Cost Systems Provide Relevant Costs, in: Journal of Management Accounting Research, 1991, S. 159 – 168

Oppenheim, A.N.: Questionnaire Design, Interviewing and Attitude Measurement, Nachdruck, London 2000

Ossadnik, W. / Maus, S.: Strategische Kostenrechnung, in: Die Unternehmung, Heft 3/1995, S. 146 – 158

Ossadnik, W.: Betriebsbedingungen für die Prozesskostenrechnung, in: *Seicht, G. (Hrsg.):* Jahrbuch für Rechnungswesen und Controlling, Wien 2000, S. 361 – 375

Peel, M.J. / Goode, M.M.H. / Moutinho, L.A.: Estimating consumer satisfaction: OLS versus ordered probability models, in: International Journal of Commerce & Management, Heft 8/1998, S. 75 – 93

Plaut, H.G.: Die Grenzplankostenrechnung, in: Zeitschrift für Betriebswirtschaft, Heft 1/1955, S. 25 – 39

Plaut, H.G.: Grenzplankosten- und Deckungsbeitragsrechnung als modernes Kostenrechnungssystem, in: Kostenrechnungspraxis, Heft 28/1984, S. 20 – 26

Plaut, H.G.: Stellungnahme: Behandlung von Fixkosten in der Grenzplankostenrechnung, in: Kostenrechnungspraxis, Heft 1/1991, S. 38 – 39

Poppenberger, R. / Derl, P. / Reischl, E.: Prozesskostenmanagement im Bank Austria-Konzern mit BABC, Vortragsunterlagen des Österreichischen Controller-Instituts, Wien 2000

Popper, K.R.: Logik der Forschung, 8. Auflage, Tübingen 1984

Porter, M.E.: Wettbewerbsstrategie: Methoden zur Auswahl von Branchen und Konkurrenten, 7. Auflage, Frankfurt 1992

PriceWaterhouseCoopers: Delivering a Vision for Finance, Nordic FCM Benchmarking Survey, Oslo/Stockholm/Kopenhagen 2001

Quervain de, M. / Thaens, V.: Integration von Activity-Based Costing bei der ABB Hochspannungstechnik AG Schweiz: Pilotanwendung von SAP R/3 4.5 CO-ABC in der Industrie, in: Controlling, Heft 7/2000, S. 371 – 376

Raps, A.: Prozessorientiertes Vertriebscontrolling und marktorientiertes Deckungsbeitrags-Management, in: *Männel, W. (Hrsg.):* Fachtagung Kostenrechnung und Controlling für mittelständische Unternehmen 1998, Nürnberg 1998, S. 175 – 189

Reiners, F. / Sasse, A.: Komplexitätskostenmanagement, in: Kostenrechnungspraxis, Heft 4/1999, S. 222 – 232

Riahi-Belkaoui, A.: Accounting Theory, 4. Auflage, Chicago 2000

Riebel, P.: Einzelkosten- und Deckungsbeitragsrechnung, Grundfragen einer markt- und entscheidungsorientierten Unternehmensrechnung, 7. Auflage, Wiesbaden 1994

Risak, J.: Einführung und Entwicklung der Personalplanung, Mit Ansätzen zu einer Erklärung der beschränkten Fortschrittsfähigkeit der Unternehmung, zugl. Habil. WU Wien, Wien 1981

Risak, J. / Exner, K.: Ist die Kostenrechnung noch aktuell?, Seminarbericht des Instituts für Unternehmensführung, WU-Wien, 1998

Rogers, E.M.: Diffusion of Innovation, 4. Auflage, New York 1995

Romano, P.L.: Advanced Cost Management Systems, in: Management Accounting (New York), 1988, S. 61 – 65

Rummel, K.: Einheitliche Kostenrechnung auf der Grundlage einer vorausgesetzten Proportionalität der Kosten zu betrieblichen Größen, 3. Auflage, Düsseldorf 1949

SAP AG: System R/3, Funktionen im Detail, Prozesskostenrechnung, März 2000

Scheer, A.W. (Hrsg.): Rechnungswesen und EDV, 10. Saarbrücker Arbeitstagung, Heidelberg 1989

Schmalenbach, E.: Buchführung und Kalkulation im Fabrikgeschäft, in: Deutsche Metallindustriezeitung, 1899

Schmelzer, H.J. / Friedrich, W.: Integriertes Prozess-, Produkt- und Projektcontrolling, in: Controlling, Heft 5/1997, S. 334 – 344

Schmidt, H.-J. / Gleich, R.: Prozessorientiertes Performance Measurement: Umsetzungserfahrungen im Babock-Konzern, in: Controlling, Heft 6/2000, S. 305 – 311

Schneider, R.: Prozesskostenrechnung in der Industrie, Konzeption und praktische Anwendung eines erweiterten Ansatzes, Wiesbaden 1996

Schweitzer, M. / Friedl, B.: Beitrag zu einer umfassenden Controlling-Konzeption, in: *Spremann, K. (Hrsg.):* Controlling: Grundlagen, Informationssysteme, Anwendungen, Wiesbaden 1992, S. 141 – 167

Schweitzer, M. / Friedl, B.: Aussagefähigkeit von Kostenrechnungssystemen für das programmorientierte Kostenmanagement, in: *Seicht, G. (Hrsg):* Jahrbuch für Controlling und Rechnungswesen, Wien 1994, S. 65 – 100

Schweitzer, M. / Friedl, B.: Kosteninformationen für die strategische Unternehmensführung, in: *Altenburger, O. / Müller, H. / Janschek, O. (Hrsg.):* Fortschritte im Rechnungswesen: Vorschläge für Weiterentwicklungen im Dienste der Unternehmens- und Konzernsteuerung durch Unternehmensorgane und Eigentümer; *Gerhard Seicht* zum 60. Geburtstag, 2. Auflage, Wiesbaden 2000, S. 279 – 320

Schweitzer, M./ Küpper, H.-U.: Systeme der Kosten- und Erlösrechnung, 6. Auflage, München 1995

Seicht, G. (Hrsg.): Aktuelle Entwicklungen in der Kostenrechnung, Band VI der Reihe Moderne Betriebswirtschaft, Wien 1992

Seicht, G. (Hrsg.): Jahrbuch für Controlling und Rechnungswesen, Wien 1994

Seicht, G. (Hrsg.): Jahrbuch für Rechnungswesen und Controlling, Wien 2000

Seicht, G.: Moderne Kosten- und Leistungsrechnung, 8. Auflage, Wien 1995

Shank, J.K. / Govindarajan, V.: Strategic Cost Management: The Value Chain Perspective, in: Journal of Management Accounting Research, 1992, S. 179 – 197

Shank, J.K. / Govindarajan, V.: Vorsprung durch strategisches Kostenmanagement, Landsberg am Lech 1995

Shields, M.D.: An Empirical Analysis of Firms' Implementation Experiences with Activity-Based Costing, in: Journal of Management Accounting Research, 1995, S. 148 – 166

Sisaye, S.: An Organizational Approach For The Study of The Diffusion of Process Innovation Strategies in Internal Auditing and Control Systems, in: International Journal of Applied Quality Management, Heft 2/1999, S. 279 – 293

Smith, M.: Innovation Diffusion, in: Management Accounting (London), 2000, S. 40 – 41

Somers, M.J.: Modelling employee withdrawal behaviour over time: A study of turnover using survival analysis, in: Journal of Occupational and Organizational Psychology, Heft 12/1996, S. 315 – 326

Spremann, K. (Hrsg.): Controlling: Grundlagen, Informationssysteme, Anwendungen, Wiesbaden 1992

Staehle, W.: Deutschsprachige situative Ansätze in der Managementlehre, in: *Kieser, A. (Hrsg.):* Organisationstheoretische Ansätze, München 1981, S. 215 – 226

Stahl, H.-W.: Prozessorientierte Kundenerfolgsrechnung, in: Kostenrechnungspraxis, Heft 6/1997, S. 343 – 347

Stevens, S.S. (Hrsg.): Handbook of Experimental Psychology, New York 1951

Stier, W.: Empirische Forschungsmethoden, St. Gallen 1999

Stoi, R.: Prozessorientiertes Kostenmanagement in der deutschen Unternehmenspraxis, Stuttgart 1999

Stoi, R.: Prozesskostenmanagement erfolgreich einsetzen, in: Controlling, Heft 2/1999a, S. 91 – 98

Swenson, D.: The Benefits of Activity-Based Cost Management to the Manufacturing Industry, in: Journal of Management Accounting Research, 1995, S. 167 – 180

Tecklenburg, K.: Betriebskostenrechnung und Selbstkostenermittlung bei der Deutschen Reichsbahn, Berlin 1930

Tschandl, M. / Baumann, R.: Controlling: State of the Art, in: Controller Magazin, Heft 1/2002, S. 100 – 106

Turney, P.B.B.: Activity-Based Management, in: Management Accounting (London), 1992, S. 20 – 25

Tutz, G.: Die Analyse kategorialer Daten: Anwendungsorientierte Einführung in Logit-Modellierung und kategoriale Regression, München/Wien 2000

Ulrich, H.: Die Unternehmung als produktives soziales System – Grundlagen der allgemeinen Unternehmungslehre, 2. Auflage, Bern/Stuttgart 1970

Urban, D.: Logit-Analyse, Statistische Verfahren zur Analyse von Modellen mit qualitativen Response-Variablen, Stuttgart 1993

Van de Ven, A.H.: Central Problems in the Management of Innovation, in: Management Science, 1986, S. 590 – 607

Vikas, K. / Zehetner, K.: Prozessorientiertes Controlling der Beschaffung von Investitionen, in: Kostenrechnungspraxis, Heft 4/1999, S. 209 – 213

Vikas, K.: Weiterentwicklung controllingorientierter Plankostenrechnungssysteme im Industrie- und Dienstleistungsbereich, in: Kostenrechnungspraxis Sonderheft 1/1988, S. 35 – 40

Währisch, M.: Kostenrechnungspraxis in der deutschen Industrie, Eine empirische Studie, zugl. Diss. Uni Bochum, Wiesbaden 1998

Wall, F. / Hirsch, B. / Attorps, J.: Umsetzung eines prozessbezogenen Controlling, Ergebnisse einer empirischen Untersuchung, in: Controlling-Special, Heft 5/2000, S. 243 – 250

Walter, A.: Der Beziehungspromotor, Ein personaler Gestaltungsansatz für erfolgreiches Relationship Marketing, zugl.: Diss. Uni Karlsruhe, Wiesbaden 1998

Waniczek, M.: Berichtswesen optimieren, So steigern Sie die Effizienz in Reporting und Controlling, Wien 2002

Wäscher, D.: Gemeinkostenmanagement im Material- und Logistikbereich, in: Zeitschrift für Betriebswirtschaft, Heft 3/1987, S. 297 – 315

Weber, J.: Stand der Prozesskostenrechnung in deutschen Großunternehmen, in: *Weber*, J.: Zur Neuausrichtung der Kostenrechnung, Koblenz 1993, S. 257 – 278

Weber, J.: Controlling, Stuttgart 1994

Weber, J. (Hrsg.): Zur Neuausrichtung der Kostenrechnung, Entwicklungsperspektiven für die 90er Jahre, Stuttgart 1993

Weber, J. / Weißenberger, B.E.: Relative Einzelkosten- und Deckungsbeitragsrechnung: A Critical Evaluation of Riebel's Approach, in : WHU-Forschungspapier Nr. 38, Vallendar 1996

Wenz, E.: Kosten- und Leistungsrechnung, Berlin 1992

Weißenberger, B.E. / Stromann, H.: Die Bedeutung von Prozeßkosten für die Bewertung der Herstellungskosten nach § 255 (2) dHGB, in: Die Betriebswirtschaft, 2000, S. 607 - 625

Wieder, B. / Booth, P. / Matolcsy, Z.: Information Systems Integration and Accounting Practises, Research Seminar at the School of Accounting, University of Technology, Sydney 2000

Witt, F.-J.: Aktivitätscontrolling und Prozesskostenmanagement, Stuttgart 1991

Witte, E.: Organisation für Innovationsentscheidungen – Das Promotorenmodell, Göttingen 1973

Witte, E.: Das Informationsverhalten in Entscheidungsprozessen, Tübingen 1973

Wolfe, R.A.: Organisational Innovation: Review, Critique and Suggested Research Directions, in: Journal of Management Studies, Heft 3/1994, S. 405 – 431

Wüest, G.: Prozessplanung und –steuerung, in: *Eschenbach, R. (Hrsg.):* Controlling, 2. Auflage, Wien 1996, S. 413 – 442

Yahya-Zadeh, M.: Potential Design Flaws in ABC Systems and Suggested Safeguards, in: Journal of Applied Business Research, Heft 3/1997, S. 9 – 19

Yahya-Zadeh, M.: Product Mix Decisions under Activity-Based Costing with Resource Constraints and Non-Proportional Activity Costs, in: Journal of Applied Business Research, Heft 3/1998, S. 29 – 45

Zehetner, K.: Prozessorientiertes Controlling der Entwicklung, in: Kostenrechnungspraxis, Heft 3/1999, S. 159 – 163

Ziegler, H.: Prozessorientierte Kostenrechnung im Hause Siemens, in: Betriebswirtschaftliche Forschung und Praxis, Heft 4/1992, S. 304 – 318

Zischg, K.: Controlling in Non-Profit-Organisationen, eine empirisch explorative Studie, Frankfurt am Main/Berlin/Bern/New York/Paris/Wien 1998

Anhang

Anhang A: Operationalisierung der Hypothesen

LABEL	HYPOTHESE	FRAGE	VARIABLE	SKALIERUNG	REKODIERT	LITERATUR
	H_{A1}		**KONTEXTFAKTOREN**			
MACH	H_{E1}	B1	Machtpromotor	Skalierung 0 - 5	Skalierung 1 - 4	Brown (2000), Anderson/Young (1999), Krumwiede (1998), Foster/Swenson (1997), Gosselin (1997), Shields (1995), Anderson (1995)
FACH	H_{E2}	B2	Fachpromotor	Skalierung 0 - 5	Skalierung 1 - 4	Brown (2000), Anderson/Young (1999), Krumwiede (1998), Foster/Swenson (1997), Shields (1995)
CHAMP			Champion	Faktoranalyse MACH & FACH	Skalierung 1 - 4	
KON_1	H_{E3}	A1	Konzernzugehörigkeit	Skalierung 0 - 2	Skalierung 1 - 2	Stoi (1999), Malmi (1999)
KON_2	H_{E4}	B3 - B4	Konzerneinbindung	Skalierung 0 - 5	Skalierung 1 - 2	
SIZE	H_{E11}	A3, A4	Unternehmensgröße	Offene Frage ⇨ Standardisierung	Skalierung 1 - 2	Kropfberger (1996)
KONSIZE			Größe	Faktoranalyse KON_1 & KON_2 & SIZE2		
ZENT	H_{E5}, H_{E6}	B5 - B10	Zentralisierungsgrad	Skalierung 0 - 5	Skalierung 1 - 4	Brown (2000), Anderson/Young (1999), Malmi (1999), Krumwiede (1998)
FORM	H_{E7}, H_{E8}	B11 - B14	Formalisierungsgrad	Skalierung 0 - 5	Skalierung 1 - 4	Brown (2000), Anderson/Young (1999), Malmi (1999), Krumwiede (1998)
DIFF	H_{E9}, H_{E10}	B15, A3	Vertikale Differenzierung	Skalierung 0 - 5	Skalierung 1 - 4	Brown (2000), Anderson/Young (1999), Malmi (1999), Krumwiede (1998)
ORG			Organisationsgrad	Faktoranalyse ZENT & FORM & DIFF	Skalierung 1 - 4	
INNO	H_{E12}	B16	Innovationserfahrung	Skalierung 0 - 5	Skalierung 1 - 4	Wall et al. (2000), Stoi (1999)
WETT	H_{E14}	B17 - B21	Wettbewerbsintensität	Skalierung 0 - 5	Skalierung 1 - 4	Brown (2000), Stoi (1999), Bjørnenak (1997), Anderson (1995)
KOMM	H_{E15}	B22 - B23	Externe Kommunikation	Skalierung 0 - 5	Skalierung 1 - 4	Brown (2000), Anderson/Young (1999)
CONS	H_{E16}	D5	Unternehmensberater	Skalierung 0 - 5	Skalierung 1 - 4	Brown (2000), Stoi (1999), Malmi (1999), Anderson (1995)
AUSSEN			Außenorientierung	Faktoranalyse KOMM & CONS	Skalierung 1 - 4	
STRA	H_{E17}, H_{E18}	A5	Strategie	Skalierung 1 - 6	Skalierung 1 - 6	Brown (2000), Stoi (1999), Gosselin (1997), Innes/Mitchell (1995)
GKAN	H_{E19}, H_{E20}	B24	Gemeinkostenanteil	Skalierung 0 - 5	Skalierung 1 - 4	Brown (2000), Stoi (1999), Krumwiede (1998), Bjørnenak (1997), Anderson (1995)
KOMP	H_{E21}, H_{E22}	B25 - B28	Komplexität der Leistungserstellung	Skalierung 0 - 5	Skalierung 1 - 4	Brown (2000), Stoi (1999), Krumwiede (1998), Bjørnenak (1997), Anderson (1995)
RELV	H_{E23}	B29	Relative Vorteilhaftigkeit	Skalierung 0 - 5	Skalierung 1 - 4	Brown (2000), Stoi (1999), Anderson/Young (1999), Malmi (1999), Krumwiede (1998), Bjørnenak (1997), Gosselin (1997), Shields (1995)
EDV_1	H_{E24}, H_{E25}, H_{E26}	B30	Verfügbarkeit von EDV-Systemen	Ja/Nein	Skalierung 1 - 2	Wieder (2000), Stoi (1999), Anderson/Young (1999), Shields (1995), Innes/Mitchell (1995)
BRAN	H_{E13}	A2	Branchenzugehörigkeit	Skalierung 1 - 8	Skalierung 1 - 3	Stoi (1999), Kennedy (1997), Foster/Swenson (1997), Innes/Mitchell (1995)

LABEL	HYPOTHESE	FRAGE	VARIABLE	SKALIERUNG	REKODIERT	LITERATUR
	H_{A2}		**IMPLEMENTIERUNG**			
PROZ	H_{E27}	C2	Implementierungsstufe	Skalierung 1 - 11	Skalierung 1 - 11	Brown (2000), Krumwiede (1998), Gosselin (1997)
PROZ_1	H_{E27}	C2	Implementierungsstufe	Skalierung 1 - 11	Skalierung 1 - 2	Brown (2000), Krumwiede (1998), Gosselin (1997)
PROZ_2	H_{E27}	C2	Implementierungsstufe	Skalierung 1 - 11	Skalierung 1 - 2	Brown (2000), Krumwiede (1998), Gosselin (1997)
PROZ_3	H_{E27}	C2	Implementierungsstufe	Skalierung 1 - 11	Skalierung 1 - 3	Brown (2000), Krumwiede (1998), Gosselin (1997)
PROZ_4	H_{E27}	C2	Implementierungsstufe	Skalierung 1 - 11	Skalierung 1 - 4	Brown (2000), Krumwiede (1998), Gosselin (1997)
PROZ_5	H_{E27}	C2	Implementierungsstufe	Skalierung 1 - 11	Skalierung 1 - 5	Brown (2000), Krumwiede (1998), Gosselin (1997)
IMST	H_{E28}	D3	Implementierungsstrategie	Skalierung 1 - 4	Skalierung 1 - 4	Stoi (1999)
AUFW	H_{E29}	D4	Implementierungsaufwand	Offene Frage ⇨ Standardisierung	Skalierung 1 - 4	Stoi (1999)
	H_{A3}		**DAUERBETRIEB**			
EART	H_{E30}	C2	Einsatzart	Skalierung 0 - 10	Skalierung 1 - 3	Stoi (1999)
EFEL	H_{E31}	D1	Einsatzfelder	Skalierung 0 - 12	Skalierung 1 - 4	Stoi (1999)
EFRE	H_{E32}	D1	Einsatzfrequenz	Skalierung 0 - 3	Skalierung 1 - 4	Stoi (1999)
RELV	H_{E33}	B29	Einsatzziele	Skalierung 0 - 5	Skalierung 1 - 4	Stoi (1999)
EBRE	H_{E34}	D2	Einsatzbreite	Skalierung 1 - 3	Skalierung 1 - 4	Stoi (1999)
KOST	H_{E35}	D6 - D7	Erfasster Kostenanteil	Offene Frage ⇨ Standardisierung	Skalierung 1 - 4	Stoi (1999)
UMFA	H_{E36}	D8 - D10	Umfang des Prozessmodells	Offene Frage ⇨ Standardisierung	Skalierung 1 - 4	Stoi (1999)
EDV_2	H_{E37}	D11 - D13	EDV-Unterstützung	Skalierung 0 - 3	Skalierung 0 - 3	Stoi (1999)
EDV_3	H_{E37}	D11 - D13	EDV-Unterstützung	Skalierung 1 - 3	Skalierung 1 - 3	
VERA	H_{E38}	D14	Prozessverantwortung	Skalierung 0 - 2	Skalierung 1 - 2	Stoi (1999)
PFLE	H_{E39}	D15 - D16	Pflegeintensität	Skalierung 0 - 5	Skalierung 1 - 4	Stoi (1999)
	H_{A4}		**NUTZEN**			
KOOR	H_{E40}	C.3	Kommunikation und Koordination	Offene Frage ⇨ Standardisierung	Skalierung 1 - 4	Aust (1999)
INTK		D.1	Interne Koordination und Steuerung	Offene Frage ⇨ Standardisierung	Skalierung 1 - 4	Stoi (1999), Foster/Swenson (1997), Shields (1995), Innes/Mitchell (1995)
INDV		D.2	Indirekt erfolgswirksame Variablen	Offene Frage ⇨ Standardisierung	Skalierung 1 - 4	Stoi (1999), Foster/Swenson (1997), Shields (1995), Innes/Mitchell (1995)
DIRV		D.3	Direkt erfolgswirksame Variablen	Offene Frage ⇨ Standardisierung	Skalierung 1 - 4	Stoi (1999), Kennedy (1997), Foster/Swenson (1997), Shields (1995), Innes/Mitchell (1995)

Anhang B: Fragebogen

DECKBLATT

Ansprechpartner

Bitte geben Sie den Namen Ihres Unternehmens, Ihren Namen sowie eine Telefonnummer für allfällige Rückfragen an.

Firma: ______________________
Ansprechpartner: ______________________
Telefonnummer: ______________________

Für die Auswertung werden nur die im FRAGEBOGEN angegebenen Daten verwendet. Die Information auf dem DECKBLATT dient nur für Rückfragen durch den Projektbearbeiter.

Ausfüllen des Fragebogens

Bitte füllen Sie den Fragebogen vollständig aus und senden ihn inklusive dem Deckblatt bis spätestens 29. Juni 2001 an Herrn Mag. KRUMP:

- **per E-Mail: pkrstudie@wu-wien.ac.at** ***oder***
- **per Fax: 01 / 31 336-721** ***oder***
- **per Post: mit den beiliegende Antwortkuverts**

VIELEN DANK FÜR IHRE MITARBEIT!

FRAGEBOGEN

A ALLGEMEINE UNTERNEHMENSDATEN

A1 **Ist Ihr Unternehmen ...**
(Mehrfachnennungen möglich)

- ☐ ein konzernunabhängiges Unternehmen?
- ☐ eine Muttergesellschaft?
- ☐ eine Tochtergesellschaft?

A2 **In welcher Branche ist Ihr Unternehmen vornehmlich tätig?**
(Wenn bekannt, geben Sie bitte zusätzlich den ÖNACE-Branchencode an.)

	ÖNACE	
☐		Bergbau und Gewinnung von Steinen und Erden
☐		Verarbeitendes Gewerbe und Industrie
☐		Energie- und Wasserversorgung
☐		Bauwesen
☐		Handel, Gastgewerbe
☐		Verkehr- und Nachrichtenübermittlung
☐		Kredit- und Versicherungswesen
☐		Sonstige Dienstleistungen

A3 **Wieviele Mitarbeiter waren in Ihrem Unternehmen durchschnittlich im letzten Geschäftsjahres beschäftigt?**

Mitarbeiter [ ]

A4 **Wie hoch war der Umsatz Ihres Unternehmens im vergangenen Geschäftsjahr? (Banken: Bilanzsumme, Versicherungen: Prämieneinnahmen)**

Umsatz in Mio. ATS [ ]

A5 **Wie lässt sich die grundsätzliche Strategie Ihres Unternehmens am besten beschreiben? (Einfachnennung!)**

- ☐ Umfassende Kostenführerschaft
- ☐ Umfassende Qualitätsführerschaft
- ☐ Kostenführerschaft in einer Nische
- ☐ Qualitätsführerschaft in einer Nische
- ☐ Outpacing (Qualitäts- & Kostenführerschaft)
- ☐ Keine grundsätzliche Strategie

B KONTEXT DER PROZESSKOSTENRECHNUNG

B1 Wie ist die Einstellung der Geschäftsleitung zur Einführung der Prozeßkostenrechnung?

sehr hohe Ablehnung ◀ ▶ sehr hohe Zustimmung

B2 Wie ist die Einstellung des Controllingleiters zur Einführung der Prozeßkostenrechnung?

sehr hohe Ablehnung ◀ ▶ sehr hohe Zustimmung

B3 Wie hoch ist der % Anteil des konzerninternen Beschaffungsumsatzes am gesamten Einkaufsvolumen?

0% ◀ ▶ 100% *0%*

B4 Wie hoch ist der % Anteil des konzerninternen Umsatzes am Gesamtumsatz (Summe aus Innen- und Aussenumsatz)**?**

0% ◀ ▶ 100% *0%*

B5 Wo liegt in Ihrem Unternehmen typischerweise die Entscheidungskompetenz in Fragen der Produktentwicklung?

Fachabteilung ◀ ▶ Geschäfts-leitung

B6 Wo liegt in Ihrem Unternehmen typischerweise die Entscheidungskompetenz bei der Aufnahme von Fremdkapital?

Fachabteilung ◀ ▶ Geschäfts-leitung

B7 Wo liegt in Ihrem Unternehmen typischerweise die Entscheidungskompetenz für die Festlegung von Marketingstrategien?

Fachabteilung ◀ ▶ Geschäfts-leitung

B8 **Wo liegt in Ihrem Unternehmen typischerweise die Entscheidungskompetenz für die Aufnahme und Freisetzung von Personal?**

Fachabteilung ◀ ▶ Geschäftsleitung

B9 **Wo liegt in Ihrem Unternehmen typischerweise die Entscheidungskompetenz für Investitionsentscheidungen?**

Fachabteilung ◀ ▶ Geschäftsleitung

B10 **Wo liegt in Ihrem Unternehmen typischerweise die Entscheidungskompetenz für preispolitische Entscheidungen?**

Fachabteilung ◀ ▶ Geschäftsleitung

B11 **In welchem Ausmaß existieren in Ihrem Unternehmen Stellenbeschreibungen?**

sehr gering ◀ ▶ sehr hoch

B12 **Welche Bedeutung kommt in Ihrem Unternehmen Stellenbeschreibungen für die tägliche Arbeit zu?**

sehr gering ◀ ▶ sehr hoch

B13 **Welche Bedeutung kommt in Ihrem Unternehmen Handlungsanweisungen für die tägliche Arbeit zu?**

sehr gering ◀ ▶ sehr hoch

B14 **Ist Ihr Unternehmen nach einer anerkannten Qualitätsmanagement-Norm (z.B. ISO) zertifiziert?**

- ☐ Keine Zertifizierung
- ☐ Zertifizierung in Teilbereichen (z.B. Produktion)
- ☐ Zertifizierung des gesamten Unternehmens

B15 **Wieviele Hierarchieebenen existieren in Ihrem Unternehmen?**

Hierarchieebenen [ ]

B16 **Haben Sie mit folgenden Controlling-Instrumenten bereits Erfahrung in Ihrem Unternehmen gesammelt?**
(Mehrfachnennungen möglich)

	Keine Erfahrung	Information bezogen	Anwendung im Unternehmen
Benchmarking	☐	☐	☐
Target Costing	☐	☐	☐
Life Cycle-Costing	☐	☐	☐
Gemeinkostenwertanalyse	☐	☐	☐

B17 **Wie beurteilen Sie die Verhandlungsstärke Ihrer drei größten Lieferanten?**

sehr gering ◀ ▶ sehr hoch

B18 **Wie beurteilen Sie die Verhandlungsmacht Ihrer drei größten Kunden?**

sehr gering ◀ ▶ sehr hoch

B19 **Wie schätzen Sie die Bedrohung Ihres Marktes durch den Eintritt neuer Konkurrenten ein?**

sehr gering ◀ ▶ sehr hoch

B20 **Wie schätzen Sie die Bedrohung Ihres Marktes durch Ersatzprodukte und Ersatzdienstleistungen ein?**

sehr gering ◀ ▶ sehr hoch

B21 **Wie ist die Marktstellung Ihres Unternehmens in Ihren Kernmärkten?**

- ☐ marktführend
- ☐ marktmitbestimmend
- ☐ nicht marktbestimmend

B22 **Wie schätzen Sie den Kenntnisstand über Prozesskostenrechnung in Ihrem Unternehmen ein?**

sehr gering ◀ ▶ sehr hoch

B23 **Aus welchen Informationsquellen haben Sie Informationen über Prozesskostenrechnung bezogen?**
(Mehrfachnennungen möglich)

- ☐ Literatur und Fachzeitschriften
- ☐ Konferenzen und Seminare
- ☐ Konzerninterne Controlling-Handbücher
- ☐ Empfehlung von Unternehmensberatern
- ☐ Neuer Vorstand
- ☐ Neuer Controlling-Leiter
- ☐ Neuer Mitarbeiter im Controlling
- ☐ Erfahrungsberichte anderer Unternehmen
- ☐ Sonstige: ____________________

B24 **Wie hoch ist in Ihrem Unternehmen der prozentuelle Anteil der Gemeinkosten an den Gesamtkosten?**

0% ◀ ▶ 100% *0%*

B25 **Wie beurteilen Sie die Anzahl der Produkte und Produktlinien in Ihrem Sortiment im Vergleich zur Konkurrenz?**

eher wenige ◀ ▶ eher viele

B26 **Wie viele unterschiedliche Modelle und (Design)Varianten existieren relativ zur Konkurrenz durchschnittlich in einer Produktlinie?**

eher wenige ◀ ▶ eher viele

B27 **Wie groß ist die Schwankungsbreite der Losgrößen in Ihrer Produktion? (Werden z.B. sowohl Klein- als auch Großserien produziert?)**

sehr gering ◀ ▶ sehr hoch

B28 **Ist der Arbeitsanfall in den indirekten Bereichen für alle Produkte eher gleichmäßig oder eher ungleichmäßig hoch?**
(Gibt es z.B. Produkte, die in der Vertriebsabwicklung besonders komplex sind?)

eher gleich ◀ ▶ **eher ungleich**

B29 **Haben Sie in Ihrem Unternehmen eine betriebswirtschaftliche Standardsoftware im Einsatz?**

- ☐ **NEIN**
- ☐ **JA, und zwar:**
  - ☐ **SAP**
  - ☐ **ORACLE**
  - ☐ **BAAN**
  - ☐ **JD EDWARDS**
  - ☐ **BRAIN**
  - ☐ **Sonstige:** ____________________

C IMPLEMENTIERUNG DER PROZESSKOSTENRECHNUNG

C1 Bitte kreuzen Sie in folgender Abbildung an, welcher Status die Einführung von Prozesskostenrechnung in Ihrem Unternehmen am besten beschreibt. (Einfachnennung!)

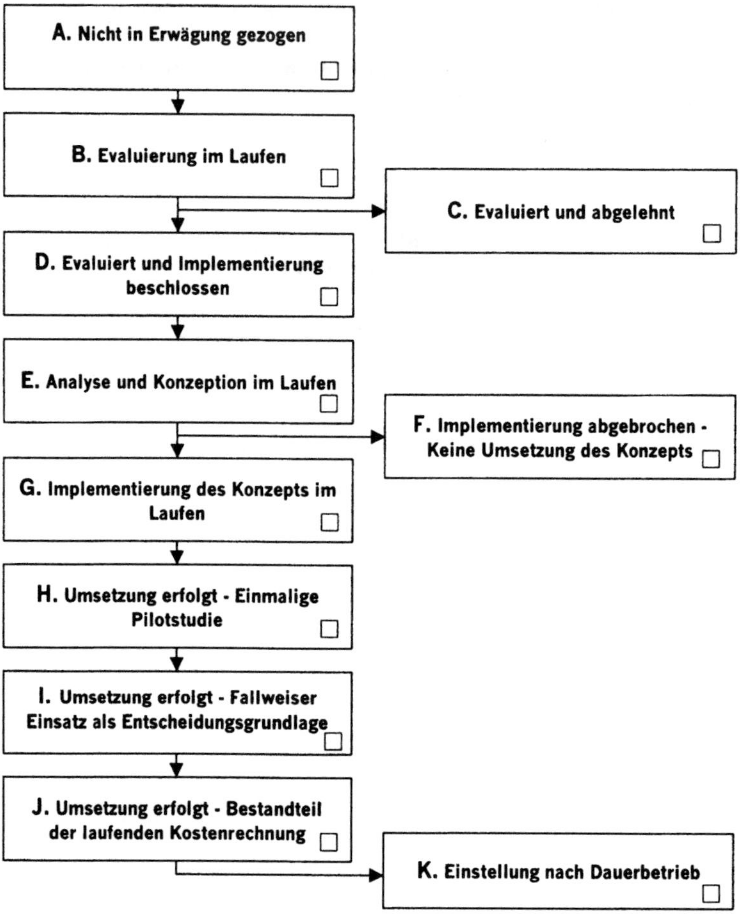

ANTWORT A	ANTWORT B - G	ANTWORT H - K
⇩	⇩	⇩
DANKE FÜR IHRE MITARBEIT !	WEITER MIT FRAGE C2	WEITER MIT FRAGE C4

C2 **In welchen Bereichen erwarten Sie Veränderungen durch die Einführung der Prozesskostenrechnung?**

	Erwarte starke Verschlechterung	Erwarte starke Verbesserung
Transparenz von Kosten und Leistungen	◀	▶
Plan- und Steuerbarkeit der indirekten Bereiche	◀	▶
Informationen zur Optimierung der Unternehmensprozesse	◀	▶
Verursachungsgerechte Produktkalkulation	◀	▶
Ergebnisrechnung	◀	▶
Anteil der Gemeinkosten an den Gesamtkosten	◀	▶
Produktrentabilität	◀	▶
Kundenrentabilität	◀	▶
Produktkomplexität (Varianten)	◀	▶
Produktionskomplexität (Baugruppen, Teile)	◀	▶
Beschaffungskomplexität (Lieferanten, Teilezahl)	◀	▶
Vertriebskomplexität (Kleinkunden, Vertriebswege)	◀	▶
Motivation von Mitarbeitern	◀	▶
Sonstige:	◀	▶

C3 **Wann haben Sie mit der Evaluierung der Prozesskostenrechnung begonnen?**

Monat ▼ Jahr ▼

DANKE FÜR IHRE MITARBEIT !

C4 **In welchen Bereichen haben Sie Veränderungen durch die Einführung der Prozesskostenrechnung erwartet?**

	Erwartete starke Verschlechterung ◄ ► Erwartete starke Verbesserung
Transparenz von Kosten und Leistungen	◄ ►
Plan- und Steuerbarkeit der indirekten Bereiche	◄ ►
Informationen zur Optimierung der Unternehmensprozesse	◄ ►
Verursachungsgerechte Produktkalkulation	◄ ►
Ergebnisrechnung	◄ ►
Anteil der Gemeinkosten an den Gesamtkosten	◄ ►
Produktrentabilität	◄ ►
Kundenrentabilität	◄ ►
Produktkomplexität (Varianten)	◄ ►
Produktionskomplexität (Baugruppen, Teile)	◄ ►
Beschaffungskomplexität (Lieferanten, Teilezahl)	◄ ►
Vertriebskomplexität (Kleinkunden, Vertriebswege)	◄ ►
Motivation von Mitarbeitern	◄ ►
Sonstige:	◄ ►

C5 **Bitte geben Sie Start und Ende Ihres Prozesskostenrechnungs-Projektes an:**

Start		***Ende***	
Jänner ▼	Jahr ▼	März ▼	Jahr ▼

D EINSATZ DER PROZESSKOSTENRECHNUNG

D1 Wie häufig setzen Sie die Prozesskostenrechnung in Ihrem Unternehmen in folgenden Einsatzfeldern ein?

	Monatlich (und öfter)	Quartal-weise	Jährlich	Kein Einsatz
Produktkalkulation	☐	☐	☐	☐
Ermittlung von Kosten-senkungspotentialen	☐	☐	☐	☐
Ergebnisrechnung	☐	☐	☐	☐
Innerbetriebliche Leistungsverrechnung	☐	☐	☐	☐
Benchmarking	☐	☐	☐	☐
Performance Measurement	☐	☐	☐	☐
Budgetierung	☐	☐	☐	☐
Produktentwicklung	☐	☐	☐	☐
Operative Entscheidungs-unterstützung	☐	☐	☐	☐
Strategische Entscheidungsunter-stützung	☐	☐	☐	☐
Analyse der Kunden-rentabilität	☐	☐	☐	☐
Sonstige:	☐	☐	☐	☐

D2 **In welchen Unternehmens- bzw. Funktionsbereichen setzen Sie die Prozesskostenrechnung ein?**

- ☐ **Im gesamten Unternehmen**
- ☐ **In einem Werk bzw. einer Division des Unternehmens**
- ☐ **In ausgewählten Funktionsbereichen:**
  (Mehrfachnennungen möglich)

☐ Logistik	☐ Controlling
☐ Beschaffung	☐ F&E
☐ Produktion i.e.S.	☐ EDV / Organisation
☐ Arbeitsvorbereitung	☐ Konstruktion
☐ Qualitätssicherung	☐ Allg. Verwaltung
☐ Marketing / Vertrieb	☐ Finanzbuchhaltung
☐ Sonstige: ____________	☐ Personal

D3 **Welche Strategie verfolgten Sie bei der Einführung der Prozesskostenrechnung?**

- ☐ **Simultane Einführung im gesamten Unternehmen (Big Bang)**
- ☐ **Gleichzeitig in einem Werk bzw. einer Division**
- ☐ **Gleichzeitig in allen oben (D2) angegebenen Bereichen**
- ☐ **Sukzessive Einführung in folgender Reihenfolge:**

____ Logistik	____ Controlling
____ Beschaffung	____ F&E
____ Produktion i.e.S.	____ EDV / Organisation
____ Arbeitsvorbereitung	____ Konstruktion
____ Qualitätssicherung	____ Allg. Verwaltung
____ Marketing / Vertrieb	____ Finanzbuchhaltung
____ Sonstige: ____________	____ Personal

D4 **Wie hoch war der gesamte Projektaufwand der Einführung (externe und interne Mitarbeiter) in Mitarbeitermonaten (MM)?**

Interne Mitarbeiter
(internes Projektteam) [Intern: ______]

Externe Mitarbeiter
(Berater, Leiharbeiter, etc.) [Extern: ______]

D5 **Wie beurteilen Sie den Beitrag von Unternehmensberatern in den folgenden Arbeitspaketen der Implementierung von Prozesskostenrechnung in Ihrem Unternehmen?**

	sehr gering — sehr hoch
Projektstart und Aufbau des Prozessmodells	◀ ▶
Gemeinsame Workshops bei Projektmeilensteinen	◀ ▶
Analyse der ersten Ergebnisse der Prozesskostenrechnung	◀ ▶
Mitarbeiterschulung	◀ ▶
EDV-technische Umsetzung und Implementierung	◀ ▶

D6 **Welcher Anteil der GESAMTKOSTEN wird in Ihrem Unternehmen mit Hilfe der Prozesskostenrechnung erfasst?**

0% ◀ ▶ 100% *0%*

D7 **Welcher Anteil der GEMEINKOSTEN wird in Ihrem Unternehmen mit Hilfe der Prozesskostenrechnung erfasst?**

0% ◀ ▶ 100% *0%*

D8 **Wieviele Hauptprozesse (HP) haben Sie insgesamt für alle Bereiche gebildet?**

Anzahl HP

D9 **Wieviele Teilprozesse (TP) haben Sie insgesamt für alle Bereiche gebildet?**

Anzahl TP

D10 **Wenn Sie weitere Gliederungsebenen (z.B. Aktivitäten, Tätigkeiten, etc.) in Ihrem Prozessmodell gebildet haben, geben Sie bitte die Anzahl der weiteren Ebenen an.**

Ebenen

D11 **Wie erfolgt die EDV-technische Umsetzung der Prozesskostenrechnung?**

- ☐ **Keine EDV-Unterstützung ->** **Weiter mit Frage D14**
- ☐ **Bestehende Controlling-Software**
- ☐ **Eigenentwickelte Softwarelösung**
- ☐ **Gekaufte Standardsoftwarelösung**

D12 **Welche Software setzen Sie zur Abbildung der Prozesskostenrechnung ein?**

- ☐ **SAP R/3 CO-ABC**
- ☐ **OROS**
- ☐ **PROZESSMANAGER**
- ☐ **ARIS**
- ☐ **Sonstige: ________________**

D13 **In welchem Ausmaß ist die Prozesskostenrechnung in die EDV-Systeme im Controlling integriert?**

- ☐ **Reine Insellösung mit manueller Dateneingabe**
- ☐ **Partielle Integration (reine Parallelrechnung mit automatisierter Schnittstelle zur Dateneingabe)**
- ☐ **Völlige Integration in operative Systeme bis zu laufender Ergebnisrechnung und Kalkulation**

D14 **In welchem Ausmaß haben Sie in Ihrem Unternehmen Prozessverantwortung (Process Owner) eingerichtet?**

- ☐ **Prozessverantwortung für alle Prozesse**
- ☐ **Prozessverantwortung nur für besonders bedeutende Prozesse**
- ☐ **Keine Prozessverantwortung**

D15 **Wie häufig pflegen Sie die Prozesskostenrechnung bzw. das zugrundeliegende Prozessmodell?**

- ☐ **Monatlich**
- ☐ **Quartalsweise**
- ☐ **Jährlich**
- ☐ **Alle 2 Jahre**
- ☐ **Alle 3 Jahre**
- ☐ **Nur bei Bedarf**
- ☐ **Nie**

D16 **Wie hoch ist der jährliche Zeitaufwand zur Pflege der Prozesskostenrechnung in Mitarbeitertagen?** Tage ☐

VIELEN DANK FÜR IHRE MITARBEIT!

Anhang C: Interviewleitfaden

Interviewleitfaden

Unternehmen:	
Gesprächspartner ***(Name & Funktion/Stellung)***	
Status der Prozesskostenrechnung ***(Implementierungsstufe & Alter des Systems)***	
Ort des Gesprächs:	
Datum des Gesprächs:	
Dauer des Gesprächs:	

A. Vorstellung des Projektes

A.1 Kurze persönliche Vorstellung

A.2 Ziele der Untersuchung

Mit der vorliegenden Arbeit soll das Defizit an empirischen Erkenntnissen zur Einführung und Anwendung prozessorientierter Kostenrechnungssysteme in Österreich behoben werden. Die folgenden Fragestellungen sollen mit der vorliegenden Arbeit beantwortet werden:

4. Welche Faktoren bestimmen den Einführungsprozess prozessorientierter Kostenrechnungssysteme?
    - In welchen Phasen des Adaptionsprozess sind welche Faktoren ausschlaggebend?
    - Welche unternehmensinternen und unternehmensexternen Kontextfaktoren sind für die erfolgreiche Implementierung ausschlaggebend? Lassen sich Unterschiede in der Ausprägung der verwendeten Prozesskostenrechnungssysteme in bestimmten Branchen und/oder Betriebsgrößen feststellen?
5. Welche Merkmale sind für Prozesskostenrechnungssysteme in Österreich kennzeichnend? Welche Betriebsbedingungen für den Dauereinsatz der Prozesskostenrechnung sind in welcher Ausprägung bei österreichischen Unternehmen feststellbar?
6. Was ist der wahrgenommene Nutzen des Einsatzes prozessorienterter Kostenrechnungssysteme und wie kann er durch deren gezielten Einsatz gesteigert werden?

Durch die Beantwortung dieser Fragen sollen praktische Handlungsempfehlungen für die Einführung, Anwendung und Ausgestaltung prozessorientierter Kostenrechnungssysteme in österreichischen Unternehmen gewonnen werden.

B. Implementierung der Prozesskostenrechnung

B.1 Kontextfaktoren

++ ... signifikanter Beitrag + ... tendenzieller Beitrag	PROZ_1	PROZ_2	PROZ_3	PROZ_4	PROZ_5
Promotoren	+	+		+	
Unternehmensgröße	+	+		+	
Organisationsgrad			+	+	+
Innovationserfahrung			+		
Wettbewerbsintensität		+		+	+
Aussenorientierung	+	++		++	
Strategie			+	+	+
Dominanz von Gemeinkosten	+	++		+	
Komplexität der Leistungserstellung			+		
Relative Vorteilhaftigkeit	++	++		+	+
Verfügbarkeit von EDV-Systemen	+	+		+	+
Branchenzugehörigkeit	+	+	+	+	

B.2 Implementierungsprozess

Welche Implementierungsstrategie haben Sie bei Einführung der Prozesskostenrechnung verfolgt?

Über welchen Zeitraum und mit welcher internen/externen Kapazität an Mitarbeitertagen ist die Einführung der Prozesskostenrechnung erfolgt?

C. Dauerbetrieb der Prozesskostenrechnung

C.1 Instrumentelle Nutzung der Prozesskostenrechnung

Sie haben in den letzten Wochen den vorläufigen deskriptiven Ergebnisbericht über die Nutzung von Prozesskostenrechnungssystemen in Österreich zugesandt bekommen *(dient gemeinsam mit Gesprächsleitfaden als Interviewgrundlage).*

Inwieweit können Sie sich damit identifizieren bzw. wo sehen Sie aus Ihrer persönlichen Erfahrung Unterschiede in der Nutzung der Prozesskostenrechnung hinsichtlich:

- Einsatzart
- Einsatzfelder
- Einsatzfrequenz
- Einsatzziele
- Einsatzbreite
- Erfaßter Kostenanteil
- Umfang Prozessmodell
- EDV-Unterstützung
- Prozessverantwortung
- Pflegeintensität

Liegt der Schwerpunkt dabei primär in der Planung oder in der Ist-Rechnung?

(Behandlung einzelner Punkte je Gesprächspartner)

C.2 Stellung der Prozesskostenrechnung im Controlling-System

- Welche anderen „neuen“ Controlling-Instrumente neben der Prozesskostenrechnung haben Sie im Einsatz?
- Wie ist die Beziehung der Prozesskostenrechnung zu diesen Instrumenten?
- Die Systeme werden weitgehend unabhängig voneinander genutzt
- Die Prozesskostenrechnung dient als Datenlieferant
- Die Prozesskostenrechnung bekommt Daten
- Die Prozesskostenrechnung ist vollständig in den Controllingkreislauf integriert

C.3 Koordination zwischen Management und Controlling

Wer ist die primäre Zielgruppe der aus der Prozesskostenrechnung gewonnenen Daten?

Kontakthäufigkeit:

- Wie häufig haben die Empfänger der Prozesskostenrechnungsinformation mit den Ergebnissen/Informationen des Prozesskostenrechnungssystems zu tun?
- Wie häufig haben sie mit den Kostenrechnern/Controllern zu tun?

Konfliktausmass:

- Kommt es bei der Abstimmung über Ergebnisse/Interpretationen der Prozesskostenrechnungsdaten häufig zu Spannungen bzw. Konflikten?

User Involvement:

- Werden die Anforderungen der Kostenrechnungsempfänger beim Entwurf und der Veränderung von Prozesskostenrechnungselementen erfragt / berücksichtigt?

D. Nutzen der Prozesskostenrechnung

D.1 Variablen der internen Koordination und Steuerung

Wie beurteilen Sie die Wirkung des Einsatzes der Prozesskostenrechnung auf die

- Transparenz,
- Plan- und Steuerbarkeit und
- Leistungsmessung

der indirekten Bereiche. Hat durch den Einsatz der Prozesskostenrechnung nach Ihrer Einschätzung hier eine Verbesserung/Verschlechterung stattgefunden?

D.2 Indirekt erfolgswirksame Variablen

Wie beurteilen Sie die Wirkung des Einsatzes der Prozesskostenrechnung in bezug auf folgende Aspekte:

- Informationen zur Optimierung der Unternehmensprozesse
- Verursachungsgerechte Produktkalkulation
- Ergebnisrechnung
- Produktrentabilität
- Kundenrentabilität
- Produktkomplexität (Varianten)
- Produktionskomplexität (Baugruppen, Teile)
- Beschaffungskomplexität (Lieferanten, Teilezahl)
- Vertriebskomplexität (Kleinkunden, Vertriebswege)
- Motivation von Mitarbeitern

Hat durch den Einsatz der Prozesskostenrechnung nach Ihrer Einschätzung hier eine Verbesserung/Verschlechterung stattgefunden?

(Behandlung einzelner Punkte je Gesprächspartner)

D.3 Direkt erfolgswirksame Variablen

Ist durch den Einsatz der Prozesskostenrechnung und die damit verbundene gesteigerte Transparenz in den indirekten Leistungsbereichen eine Senkung des Gemeinkostenanteils realisiert worden? War dies eine der Zielsetzungen bei Einführung der Prozesskostenrechnung?

Wie beurteilen Sie den Beitrag der Prozesskostenrechnung zu bereits erfolgten bzw. laufenden (Kosten-)Optimierungsmaßnahmen? Kann man aus Ihrer Einschätzung einen direkten Erfolg aus der Nutzung der Prozesskostenrechnungsinformation nachweisen?

E. Erfahrungen beim Dauerbetrieb der Prozesskostenrechnung

Gibt es aus Ihrer Erfahrung weitere Aspekte beim Einsatz der Prozesskostenrechnung, die wir im Laufe des Interviews noch nicht behandelt haben?

Welche Probleme sehen Sie aus Ihrer Erfahrung beim Einsatz der Prozesskostenrechnung?

Welche weiteren Schritte planen Sie auf dem Gebiet der (Prozess-)Kostenrechnung? Werden Sie die Nutzung der Prozesskostenrechnung beibehalten / intensivieren / beenden?

GPSR Compliance

The European Union's (EU) General Product Safety Regulation (GPSR) is a set of rules that requires consumer products to be safe and our obligations to ensure this.

If you have any concerns about our products, you can contact us on ProductSafety@springernature.com

In case Publisher is established outside the EU, the EU authorized representative is:

Springer Nature Customer Service Center GmbH
Europaplatz 3
69115 Heidelberg, Germany

Batch number: 10815964

Printed by Printforce, the Netherlands